근대이행기 | **동아시아의 자국어인식과
자국어학의 성립**

필자

송민(宋敏, Song Min) 국민대학교 명예교수
왕웨이훼이(汪維輝, WANG WEIHUI) 절강대학 한어사 연구센터 교수
양세욱(梁世旭, Yang Se-Uk) 인제대학교 중국학부 교수
사이토 후미토시(齋藤文俊, Saito Fumitoshi) 나고야대학 대학원 문학연구과 교수
장윤희(張允熙, Jang Yoon-Hee) 인하대학교 한국어문학과 교수
장위라이(張玉來, ZHANG YULAI) 남경대학교 문학원 교수
야스다 토시아키(安田敏朗, Yasuda Tosiaki) 히토츠바시대학 대학원 언어사회연구과 교수
부 득 응예우(Vu Duc Nghieu) 하노이 국립대학교 인문사회과학대학 언어학과 교수

역자

은려려(殷丽丽, YIN LILI) 인하대학교 한국어문학과 강사
성미강자(成美江子, Sung Mikangja) 인하대학교 한국학과 박사과정
이사유(李思儒, LI SIRU) 인하대학교 한국학과 박사과정
류티씽(Lưu Thị Sinh) 인하대학교 한국학과 박사과정

동아시아한국학연구총서 20
근대이행기 동아시아의 자국어인식과 자국어학의 성립

초판 인쇄 2015년 1월 20일 **초판 발행** 2015년 1월 30일
엮은이 인하대학교 한국학연구소 **펴낸이** 박성모 **펴낸곳** 소명출판 **출판등록** 제13-522호
주소 서울시 서초구 서초중앙로6길 15(서초동 1621-18 란빌딩 1층)
전화 02-585-7840 **팩스** 02-585-7848 **전자우편** somyong@korea.com **홈페이지** www.somyong.co.kr

값 25,000원   ⓒ 인하대학교 한국학연구소, 2015
ISBN 979-11-85877-90-7 94700
ISBN 978-89-5626-835-4 (세트)

이 책은 2007년 정부(교육과학기술부)의 재원으로 한국연구재단의 지원을 받아 수행된 연구임(KRF-2007-361-AM0013)

동아시아한국학연구총서 20

근대이행기 동아시아의 자국어인식과 자국어학의 성립

Perspective on the Native Language and the Establishment of Linguistics in East Asia
during the Transitional Period to the Modern Age

인하대학교 한국학연구소 편

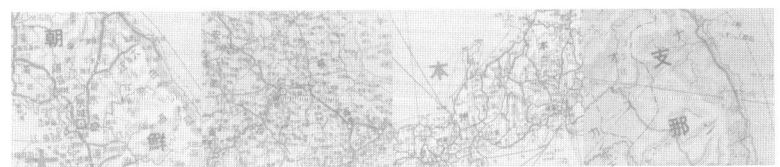

소명출판

　　인하대학교 한국학연구소는 2007년부터 '동아시아 상생과 소통의 한국학'을 의제로 삼아 인문한국(HK) 사업을 수행하고 있다. 상생과 소통을 꾀하는 동아시아한국학이란, 우선 동아시아 각 지역과 국가의 연구자들이 자국의 고유한 환경 속에서 축적해 온 '한국학(들)'을 각기 독자적인 한국학으로 재인식하게 하고, 다음으로 그렇게 재인식된 복수의 한국학(들)이 서로 생산적으로 소통할 수 있는 방법을 구성해내는 한국학이다. 우리는 바로 이를 '동아시아한국학'이라는 고유명사로 명명하고 있다. 따라서 동아시아한국학은 하나의 중심으로 수렴된 한국학을 지양하고, 상이한 시선들이 교직해 화성(和聲)을 창출하는 복수의 한국학을 지향한다.

　　이런 목표의식 하에 한국학연구소는 한국학이 지닌 서구주의와 민족주의적 편향성을 극복하기 위한 방법으로 근대전환기 각국에서 이뤄진 한국학(들)의 계보학적 재구성을 시도하고 있다. 수지하듯이 한국에서 자국학으로 발전해온 한국학은 물론이고, 구미에서 지역학으로 구조화된 한국학, 중국·러시아 등지에서 민족학의 일환으로 형성된 조선학과 고려학, 일본에서 동양학의 하위 범주로 형성된 한국학 등 이미 한국학은 단성적(單聲的)인 방식이 아니라 다성적(多聲的)인 방식으로 존재하고 있다. 우리는 그 계보를 탐색하고 이들을 서로 교통시키고자 한다. 다시 말해 본 연구소는 동아시아적 사유와 담론의 허브로서 동아시아한국학의 방법론을 정립하기 위해 학문적 모색을 거듭하고 있다.

　더욱이 다시금 동아시아 각국의 특수한 사정들을 헤아리면서도 국경을 넘어서는 보편적 가치를 모색할 필요성이 절실해지는 이즈음, 상생과 소통을 위한 사유와 그 실천의 모색에 있어 그간의 학문적 성과를 가늠하고 공유하는 것은 여러 모로 의미가 있으리라 여겨진다. 이에 우리는 복수의 한국학에 대한 계보학적 탐색, 상생과 소통을 위한 동아시아한국학의 방법론 정립, 연구 성과의 대중적 공유라는 세 가지 지향점을 중심으로 지속적으로 축적되고 있는 연구 성과를 세 방향으로 갈무리하고자 한다.

　본 연구소에서는 상생과 소통을 위한 동아시아한국학 연구에 있어 연구자들에게 자료와 토대를 정리해 연구의 기초를 제공하고, 또한 현재 동아시아한국학 연구의 범위와 향방을 보여줄 뿐만 아니라 그 연구 성과들을 시민들과 공유하는 것까지 고려하는 방향으로 총서를 발행하고 있다. 모쪼록 이 총서가 동아시아에서 갈등의 피로를 해소하고 새로운 상생의 방법을 모색하는 데 일조할 수 있기를 기대한다.

인하대학교 한국학연구소

동아시아는 하나가 아니다. 한국, 중국, 일본, 베트남 각국이 지리적으로 인접해 있지만 이들이 애초에 하나의 민족, 혹은 하나의 국가에서 출발한 것은 아니다. 중국이 오랜 기간 강력한 지배력을 행사해왔을지라도 각국의 모든 강역을 지배하에 둔 적은 없다. 근대 이후 강성한 일본이 동아시아를 포함한 더 넓은 지역을 자신의 지배하에 두려 전쟁을 벌이기도 했지만 결국은 실패했다. 동아시아 각국의 일부 혹은 전부가 동아시아의 다른 나라에 예속되는 시기가 있었지만 동아시아 전체가 하나였던 적은 없다.

그러나 동아시아는 하나다. 한국, 중국, 일본, 베트남을 아우르는 동아시아는 그 지리적 위치의 특성상 하나다. 그러나 각국이 지리적으로 인접해 있고 그 위치가 동아시아라서 동아시아가 하나인 것은 아니다. 지리적으로 인접해 있는 이들 동아시아 각국은 역사적 맥락 속에서 유사한 문화적 전통을 공유해 왔다. 문화적 전통의 출발지가 어디이든, 부흥기가 어디이든, 그리고 종착지가 어디이든 각국의 문화적 전통은 상호 교류가 되었고 종국에는 공유되었다.

그러니 동아시아는 하나가 아니되 하나다. 동아시아라는 지리적 위치로 하나로 묶을 수 있되 완전한 하나는 아니다. 민족의 구성으로 보나 국가의 성립과 변화로 보나 하나일 수는 없다. 그러나 문화적 전통 면에서는 하나다. 중국에서 성립된 유교적 전통은 동아시아 각국으로 전해진 후 공유되고 발전되었다. 강력한 제국을 이루었던 중국의 문물 또한 동아시아 각국으로 전파된 후 토착화되었다. 그렇게 다른 민족, 다른 국가 체제 내에서 문화적으로는 하나를 이루어왔다.

하나가 아니되 하나인 동아시아의 특성은 언어 면에서 두드러지게 나타난다. 언어유형면에서 한국어와 일본어는 교착어로 분류되고, 중국어와 베트남어는 고립어로 분류되니 그 유형이 다르다. 어족 면에서도 한국어와 일본어는 알타이어족의 한 갈래로 보고, 중국어와 베트남어는 중국-티베트어족으로 보니 언어의 혈연관계도 두 그룹 간에 꽤 멀다. 적어도 각각의 땅에서 실제로 쓰이는 말, 즉 구어를 살펴보면 동아시아 각국은 언어 면에서 하나가 아니다.

그러나 각국의 언어를 기록하기 위한 문자, 그리고 그것으로 기록된 문어 면에서는 오랜 기간 동안 하나였다. 중국에서 만들어진 한자는 중국어를 적기 위한 문자였으나 문자가 없던 인근의 동아시가 각국으로 전해졌다. 그리고 동아시아 각국에서는 자신들의 언어를 있는 그대로 담을 수는 없을지라도 한문으로 기록을 남겼다. 이렇게 기록된 한문이 한국어, 일본어, 베트남어로 온전히 다시 읽히지는 못하지만 적어도 그 대략적인 의미는 남길 수 있다는 점에서 각국의 구어와는 별도로 한문이 문어로서 기능을 하였다. 그 결과 동아시아 각국은 한자라는 문자는 물론 한문이라는 문어를 공유하게 되었다.

동아시아 각국의 공통문자와 공통문어는 동아시아를 하나로 묶는데 결정적인 역할을 하였다. 같은 문자와 문어를 쓰니 동아시아 각국 간에는 자유로운 소통이 가능하다. 서로 인접해 있는 지리적인 특성으로 문물이 활발하게 교류될 수 있는 여건은 이미 갖추어져 있었는데 여기에 공통문자와 공통문어가 더해지니 지적 자산의 교류는 더활발해졌다. 한자와 한문의 원산지는 중국이었을지라도 그것이 동아시아 전체로 공유되고, 각국의 제도와 문화가 공통문자와 공통문어를 통해 동아시아 전체로 공유되었다. 그 결과 중세 보편의 시대가 공고히 이어졌다.

그러나 동아시아 각국의 자국어가 공통문자 및 공통문어와 양립하는 상황은 늘 불안전성을 내포할 수밖에 없었다. 한자와 한문의 원산지인 중국을 제외한 나머지 국가는 한자로써 자국어를 있는 그대로 기록할 수 없고, 한문을 자국어로 온전히 읽어낼 수 없다는 문제점을 애초부터 가지고 있었다. 한자와 한문이 기록과 소통의 도구가 되기는 하지만 그것은 결국 번역과 차용을 통한 기록이고, 번역을 통한 소통일 수밖에 없었다. 차용과 번역을 통해서는 각국의 '말'이 아닌 그 말이 담고 있는 '의미'만 담게 되니 그 기록과 소통은 온전한 것일 수 없다. 게다가 한자를 배우기도 어렵고, 외국어를 읽고 쓰듯 한문을 사용해야 하니 사용자는 극히 제한될 수밖에 없었다. 비록 중세 보편의 시대에 공통문자와 공통문어가 주는 혜택이 클지라도 자국어와의 관계만을 고려해 보면 한자와 한문은 불안한 존재일 수밖에 없었다.

공통문자 및 공통문어와 자국어가 양립하는 상황은 근대에 접어들면서부터 서서히 해소되기 시작한다. 동아시아 각국은 중세에 이미 자국어를 온전히 기록할 수 있는 독자적인 문자를 개발해 왔다. 일본의 가나假名, 베트남의 쯔놈(chu nom, 字喃), 그리고 한국의 한글이 그것이다. 중세 시기에는 공통문자와 공통문어의 위세에 눌려 널리 사용되지 못했지만 그 세력을 조금씩 키워가다가 근대에 접어들면서 그 세가 급격히 신장되었다. 이는 근대 시기의 민족과 국가에 대한 자각, 그리고 자국어에 대한 재인식에 의한 결과이기도 하였다.

그러나 동아시아 각국의 자국문자는 공통문자인 한자와 밀접한 관련이 있다. 한자의 일부를 취하거나 그것을 초서화하여 만든 가나는 결국 한자에서 출발한 문자이다. 한자의 음을 빌리거나 합성해서 만든 쯔놈 또한 한자 없이는 성립될 수 없는 문자이다. 이와 달리 한글은 자형이나 제자원리가 한자와는 관계가 없지만 애초부터 한자와 같이 쓸 수 있도록 자모를 모아쓰는 방식을 택했다. 각국 문자가 한자와 밀접한 관련성을 갖고 있다는 것 외에 더 중요한 점은 각국이 이미 공통문자와 공통문어의 시대를 통해 문자의 필요성을 절감해왔다는 것이다. 그 필요성을 공통문자와 공통문어로 메워왔지만 근대에 접어들어 자국어에 대한 인식이 높아지면서 자연스럽게 자국문자로 전이되게 된 것이다.

　근대이행기를 거치면서 자국어에 대한 인식이 높아지고 이에 따라 자국문자와 자국문자로 기록한 자국문어의 세력은 계속적으로 커져 간다. 한국의 한글과 일본의 가나는 한문이 담당하던 영역을 고스란히 물려받아 누구나 자국어를 있는 그대로 적고, 있는 그대로 읽어낼 수 있는 시대를 열었다. 중국의 백화문은 이전의 한문과 달리 구어에 근접하여 일반인들도 쉽게 받아들이고 사용할 수 있는 시대를 열었다. 이와 달리 베트남의 쯔놈은 사라지고 대신 로마자를 차용한 표기체계가 개발되고 전파되어 베트남어 역시 있는 그대로 쓰고 본래의 말대로 읽어낼 수 있게 되었다.

　이러한 일련의 변화는 공통문자와 공통문어의 쇠퇴와 맞물려 있는 것이기는 하지만 그렇다고 해서 공통문자가 소멸의 길을 걷게 되는 것은 아니다. 중국의 경우 백화문이 이전의 한문과 다소 차이가 있기는 하지만 여전히 한자로 기록된다는 점에서 한자는 고스란히 보존될 수 있었다. 일본에서는 가나만으로도 일본어 모두를 적을 수 있지만 한자를 병용함으로써 얻을 수 있는 장점 때문에 일본어 문어에서는 여전히 한자가 중요한 위치를 차지한다. 이와 달리 한글은 한자를 병용하지 않아도 불편을 초래하지 않고, 한자를 병용했을 때의 장점도 크지 않아 문어에서 한자는 점차 사라지게 된다. 그리고 로마자를 원용해 자국어를 표기하게 된 베트남에서는 한자와는 영원히 결별하게 된다. 이처럼 자국어의 문자체계에 따라 동아시아 각국에서 서로 다른 길을 걷게 되었다.

그런데 공통문어였던 한문은 한자보다 소멸될 가능성이 훨씬 더 커진다. 동아시아 각국이 한문을 대체하고자 자국문자를 고안하고 발전시킨 것을 생각하면 이는 당연한 결과이다. 한자와 한문의 원산지인 중국에서조차 한문이 아닌 백화문이 널리 쓰이게 됨에 따라 한문은 살아있는 문어가 아닌 죽은 문어가 될 운명이다. 그러나 한문은 한자가 가진 장점과 어우러져 동아시아 각국의 언어에서 매우 중요한 역할을 하게 된다. 이전의 공통문어에서 사용되던 단어는 각국의 자국어에 자연스럽게 흡수되어 어휘 체계의 일부를 이루었다. 여기에 근대 이후 서구의 새로운 문물을 받아들이는 과정에서 한자에 바탕을 둔 수많은 신조어가 만들어져 각국의 자국어로 채용이 되었다. 공통문어에서 새로운 단어를 만들었던 전통이 근대 이후에도 그대로 이어져 자국어의 어휘체계에 중요한 영향을 미치게 된 것이다.

인하대학교 한국학연구소의 주관하에 2012년 11월에 개최된 동아시아한국학 국제학술대회는 이렇듯 하나가 아니되 언어 면에서 하나인 동아시아 네 나라의 공통적인 경험에서 기획되었다. 문자와 문어를 공유했던 네 나라는 근대이행기에 이르러 급격한 변화를 겪게 된다. 그 변화의 시기에 자국어 인식이 어떻게 달라지게 되었는지, 그리고 서구 언어학의 영향을 받으면서 자국어학은 어떻게 성립되었는지에 대해 공통점을 나누고 차이점을 비교해 보는 것이 이 학술대회의 목적이었다.

기조발표를 맡은 한국의 송민 교수는 「근대 이행기 동아시아의 자국어와 자국문자」라는 제목 하에 학술대회의 총론에 해당되는 발표를 해 주었다. 송 교수는 한국의 근대 이행기를 1894년에서 1910년까지로 잡고 이 시기에 나타난 자국어와 자국문자에 대한 자각을 살펴보았다. 이 시기에 정부, 민간 차원에서는 자국어와 자국문자에 대한 자각이 어떻게 나타났는가를 각종 문서를 통해 들여다보았고, 교육 면에서는 교과서를 중심으로 자국어와 자국문자에 대한 자각을 검토하였다.

중국의 왕웨이훼이 교수 또한 「문언부터 백화까지, 번체부터 간체까지－근대 이행기 중국의 문어와 문자」라는 제목으로 기조발표를 해 주었다. 19세기 말부터 20세기 중엽까지 중국의 언어 면에서 나타난 가장 큰 변화는 문언이 백화로 바뀌었다는 것이고, 문자가 번체에서 간체로 바뀌었다는 것이다. 왕 교수는 백화가 정착되기까지의 단계별 변화와 번체에서 간체로 완전히 바꾸기까지의 과정을 여러 실증적인 자료를 통해 치밀하게 보여 주었다.

한국의 양세욱 교수는 「근대 이행기 중국의 자국어 인식」이라는 제목 그대로 근대 이행기에 나타난 중국의 자국어 인식을 상세하게 보여주었다. 근대 이행기 동안 진행된 중국어의 위상 추락 양상을 '한자 페시미즘', '중국어 페시미즘', '중국어 매조키즘'으로 호명하면서 분석하고 있다. 그러나 이 과정에서도 문자 면에서는 간화자와 한어병음의 탄생, 문체 면에서는 언문일치의 등장, 표준어 면에서는 보통화의 정립, 어휘 면에서는 근대 번역어의 확산 등의 언어개혁운동이 중국에서 일어났음을 밝히고 있다.

일본의 사이토 후미토시 교수 또한 「근대 이행기의 일본의 자국어 인식」이라는 제목으로 한문 훈독의 영향에 초점을 맞추어 근대이행기의 일본어 인식에 대해 고찰하였다. 먼저 근세의 한문 훈독이 어떠한 변천 과정을 겪었는지 살펴본 후 번역과 자국어 의식이 어떤 관련이 있는지를 분석하였다. 특히 근대 초기의 번역은 한문 훈독과 밀접한 관련이 있었으며 한문 훈독과 번역이 상호 대립하면서 일본어의 독자적인 번역 문체와 번역 어법이 탄생했음을 밝히고 있다.

한국의 장윤희 교수 또한 「근대 이행기 한국에서의 자국어 인식」이라는 제목하에 대한제국기의 국어, 국문에 대한 인식이 이전 시기의 그것과 어떠한 공통점과 차별성을 가지는지를 중심으로 이 시기의 한국어 인식에 대해 고찰하였다. 근대 이행기에는 국어와 국문이 별개의 것이 아니라는 인식이 팽배해 있었지만 문명개화를 위한 탈한문이 시급한 문제였기 때문에 한문보다는 국문을 강조했음을 밝히고 있다. 그리고 이 시기의 언문일치는 국어를 국문으로 표기한다는 의미이지 문어와 구어의 일치를 의미하는 것이 아님을 분명히 하고 있다.

중국의 장위라이 교수는 「중국 근대 학술의 전형 및 중국 현대언어학의 성립」이라는 제목으로 근대 이행기를 거치며 중국의 언어학이 어떠한 변모를 겪었는지를 살폈다. 중국의 전통적인 언어학은 한어 및 한자의 발전과 밀접한 관련이 있음을 밝히고 그 과정에서 중국 고대 언어학의 연구 전통을 먼저 논하였다. 그리고 근대 이행기의 중국의 어문운동과 현대국어 확립 과정에서 다양한 분야의 현대 언어학이 어떻게 성립되었는가를 세세하게 설명하고 있다.

일본의 야스다 토시아키 교수는 「근대 이행기의 일본어학 성립」이라는 제목 하에 근대 일본에서 언어를 연구에 어떤 의미가 부여되어 왔는지 개관하고 그것이 대학 제도 속에서 어떻게 자리매김하게 되었는지를 논하고 있다. 먼저 근대 일본의 언어학과 관련된 용어에 대해 분석하고 대학이 성립되면서 용어와 연구 내용, 태도 등에 나타난 변화에 대해 살피고 있다. 또한 언어 연구가 정치와는 어떤 관련을 맺고 있는가와 함께 '국어학'과 '일본어학'이라는 용어의 문제도 아울러 고찰하고 있다.

베트남의 부득 응 예우 교수는 「근대 베트남에서의 자국어 및 자국어학의 성립」이라는 제목으로 근대 이행기에 나타난 베트남의 자국어 인식과 자국어학의 성립과정을 모두 밝히고 있다. 베트남의 자국어 인식 면에서는 베트남어의 각 시기의 역사와 언어적 배경에 따라 베트남어가 어떻게 발전하였는가를 중심으로 서술하였다. 그리고 베트남의 자국어학의 성립과정에 대해서는 사전 출판, 어학 도서의 출판, 번역과 비교 연구 등을 중심으로 밝히고 있다.

두 편의 기조 발표 논문이 동아시아 전체 및 중국에서 나타난 자국어와 자국문자의 전반적인 양상에 대해 개관한 것이라면 나머지 여섯 편의 논문은 한국, 중국, 일본, 베트남에서 개별적으로 나타난 자국어 인식과 자국어학의 성립과정에 대해 밝힌 것이다. 이상의 일련의 논문에서 확인할 수 있는 것 또한 하나가 아니되 하나이고, 하나이되 하나가 아닌 동아시아의 언어와 그에 대한 인식 및 연구이다.

동아시아 각국이 문자와 문어를 공유했던 경험은 필연적으로 근대 이행기의 자국어 인식과 자국어학의 성립 과정의 유사성을 낳을 수밖에 없다. 공통 문자와 공통 문어 아래에서 성립된 언어 연구의 풍토가 유사했으니 이는 당연한 결과이다. 그러나 역설적인 것은 이러한 공통 문자와 공통 문어에서 벗어나려는 몸부림이 근대 이행기의 자국어 인식이자 자국어학의 성립과정이라는 것이다. 이러한 몸부림의 결과 각국의 상황에 맞는 자국어 인식과 자국어학이 성립되었다.

그럼에도 불구하고 동아시아는 하나가 아니라는 분리적 인식보다는 하나라는 통합적 인식이 여전히 유효하다. 공통 문자였던 한자는 여전히 중국에서는 전면적으로, 일본에서는 부분적으로, 한국에서는 이면에 그 존재를 남기고 있다. 또한 공통 문어였던 한문은 동아시아의 모든 나라에서 과거의 것이 되었지만 한자가 잊혀진 베트남에서까지 수많은 어휘로 그 흔적을 남기고 있다. 따라서 이러한 공통의 경험과 공동의 자산에 대한 재인식과 공동 연구의 필요성은 여전히 유효하다. 그리고 이러한 필요성을 부분적으로 충족시키고 앞으로의 연구 과제를 제시했다는 점에서 학술대회 및 본서의 의의를 찾을 수 있을 것이다.

2014년 12월
한성우(인하대학교 한국어문학과 교수)

| 차례 |

근대 이행기 동아시아의
자국어와 자국문자

송 민

1. 서언

한국(韓國)·중국(中國)·일본(日本)과 같은 극동 3국은 역사적으로나 문화적으로 한자문화권(漢字文化圈)이라는 공통분모로 묶일 수 있나. 이에 이 글은 이들 3국을 동아시아의 범위로 잡는다. 실제로 한국과 일본은 최소한 1천 5백 년 이상의 기간에 걸쳐 중국문화(中國文化)의 영향을 받은 끝에 각자의 언어체계 내에 중국어(中國語) 기원의 어휘를 대량으로 수용하기에 이르렀다. 여기서 그치지 않는다. 동아시아 3국은 다시 근대화(近代化) 과정에서도 서양문화(西洋文化)를 받아들이면서 한자(漢字)의 조어력(造語力)을 십분 활용하여 자신들의 어휘체계(語彙體系)에 대폭적인 개신과 보완을 효율적으로 달성한 바 있다. 그만큼 이들 3국의 근대화 과정에는 한자의 위력이 크게 반영되었다.

그러나, 이들 3국의 근대 이행기는 국가별로 각기 달라 하나의 기준으로는 묶이지 않는다. 이에, 이 글은 우선 한국의 근대 이행기를 대상으로 삼아 자국어(自國語)와 자국문자(自國文字)에 대한 자각이나 인식이 어떠한 모습으로 전개되었는지를 정리할 것이다.

필자는 한국의 근대 이행기를 조선왕조(朝鮮王朝)의 말기인 1894년(고종 31년)부터 1910년(순종 4년)까지로 상정할 수 있다고 본다. 왕조의 개방정책이 본궤도에 오른 갑오경장(甲午更張)에서 왕조(王朝)의 종말에 이르기까지의 기간이 곧 한국의 근대 이행기에 해당하는 것이다. 한국은 그 시기를 통하여 대대적인 변혁을 겪은 바 있다. 그야말로 정치, 사회, 문화 전반에 걸치는 미증유의 혁신이었다.

쇄국(鎖國)이 사라지면서 일본을 비롯한 서양제국과의 통상조약(通商條約)이 연달아 체결되는 과정에서 문호개방이 본격화하였고, 특히 일본과의 접촉이 깊어짐과 동시에 서양화의 물결도 날로 확산되었다. 정치제도의 혁신에 따라 행정조직이 근본적으로 달라졌고 태양력(太陽曆)이 새로 채택되었으며, 전통적으로 써왔던 중국연호를 버리고 독자적인 연호(年號)를 내세우기에 이르렀다. 일본을 비롯한 서양 여러 나라와 외교적 접촉을 거치는 동안 '국문(國文)'이나 '국자(國字)'라는 단어도 자주 등장하게 되었다. 통상조약(通商條約)의 한 항목에 국문(國文)이나 국자(國字)라는 단어가 쓰였기 때문인데 이러한 분위기를 통하여 당시의 조정관원이나 지식인들의 머리속에는 자국어(自國語) 내지 자국문자(自國文字)에 대한 자각이 은연중에 조금씩 싹 텄으며 자국어문(自國語文)에 대한 새로운 인식이 부지불식간에 촉발되었으리라고 추측된다.

다만, 조선왕조의 근대 이행기는 이보다 좀더 이전으로 소급된다고 볼 수도 있다. 그럴 경우, 그 시점은 일본과의 수호조규(修好條規)가 처음으로 이루어진 1876년(고종 13년)까지 거슬러 올라간다. 그때부터 갑오경장(甲午更張)에 이르는 동안에는 왕년의 조선통신사(朝鮮通信使)를 대신하게 된 조선수신사(朝鮮修信使) 일행이 연달아 새로운 시대로 접어든 일본을 방문, 이전과는 전혀 다른 변혁을 겪고 있는 현실을 체험하고 돌아왔다. 그 여파에 따라 조선조정의 문호개방 속도도 더욱 빨라졌다. 조정의 책임 있는 관리나 지식인들에게 자국어와 자국문자에 대한 자각이나 인식이 새로워지기 시작한 시기도 바로 그때였다고 추정된다. 그렇다고 치더라도, 이 시기는 어디까지나 개화(開化)의 초창기였을 뿐이어서 이를 근대 이행기에 포함시키기는 어렵다. 결국, 1876년부터 1894년까지는 근대 이행기의 예비기간으로 간주될 만하다.

이에 따라 이 글은 한국의 근대 이행기를 일단 조선왕조의 말기인 1894년에서 1910년까지로 보고 그 시기에 나타난 자국어, 자국문자에 대한 자각을 살펴보기로 하되, 그보다 조금 앞선 예비시기(1876~1894)의 초기적, 전조적(前兆的) 흔적을 먼저 더듬어 본 후, 그 후속역사로서의 추이가 어떠한 모습으로 전개되었는지를 검토하기로 한다.

근대 이행기에 대한 검토는 크게 세 가지 관점에서 이루어질 것이다. 곧, 첫째는 조정차원(朝廷次元)의 자각, 둘째는 민간차원(民間次元)의 자각, 그리고 셋째는 교과서(敎科書)에 반영된 자각을 대상으로 삼고자 한다.

2. 예비시기에 나타난 '국문(國文)'의 의미

1)

일본군함 운양호(雲揚號)의 강화도 침범(1875)에 따라 조선조정(朝鮮朝廷)과 일본 사이에는 수호조규(修好條規), 이른바 강화도조약(江華島條約, 1876(고종 13년))이 체결되었다. 음력 2월 3일(양력 2월 27일)자의 조규(條規)는 '한문(漢文)'과 '일본문(日本文)' 각 1책씩으로 작성되었는데, 그 제3관에는 양국 간에 왕래하는 공문서에 쓸 수 있는 언어가 규정되어 있다.

"嗣後兩國往來公文, 日本用其國文, 自今十年間, 別具譯漢文一本, 朝鮮用眞文(이후 양국 간에 오가는 公文은, 日本은 '國文'을 쓰되 지금부터 10년 동안은 '漢文' 飜譯本 한 벌을 별도로 구비한다. 朝鮮은 '眞文'을 쓴다)."[1] 이때의 '국문(國文)'이란 그 나라의 '문자(文字)'(글자)라기보다 '언어(言語)(말)'의 뜻으로 해석된다. 마찬가지로, '진문(眞文)'은 '한자(漢字)'라기보다 '한문(漢文)'이라는 뜻이다. 이때만 하더라도 한 · 일 양국 간의 공식문서에서 조선(朝鮮)의 '언어(言語)'는 사용될 수 없었음을 보여준다. 조선은 오직 한문(漢文)만 쓸 수 있었을 뿐이다.

그 후 음력 7월 6일(양력 8월 24일)에는 조일수호조규 부록(朝日修好條規附錄)과 일본인민재조선국제항구무역규칙(日本人民在朝鮮國諸港口貿易規

---

[1] 『조선왕조실록』은 국사편찬위원회의 인터넷판(http://sillok.history.go.kr/main/main/jsp)을 이용한다. 띄어쓰기와 구두점도 이를 따르되 필요에 따라서는 약간씩 고쳐 쓸 것이다(가령, 마침표인 ' 。'는 ' . '식으로). 한편, 인터넷판에서는 일자별 검색이 가능하기 때문에 인용문의 출처(冊, 卷, 張, 面)는 일일이 밝히지 않는다. 또한, 국문 번역문은 필자가 적절히 조절하여 사용한다. 또한, 직접인용의 경우, 원문에 없는 문장부호나 문구와 같은 최소한의 첨삭(添削)이나 보완이 있을 것이다. 당시의 원문만으로는 의미파악이 충분하게 이루어질 수 없을 때가 생기기 때문이다. 그러나 이를 일일이 밝히지는 않는다.

則)이 체결되었다. 그런데 그 무역규칙(貿易規則) 제1칙의 마지막에는 "此報單及呈明諸書之類, 悉用日本國文, 無副譯漢文(이 보단(報單), 세관신고 서류 ─ 필자)과 여러 제출문서는 모두 일본국문으로 쓰고 한역부본(漢譯副本)은 첨부 하지 않는다)"는 내용이 붙어있다. 여기에는 아예 일본국문만 보일 뿐 조선국문은 말할 것도 없거니와 한역본(漢譯本)도 구비하지 않는다고 되어 있다. 이러한 현실은 1883년(고종 20년) 음6월 22일에 체결된 조일 통상장정(朝日通商章程)에도 그대로 적용되었다. 곧, 제2관의 마지막에 는 "各報單及各文件, 均用日本國文, 不副譯文(각 보단과 각 문건(文件)은 모두 일본국문으로 쓰고 번역문을 붙이지 않는다)"처럼 규정된 것이다.

2)

요컨대, 이러한 외교무대를 통하여 조선조정의 관리들은 자국어(自 國語)가 공식적으로는 통용되기 어렵다는 현실의 벽을 경험하면서 느 낀 바가 없지 않았을 것이다. 이러한 관례는 그 후까지 오랫동안 유지 되어 서방제국과의 수호조약 체결에도 그대로 적용되었다. 실록을 통 하여 그 전거를 찾을 수 있다.

1883년(고종 20년) 음력 10월 27일의 조(朝)・영(英 ─ 영국) 수호조약(修好 條約)에는 다음과 같이 나타난다. "第12款 1. 兩國議立此約, 原係 [漢, 英] 兩 國文字, 均經詳細校對, 詞意相同. 嗣後, 倘有文辭分岐之處, 應歸英文講 解, 以免彼此辭論之端. 2. 凡由英國官員, 照會朝鮮官員文件, 暫可譯成漢 文, 與英文配達(1항. 두 나라 사이에 논의, 체결된 이 조약문은 원래 한문과 영어 두 나 라 文字로 상세히 대비해서 글 뜻이 서로 같게 한 것이다. 이후 글 내용에서 차이가 나는 곳이 있다면 응당 英語로 해석함으로써 쌍방간의 시비를 면하게 한다. 2항. 영국관원이 조선관원에게 보내는 문건은 잠정적으로 漢文번역을 영문과 함께 부친다)."

같은 날 이루어진 조(朝)·덕(德, 독일) 수호조약(修好條約)도 마찬가지다. "第12款 1. 兩國議立此約, 原係 [德, 漢, 英] 三國文字, 均經詳細校對, 詞意相同. 嗣後, 倘有文辭分岐之處, 應歸英文講解, 以免彼此辨論之端. 2. 凡由德國官員, 照會朝鮮官員文件, 暫可譯成漢文, 與德文配送(1항. 두 나라 사이에 논의, 체결된 이 조약문은 원래 독일어, 한문, 영어 세 나라 文字로 상세히 대비해서 글 뜻이 서로 같게 한 것이다. 이후 글 내용에서 차이나는 곳이 있다면 응당 英語로 해석함으로써 쌍방간의 시비를 면하게 한다. 2항. 독일관원이 조선관원에게 보내는 문건은 잠정적으로 漢文번역과 독일어를 함께 부친다)."

여기에 쓰인 '문자(文字)'라는 표현은 언어라는 뜻을 나타내며, 의미상으로는 일본과의 조약문에 쓰인 '국문(國文)'과 같은 뜻으로 해석된다. 따라서 이 시기의 '국문(國文)'이나 '문자(文字)'라는 단어는 처음 한동안 '언어(言語)'와 '문자(文字)'라는 양면적인 의미로 두루 사용되었다고 해석된다. 또한, 조약문의 해석에 차이가 생길 때에는 주로 영어해석을 기준으로 하며 조선관원에게 보내는 문서는 조약 상대국의 언어와 한문번역본을 함께 쓴다는 것이다. 이처럼 한문은 서방제국과 조선간의 외교문서에서 관례적으로 중요한 역할을 맡아 온 것이다. 한문의 이러한 역할은 그 후에도 오랫동안 변함이 없었다.

1884년(고종 21년) 음윤(陰閏) 5월 4일의 조(朝)·의(義 — 이탈리아) 조약(條約)에도 거의 똑같은 내용이 담겨 있다. 조약문은 원래 세 나라 문자(이탈리아어, 한문, 영어)로 작성하고 차이가 나는 곳이 있으면 영어해석을 기준으로 하며, 이탈리아 관원이 조선관원에게 보내는 문건은 잠정적으로 한문번역과 이탈리아어를 함께 부친다고 되어있다.

3)

　같은 해 음윤(陰潤) 5월 15일에는 조(朝)・아(俄―러시아) 조약(條約)이 성립되었다. 조약문은 한문과 러시아어로 작성, 차이가 날 때에는 러시아어로 해석, 러시아국 관원이 조선관원에게 보내는 문건은 잠정적으로 한문(漢文)번역과 러시아어를 함께 부친다고 되어있다.

　그런데 여기에 약간의 변화가 나타났다. 1888년(고종 25년) 음력 7월 13일에는 조(朝)・아(俄) 육로통상장정(俄陸路通商章程)이 체결되었는데 그 제5관 7항에는 다음과 문구가 나타나기 때문이다. "俄國商民在慶興一處關口所呈字, 據明章等文, 準用俄國文語, 或旁註朝鮮文字話語(慶興 한 곳에 있는 러시아 상인이 세관에 제출하는 증명문건들은 러시아 文語로 쓰며, 혹 곁에 朝鮮文字話語로 주석을 단다)." 이때의 '아국문어(俄國文語)'란 '러시아의 문자와 언어'를 뜻하며 '조선문자화어(朝鮮文字話語)' 또한 당연히 '조선의 문자와 언어'라는 뜻으로 풀이된다. 특히 '화어(話語)'라는 표현은 분명히 문자와는 구별되는 '말(구어)' 내지 '언어'를 나타낸 것으로 풀이된다.

　이전까지 쓰였던 '국문(國文)'이나 '문자(文字)'라는 표현이 '문어(文語)'나 '문자화어(文字話語)'라는 표현으로 달라졌다 함은 외교문서에서도 '문자'와 '언어'의 개념을 조금씩이나마 구별하게 되었다는 뜻일 것이다. 또한 이 경우에는 특히 러시아 관원들이 처음으로 조선어 사용의 필요성을 인정한 셈이다. 이는 당사국 쌍방이 서로 상대방의 언어를 주변여건에 따라 인정하기 시작했다는 뜻이기도 하다. 어쩌면 함경북도 경흥(咸鏡北道 慶興)과 같은 국경 인접지역의 현실적인 필요성 때문이었겠지만 '조선문자(朝鮮文字)와 언어(言語)'를 쓸 수 있다는 규정이 나오기에 이르렀다는 사실은 주목할 만하다. 이는 조선의 관리들이 외교무대를 통하여 자국어와 자국문자에 대한 자각을 조금씩이나마 분명히 가지기 시작했다는 증거일 수도 있기 때문이다.

그렇다고 하더라도 조약문이나 외교문서에 '조선문자(朝鮮文字)'나 '조선국문(朝鮮國文)'의 사용에 관한 조목이 나타나지 않는 관례는 그 후에도 오랫동안 달라지지 않았다. 가령, 근대 이행기에 들어선 이후인 1901년(고종 38년) 양력 3월 23일의 한(韓)·비(比 — 벨기에) 수호통상조약(修好通商條約)의 조약문은 한문과 프랑스어를 쓰되 차이가 생길 때에는 프랑스어로 해석하기로 하였다. 또한, 벨기에국 관원이 한국 관원에게 보내는 모든 문건은 잠정적으로 한문번역과 프랑스문을 함께 부친다는 규정도 이전과 마찬가지다. 다만, 여기에는 약간 특이한 조항이 나타난다. 제8관 2항의 "凡有須比國民人, 前往韓國學習或敎誨語言文字, 格致律例技藝者, 均得保護相助, 以昭兩國敦篤友誼(벨기에국 사람으로서 한국에 와서 어언문자(語言文字)를 학습하거나 가르치며 법률 조문과 기예(技藝)를 연구하는 자가 있을 경우 모두 보호하고 도와줌으로써 양국의 우의를 두텁게 한다)"에 나타나는 '한국학습혹교회어언문자(韓國學習或敎誨語言文字)'라는 부분이다. 이때의 '어언문자(語言文字)'라는 문구는 일찍이 조(朝)·아륙로통상장정(俄陸路通商章程)(1888)에 쓰인 바 있는 '문자화어(文字話語)'라는 표현과 나란히 주목되는 문구라 할 수 있다. 여기에 나타나는 '어언(語言)'이나 '화어(話語)'는 분명히 '문자'를 뜻한다기보다 '언어(言語)'라는 의미로 쓰였기 때문이다. 비록 한정적인 경우에 불과할망정 이 사례 또한 조선의 '문자(文字)'와 '언어(言語)'(화어(話語) / 어언(語言))가 외교적으로 조금씩 인정되기 시작했음을 보여준다고 할 수 있다.[2]

요컨대, 조(朝)·아(俄 — 러시아) 육로통상장정(陸路通商章程)의 '조선문자화어(朝鮮文字話語)'(조선문자와 언어)에 나타나는 '화어(話語)'와 더불어

---

2   다만, 그 이듬해인 1902년(고종 39년) 양력 7월 15일에 체결된 한(韓)·단(丹, 덴마크) 수호통상조약(修好通商條約)은 이전과 조금도 다름이 없는 모습을 보여준다. 곧, 조약문은 한문과 프랑스어를 쓰며, 차이가 생길 때에는 프랑스어로 해석한다. 덴마크국 관원들이 한국 관원에게 보내는 모든 문건은 잠정적으로 한문번역과 프랑스어를 함께 보낸다.

한(韓)·비(比 — 벨기에) 수호통상조약(修好通商條約)에 나타나는 '어언문자(語言文字)'의 '어언(語言)'은 특히 주목되는 용어가 아닐 수 없다. 이들은 분명히 '문자(文字)'와 대립되는 '언어(言語)'를 뜻하고 있다고 해석되기 때문이다. 나아가, 외교문서에 관례적으로 쓰인 바 있는 '국문(國文)'이나 '문자(文字)'라는 표현이 '화어(話語)'나 '어언(語言)'으로 발전하는 과정은 조선조정의 관원들에게 자국어(自國語)와 자국문자(自國文字)에 대한 자각을 크게 불러일으켜 주는 계기가 되었으리라고 풀이된다.

3. 국문(國文), 국자(國字)에 대한 자각의 추이

1) 조정차원(朝廷次元)의 자각

근대 이행기(1894~1910)에 들어서면서 조선조정 내부에서는 자국어(自國語)와 자국문자(自國文字)에 대한 자각이 민간차원보다 한발 앞서 나타나기 시작하였다. 왕조실록(王朝實錄)을 통하여 그 자취를 추적할 수 있다. 그 출발점은 특히 국가적인 개혁, 곧 갑오경장(甲午更張)이 시작된 1894년(고종 31년) 여름부터였다. 당시의 추이를 찾아보면 다음과 같다(날짜는 모두 음력을 나타낸다).

6월 28일. 군국기무처(軍國機務處)의 계에(啓) 나타나는 학부아문(學部衙門)의 편집국(編輯局) 업무. "掌國文綴字, 各國文繙繹及敎課書編輯等事('국문철자(國文綴字)', '각국문(各國文)' 번역과 교과서 편집 등의 일을 맡아본다)."

7월 8일. 군국기무처(軍國機務處)의 의안(議案) 가운데 한 조목. "凡國內外公私文字, 遇有外國國名, 地名, 人名之當用歐文者, 俱以國文繙繹施

行事(국내외의 공적, 사적 '문자(文字)'에 외국의 국명, 지명, 인명이 구라파 문자로 적혀 있으면 모두 국문으로 번역해서 시행한다)."

7월 12일. 군국기무처(軍國機務處)의 전고국 조례 의안(銓考局 條例 議案)에 규정된 보통시험(普通試驗) 과목. "國文, 漢文, 寫字, 算術, 內國政, 外國事情, 內情外事, 俱發策('국문', 한문, 글자쓰기, 산술, 국내정사, 외국사정, 국내사정, 외무관계로 한다)."

8월 28일. 군국기무처(軍國機務處)의 의안(議案) 가운데 한 조목. "本國軍卒, 未有敎養, 但知體操, 擔銃之爲職分, 而不知衛國護民之爲何事. 紀律以之未嚴, 心膽以之未固, 由軍務衙門, 以國文編纂軍卒敎科書, 每日限時間敎授事(본국 군졸들은 교양(敎養)이 없어 체조와 총을 메는 것이 직분인 줄만 알고 나라를 지키고 백성을 보호한다는 것이 무슨 일인지를 알지 못한다. 기율이 이 때문에 엄하지 못하고 담력이 이 때문에 굳세지 못하니, 군무아문(軍務衙門)에서 군졸교과서(軍卒敎科書)를 '국문(國文)'으로 편찬하여 날마다 시간을 정하여 가르친다)."

우선, 6월 8일의 '국문철자(國文綴字)'에 나타나는 '국문(國文)'은 분명히 '국어(國語)'의 뜻으로 이해된다. 또한, 그 뒤의 '각국문(各國文)'에 나타나는 '국문(國文)' 또한 해당국의 '국어(國語)'나 '언어(言語)'로 해석된다. 7월 8일에 나타나는 '문자(文字)'도 실상은 '문자'라기보다 '언어(言語)'라는 뜻으로 해석되며, 7월 12일의 시험과목 '국문(國文)'은 분명히 '국어(國語)'를 뜻한다. 8월 28일의 '국문(國文)' 또한 당연히 '국어(國語)'를 뜻한다.

결국, 실록에 드러나는 '국문(國文)'이나 '문자(文字)'는 어느 경우나 단순한 '문자(文字)'라기보다 '언어'나 '국어'를 뜻하고 있다. 이처럼 정부차원의 기록에 '국문(國文)' 또는 '문자(文字)'라는 단어가 자주 쓰이게 되었다는 사실은 자국(自國)의 언어(言語)와 문자(文字)에 대한 자각이 점차 표면에까지 확실히 드러나기 시작했음을 보여준다.

(1)

국어에 대한 조선조정의 자각은 자연스럽게 공문서의 개혁으로 이어졌다. 1894년 11월 21일, 칙령(勅令)(제1호에서 제8호까지)과 함께 공문식(公文式)이 공포된 것이다. 그 제14조는 다음과 같다.

"法律, 勅令, 總以國文爲本, 漢文附譯, 或混用國漢文(법률, 칙령은 모두 '國文'을 기본으로 하고 漢文으로 번역을 붙이거나 혹은 國漢文混用으로 한다)."

훈민정음(訓民正音)이 창제된 이후에도 국가의 모든 공식문서는 한결같이 한문으로 작성되어 왔다. 그것이 드디어 국문을 기본으로 하고, 한문번역을 붙이거나 국한문혼용으로 바뀌게 된 것이다.[3]

이듬해인 1895년(고종 32년)부터는 실록에 국한문혼용이 자주 나타나게 된다. 예컨대, 3월 10일, 내무아문(內務衙門)에서 각 도에(道) 내린 훈시(訓示)는 "아국(我國)의 고유(固有)한 독립기초(獨立基礎)를 입(立)하며 백도혁신(百度革新)한 예기(銳氣)가 인민(人民)과 경시(更始)하야 문명역(文明域)에 진(進)코저 하야 본대신로우불재(本大臣鹵愚不才)를 불고(不顧)하고 백폐(百弊)를 삼제(芟除)하야 사민(士民)의 안녕행복(安寧幸福)을 기(期)하야 자(玆)에 조렬훈시(條列訓示)하니 기각준수물위(其各遵守勿違)함을 망(望)하노라"로 되어있다. 그뿐 아니라, 그 제10조에는 "인민(人民)을 몬저 본국사(本國史), 본국문(本國文)을 교(教)홀 사(事)"라고 규정되기도 하였다. 인민에게 우리의 국사와 국문을 가르치라는 내용이다. 그 밖에도 국한문혼용 문서는 실록에서 어렵지 않게 찾아볼 수 있다.

---

3 국한문혼용의 경우, 이보다 한 발 앞서 실록에 이미 나타난 적도 있다. 공문식이 공포되기 한 달 전쯤인 10월 23일, 고종(高宗)은 함화당(咸和堂)에서 일본공사(日本公使) 이노우에 가오루(井上馨)를 접견하였는데 이때 일본공사가 혁신안(革新案) 20개 조목을 제출하였다. 그 내용이 국한문혼용으로 실록에 올라있는 것이다. 다만, 이노우에 가오루(井上馨)의 혁신안이 제출당초 일본어였는지 조선어였는지는 알 길이 없다. 그러나, 당시의 상황으로 판단할 때 일본어 원문을 조선어로 번역하여 실록에 올렸었을 가능성이 높다.

3월 25일. 法官養成所規程. "第一條, 法官養成所는 速成홈을 期ᄒ고 生徒를 汎募ᄒ야 規定ᄒᄂᆫ 學課를 敎授ᄒ고 卒業後에 司法官으로 採用홈이 可흔 資格을 養成ᄒᄂᆫ 處로 홈". 또한 入試科目에는 漢文作文과 더불어 '國文作文'과 '朝鮮歷史 及 地誌大要'가 포함되어 있다.

5월 8일. 公文式. "第一章 第九條, (…중략…) 法律命令은 다 國文으로써 本을 삼쇼 漢譯을 附ᄒ며 或 國漢文을 混用홈. (…중략…) 附則 第十六條, 本令은 開國五百四年五月八日로붓터 施行홈."

그러는 가운데 9월 9일에는 그때까지 써왔던 역법(曆法)을 고쳐 양력(陽曆)을 채택한다는 조령(詔令)이 나왔는데 그 또한 국한문혼용으로 다음과 같다. "삼통(三統, 曆法의 하나)의 선용(互用)홈이 시(時)를 인(因)ᄒ야 의(宜)를 제(制)홈이니 정삭(正朔)을 개(改)ᄒ야 태양력(太陽曆)을 용(用)호디 개국 504년 11월 17일(開國五百四年十一月十七日)로써 505년 1월 1일(五百五年一月一日)을 삼으라."

9월 28일. 學部告示 第四號. "敎育은 開化의 本이라. 愛國의 心과 富强의 術이 皆學文으로붓터 生ᄒ나니 惟國의 文明은 學校의 盛衰에 係흔지라. 今에 二十三府에 學校를 아즉 다 設始치 못ᄒ엿거니와 爲先 京城內에 小學校를 (…중략…) 設立ᄒ야 兒童을 敎育ᄒᄂᆫᄃᆡ (…중략…) 學徒를 八歲以上으로 十五歲ᄭ지 增集ᄒ야 其科程은 五倫行實로붓터 小學과 本國歷史와 地誌와 國文과 算術其他外國歷史와 地誌等時宜에 適用흔 書冊을 一切 敎授ᄒ야 虛文을 祛ᄒ고 實用을 尙ᄒ야 敎育을 務盡케 ᄒ노니……."

(2)

한편, 11월 15일에는 연호(年號)를 제정한다는 조령(詔令)이 나온다. 이 또한 "조왈(詔曰) 정삭(正朔)을 기개(旣改)ᄒ야 태양력(太陽曆)을 용(用)

흘지라. 개국 505년(開國五百五年)으로 시(始)ᄒ야 연호(年號)를 건(建)ᄒ디 일세일원(一世一元)으로 제정(制定)ᄒ야 만세자손(萬世子孫)이 각수(恪守)케 ᄒ라"와 같은 국한문혼용이다. 이보다 앞선 9월 9일의 조령(詔令)으로 양력을 채택한다고 하였기 때문에 이번에는 연호(年號)까지 새로 쓰기로 한 것이다. 이로써 음력은 1895년(고종 32년, 개국 504년) 11월 16일로 끝나고 이튿날인 11월 17일은 양력으로 1896년(고종 33년, 개국 505년) 1월 1일이 된다. 그 후의 주목되는 국한문혼용체의 몇몇 사례를 실록에서 찾아보면 다음과 같다(이때부터의 날짜는 양력을 나타낸다).

1900년(고종 37년) 4월 17일 재가, 반포된 칙령(勅令) 제13호(勳章 條例) · 제14호(文官服裝 規則) · 제15호(文官 大禮服 製式). 1907년(고종 44년) 6월 14일 의정부(議政府)를 내각(內閣)으로 개칭한다는 조령(詔令). 1908년(純宗 元年) 3월 20일 포달(布達) 제176호로 반포된 장례원악사장 이하 복제(掌 禮院樂師長 以下 服制).[4]

이러한 흐름 속에서, 1905년(고종 42년) 7월 19일, 의학교장 지석영(醫 學校長 池錫永)은 국문(國文)을 정리하고 편리한 방도를 정하여 가르쳐야 한다는 내용의 상소를 올리게 된다. 이른바 '신정국문(新訂國文)'의 제안이었다. 이에 대한 비답(批答)은 "所陳誠爲敎育齊民之要. 疏辭, 令學部商 確施行(진술한 말은 참으로 백성을 교육하는 요점이다. 상소 내용을 학부에 명하여 자세히 의논하여 시행하도록 하겠다)"는 것이었다. 7월 19일에는 의정부 참정대신 심상훈(議政府 參政大臣 沈相薰), 학부대신 민영철(學部大臣 閔泳喆)이 "신정국문 실시건(新訂國文 實施件)"을 주청(奏請)하여 재가를 받았다. 이

---

4 여기에는 또 하나의 문서가 첨부되어 있는데 한국(韓國)의 시정개선(施政改善) 경비(經費)를 위하여 일본정부와 대한국정부가 맺은 일시대부금(一時貸付金)에 관한 계약내용이다. 이에 대한 증거로서 한일(韓日) 양국문(兩國文) 계약서 각 2건을 작성하여 양국정부의 대표자가 기명날인(記名捺印)하였다고 하는데 한국은 탁지부대신(度支部大臣) 고영희(高永喜), 일본은 통감(統監) 이토 히로부미[伊藤博文]로 되어있다. 이때의 계약서에는 분명히 양국어가 나란히 사용되었다.

날짜의 실록에는 그 내용이 실려 있는데 이 글 또한 국한문혼용으로 되어있다.[5]

그 내용은 모두 6개 항목(五音象形辨, 初中終三聲辨, 合字解, 高低辨, 疊音刪正辨, 重聲釐正辨)으로 되어 있으나 그중에서도 새롭다고 할 만한 내용은 후반의 3개 항목이다. 그는 고저변(高低辨)에서 한자음에는 고저가 있기 때문에 이를 표기할 경우 상성(上聲)과 거성(去聲)에는 오른쪽에 1점을 가하고(우리 俗音에는 上聲과 去聲이 따로 차등이 없다―本文細注) 평성(平聲)과 입성(入聲)에는 점을 가하지 않는다. 이렇게 함으로써 동음이의(同音異義)를 구별할 수 있다는 뜻이다. 곧, 높은 음(音)인 動(움즉일 동), 禦(막을 어)(둘 다 본래는 上聲―필자)에는 1점을 가하되, 낮은 음(音)인 同(한가지 동), 魚(고기 어)(둘 다 본래는 平聲―필자)에는 점을 가하지 않는다. 한편, 발음이 길고 짧은 구별이 있을 때도 있는데 그 경우에도 예음(曳音―끄는 소리, 곧 長音―필자)에 1점을 가한다. 곧, 簾(발 렴), 列(벌릴 렬)의 '발, 벌'은 장음이므로 1점을 가하고 足(발 족), 捐(버릴 연)의 '발, 버리의 버'는 짧은 음이므로 점을 가하지 않는다는 것이다.

첩음산정변(疊音刪正辨)은 'ㄱᄂᄃ르……'와 같은 아래 'ㆍ' 음절을 '가나다라……'처럼 고쳐 적는다는 내용이며, 중성리정변(重聲釐正辨)은 'ㅺㅼㅽㅾ'와 같은 ㅅ합용병서를 폐지하고 'ㄲㄸㅃㅉ'로 고쳐 적는다는 것이다.[6]

---

5 그 전문(全文)은 곧바로 『관보(官報)』 제3200호(1905(광무9) 7월 25일)에 실린 바 있다.
6 「신정국문(新訂國文)」의 내용은 지석영(池錫永)이 거의 10여 년 전부터 가다듬어 온 신념의 결정(結晶)으로 생각된다. 그는 일찍이 발표한 바 있는 「국문론」(『大韓獨立協會會報』 1호, 1896(건양원).12.30)을 통하여 국어의 동음한자나 동음이의어를 방점사용으로 구별할 수 있다고 주장한 바 있기 때문이다. 다만, 「신정국문(新訂國文)」의 고저변(高低辨)에 제시된 한자음이나 단어의 실례는 최초의 「국문론」과는 많이 다르다. 한편, 지석영은 그 후에도 「대한국문설(大韓國文說)」(『대한자강회월보(大韓自强會月報)』 11·13호, 1907(광무 11년).5.25·7.25)과 같은 주장을 통하여 자신의 「신정국문」을 계속 보완하려는 노력을 보인 바 있다.

이처럼 자국어에 대한 자각이 점차 활발해짐에 따라 조정에서는 드디어 국문연구소를 설립하기로 결정하였다. 1907년(고종 44년) 7월 8일 내각총리대신 이완용(李完用)은 학부대신 이재곤(李載崑)의 청의(請議)에 따라 국문연구소(國文研究所)를 설치하기로 했다는 주청(奏請)을 올려 재가(裁可)를 받은 것이다. 자국어에 대한 자각이 최고조에 이르렀음을 나타내는 증거가 아닐 수 없다.[7] 그러나, 국어에 대한 자각도 머지않아 시련을 맞을 수밖에 없었다. 순종이 일본천황에게 한국의 통치권을 양도함에 따라 조선조정이 종말을 고했기 때문이다.

(3)

국한문혼용으로 작성된 정부차원의 마지막 공식문서는 순종실록(1910년(융희 4년) 8월 29일)에 실려있는 황제의 '칙유(勅諭)'라고 할 수 있다. 참고삼아 그 전문을 옮겨보면 다음과 같다.

皇帝若曰 "朕이 否德으로 艱大한 業을 承ᄒ야 臨御以後로 今日에 至ᄒ도록 維新政令에 關ᄒ야 亟圖ᄒ고 備試ᄒ야 用力이 未嘗不至로디 由來로 積弱이 成痼ᄒ고 疲弊가 極處에 到ᄒ야 時日間에 挽回홀 施措無望ᄒ니 中夜憂慮에 善後홀 策이 茫然혼지라. 此를 任ᄒ야 支離益甚ᄒ면 終局에 收拾을 不得ᄒ기에 自底홀진 則無寧히 大任을 人에게 托ᄒ야 完全홀 方法과 革新홀 功效롤 奏케홈만 不如혼 故로, 朕이 於是에 瞿然히 內省ᄒ고 廓然히 自斷ᄒ야 玆에 韓國의 統治權을 從前으로 親信依仰ᄒ든 隣國大日本皇帝陛下게 讓與ᄒ야 外으로 東洋의 平和를 鞏固케ᄒ고 內으로 八域民生을 保全케ᄒ노니, 惟爾大小臣民은 國勢와 時宜를 深察ᄒ야 勿爲煩擾ᄒ고 各安

---

7 1907년(고종 44년) 7월 8일 그 설치가 결정된 국문연구소(國文研究所)의 활동은 1909년(순종 3년) 12월 28일까지 계속되었다. 그 설치과정과 성과 등에 대해서는 이기문(1970)에 상세하게 정리되어 있다.

其業ᄒ야 日本帝國文明新政을 服從ᄒ야 幸福을 共受ᄒ라. 朕의 今日此擧
ᄂ 爾有衆을 忘흠이아니라 爾有衆을 救活ᄒ쟈ᄒᄂ 至意에 亶出흠이니 爾
臣民等은 朕의 此意를 克體ᄒ라."**8**

　여기서 주목되는 점은 원문 가운데의 '外으로 (…중략…) 內으로'라
는 표기라고 할 수 있다. 한자(漢字)와 조사(助詞)의 관계로 판단할 때
이때의 '외(外)'와 '내(內)'는 둘 다 한자음으로 읽지 않고 각기 '밖'과 '안'
으로 읽었음을 보여준다. 지극히 한정적이기는 하나 특정 한자(漢字)
에 훈독을 이용한 셈이다.**9**

　국한문혼용은 그 후 순종실록부록**10**에도 가끔 나타난다. 우선 1910
년(순종 3년) 8월 29일, 곧 국권을 잃은 당일에 나온 일본천황(日本天皇)의
조서(詔書)와 칙령(勅令)(제318호부터 제334호까지), 그리고 데라우치 마사타
케 통감(寺內正毅 統監)의 유고(諭告)도 국한문혼용체로 실려있다.**11** 그보
다 며칠 뒤인 9월 2일, 각 관청의 공문서에는 일본어를 쓰라는 지시가 떨
어진다. 전 궁내부 각 관청 장관(前宮內府各官廳長官)에게 전달된 공문서
취급안의 마지막 조목인 6항에 "부외(府外) 각(各) 관청(官廳)에 대(對)ᄒ
공문(公文)은 총(總)히 일본문(日本文)을 용(用)ᄒ 사(事). 단(但) 부내(府內)

8　1990년 7월 30일자 『한국일보(韓國日報)』(제12904호)는 이 칙유(勅諭)의 원본이 발
　견되었다는 사실을 보도한 바 있는데, 사진으로 제시된 원본에는 띄어쓰기나 단락
　구분, 구두점이 일체 나타나지 않는다.
9　그러한 방식은 이미 1906년 이능화(李能和)가 그 도입을 제안한 적이 있으며, 1907
　년~1909년 사이에 출판된 일부 교과서에 비슷한 방식의 도입이 실제로 시도된 적
　도 있다. 이에 대해서는 차후에 구체적으로 논의할 것이다.
10　1910년 8월 29일부터의 순종실록은 부록이라는 이름으로 불리고 있다. 부록은 1928
　년(순종 21년) 7월 6일로 끝난다. 순종은 1926년(순종 19년) 4월 25일에 타계, 6월 10
　일에 인산(因山)이 행해졌으므로 타계 이후 2년 정도 실록이 지속된 셈이다.
11　각주 8)에 나와 있는 대로 순종황제의 칙유(勅諭)와 함께 발견되었다는 통감의 유고
　(諭告) 사진판을 보면 장문(長文)으로 이루어진 원문은 분명히 일본어로 작성되어
　있다. 실록은 이를 국한문혼용체로 번역하여 실은 셈이다.

에 조회왕부문서(照會往復文書)는 종전(從前)과 여(如)히 국한문(國漢文)을 용(用)홈이 무방(無妨)홈"처럼 규정된 내용이 그것이다.

결국, 각 관청의 공문서에는 일본어가 채택되면서 국한문혼용은 더 이상 허용되지 않기에 이르렀다. 국한문혼용은 내부문서에만 한정적으로 허용되었기 때문에 그만큼 비공식적인 문서로 격하된 것이다. 그 뒤에 더러 나타나는 국한문혼용체로는 1910년(순종 3년) 10월 14일 '전시종이교영(前侍從李喬永), 금황진(金璜鎭), 박선빈(朴善斌), 남작(男爵) 윤용구(尹用求) 등에게 내린 유시(諭示)', 12월 30일 황실령(皇室令) 제(第)34호(號)로 공포된 '이왕직관제(李王職官制)', 1911년(순종 4년) 2월 1일에 공포, 시행된 '이왕직(李王職) 사무분장(事務分掌) 규정(規程)' 등이 있다.

(4)

지금까지 살펴본 결과, 근대 이행기의 자국어, 자국문자에 대한 정부차원의 자각은 공식문서에 국한문혼용의 채택이라는 역사적 혁신을 가져왔다. "법률(法律), 칙령(勅令)은 모두 국문(國文)을 기본으로 하고 한문(漢文)으로 번역을 붙이거나 혹은 국한문혼용(國漢文混用)으로 한다"는 것으로 당초에는 이 규정이 법률(法律)과 칙령(勅令)에 한하여 '국문을 기본으로 하고 한문이나 국한문혼용을 한다'는 것이었으나 실제로는 국한문혼용만이 현실에 반영되었다. 어찌되었건, 이러한 과정을 통하여 '국문(國文)'이라는 개념이 널리 확산되었으며 그 뜻은 막연하나마 언어로서의 '국어'와 글자로서의 '문자'를 동시에 나타내는 경우가 많았다. 이러한 혁신은 당시의 현실적 환경을 감안할 때 역사적으로 괄목할 만한 사실이 아닐 수 없다. 세종대왕이 훈민정음을 창제한지 실로 450여 년 만에 이루어진 혁신이기 때문이다.

근대 이행기의 자각이 또 하나의 커다란 성과로 이어졌다면 그것은 국문연구소(1907~1909)의 설치일 것이다. 그 활동기간은 불과 2년 반에도 미치지 못하는 단명으로 끝났으나 그 역사적 의의는 대단하다 할 수 있다. 그러한 성과의 배경에는 폭풍처럼 불어닥친 시대적 여건과 사회적 요구, 그와 더불어 확산된 자국어와 자국문자에 대한 내면적 자각이 크게 작용하였으리라고 해석된다.

그러나, 한문의 권위와 세력은 그 기간에도 좀처럼 약해지지 않았다. 실록은 여전히 한문으로 기록되었으며 특히 권위와 품위를 나타내기 위한 문서에는 어김없이 한문이 사용되었다.[12]

2) 민간차원(民間次元)의 자각

(1)

자국어, 자국문자에 대한 정부차원의 자각에 자극을 받은 결과 약간 뒤늦게 시작되기는 하였지만 민간차원에서도 자국어, 자국문자에 대한 논의가 활발하게 표면화하였다. 여기에는 본격적인 문법연구를 비롯하여 번역서, 외국어 특히 일본어 학습을 위한 대역교재 등이 모두 포함될 수 있으나 이 자리에서는 그다지 전문적인 연구에 속하지 않거나 단편적이고도 짤막한 논설의 일부를 논의의 대상으로 삼는다. 본격적이거나 전문적인 연구성과는 다른 논문에서 다루어질 것으로 생각되기 때문이다.

단편적이나마 자국어, 자국문자에 대한 자각이 나타나는 소론으로 주목되는 것들을 연대순으로 모아보면 다음과 같다.[13]

---

12 그러한 현실을 상징적으로 나타내고 있는 사례가 『순종실록』부록 17권에 나타난다. 1926년(순종 19년) 6월 11일자(因山이 행해진 다음 날)에 실려 있는 순종황제의 諡冊文(前弘文館 學士 李載崑 製), 哀冊文(前奎章閣 提學 閔泳徽 製), 誌文(前判敦寧院事 尹用求 撰), 行狀(前弘文館 學士 尹德榮 製)과 같은 글들이 그것이다. 이들 한문체는 그야말로 당당하고 도도한 문장의 흐름을 보여준다.

(01) 「논셜」, 『독립신문』 1권 1호, 1896(건양원년).4.7. (國文전용, 띄어쓰기)

(02) 「잡보」, 『독립신문』 1권 26호, 1896(건양원년).6.4. (國文전용, 띄어쓰기)

(03) 지석영, 「국문론」, 『大韓獨立協會會報』 1호, 1896(건양원년).12.30. (國文전용, 띄어쓰기)

(04) 쥬샹호(周時經),[14] 「국문론」(제1차분), 『독립신문』 2권 47·48호, 1897(건양 2년).4.22·24). (國文전용, 띄어쓰기)

(05) 申海永, 「漢文字와國文字의損益如何」, 『大韓朝鮮獨立協會會報』 15, 16호, 1897(광무 1년).6.30·7.15. (國漢혼용, 붙여쓰기)

(06) 「社說」, 『皇城新聞』 創刊辭, 1898(광무 2년).9.5. (國漢혼용, 띄어쓰기)

(07) 쥬샹호(周時經), 「국문론」(제2차분), 『독립신문』 2권 114, 115호, 1897(광무원년).9.25·28. (國文전용, 띄어쓰기)

(08) 論說 「國文漢文論」, 『皇城新聞』 1권 20호, 1898(광무 2년).9.28. (國漢혼용, 띄어쓰기)

(09) 「國文源流」, 『皇城新聞』 2권 96, 97호 別報, 1899(광무 3년).5.2·3. (國漢혼용, 띄어쓰기)

(10) 「타국 글 아니라」, 『독립신문』 4권 112호, 1899(광무 3년).5.20. (國文전용, 띄어쓰기)

(11ㄱ) 李能和, 「國文一定法意見書」, 『皇城新聞』 2615·2616호, 1906(광무 10년).6.1·2. (漢文, 붙여쓰기)

---

13 河東鎬 편(1985), 『國文論集成』에는 1896년부터 1910년, 그러니까 이 글의 근대 이행기에 해당하는 시기의 소론 37편이 수집되어 있으나 그 중에는 거론할만한 내용이 아닌 경우도 있어 이들을 제외하고 나니 모두 29편이 남았다. 일련번호는 편의상 필자가 매긴 것이다.

14 이때의 필자명 '쥬샹호'(한자명으로 周相鎬)는 당시 '주시경(周時經)'이 쓰던 이름이다. 이 점에 대해서는 이기문(1976)(上)의 권말 '해설' 참조. 여기에 따르자면, 전후 2차에 걸쳐 『독립신문』에 발표된 쥬샹호(04, 07)는 지금까지 알려진 주시경의 글로는 최초로 공간된 것이라고 하며, 그는 당시 배재학당(培材學堂) 학생으로 독립신문사의 '회계겸교보원(會計兼校補員)'으로 일하고 있었다고 한다. 이에 따라 이 글도 쥬샹호(04, 07)에 대해서는 '쥬샹호(周時經)'로 표시하고 논의를 전개하기로 한다.

(11ㄴ)『大韓自強會月報』제6호, 1906(광무 10년).7.31(제11-2호에 재록). (漢文懸吐, 붙여쓰기)

(12) 쥬시경, 「국어와 국문의 필요」,『西友』2호, 1907(광무 11년).1.1. (國文전용, 다만 어쩌다 괄호 안에 한자표기, 띄어쓰기)

(13) 姜荃, 「國文便利及漢文弊害의說」,『太極學報』6 / 7호, 1907(광무 11년).1.24. (國漢혼용, 붙여쓰기)

(14) 朴大緒, 「國語維持論」,『夜雷』1호, 1907(광무 11년).2.5. (國漢혼용, 붙여쓰기, 다만 어쩌다 쉼표(、) 사용)

(15) 韓興教, ‘國文과漢文의關係‘(『大韓留學生會報』1호, 1907(광무 11년).3.3. (國漢혼용, 붙여쓰기, 다만 어쩌다 쉼표(、)사용).

(16) 周時經, 「必尙自國文言」,『皇城新聞』2442~2447호, 1907(광무 11년).4.1~6. (國漢혼용, 띄어쓰기)

(17) 미심즈, 「국문론」,『京鄕新聞』30·31호, 1907(광무 11년).5.10·17. (國文전용, 어쩌다 괄호 안에 한자표기, 띄어쓰기)

(18) 국문신보 발간, 「社사說셜」,『大韓每日申報』1호, 1907(광무 11년).5.23. (國文전용, 띄어쓰기)

(19) 張膺震, 「教授와教科에對ᄒ야」,『太極學報』13·14호, 1907(융희원 9년). 24·10.24. (國漢혼용, 붙여쓰기)

(20) 呂圭亨, 「論漢文國文」,『大同學會月報』1호, 1908(융희 2년).2.25. (漢文, 붙여쓰기)

(21) 李寶鏡, 「國文과漢文의過渡時代」,『太極學報』21호, 1908(융희 2년).5.24. (國漢혼용, 붙여쓰기, 가끔 가다 쉼표(、) 사용).

(22) 鄭喬, 「漢文과國文의辨別」,『大同學會月報』4호, 1908(융희 2년).5.25. (漢文, 붙여쓰기)

(23) 李種一, 「論國文」,『大韓協會會報』2호, 1908(융희 2년).5.25. (漢文懸吐, 붙여쓰기)

(24) 李承喬, 「國漢文論」, 『西北學會月報』 1호, 1908(융희 2년).2.1. (漢文懸吐, 붙여쓰기)

(25) 兪吉濬, 「小學敎育에 對ᄒᄂᆫ 意見」, 『皇城新聞』 2799호, 1908(융희 2년).6.10. (國漢혼용, 띄어쓰기)

(26) 李沂, 「一斧劈破」, 『湖南學報』 1・2・3호, 1908(융희 2년).6.25・7.25・8.25. (漢文懸吐, 붙여쓰기)

(27) 申采浩, 「文法을宜統一」, 『畿湖興學報』 5호, 1908(융희 2년).12.25. (國漢혼용, 붙여쓰기)

(28) 周時經, 「한 나라 말」, 『普中親睦會報』 1호, 1910(융희 4년).6.1. (國文전용, 붙여쓰기, 다만 거의 모든 단어 사이에 쉼표(、) 사용)

(29) 李光洙, 「今日我 漢用文에 對하야」, 『皇城新聞』 3430~3432호, 1910(융희 4년).7.24・26・27). (國漢혼용, 띄어쓰기)

민간차원의 자각은 『독립신문』이나 『황성신문(皇城新聞)』과 같은 언론을 비롯하여 각종 학술, 사회단체의 학보, 회보, 월보와 같은 간행물을 통하여 세상에 드러났다. 본격적인 연구에 속하지는 않으나 이들과 같은 소론이 주목되는 이유는 거기에 각자의 실질적인 주장, 의견, 제안, 새로운 발상 등이 다채롭게 담겨있기 때문이다. 앞에서 본 정부차원의 자각이 국문(國文), 국자(國字)를 새로 공식문서에 도입하는 길을 열었다면 민간차원의 이들 소론은 한자학습의 어려움을 성토하는 한편, 배우기도 쓰기도 쉬운 국문(國文), 국자(國字)를 이전과는 달리 좀더 폭넓게 이해해야 한다는 주장과 함께 그 효용성(效用性)을 살릴 수 있는 방안을 제시하고 있다. 이에 이 글은 이들 소론에 반영된 문자이용 방식으로서의 문체와 띄어쓰기와 같은 표기방식을 먼저 검토하고, 주목되는 주장의 몇 가지를 드러냄으로써 근대 이행기의 자국어에 대한 민간차원의 자각이 어떠했는지를 정리하기로 한다.

(2)

우선, 이들 소론이 보여주는 문체(文體)는 네 가지로 구분된다. 국문(國文)전용, 국한문(國漢文)혼용, 한문(漢文)현토, 순한문(純漢文)이 바로 그것이다. 가장 참신한 문체로는 국문전용(01・02・03・04・07・10・12・17・18・28)을 들 수 있으나 이는 주로 『독립신문』에 집중되어 있으며, 필자를 기준으로 보자면 지석영, 쥬상호(周時經), 쥬시경의 소론에 채택된 바 있다. 이와는 대조적으로 가장 많이 쓰인 문체는 오히려 국한문혼용(05・06・08・09・13・14・15・16・19・21・25・27・29)이다. 그밖의 몇몇 소론은 한문현토(11ㄴ・23・24・26)를 택했으며, 심지어 순한문(11ㄱ・20・22)으로 작성된 소론도 있다. 결국, 이 시기의 문체로는 국문전용과 국한문혼용이 양대 세력을 이룬 셈이다. 소수파인 한문현토나 순한문에 대해서는 거론할만한 의미가 따로 없을 듯하여 이 글에서는 논외로 돌리고자 한다.

국문전용의 맨 앞자리에는 『독립신문』이 있었다. 이 신문은 아예 국문전용에 띄어쓰기까지를 채택함으로써 국문(國文), 국자(國字)에 대한 새로운 자각의 선구적 역할을 자처하고 나섰다. 창간호인 제1권 제1호는 (01)「논셜」에서 그 취지를 다음과 같이 밝히고 있다.

"우리 신문이 한문은 아니 쓰고 국문토로만 쓰는 거슨 샹하귀쳔이 다 보게 홈이라". 『독립신문』이 '국문'과 '토'로만 쓰는 것은 샹하귀쳔이 모두 볼 수 있게 하기 위함이라는 것이다. 또한 조선 국문은 한문보다 배우기가 쉬우니 좋은 글이요, 조선글인지라 조선인민들이 알기 때문에 한문대신 국문으로 써야 샹하귀쳔이 모두 알아보기 쉽다는 것이다. 이러한 출발은 당시의 시대적, 사회적 여건으로 볼 때 무척 새롭고도 과감한 자세였을 뿐만 아니라 정부차원의 정책보다 한 단계 앞선 시도였고 도전이 아닐 수 없었다.

『독립신문』은 가끔 무기명(無記名) 논설이나 기명(記名)의 소론을 실어 국문(國文)에 대한 관심을 드러내기도 하였다. 그 일례로, (02)「잡보」에서는 학부대신 신기선(申箕善 — 필자)이 조선 글을 쓰는 것은 사람을 짐승으로 만드는 것과 같다는 상소를 했다면서 다음과 같이 비판하였다.

"국문이란 거슨 죠선 글이요 (…중략…) 한문보다 빅비가 낫고 편리ᄒᆞᆫ즉 내 나라에 죠흔게 잇스면 그 거슬 쓰는 거시 올치 이 쓰는 일은 사ᄅᆞᆷ을 즘승 ᄆᆞᆫ드는 것과 ᄀᆞᆺ다고 ᄒᆞ엿스니" 이는 "션왕의 ᄃᆡ졉도 아니요 죠션 사ᄅᆞᆷ을 위ᄒᆞᆫ 것도 아니라."**15**

지석영(池錫永)은 일찍이 (03)「국문론」을 통하여 자신의 의견을 피력한 바 있다. "나라에 (…중략…) 국문이 잇스되 힘 ᄒᆞ기를 전일 ᄒᆞ지 못ᄒᆞ면 그나라 인민도 그나라 국문을 귀중 ᄒᆞᆫ줄을 모르리니 엇지 나라에 관계가 젹다 ᄒᆞ리오. 우리 나라 사ᄅᆞᆷ은 말을 ᄒᆞ되 분명이 긔록ᄒᆞᆯ슈 업고 국문이 잇스되 전일ᄒᆞ게 힘 ᄒᆞ지 못 ᄒᆞ야 귀중 ᄒᆞᆫ줄을 모르니 가히 탄식ᄒᆞ리로다."

여기서 그는 세종이 정해 둔 평성, 상성, 거성과 같은 성조표기 방식을 소개하며 "이법은 진긔 국문에 뎨일 요긴ᄒᆞᆫ 거시로다. 이법이 널리 힘 ᄒᆞ면 비단 어음을 긔록 ᄒᆞ기 분명 ᄒᆞ야 인민이 새로히 귀중 ᄒᆞ게 녁일뿐 아니라 대성인ᄭᅴ셔 옵셔 글ᄌᆞ ᄆᆞᆫ드신 본의를 다시 붋히어셔 독립ᄒᆞᄂᆞ 나라에 확실ᄒᆞᆫ 긔초가 되리로다"고 주장하였다. 이러한 발상은 그 후 『신정국문(新訂國文)』(1907)으로 발전하였는데 여기에 대해서는 앞의 3절 1항의 (2)에서 이미 논의한 바 있다.

일찍이 쥬상호(周時經)는 (04)「국문론」(제1차분)에서 '한토 글자'(漢字

---

15 비판은 "태양역(太陽曆 — 필자)을 쓰지 말고 청국 정삭(正朔, 곧 책력(冊曆) — 필자)을 도로 밧들자 ᄒᆞ엿스니 청국 황뎨를 그러케 셤기고 스푼 ᄯᅳᆺ시 잇스면 청국으로 가셔 청국 신하되는 거시 맛당ᄒᆞ고 죠션 대군쥬 폐하의 신하 될 묘리는 업슬듯 ᄒᆞ더라"처럼 신랄하게 계속된다.

를 뜻함―필자)를 배우는 것은 청년시절을 낭비하는 것이므로 일신을 보존할 직업을 얻기도 어렵다. 그러므로 국문을 배워 각색 사업상의 공부를 하게 한다면 십여 년 동안에 쓸만한 직업 한 가지는 잘 졸업할 것이라고 하였다. 국문이 그만큼 중요하다는 주장을 펼친 것이다. 한참 후에 발표된 (07) 「쥬샹호(周時經)」는 (04)의 속편이다.

『독립신문』은 (10) 「타국 글 아니다」를 통하여 정부에 대해서도 서슴없는 비판을 가하였다. "근일에 드른즉 대한 정부에셔 뎐쟝 법률 교졍 ᄒᆞᆫ는디 쟉항 쟝뎡 규칙에 온젼히 한문으로 쓰라"고 하였다니, "지금 대한 정부에 당국ᄒᆞ신 졔공은 (…중략…) 엇지 구습을 바리지 못ᄒᆞ고 졈졈 뒤로 물너가는 일을 행 ᄒᆞ리가 잇스리요." 대한 국문으로는 "못ᄆᆞᆯ들 말이 업고 못 번력홀 글이 업스니 과연 쉽고도 긔묘ᄒᆞᆫ 글"인데 "대한 정부에셔 엇지 쉽고 편ᄒᆞᆫ 국문은 쓰지 안코 어렵고 ᄯᆞ다른 한문을 슝샹 ᄒᆞ고져 ᄒᆞᆫ는지" 우리는 믿지 않는다고 하였다.

쥬시경은 (12) 「국어와 국문의 필요」를 통하여 "ᄌᆞ금이후로 우리 국어와 국문을 업수히 녁이지 말고 힘써 그 법(법?―필자)과 리치를 궁구ᄒᆞ며 ᄌᆞ뎐과 문법과 독본을 잘 만달어 더 죠코 더 편리ᄒᆞᆫ 말과 글이 되게 ᄒᆞᆯᄯᆞᆫ아니라 우리 왼 나라 사롬이 다 국어와 국문을 우리나라 근본의 쥬쟝글노 슝샹ᄒᆞ고 사랑ᄒᆞ여 쓰기를ᄇᆞ라노라" 하였다.

주시경(周時經)은 또한 (16) 「필샹자국문언(必尙自國文言)」에서 이제부터는 국문을 천시하는 누습(陋習)을 없애고 (…중략…) 자전(字典), 문전(文典), 독본(讀本)을 저성(著成)하여 더욱 정리(精利)한 문언(文言)이 되게 하자고 하였다. 나아가 그는 다시 (28) 「한 나라 말」에서 "말은 사람과 사람의 뜻을 통하는것이라 (…중략…) 글은 말을 담는 그릇이니 (…중략…) 글은 또한 말을 닦는 긔계니 긔계를 닦은 뒤에야 말이 잘 닦아지나니라" 하였다. 말을 잘 닦기 위에서는 먼저 글을 닦자는 것이었다.

주시경(周時經)의 소론들은 비록 짤막할망정 국어와 국문을 아끼고

가꾸자는 주장을 분명히 내세우고 있다. 그는 국문전용을 꾀했을 뿐 아니라 말과 글자, 곧 언어와 문자를 분명히 구별함으로써 당시로서는 드물게 문자가 아닌 언어에도 관심을 나타낸 선각자였다. 또한 그는 일찍부터 자기 나름의 띄어쓰기와 단락구분을 썼는가 하면, (28)「한 나라 말」에서처럼 띄어쓰기 대신 쉼표(,)로 단어의 경계를 표시하기 도 하였다.

『대한매일신보(大韓每日申報)』는 (18)「사셜(社說)」에서 한문만 배우는 것은 '노예의 학문'이라고 경고하였다. 국문을 배우지 않고 한문만 배 우면 말과 글이 한결같지 못하여 국민의 보통 지식을 개발하는 길이 심 히 좁고, 청춘부터 백수가 되도록 제 집안의 경제도 하기 어렵다. 한국 의 문학가는 청국의 역사와 지리는 물 흐르는 듯이 외우고 손바닥 같이 밝히 보면서 제 나라의 산천구역과 세대사적과 풍토물산은 저마다 캄 캄하니 이는 소위 노예의 학문이라는 것이다.

이보경(李寶鏡)은 (21)「國文과漢文의과도시대(國文과漢文의過渡時代)」에 서 "국민(國民)의 정수(精粹)되는 국어(國語)를 발달(發達)홀 거슨 부대다 언(不待多言)이로디 차(此)를 유형(有形)ᄒ게 발표(發表)ᄒᄂ 국문(國文)을 유지발달(維持發達)홈도 역시국민(亦是國民)의 의무(義務)가 아닌가" 하면 서 '① 한문(漢文) 전용, ② 국문한문(國文漢文) 병용, ③ 국문(國文) 전용' 가운데 어느 쪽을 택할 것인가를 물은 후, ①은 애국정신의 근원이 국 사와 국어에 있기 때문에 불가하며, ②는 한문을 배우지 않으면 안 되 는 폐단이 있기 때문에 불가하므로 불가불 ③을 채용해야 한다고 하였 다. 이보경(李寶鏡)의 이 소론은 국한문혼용으로 작성되었음에도 불구 하고 그 주장은 국문전용이었다. 국한문혼용을 따른 필자들은 거개가 국한문혼용론자라는 점에서 이보경(李寶鏡)은 예외적인 존재에 속한다 할만하다.

이종일(李種一)은 (23)「논국문(論國文)」에서 "今我韓人士 輒曰非漢文

則國將亡矣오 人道蔑矣오 (…중략…) 指泰西及日本之文曰 非文也ㅎ니 是何謬見之甚也오(지금 우리나라 인사가 문득 이르기를 漢文이 아니면 곧 나라가 장차 망하며 人道가 없어지리라 하고 (…중략…) 泰西와 일본글을 가리켜 글이 아니라 하니 이 얼마나 잘못이 심각한 관점인가)"라고 하면서, "我國文則 (…중략…) 可居世界國文中第一地位也오 (…중략…) 可使國文으로 敎之以孝悌忠信 則能不孝不悌아(우리 국문은 곧 (…중략…) 가히 세계의 국문 가운데 제일의 지위에 있으니 (…중략…) 국문을 사용하여 효제충신을 가르친다면 곧 불효불제가 있겠는가)" 이런 식으로 정치 법률, 농공 상업을 가르치고, 정치건 외교건 천문지리에 이르기까지 허다한 학문을 가르치지 못할 것이 없으며, 만약 가르치기만 한다면 각자가 배워 실천함이 적더라도 한문으로 배운 자에게 양보함이 없을 것이니 우리 2천만으로 하여금 남녀노유를 불문하고 배우도록 해야 한다고 하였다.

　이종일(李種一)의 경우, 국문전용을 적극적으로 내세우지는 않았지만 한자의 문제점을 지적하는 동시에 국문(國文), 국자(國字)의 장점을 높게 평가했기 때문에 결과적으로는 국문전용을 지지한 바나 다름이 없을 것이다.

(3)

　이상과 같은 국문전용의 흐름에도 불구하고 당시의 대세는 국한문 혼용 쪽으로 기울어져 있었는데 그 선봉에는 『황성신문(皇城新聞)』이 있었다. 『독립신문』보다 2년 반쯤 뒤에 창간된 『황성신문』은 (06) 창간 사로 내세운 사설을 통하여 스스로의 방향이나 목표와 같은 명분을 다음과 같이 밝히고 있다.

　　大皇帝陛下끠셔 甲午中興之會룰 適際ㅎ야 (…중략…) 自主獨立ㅎ시는 基礎룰 確定ㅎ시고 一新更張ㅎ시는 政令公을 頒布ㅎ실시 特히 箕聖의 遺

傳ㅎ신 文字와 先王의 創造ㅎ신 文字로 並行코져 ㅎ샤 公私文牒을 國漢文으로 混用ㅎ라신 勅敎를 下ㅎ시니 (…중략…) 本社에셔도 新聞을 擴張ㅎ 눈디 몬져 國漢文을 交用ㅎ눈 거슨 專혀 大皇帝陛下의 聖勅을 式遵ㅎ눈 本意오 其次눈 古文과 今文을 幷傳코져 홈이오 其次눈 僉君子의 供覽ㅎ시눈 디 便易홈을 收홈이로라.

곧, 첫째는 공사문첩(公私文牒)을 국한문(國漢文)으로 혼용하라 하신 황제의 칙명을 받들자는 뜻이고, 둘째는 '고문'(古文, 곧 漢字—필자)과 '금문'(今文, 곧 國文 내지 國字—필자)을 나란히 실천하자는 것이며, 셋째 는 여러 군자들이 보기에 편하고 쉽게 하자는 것이라 하였다. 결국, 『황성신문(皇城新聞)』이 두 번째 명분으로 내세운 국한문혼용은 한자 와 국문을 함께 이어받아 후세에 전하고자 한다는 뜻이었다.

국한문혼용은 조정에서 먼저 시작된 문체이므로 거기에 따로 명분 이 필요할 리 없다. 그런데도 『황성신문(皇城新聞)』처럼 한자를 완전히 배제하지 못하고 국문과 혼용할 수밖에 없었던 것은 한자가 통용된지 2 천 년인데 어찌 일조(一朝)에 그것을 없앨 수 있겠는가와 같은 사유에서 비롯된 것이다.[16] 사실, 대부분의 필자들은 사유를 일일이 밝히지 않은 채 국한문혼용을 채택한 바 있다. 행동이 곧 명분을 말해주는 셈이다. 여기서 국한문혼용이나 한자의 필요성을 앞세운 견해를 잠시 훑어보 기로 한다.

『황성신문(皇城新聞)』은 (09) 「국문원류(國文源流)」에서 "아대황제폐하 (我大皇帝陛下)씌옵셔 (…중략…) 국문(國文)으로 한문(漢文)[17]을 호용(互

---

[16] 실제로 신채호(申采浩)는 (27) 「文法을宜統一」에서 "국문(國文)을 순용(順用)코자 ㅎ나 단(但) 누백년습관(屢百年習慣)ㅎ던 한문(漢文)을 일조(一朝)에 전기(全棄)홈 이 시의(時義)와 시세(時勢)에 균시불합(均是不合)ㅎ지라" 하여 일조(一朝)에 한자 를 전폐할 수 없는 이유로 시대적, 사회적 여건을 들고 있다.
[17] 이때의 '漢文'이란 '漢字'를 뜻한다. 이하에 나타나는 당시의 소론 가운데도 '漢文'

用)ㅎ야 공거문자(公車文字)를 행(行)ㅎ시니 국음(國音)이 어시호(於是乎) 일(一)ㅎ엿고, 국문(國文)이 어시호(於是乎) 흥(興)ㅎ오며, 국민(國民)의 학(學)이 어시호(於是乎) 간이(簡易)함을 기(基)ㅎ엿더라"고 밝힌 바 있다. 국한문혼용을 직접 주장하지는 않았으나 국문과 한문의 호용(互用)으로 국음(國音)이 통일되고, 국문이 흥하게 되리라는 것이다.

강전(姜荃)은 (13)「국문편리급한문폐해(國文便利及漢文弊害)의 설(說)」에서 국문(國文)의 편리함과 한문의 폐해를 지적한 후, "① 정부(政府)의 제고(制誥), 칙어(勅語)와 같은 사륜(絲綸), 정료대신(庭僚大臣)의 주어(奏御), 소장(疏章)에 국한문을 삽입할 것, ② 학부(學部)는 전국 각 학교의 교과서적(敎科書籍)을 국한문(國漢文)으로 개정할 것, ③ 제반 사회의 각종 부서(簿書)와 유행소설, 잡지라도 다 국한문을 혼용케 할 것"을 주장하였다.

한흥교(韓興敎)는 (15)「국문(國文)과 한문(漢文)의 관계(關係)」에서 우리 국문은 원래 일반인민의 순수한 어음으로 조직되어 개별자(個別字)의 의미가 없으므로 한문과 병용하여야 비로소 해석이 분명하니, 오직 시의(時宜)에 합한 자는 국한문을 조화병용하는 일법(一法)이 있을 뿐이라고 하였다.

여규형(呂圭亨)은 (20)「논한문국문(論漢文國文)」에서 "문즉도야 도즉문야(文卽道也 道卽文也)"라는 생각을 밝힌 후 "今世俗之言曰 廢漢文純用國文, 然後始可以立國也. 愚迷如此, 不容多辯(지금 世俗의 말에 이르기를 한문을 폐하고 국문을 純用한 연후에야 처음으로 가히 나라를 세울 것이라 한다. 우매하기가 이와 같으니 많은 말이 필요하지 않다)"라고 하면서 "今之欲廢漢文者, 欲廢孔子之道者也. 人而有心與耳目口鼻而, 欲廢孔子之道, 則與廢父子君臣之倫同焉. 卽謂之亂臣逆子可也(지금 한문을 폐하고 싶어 하는 자는 孔子의 道를 폐하고 싶어 하는 것이다. 사람이 마음과 이목구비를 가지고 있으면서 공자의 도를 폐하고자 함

_____

이라는 단어가 자주 등장하지만 그 대부분은 문맥상 '漢字'를 뜻하고 있다. 이 글은 이러한 뜻으로 쓰인 '漢文'이라도 원문표기 그대로 살려 쓸 것이다.

은 곧 부자군신의 윤리를 폐하는 것과 같다. 곧 이를 일러 亂臣逆子라 할만하다)"라고
하였다.

정교(鄭喬)는 (22)「한문(漢文)과 국문(國文)의 변별(辨別)」에서 근래 한
문(漢文)을 전폐(全廢)하자는 설이 있으나 (…중략…) 국문표기만으로
는 '장(張)'과 '장(蔣)'이라는 성씨가 다같이 '장'이 되고, '주(舟)'와 '리(梨)'
가 함께 '배'가 되며, '가(家)'와 '고(藁)'가 똑같이 '집'[18]이 되어 그 뜻이
구별되지 않는다고 지적하였다. 그는 여기서 위와 같은 국문표기의
문제점을 해결하기 위해서는 한자가 필요하다고 본 것이다.

이승교(李承喬)는 (24)「국한문론(國漢文論)」을 통하여 "初等小學은 以
國文으로 專爲課程ᄒ고 其次에 可用漢文字學하되"(초등소학은 국문을 전적
으로 課하고 그 다음에 漢文字學을 쓰도록 하되)", "以天地父母東西南北春夏秋
冬江山草木等 易曉易解之字學으로 爲課ᄒ고 其次에 或以國文專用ᄒ며
或以國漢文幷用호디 (…중략…) 奇僻語異常之文字ᄂᆫ 一切廢閣ᄒ고 惟
以實地實名으로 簡率取用ᄒ면 國文程度가 自爾發達ᄒ리니(천지, 부모, 동
서남북, 춘하추동, 강산, 초목 등 쉽게 깨치고 이해할 수 있는 글자공부로 課하고, 그 다
음에는 혹 국문으로 전용하거나 국한문으로 병용하되 (…중략…) 奇語나 이상한 문자
는 일체 없애고, 오직 實地實名을 簡率하게 선택하여 쓴다면 국문의 처지가 저절로 발
달할 것이라)" 하였다.

이기(李沂)는 (26)「일부벽파(一斧劈破)」에서 구학문(舊學問)의 폐단으
로 '사대주의(事大主義), 한문습관(漢文習慣), 문호구별(門戶區別)'의 세 가
지를 들면서 다음과 같은 요지의 주장을 펼쳤다. 즉, 한어한문(漢語漢
文)은 배우기도 어렵지만 '허문무실지학(虛文無實之學)'에 불과하여 '일
신지사계(一身之私計)'는 될지라도 '보국가리생민(補國家利生民)'하여 '천

---

18 '家'와 '藁'가 다같이 '집'으로 표기된다는 점은 당시의 표기관행을 따랐기 때문인데,
  현대국어의 맞춤법으로는 두 단어가 각기 '집'과 '짚'이 되기 때문에 구별에 문제가
  되는 일은 없다. 다만, 발음으로는 '집'과 '짚'이 동음어로 실현된다.

하지공익(天下之公益)'은 되지 못한다. 이에 따라 한문습관의 폐단은 국문(國文)으로 깨뜨릴 수 있다. 세종대왕(世宗大王)은 그 폐단을 알았기 때문에 국문(國文)(즉 訓民正音)을 만들었으나 (…중략…) 지금까지 4백년 동안 오로지 여항부녀(閭巷婦女)가 소설(小說)을 읽는 이외에는 별로 쓰임이 없었으니 애석하다. 갑오경장(甲午更張) 이후부터 '국한문잡작(國漢文雜作)'이 이미 관부(官府)에 행해지고 장차 학계(學界)에 시행될 터인데 모르는 자가 여전히 자훼(訾毁)하니 그 또한 심각한 일이다. 그의 주장은 결국 조정의 '국한문잡작(國漢文雜作)'(국한문혼용─필자)을 지지하고 있는 것이다.

신채호(申采浩)는 (27)「문법(文法)을 의통일(宜統一)」에서 "국한자교용(國漢字交用)의 의(議)가 기(起)ᄒ야 십여년래(十餘年來) 신문잡지(新聞雜誌)에 차도(此道)를 준용(遵用)홈이 기(己, '已'의 잘못─필자)구(久)ᄒ나 (…중략…) 문법(文法)의 이기(離奇)홈이 명상(名狀)키 난(難)ᄒ니 (…중략…), 고(故)로 금일(今日)에 문법통일(文法統一)이 즉역(卽亦) 일대급무(一大急務)라" 하였다. 신채호(申采浩)는 여기서 문법을 통일해야 한다고 주장했으나 그가 말하는 문법이란 한문을 우리말로 옮기는 방법을 뜻한 것으로 보인다. 다시 말하면 그의 주장은 한문을 읽을 때 한문문세(漢文文勢)건 국문문세(國文文勢)건 어느 한쪽으로 통일해야 한다는 것이었다. 요컨대, 신채호는 따로 국문전용을 앞세우지는 않았지만 기본적으로는 국한문혼용 쪽에 서있었던 것으로 추측된다.

마지막으로, 이광수(李光洙)는 (29)「금일아한용문(今日我韓用文)에 대(對)ᄒ야」에서 국한문혼용에 찬성하였으나 한 가지 조건을 달았다. 오늘의 우리 한국은 신지식 수입(輸入)에 급급한 때라, 순국문만으로는 신지식의 수입에 장애가 되기 때문에 국한문병용이 좋다. 그러나 지금의 국한문병용은 순한문에 현토만 나타낸 것이다. 이에 앞으로는 고유명사나 한문에서 나온 명사, 형용사, 동사 등 국문으로는 쓰지 못할 것만 한문으로 쓰고 그밖에는 모두 국문으로 쓰자는 것이다. 가능한 한 국문을 많이 쓰자는 점에서 다른 사람들이 주장한 국한문혼용과는 상당한 차이가 있는 셈이다. 곧, 한자를 줄임으로써 국한문혼용을 전향적으로, 합리적으로 개선해 나가자는 주장이었다.

(4)

지금까지 살펴본 바와 같이, 국한문혼용을 택한 필자들은 각자가 그 나름의 명분을 가지고 있었으나 그 논리는 각양각색이었다. 그런데 개중에는 국한문혼용 방식을 주장하면서 거기에 독특한 방식을 추가하자는 제안도 있었다. 여기서 잠시 그러한 제안이나 주장을 짚어보고자 한다.

이능화(李能和)는 (11)「국문일정법의견서(國文一定法意見書)」[19]을 통하여 "한일양국(韓日兩國)이 차용한문(借用漢文)ᄒᆞ고 우각유국문(又各有國文)ᄒᆞ니 즉한지언문(卽韓之諺文)과 일지가명(日之假名)이라 (…중략…) 인이한문지교작(因以漢文之交作)이면 편리무비(便利無比)라" 하여 원칙적으로는 '한문지교작(漢文之交作)'(國漢文混用 — 필자)을 주장하였다. 다만, 일본은 한자(漢字)의 오른쪽에 가명(假名)을 부서(附書)하여 비록 부녀아동(婦女兒童)이라도 해득하기가 쉬운데 "아국문국어지조성(我國文國語之組成)이 행여일문일어(幸與日文日語)로 대체상사이단국한문혼용지법(大體相似而但國漢文混用之法)이 지어어미(止於語尾)ᄒᆞ야 수사속자(遂使俗者)로 잉연불능독서(仍然不能讀書)ᄒᆞ니"라 하여 우리 국문국어의 구성이 다행히 일문일어와 대체로 비슷한데도 국한문혼용의 법은 어미(語尾)에 그치고

---

19 이 글은 『大韓自强會月報』(제6호, 1906(광무 10년).7.31)에 재록된 바 있는데 이번에는 그 문체가 한문현토(漢文懸吐)로 되어있다. 이에 이 글은 후자를 대상 자료로 삼는다. 다만, 전자와 후자 사이에는 몇몇 한자(漢字)에 차이가 나타난다. 그 경우에는 양자를 대조하여 적절한 쪽으로 수정하여 쓸 것이다.

있어 속인(俗人), 곧 일반인들로 하여금 독서를 할 수 없도록 만든다. 이에 일본어처럼 가명(假名)을 부서(附書)하는 방법을 씀으로써[20] 언문일치(言文一致)가 되도록 한다면 지식인도 속인도 모두가 읽을 수 있지 않겠는가. 결국, 그는 내세운 의견은 '한자측부서언문(漢字側附書諺文)'(한자곁에 언문을 덧붙여 적기)라는 것이었다. 그의 '부서(附書)'가 음독(音讀)만을 뜻하는 것인지, 훈독까지로 확대하자는 것인지는 분명하지 않다. 음독만일 수도 있고 훈독까지를 뜻할 수도 있기 때문이다.[21]

그는 국문을 일정하게 하는 방법으로 "① 박학다문(博學多聞)한 인사를 초빙, 『고토바노 이즈미[言泉]』[22](日文字典之最良者)을 모방하여 국문자전(國文字典) 1부(部)를 집술(輯述)할 것, ② 소학(小學) 교과서(敎科書)의 한자(漢字) 옆에 언문(諺文)을 부서(附書)할 것, ③ 국회규범(國誨規範) 1책을 집술(輯述)하여 소학교의 국어일과(國語一科)에 첨입(添入)할 것"과 같은 세 가지 방안을 결론으로 제시하였다.

주목되는 사실은 유길준(兪吉濬) 또한 (25) 「소학교육(小學敎育)에 대ᄒ(對)는 의견(意見)」에서 이능화(李能和)와 일맥상통하는 방식을 제안하였다는 점이다. 곧, "소학교과(小學校科)의 서적(書籍)은 국한자(國漢字)를 교용(交用)ᄒ야 훈독(訓讀)ᄒ는 법(法)"을 취하면 좋으리라는 주장이었

---

20 명치시대의 일본어는 한자의 오른쪽에 발음이나 의미를 빠짐없이 달았기 때문에 누구나 쉽게 읽을 수 있었다.
21 그 발상은 일본어에서 얻었다고 볼 수 있는데 그것이 일본어와 같은 방식이라면 이는 생각보다 복잡하다. 일본어의 '후리가나(振り仮名[huri-gana])'란 음독과 훈독을 광범하게 활용하기 때문이다.
22 '고토바노 이즈미(ことばのいずみ[kotoba-no izumi])'는 1898~1899년 대창서점(大倉書店)에서 간행된 오치아이 나오부미(落合直文, 1861~1903)(편)의 일본어사전(和裝 5冊, 洋裝 1冊)이다. 약 13만 단어를 50음순(音順)으로 배열하였다. 이능화(李能和)는 이 사전을 '일문자전지최량자(日文字典之最良者)'(일본자전 중 가장 좋은 자)로 본 듯하다. 그 후 아들인 落合直幸 등이 약 7만 단어를 증보, 개정하여 『ことばの泉 補遺』(1책)로 간행하였다. 그 후엔 芳賀矢一(1867~1927)이 다시 증보, 개정하여 1921~1929년 『言泉』이라는 이름으로 간행하였다. 이때는 관례상 'げんせん[gensen]'이라고 읽는다.

다. 이때의 '훈독(訓讀)ᄒᆞᆫ는 법(法)'이란 음독과 훈독을 함께 쓰자는 것으로 이능화(李能和)와 부서(附書)와는 차이가 있었다. 실제로 1907년부터 1909년 사이에는 한자나 한자어에 국문발음을 병기하거나 국문표기에 한자를 병기하기도 하고, 어떤 경우에는 의미를 병기한 교과서가 몇 점 출판되기도 하였다. 그중에는 유길준(兪吉濬)이 펴낸 교과서도 포함되어 있다. 여기에 대해서는 조금 뒤에 구체적으로 검토할 것이다.

(5)

　신문이나 잡지의 경우, 교과서가 아니기 때문에 띄어쓰기 여부가 그다지 중요한 의미를 지니지는 않겠으나, 이들 소론에 더러는 띄어쓰기가 나타난다. 국문전용에는 일제히 띄어쓰기가 채택되었으나 국한문혼용에는 붙여쓰기와 띄어쓰기가 자유롭게 선택되었다. 의미를 쉽게 파악하는 데에는 띄어쓰기가 효율적이기 때문이었을 것이다. 그러나, 주시경은 (27)「한 나라 말」에서 독특하게도 띄어 쓸 자리를 일일이 쉼표(,)와 같은 표지로 대신하였다. "말은、사람과、사람의、뜻을、통하는것이라"는 식이다. 당연히 이때의 기호는 쉼표라기보다 단어경계 표지 정도처럼 쓰인 셈이다.

　위의 소론 중에는 어쩌다 쉼표를 사용한 경우도 있는데 박대서(朴大緖)의 (14)「국어유지론(國語維持論)」과 이보경(李寶鏡)의 (21)「국문(國文)과한문(漢文)의 과도시대(過渡時代)」, 그리고 이광수(李光洙)의 (29)「금일아(今日我) 한용문(韓用文)에 대(對)ᄒᆞ야」가 그것이다. 반면, 마침표는 이번 소론 가운데 어디에도 보이지 않는다. 또한, 소박하나마 단락구분이 되어있는 소론도 제법 나타난다. 쉼표나 단락구분의 경우, 지극히 초보적인 수준에 머물러 있어 이는 당시의 교과서와 대조적인 모습이다.

　국한문혼용의 소론에는 붙여쓰기와 띄어쓰기가 함께 나타나며, 한문현토와 순한문은 모두 붙여쓰기로 되어있다.[23] 국문전용을 택한 소

론 가운데에는 고유명사의 오른쪽에 구별표지로서 방선(傍線)을 쓴 경우도 더러 있다. 『독립신문』은 인명에 단선(|), 지명에 쌍선(‖)을 썼으나, 『경향신문(京鄉新聞)』은 (17) 「社사說셜」로 판단할 때 인명에는 쌍선‖, 지명에는 단선|을 썼다. 국문전용의 경우, 의미파악의 효율성이라는 측면에서 볼 때 띄어쓰기 방식이나 고유명사 표지와 같은 시각적 수단이 필요하다고 판단되었기 때문이었을 것이다.

한 가지 흥미로운 점은 왕조시대의 유풍인 대두법(擡頭法)이 엄격하리만큼 잘 지켜졌다는 사실이다. 당시까지는 여전히 왕조시대였기 때문에 당연한 일이겠지만 시대적으로는 이미 국가적인 문호개방이 광범하게 이루어졌음에도 왕실이나 왕권에 대한 권위만은 불가침의 존재로 인식되었음을 보여준다.

(6)

이번에는 개인 나름의 개성있는 주장이나 발상을 한 가지만 추가하기로 한다. 근대 이행기의 자국어에 대한 자각 중에는 추상적인 이론에 그치지 않고 실질적이거나 구체적인 실례중심의 논의도 있기 때문이다. 그러한 논의로 쥬샹호(周時經)의 (04) 「국문론」이 있다. 그는 남보다 한발 앞서 국문에 대한 실례중심의 단상을 발표하였다. 근대 이행기가 막 시작된 시점이어서 그의 단상은 주목을 끌만하다. 그는 일단 말과 글자를 구별하고 있다.

"사룸들 샤는 짜덩이 우희 다섯 큰 부쥬 안에 잇는 나라들이 졔 각금 본토 말들이 잇고 제 각금 본국 글즈들이 잇서셔"와 같은 기술 속에 그러한 생각이 담겨 있다. '말'과 '글즈'란 곧 '언어'와 '문자'를 뜻하기 때문이다. 당시로서는 언어와 문자를 혼동하는 경우가 흔했기 위

---

23 다만, 문체나 띄어쓰기와 같은 경우, 해당기관의 방침을 따랐을 가능성이 있기 때문에 필자의 소신이나 뜻과는 상관이 없었을지도 모른다.

와 같은 그의 논의는 주목을 받을만하다고 생각된다.

그는 같은 해에 발표한 (07)「국문론」에서 문법에 대한 소박한 주장을 피력하였다. 지금 조선 안에 학업의 직임을 맡은 이는 "죠션 말노문법 칙을 졍밀 ㅎ게 믄드러(러―필자)어서 남녀 간에 글을 볼 째에도 그 글의 뜻을 분명히 알아 보고 글을 지을 째에도 법식에 맞고 남이 알아 보기에 쉽고 문리와 경계가 붉게 짓도록 ᄀᆞᆯㅇ쳐야" 한다는 것이다.

나아가, 국문으로 옥편을 만들어야 한다고도 했는데 이때의 옥편은 사전에 해당한다. 그는 글자의 발음을 분명하게 나타내기 위하여 "음이 놉흔 글ᄌᆞ에는 뎜 ㅎ나를 치고 음이 나즌 글ᄌᆞ에는 뎜을 치지 말고 점이 업는 것으로 표를 삼아" 옥편을 꾸며야 한다고 주장하였다. 그 실례로서, 약을 가는 '연'('碾'을 뜻함―필자)의 음은 높고 아이들이 날리는 '연'('鳶'을 뜻함―필자)의 음은 낮으나 '점치는 법'을 쓴다면 이들은 각기 '연·'과 '연'처럼 구별되어 의미파악에 도움이 된다는 것이었다.[24]

3) 교과서(敎科書)에 반영된 자각

(1)

정부차원이건 민간차원이건 자국어나 자국문자에 대한 자각은 그 시대의 교과서에 가장 잘 반영된다고 볼 수 있다. 실제로 근대 이행기의 교과서 또한 그러한 실상을 보여준다. 이러한 의미에서 당시에 출

---

[24] 이와 비슷한 주장은 일찍이 지석영(池錫永)의 (03)「국문론」에서 먼저 제기되었다. 여기서 시작된 '점치는 법'은 후에 「신정국문(新正國文)」(조정에 제출되기는 1905년 7월 19일, 『官報』에 실리기는 7월 25일)에도 포함되었다. 그런데 쥬샹호(周時經)는 지석영의 (03)「국문론」을 보았다고 본문에서 분명히 밝히고 있다. 그럼에도 불구하고, 쥬샹호(周時經)는 지석영이 예시한 단어를 따르지 않고 전혀 다른 단어로 논의를 전개하였다.

판된 교과서로 국어 교재류와 수신·윤리 교재류를 얼마쯤 정리해보면 다음과 같다.[25]

〈국어교과서 류〉

(01) 學部 편, 『國民小學讀本』, 1895. (國漢文혼용, 붙여쓰기, 단락구분)

(02) 學部 편, 『小學讀本』, 1895. (國漢文혼용, 붙여쓰기, 단락구분)

(03) 學部 편, 『新訂尋常小學』 권1~3, 1896. (國漢文혼용, 붙여쓰기, 단락구분, 구두점([.][。]))

(04) 大韓民國教育會 편, 『初等小學』 권1~8, 1906(광무 10년). (國漢文혼용, 붙여쓰기, 단락구분, 구두점([、][。]))

(05) 徽文義塾 편, 『高等小學讀本』 권1~2, 1906(광무 10년)~1907(광무 11년). (國漢文혼용, 붙여쓰기)

(06) 學部 편, 『國語讀本』 권1~8, 1907(광무 11년)~1908(융희 2년). (國漢文혼용, 붙여쓰기, 구두점([。]))

(07) 玄采 편, 『幼年必讀』 권1~4, 2책, 1907(광무 11년). (國漢文혼용, 붙여쓰기, 단락구분, 구두점([、]))

(08) 玄采 편, 『幼年必讀釋義』 권1~4, 1907(광무 11년). (國漢文혼용, 붙여쓰기, 단락구분, 구두점([、]))

(09) 李源兢 편, 邊瑩中 校, 『初等女學讀本』, 1908(융희 2년). (漢文현토/번역(국문전용), 붙여쓰기, 단락구분, 국문에는 구두점([、]))

(10) 鄭寅琥 편, 『最新初等小學』 권1~4, 1908(융희 2년). (國漢文혼용, 붙여쓰기, 단락구분, 구두점([、]))

(11) 普成館 편, 『初等小學』, 출판년도 미상. (國文전용, 본문은 국문표기)

---

25 여기서는 한국학문헌연구소(韓國學文獻研究所)(1977), 『한국개화기교과서총서(韓國開化期教科書叢書)』에 수집된 교재를 대상으로 하였다. 다만, (19) 『셔례수지』만은 '총서(叢書)'에 포함되지 않은 책으로 필자가 추가하였다.

(12) 崔在學 편, 『蒙學必讀』, 출판연도 미상. (國文전용, 띄어쓰기, 단락구분)

(13) 兪吉濬, 『勞動夜學讀本』권1, 1908(융희 2년). (國漢文혼용, 붙여쓰기, 단락구분)

(14) 張志淵 편, 『녀즈독본』上~下, 1908(융희 2년). (國文전용, 띄어쓰기)

(15) 姜華錫, 『婦幼獨習』上~下, 1908(융희 2년). (상권은 國文전용, 하권은 國漢文혼용(간단한 한문구를 우리말로 풀이한 책). 상권은 띄어쓰기, 하권은 붙여쓰기)

(16) 鄭崙秀 저, 『樵牧必知』上~下, 1909(융희 3년). (본문은 國漢文혼용, 띄어쓰기)

(17) 玄采, 『新纂初等小學』권1~6, 1909(융희 3년). (國漢文혼용, 붙여쓰기, 구두점([。]))

〈수신, 윤리 교과서, 기타〉

(18) 學部 편, 『夙惠記略』, 출판년도 미상. (國漢文혼용, 붙여쓰기. 1895년 學部(편)으로 간행된 국어교과서 『國民小學讀本』이나 『小學讀本』과 체재나 활자가 똑 같은 점으로 미루어 그와 비슷한 시기에 출판된 것으로 보인다.)

(19) 편즙국 편, 『셔례슈지』, 1902(광무 6년). (國文전용, 붙여쓰기, 단락구분, 구두점([、]))

(20) 徽文義塾 편, 『中等修身教科書』권1~4, 1906(광무 10년). (國漢文혼용, 붙여쓰기, 단락구분)

(21) 申海永 편, 『倫理學教科書』권1~4, 1906(광무 10년)~1908(융희 2년). (國漢文혼용, 붙여쓰기, 단락구분)

(22) 學部 편, 『普通學校 學徒用 修身書』권1~3, 1907(광무 11년)~1908(융희 2년). (國漢文혼용, 붙여쓰기, 단락구분, 구두점([。]))

(23) 安鍾和 역, 『初等倫理學教科書』, 1907(융희원년). (國漢文혼용, 붙

여쓰기, 단락구분, 구두점([、][。]))

　(24) 徽文義塾 편,『高等小學修身書』, 1907(융희원년). (國漢文혼용, 붙여쓰기, 단락구분)

　(25) 朴晶東,『初等修身』, 1909(융희 3년). (國漢文혼용, 붙여쓰기, 단락구분)

　(26) 盧炳喜,『녀ᄌ소학슈신셔』, 1909(융희 3년). (國文전용, 붙여쓰기, 구두점([、]))

(2)

　이들의 문체를 보면 우선 국문전용(09번역부분, 11 · 12 · 14 · 15상권 · 19 · 26)이 얼마쯤 나타나기도 했지만 대세를 차지하고 있는 쪽은 역시 국한문혼용(1~8 · 10 · 13 · 15하권 · 16 · 17 · 18 · 19~25)이었다. 이와 같은 결과는 방금 위에서 살핀 바 있는 국문론과 비슷한 경향을 나타내고 있는 셈이다. 한편, 같은 국한문혼용이라도 한자사용은 학년이 높아질수록 늘어나는 경향을 보인다.

　교과서인데도 띄어쓰기(11 · 12 · 15상권 · 16)는 매우 드물게 보일 뿐이다. 국문전용에 띄어쓰기가 되어있는 경우(11 · 12 · 14)는 당연하다 하겠거니와, 국문전용인데도 띄어쓰기가 되어있지 않은 경우(09번역부분 · 19 · 26)가 있는가 하면, 국한문혼용인데도 띄어쓰기로 되어있는 경우(16)도 있다.

　대부분의 교과서에는 엉성하나마 단락구분이 채택되어 있으며(01 · 02 · 03 · 04 · 07 · 08 · 09 · 10 · 12 · 13 · 19~25), 특히 학부에서 편찬된 교과서에는 초창기부터 단락구분이 나타난다.

　구두점과 비슷한 경우로 많은 교과서에 쉼표(、)나 마침표(。)와 같은 부호가 나타난다. 그러나, 둘 다 사용된 경우(03 · 04 · 23)보다는 어느 한쪽만 사용된 경우가 훨씬 많다. 어찌되었건, 바로 위에서 살핀 바대로 구두점은 같은 시기의 국문론 관련 소론들보다 훨씬 많이 사용된 것이다. 교과서라는 점을 감안할 때 당연한 방향으로 생각되나 정확하다거나 규칙적인 모습은 보이지는 않는다.

한편, 유일한 사례로서 (26)『녀ᄌ소학슈신셔』의 고유명사에는 단선(ㅣ) 표지가 나타난다. 인명에만 쓰인 이 표지는 인쇄상의 어려움 때문이었는지 불완전하게 그어진 사례가 보이는가 하면 교과서 전체에 걸쳐 일관되게 나타나는 것도 아니다. 이 점에 관한 한 개화기의 교과서는 같은 시기의 국문론보다 한걸음 뒤진 모습을 보인다. 또한, 맞춤법이 없었던 시기인지라 통일된 표기는 나타나지 않는다.

(3)

이 시기의 교과서에 나타나는 표기방식으로 가장 특징적인 것이 있다면 그것은 어떤 단어의 음이나 훈을 해당단어의 오른쪽에 한자나 국문으로 덧붙여 적는 경우였다고 할 수 있다. 여기에 대해서는 이능화(李能和)의 제안대로 '부서(附書)'라고 할 수도 있겠으나 이 글에서는 이를 듣기에 좀더 익숙한 '병기(竝記)'로 부르고자 한다.

다음과 같은 교과서에 그러한 방식이 나타난다. 당시에는 교과서의 형식이 세로쓰기였기 때문에 병기는 해당단어의 오른쪽에 나타나는데 이 글은 가로쓰기인지라 이를 위쪽에 덧붙이기로 한다.

(07) 玄采, 『幼年必讀』, 1907년(광무 11년) 5월 5일 발행.

우리大韓나라는淸國과俄羅斯와日本과、갓갑고長은三千六百里오廣은
千餘里도、되고 (…하략…) (5쪽)

(11) 普成館, 『初等小學』, 출판연도 미상.

나비 노루(3) (…중략…) 긔 는 쯀에서 짓 고(36) 늙은이는 칙 을 보오(37)
단풍 빗 은 찬 란 ᄒ고(38)

(13) 兪吉濬, 『勞動夜學讀本』, 1908년(융희 2년) 7월 13일 발행.

나라의民되야는最大義務가二가지라 하나는曰대賦稅를納는義務이니

(…하략…) (5쪽)

(14) 張志淵, 『녀ᄌ독본』 上~下, 1908년(융희 2년) 4월 5일 발행.

고려 말년에 길ᄋᆞ은션ᄉᆡᆼ지가 벼슬을 ᄇᆞ리고 금오산에 도라가 절의를

직히더니 (…하략…) (101쪽)

(16) 鄭崙秀, 『樵牧必知』 上~下, 1909년(융희 3년) 6월 20일 발행.

일신의 리ᄒᆡ를 ᄉᆡᆼ각지 말고 국가의 공익을 도모ᄒᆞ야 일호라도 국민의

ᄌᆞ격을 (…하략…) (上 6쪽)

(26) 盧炳喜, 『녀ᄌ소학슈신셔』, 1909년(융희 3년) 2월 발행.

녀ᄌ의、힘쓸것은、방젹과、침션이니、각ᄉᆡᆨ실、ᄆᆞ다는것과、의복말으기

와、(…하략…) (5쪽)

이들 교과서에 쓰인 병기(竝記)방식은 국문(國文)전용에 쓰인 국문표
기 단어에 해당한자를 병기한 경우(11·14·16·26)와 국한문혼용의 본
문에 나타나는 한자표기 단어에 음독이나 훈독을 병기한 경우(07·13)
로 구분된다. 다만, (11) 보성관(普成館), 『초등소학(初等小學)』의 경우, 고
유어에도 그 뜻을 나타내는 한자(漢字)가 병기되어 있어 다른 교재와는
약간 다른 모습을 보인다. 그렇다고 이를 (13) 유길준(兪吉濬)의 『노동야
학독본(勞動夜學讀本)』과 같은 훈독방식이라고 볼 수는 없다. 아무튼 전
자의 경우는 모두 국문으로 표기된 단어에 한자를 병기하여 그 뜻을 쉽
게 알 수 있도록 한 것이다. 말하자면 국문전용의 한계점인 의미의 불
투명성(不透明性)을 극복하기 위하여 한자병기(漢字竝記)라는 수단을 이
용한 셈이다. 한편, (16) 정윤수(鄭崙秀), 『초목필지(樵牧必知)』만은 국문
과 한자가 같은 크기의 활자로 병기되어 있어 어느 쪽이 본문인지 구분
이 애매하다.

어떤 의미에서는 한자를 병기하는 방식이건 국문을 병기하는 방식이건 근본적으로는 동일한 수단이라고 할 수 있다. 다만, 유길준(兪吉濬)의 『노동야학독본(勞動夜學讀本)』만은 음독뿐만 아니라 훈독까지를 이용하고 있다는 점에서 특이한 사례로 간주된다. 이로써 유길준이 1908년 '소학교육(小學敎育)에 대(對)ᄒᆞᆫ 의견(意見)'에서 주장한 '훈독(訓讀)ᄒᆞ는 법(法)'은 음독과 훈독을 함께 뜻했음을 알 수 있다. 이 점에서 유길준의 훈독법은 현채(玄采)의 『유년필독(幼年必讀)』과도 분명하게 구별된다. 『유년필독(幼年必讀)』은 음독만 이용했을 뿐 훈독은 쓰지 않았기 때문에 유길준(兪吉濬)의 『노동야학독본(勞動夜學讀本)』에 나타나는 병기방식과는 근본적으로 다른 셈이다.

국한문혼용에 이러한 병기방식을 도입하자는 주장은 앞에서 본대로 1906년 이미 이능화(李能和)가 한발 앞서 주장한 바 있다. 2년 후 유길준(兪吉濬) 또한 그러한 주장을 내놓았다. 그러나 1907년에 나온 현채(玄采)의 『유년필독(幼年必讀)』이 이능화(李能和)의 주장을 따른 것인지 어떤지는 알 수 없는 일이다. 어쩌면 아무런 관련이 없을 가능성도 더 클지도 모른다.

유길준은 '소학교육(小學敎育)에 대(對)ᄒᆞᆫ 의견(意見)'(1908년 6월 10일)에서 주장한 훈독법을 한 달 후에 간행된 자신의 저서 『노동야학독본(勞動夜學讀本)』(7월 13일)에 실제로 적용하였다. 한자어에 대한 병기를 훈독에까지 이용하였다는 점에서 유길준(兪吉濬)의 『노동야학독본(勞動夜學讀本)』은 근대 이행기의 역사적 사례로는 거의 유일한 존재라 할 만하다. 유길준(兪吉濬)의 병기방식 자체는 당시의 일본어 표기방식에서 단서(端緖)를 얻었을 것이다. 따라서 그의 병기방식, 특히 훈독방식은 일본어와 같은 방식이라는 인상 때문이었는지 더 이상 확산되거나 계승되지 않은 채 자취를 감추고 말았다.

4. 결어─자국어에 대한 자각

한국의 경우, 자국어에 대한 자각이나 인식은 예비시기(1876~1894)와 근대 이행기(1894~1910) 두 시기를 통하여 찾아볼 수 있다. 우선, 예비시기에는 '국문(國文)'이나 '문자(文字)' 또는 '문자화어(文字話語)'나 '어언문자(語言文字)'와 같은 표현을 통하여 관원들의 머릿속에 자국어에 대한 자각이 싹텄으리라고 추측된다.

근대 이행기에 들어서서는 자국어에 대한 자각이 더욱 깊어졌다. 공문서(公文書)에 국문(國文)을 기본으로 쓰도록 하면서(1894) 자국어에 대한 자각은 최고조에 이르렀다. 그러나 현실에 주로 쓰인 문체는 국한문(國漢文) 혼용이었다. 자각에서 나온 또 하나의 성과로는 국문연구소(1907~1909) 설치가 있다.

이 시기에 싹튼 자각은 또 다른 차원에도 나타난다. 첫째는 신문(新聞)이나 잡지(雜誌)의 국문(國文) 관련 소론이오, 둘째는 당시의 교과서(敎科書)다. 여기에는 국문전용과 국한문혼용의 두 가지 문체가 나타나지만, 그 비중은 국한문혼용이 더 큰 편이었다. 이들의 자각은 엉성하게나마 띄어쓰기, 단락구분, 구두점의 사용 등으로 나타났으나 거기에 정확성이나 규칙성은 보이지 않는다.

특히, 이 시기 교과서의 문체 가운데 가장 특징적인 것으로는 어떤 단어에 국문이나 한자를 병기(竝記)하는 방식이 있다. 그중 유길준(兪吉濬)의 『노동야학독본(勞動夜學讀本)』(1908)은 음독과 훈독을 함께 보여 준다는 점에서 역사적으로 거의 유일한 존재일 것이다.

| 참고문헌 |

『高宗實錄』1863년(고종 즉위) 음12월 8일~1907년(고종 44년) 양7월 19일.
『純宗實錄』1907년(순종 즉위) 양7월 19일~1910년(순종 3년) 양8월 29일.
『純宗實錄附錄』1910년(순종 3년) 양8월 29일~1928년(순종 21년) 양7월 6일.

金敏洙・河東鎬・高永根 공편(1977~1986), 『歷代韓國文法大系』, 제1부 43책・제2부 44책・제3부 14책・총색인 1책, 塔出版社.
李基文 편(1976), 『周時經全集』上・下, 亞細亞文化社.
河東鎬 편(1985), 『國文論集成』, 『歷代韓國文法大系』제3부 제3책, 塔出版社.
韓國學文獻研究所 편(1977), 『韓國開化期教科書叢書』1~8 國語, 9~10 修身・倫理, 亞細亞文化社.

金敏洙(1986), 「1세기 반에 걸친 韓國文法研究史」, 金敏洙・河東鎬・高永根 共編, 歷代韓國文法大系 別冊, 『歷代韓國文法大系 總索引』所收, 塔出版社.
宋 敏(2000), 『明治初期における朝鮮修信使の日本見聞』(日文研 第121回フォーラム, 1999.9.7.), 京都: 國際日本文化研究センター.
_____(2005), 「開化期의 新生漢字語 研究: 『獨習日語正則』에 반영된 國語單語를 중심으로」, 片茂鎭・韓世眞・金眞瓊 편, 『獨習日語正則』(解題・索引・研究・原文), 불이문화사.
李光麟(1974), 『韓國開化史 研究』(개정판), 일조각.
李基文(1970), 『開化期의 國文研究』, 一潮閣.

문언(文言)에서 백화(白話)까지
번체(繁體)에서 간체(簡體)까지

근대 전환기 중국의 서면어(書面語)와 문자(文字)
왕웨이훼이

19세기 말부터 20세기 중엽까지, 중국의 언어·문자가 역사적 변화를 겪었다. 즉 문어에 있어 문언이 백화로 변했으며, 통용의 문자에 있어 번체가 간체로 변하였다.

1. 문언지백화(文言至白話)

중국에서 종래의 문어는 문언이며, 문자는 번체자이었다. '아편전쟁' 이후, 중국이 서방 열강들의 침략을 받으며, 점점 반봉건 반식민지사회로 되어버렸다. 특히, 중일갑오해전(1894)이 패전 후, 일본은 마관조약

(馬關條約)을 통하여 청나라에 배상금을 부과시키고 많은 영토를 차지하였다. 이때 지식인 가운데 자극을 받아, 중국의 낙후한 모습을 개선하려면 민지부터 개발하여야 하자는 주장들이 나오기 시작하였다. 우선 보통 사람들이 글을 읽고 쓸 수 있게 하여야 하는데 복잡하고 어려운 문언과 한자가 문화보급의 높은 장벽이 되었다. 따라서 '국어운동'이 자연스럽게 시작되었다.

광의의 '국어운동'에는 한자의 개혁, 국어의 통일, 백화문의 추진 세 가지 목표가 포함되어 있다.

1) 한자개혁

일찍이 명말(明末)에, 방이지(方以智, 字密之, 1611~1671)가 '여원서인사내합음, 인음이성자(如遠西因事乃合音, 因音而成字)'(『通雅』를 참고)라고 주장했으며, 청초(淸初)의 류헌정(劉獻廷, 字繼莊, 1648~1695)이 『신운보(新韻譜)』를 편찬하여, '통일국어(統一國語), 연구방언(硏究方言), 제조음자(制造音字)' 세 가지 내용을 논의하였다. 량계초(梁啓超)가 '최족이호어아학계자유이단(最足以豪於我學界者有二端), 일왈조신자(一曰造新字), 이왈창신문학(二曰倡新文學)'(『淸代學術槪論』를 참고)라고 했으며, 전현동(錢玄同)이 『신운보(新韻譜)』가 편찬된 1692년이 실제로 '국어운동'의 기원으로 볼 수 있다고 하였다(『以公曆一六四八年歲在"戊"子爲國語紀元議―錢玄同與黎錦熙・羅常培書』를 참고). 이상의 논의에서 본 듯이 선지자들이 모두 한자의 단점을 인식하였다.

광서(光緖) 18년(1892)에, 리진시[黎錦熙]가 절음운동의 '제일인(第一人)'으로 여긴 노공장(盧戇章)이 『중국제일쾌절음신자(中國第一快切音新字)』를 편찬하였다. 그는 책의 서문에서 다음과 같이 언급하였다. "竊謂國之

富强, 基於格致; 格致之興, 基於男婦老幼皆好學識理。其所以能好學識理者, 基於切音爲字, 則字母與切法習完, 凡字無師能自讀; 其於字話一律, 則讀於口遂卽達於心; 又基於字畫簡易, 則易於習認, 亦卽易於著筆, 省費十餘載之光陰, 將此光陰專攻於算學, 格致, 化學, 以及種種之實學, 何患國不富强也哉?"(리진시,『국어운동사강』, 92쪽). 이는 당시에 지식인들이 한자개혁에 대한 대표전인 견해로 볼 수 있다.

한자개혁은 두 가지 내용을 포함하고 있다. 하나는 병음부호를 만드는 것이며, 이는 최초의 '절음자(盧戇章 등)', '간자(王照, 勞乃宣 등)'와 '주음자모(章太炎 등, 뒤에 注音符號로 개칭)'를 거쳐 '국어로마자(劉複, 趙元任, 錢玄同, 黎錦熙, 汪怡, 林語堂 등, 즉 소위 '數人會'이다. '國羅', 줄여서 G.R.라고 한다.)'까지 발전하며, 최종에 50년대 '한어병음방안(漢語拼音方案)'에 이르렀다. 다른 하나는 한자의 간화이다. 이는 뒤에서 자세히 서술하겠다.

2) 국어통일

국어통일운동 대가(大家)인 노내선(勞乃宣)이 20세기 초에 '간자(簡字)'를 주장하였다. 그는 간자운동을 두 단계로 나누었다. 첫 단계는 '방언통사(方言統四)'(京, 寧, 蘇, 閩廣)이며, 두 번째 단계는 '국어통일'이다. 노내선이 청광서(淸光緒) 말년에 상해『중외일보』에 보낸 편지에서 다음과 같은 내용을 기록하였다.

문자 간화와 언어 통일은 현대 중국의 가장 시급한 일이다. 문자를 간화하려면 언어의 통일을 급하게 할 수 없으며, 언어를 통일하려면 문자의 간화를 먼저 하여야 한다. 두 가지를 동시에 이룰 수 없다. 그럼 자형이 아닌 발음을 따라 사람들이 쉽게 알아보는 한자를 만들지 않을까? 글자를 읽는 사람이 알고 있는 발음으로 읽게 하고, 만약에 쓰던 소리와 다르면 글자뿐만 아니라 발음까지 다시 배워야 하므로 더욱 어렵게 느낄 것이다. 만약에 관화 자모로 남방 사람들이 억지로 북방 발음을 하게 하면, 일어나는 충돌이 전의 상형 글자보다 더욱 심할 것이다. 따라서 지역에 따라 그 지역의 방언 발음을 가르쳐야 쉽게 외우고 쉽게 배울 것이다. (…중략…) 이렇게 해야 모든 사람들이 방언 발음으로 쉬운 글자를 배울 수 있게 한다. 관화 발음을 배우는 것은 쉬운 일이 아니며, 간단한 글자를 배울 때 동시에 배울 수 없다. (…중략…) 방언 발음으로 되어 있는 글자를 배운 후에 관화 발음을 배워야 한다. 그 장점이 일반적인 방법보다 수배가 나을 것이다. 이 지역 사람들이 그 지역의 말을 배우게 할 때 반드시 그 발음을 모방해야 할 것 인가? 이미 발음대로 만든 글자를 알면, 근거가 생길 것이다. (…중략…) 이미 아는 글자, 이미 아는 방법으로 발음만 조금 변화시키면 되는데, 이를 쉽게 이해하고 받아들이지 못하는 사람이 있을까? 문자 간화와 언어 통일은 거쳐지 않을 수 없는 단계이다. (리진시, 『국어운동사강』 「서」, 10쪽).

노내선(勞乃宣)이 방언으로 두 권의 '대중어(大衆語)' 작품을 썼다. 즉 ① 소주어(蘇州話) 『권인계아편연(勸人戒鴉片煙)』 백화, ② 광동어(廣東話) 『권인요유심족(勸人要有心足)』(리진시, 『국어운동사강』 「서」, 11~12쪽). 노내선의 견해는 논리에 어긋나지 않았으나 그가 상상했던 '방언통사'부터 '국어통일'까지의 방안이 실제로 실행되기 쉽지 않았다.

1900년, 왕조(王照)의 『관화합성자모(官話合聲字母)』가 천진(天津)에서 출간되었으며, 그의 '관화(官話)'는 북경어 발음을 기준으로 한 것이다. 그 뒤에, 20여 년의 논쟁(심지어 싸움)이 이어졌다. 예를 들어, '경국지쟁(京國之爭)'(국음과 경음의 차이의 취사선택 문제), 성조문제(소위 '國音京調')등이 그것이다. 1913년 성립된 교육부독음통일회(敎育部讀音統一會), 1916년에 성립된 중화민국국어연구회(中華民國國語硏究會), 그리고 1919년에 성립된 국어통일주비회(國語統一籌備會)의 많은 노력 끝에 통일 국어문제에 있어 점점 공통된 인식을 갖게 되었다. 즉 북경어 발음을 표준국어로 삼는 것이다. 1906년에, 원래 남경어(南京話)를 전국 언어를 통일하자고 주장한 노당장(盧戇章)이 견해를 바꾸어, '반정경음관화(頒定京音官話), 이통일천하지어언(以統一天下之語言)'을 발표하였다. 1910년, 강소교육총회(江蘇敎育總會) 회장 당문치(唐文治)가 각성 교육 총회 연합회를 발족시켜, 다음 해 4월 상해에서 회의를 열었다. 회의에서 『통일국어방법안(統一國語方法案)』을 의결하여, '이경음위표준음(以京音爲標准音)', '이경화위표준어(以京話爲標准語, 북경발음을 표준발음으로 하여, 북경어를 표준어로 한다)'란 방안을 세웠다. 1911년, 즉 청 왕조의 마지막 해, 청조학부중앙교육회의(淸朝學部中央敎育會議)에서 의결을 거쳐 『통일국어방법안(統一國語辦法案)』이 통과되었으며, 그 중에 제3조는 '정음성화지표준(定音聲話之標准), 각방발음지기(各方發音至歧), 의이경음위주(宜以京音爲主)'이라고 규정하였다. 1924년, 국어통일주비회에서 『국음자전(國音字典)』의 증수(增收)에 대해 토론할 때, '이표량적북경어음위표준음(以漂亮的北京語音爲標准音, 아름다운 북경어음을 표준음으로 한다)'을 결정하였다. 1926년 1월, 『전국국어운동대회선언(全國國語運動大會宣言)』에서 다음과 같이 언급하였다.

이런 공적인 언어는 인위적인 것이 아니라 자연 언어의 한가지이다. 몇백 년 동안 소설과 희극을 통해 전파된 '관화(官話)'만으로 만족하지 않으며, 현대 사회에 사용된 한 가지 방언을 취급하여야 한다. 즉 북경의 방언이다. 북경 방언, 즉 표준 방언이며, 중화민국의 공공의 방언인데, 이는 전국을 통일하기 위한 표준 국어이다. 이런 추세는 자연적이며 억지로 할 필요가 없다. 그 이유는 북경은 교통, 문화, 학예, 정치의 중심으로 표준 언어는 이런 역할과 밀접하게 관련되어 있기 때문이다. 북경 방언의 내용을 풍부하게 만들며, 다른 지역의 방언과 외래어를 수용하며, 속어, 성어 및 고어 등을 추가하여 형식이 완벽하고 정밀하며, 예술적인 색깔을 갖추게 함으로써 거의 이상적인 언어가 만들어낸다. 북경의 방언은 환경과 시대 등 측면에서 이런 자연의 추세를 보이므로 상대적으로 자격을 갖춘 것으로 보인다. (여금희, 『국어운동사강』「서」, 16쪽)

이때 북경발음을 전국 표준어로 하는 것은 대체로 확정되었다. 20년대의 '국어'부터 50년대의 법정 '보통화(普通話)'에 이르렀으며, 북경발음을 표준음으로 삼고, 북방화를 기초방언으로 하고, 모범적인 현대백화문 저작을 어법 규범으로 하는 것은 현대표준어의 최종확립을 상징한다.

3) 백화문의 보급

'백화문'이 '어체문(語體文)'이라고 하기도 하며, '문언문'과 반대된다. 1868년에 황준헌(黃遵憲)이 '아수사아구(我手寫我口, 내 손은 내 입이 말하는 대로 쓴다)'의 구호를 외쳤으며, 『무석백화보(無錫白話報)』를 창건한 유신파(維新派)인사 구정량(裘廷梁)이 『논백화위유신지본(論白話爲維新之本)』(1898)에서 '숭백화이폐문언(崇白話而廢文言, 백화를 숭상하여 문언을 폐기한다)'이라고 주장한 바 있다. 백화문운동이 민국(民國) 6, 7년(1917~1918)에 시작된 신문학운동초기에 본격적으로 펼쳤다.

1917년, 진독수가 편찬한 『신청년(新靑年)』잡지에 처음으로 '문학혁명(文學革命)'이라는 주장이 나타나기 시작하였다. 첫 번째는 호적(胡適)의 「문학개량추의(文學改良芻議)」(2권 5호)이며, 두 번째는 진독수(陳獨秀)의 「문학혁명론(文學革命論)」(2권 6호)이며, 세 번째는 유복(劉複)의 「나의 문학개량관(我之文學改良觀)」(3권 3호)이다. 이 세 편의 글이 모두 문언문이며 백화문으로 쓰인 작품도 적은 편이다. 예를 들어, 호적(胡適)이 번역한 단편소설 「이어부(二漁夫)」(3권 1호), 유복(劉複)이 번역한 단막극 「금혼(琴魂)」(3권 1호), 진독수(陳獨秀)가 북경 신주학회(神州學會)에서의 연설문 「구사상 및 국체문제(舊思想與國體問題)」(3권 3호), 그리고 천진남개학교(天津南開學校)에서의 연설문 「근대서양교육(近代西洋教育)」(3권 5호)이 모두 백화문으로 쓰였다. 소설, 희극 및 강연이 원래 백화문으로 작성한 경우가 많았으나 문학작품의 경우가 이와 다르다. 문학작품 중에 호적(胡適)의 백화시(2권 6호)와 백화사(白話詞)(3권 4호)만 있었으나, 고대 시의 오칠언(五七言)과 사패(詞牌)에 따른 것이었다. 백화논문으로 유복(劉複)의 「시와소설 정신상의 혁신(詩與小說精神上之革新)」(3권 5호)만 있었다. 그밖에, 전현동(錢玄同)과 진독수(陳獨秀)이 문자부호와 소설에 대해 논의한 편지(3권 6호)도 겨우 백화문으로 인정할 수 있다. 이때 『신청년(新靑年)』이 '문학혁명'을 제창하였으나 문제를 논의하거나 통신할 때 몸소 모범을 보이어 백화문을 사용하지 않았다. 비록 "獨至改良中國文學當以白話爲文學正宗之說, 其是非甚明, 必不容反對者有討論之餘地; 必以吾輩所主張者爲絶對之是, 而不容他人之匡正也"라고 주장하였으나 반대하는 사람과 똑같이 고문을 사용하였다. 『신청년(新靑年)』에 사용한 '문장부호'도 구식 구두점이었다. 최초로 신식 문장부호를 사용한 한문책은 淸光緒三10년(1904)에 출판된 엄복(嚴複)의 『영문한고(英文漢詁)』이다. 이때부터 15년 후(1918), 『신청년(新靑年)』 4권이 출판될 때 신식 문장부호가 이제야 횡서(直行) 한문과 같이 쓰였는데 당시에 매우 어색하게 느껴졌다 (리진시, 『국어운동사강』, 135쪽).

　1918년부터 『신청년(新靑年)』이 완전히 백화문을 사용하게 되었다. 호적(胡適)은 4월에 『건설의 문학혁명론(建設的文學革命論)』을 발표하여 "我的 '建設新文學論'的唯一宗旨只有十個大字 : '國語的文學, 文學的國語'. 我們所提倡的文學革命, 只是要替中國創造一種國語的文學. 有了國語的

文學, 方才可以有文學的國語; 有了文學的國語, 我們的國語方才算得眞正國語"라고 하였다. 이 문장이 발표된 후, '문학혁명'과 '국어운동'이 점점 합류되었다. 북경의『신보(晨報)』와『매주평론(每周評論)』이 그 해 12월에 출판되었다. 북경대학 학생 부사년(傅斯年)과 나가륜(羅家倫)이『신조(新潮)』을 발간하기 위해 준비 작업을 했으며, 다음 해 1월에 정식 출판했으며 백화문, 주음자모, 신식 문장부호들이 모두 정식 등장하였다. 1919년, 국어연구회의 회원수가 9천 8백여 명으로 증가되었다. 국어연구회의 '국어통일', '언문일치'운동과『신청년(新靑年)』이 제창한 '문학혁명'과 완전히 합류되었다. 이 사건이 매우 중요하다고 본다. 1918년 4월, 파리강화회의에서 우리나라는 외교 실패로 인해 '오사운동(五四運動)'이 발발하고 '6·3사건(六·三事件)'이 일어났다. 모든 국민들의 인심이 격앙되고 수업을 거부하여 파업하였다.『매주평론(每周評論)』과 같은 신문이 갑자기 4백여 가지로 증가하였다. 신문에 대부분 구식의 시와 전통극배우와 기생의 소식을 취소하였으며, 대신에 신문예(新文藝)와 국어의 논저를 등제하였다. 유명한 몇 가지 부간(副刊), 예를 들어, 상해『시사신보(時事新報)』의『학등(學燈)』,『민국일보(民國日報)』의『각오(覺悟)』및 북경『신보(晨報)』가 이때부터 개량하여 점점 증간하였다. 국문을 국어로 바꾸자는 교육계의 요구가 천여 년 동안 과거 세력을 눌렀다. 행정기관이 망설이지 않고 즉시 실행하였다! (리진시,『국어운동사강』, 136~137쪽)

리진시가 다음과 같이 언급하였다.

청나라 말기에 문학 열풍이 불기 시작하면서 (…중략…) 백화문 면에서 모방한 단편 소설이 몇몇 나타나고 있다. 민국 7년(1918)이 되어야 비로소 대혁명이 일어났다. 옛날의 "대중언어"에 멀리 있는 문체들은 다 "죽은 문학"이라고 불리며, 근대에 "대중언어문학"에서 변화시켜 나온 백화작품들이 "살아 있는 문학"이라고 불린다. "죽은 문학"이 반드시 패쇄 시켜야 되고 "살아 있는 문학"이야말로 "문학의 시조"로 여긴다. 민국7년 문학혁명 이후 문단에서 새로운 창작 문체 "백화 소설", "새로운 시" "연극" "오페라"등이 유행하기 시작하였다. 외국작품들의 소개도 많이 들어오고 문학의 이론과 비평, "문법"의 연구와 "새로운 문장 기호"가 시행하면서 예전과 달라졌다. (리진시,『국어운동사강』「서」, 57~58쪽)

'신문학운동'과 '국어운동'이 합류된 후에 다음과 같이 새로운 양상이 나타났다.

1918년 11월 23일, 교육부는 정식으로 주음자모를 공포하였으며, 1920년 12월 24일, 교육부는『국음자전(國音字典)』을 공포하였으며, 1920년 1월, 교육부훈령은 학교의 '국문'과를 '국어'과로 바꾸었다. 그리고 전국 각 국민학교 1, 2학년의 국문을 어체문(語體文)으로 바꾸었다. 호적(胡適)은 말하기를 "이 명령은 수 십년 동안 첫 번째 중요한 일이다. 그 영향과 결과는 미리 예측하기 어렵다. 그러나 이 명령은 중국의 교육의 혁신을 적어도 이십년 일찍 발전을 시킬 것이라고 할 수 있다"(『國語講習所同學錄』「서」)라고 하였다. 교육부의 훈령과 통고에 때라, 1920년 초등학교 교과서가 이어서 출판되었다. 초등학교용(國民學校用)『신어체국어교과서(新語體國語教科書)』8권(商務印書館),『신법국어교과서(新法國語教科書)』(商務印書館),『신교육국어독본(新教育國語讀本)』(中華書局) 등이 그것이다. 그 해에, 첫 번째 중학교 국어 교과서(중등학교용(中等學校用))『백화문범(白話文範)』4권)도 출판되었다. 1923년 6월, 전국 교육회 연합회에『중소학각과과정강요(中小學各科課程綱要)』를 간행하였다. 국어에 관한 내용은 다음과 같다. "① 小學及初中, 高中, 一律定名爲"國語科", ② 小學讀本, 取材以"兒童文學"(包含文學化的實用教材)爲主, ③ 初中讀本, 第一年語體約占四分之三, 第二年四分之二, 第三年四分之一, ④ 高中"目的"之第三項爲"繼續發

展語體文的技術", ⑤『略讀書目擧例』, 初中首列『西遊記』,『三國志演義』, 高中首列『水滸傳』,『儒林外史』,『鏡花緣』." 교육부가 위의 강요를 직접적으로 공포하지 않았으나 교육계는 민국 16년(1927) 국민정부가『대학원조직법(大學院組織法)』을 공포하기 전까지 사용하였다. 민국 10년(1921) 이후에, 각 서방(書坊)에 다양한 아동 과외 독물을 많이 출판하였으나 교육부의 심사범위에 포함되지 않았다. 주작인(周作人)등이 '아동문학'이라는 주장을 제창한 후에 민국 11년에 신학제가 공포될 때 '아동문학'이 최고조에 도달하였다. 예를 들어, 상무관이 출판된『신학제국어교과서(新學制國語教科書)』중에, 초등학교 교과서에 거의 모두 '아가(兒歌), 동화(童話), 민요(民謠), 우언(寓言)'을 사용하였다. 교육부에 이것을 통과시키며 표창하였으나 구파(舊派)사람들이 "묘구교육(貓狗教育)" "적부인지자(賊夫人之子)"라고 심각하게 비판하였다(因淸末小學課本, 第一課大都是"天地日月"; 民初到此時, 第一課總是"人"; 這書第一課是"狗, 大狗, 小狗", 第二課是"大狗叫, 小狗跳, 大狗, 小狗, 叫一叫, 跳兩跳"也). 중학교교과서(胡適, 顧頡剛, 葉紹鈞, 吳研因 등 편, 민국 12년 출판)도『신학제국어교과서(新學制國語教科書)』에 따라 어체문(語體文)과 문언문(文言文)을 같이 편찬하였다. 문언문중에도 중학생에게 금지된 재료를 새로 추가하였다(예, 王充, 崔述의 글). 따라서 교과서의 면모가 크게 달라졌다(리진시,『국어운동사강』, 167~168쪽).

백화문의 추진과 국어의 통일이 긴밀한 관계에 있다. 최초의 백화문이 대부분 모방한 것이다. 리진시가 다음과 같이 말하였다.

> 이런 백화는 벌써 칠팔백 년의 역사를 가지고 있다.『수호전(水滸傳)』,『서유기』부터『노잔유기(老殘遊記)』까지 이런 '살아있는 문학'작품에서 이미 발견된다. 따라서 당시에 전국의 지식인들이 자연스럽게 배울 필요없이 한 번도 써본 적이 없는 '백화문'을 쓰게 된다. (리진시,『국어운동사강』,「서」, 14쪽)

그 후에 백화문이 점점 북경구어를 기초로 하였다. 조원임(趙元任)이 쓴 『"連書"什麼"詞類"』(『國語周刊』 120기)이란 글을 예로 들 수 있다.

병음 문자를 반대하는 사람들이 가장 많이 질문하는 것은 바로 동음자를 구분하는 방법이다. 이 질문에 대한 쉬운 대답은 바로 "사류연서(詞類連書)"이다. 단어를 구성할 수 있는 글자라면 반드시 병합시키는 것이다. 단어마다 각자의 "모습"이 있는데 이로써 다른 단어와 혼동하지 않을 것이다.

이것은 물론 좋은 방법이다. 하지만 내가 보기에는 사람들이 이 방법으로만 이용하여 글을 쓸 때 역시 소리가 밝지 않고 잘 안 쓰는 단어(ngtzyvxde)로 많이 쓰게 될 것이다. 결국은 살아 있는 언어로 쓴 글이 같지 않고 한자로 쓰인 글로 보이는데 모습만 바꿨을 뿐이다.

G.R.문자를 명확하게 쓰고 말하기 쉽고 알아보기 쉬운 것으로 하려면 몇 가지 주의할 점이 있다고 생각한다.

가장 중요한 것은 백화문을 쓰는 것이 두렵지 말아야 한다. 이제는 백화문이 통용되는 시대에 이르지 않았는가? 국어 로마문자가 원래 백화문만을 쓰기 위한 것이 아닌가? 두렵다 고 할 필요가 있는가? 내가 이런 쓸데없는 소리를 하는 이유는 현재 보편적으로 쓰는 백화문이 한자의 가면을 쓰고 있기 때문이다. 이는 의미를 명확하게 표현하는 것과 상관없이 단지 잘 "쓰"면 되는 백화문이다. 이런 문자를 로마문자로 바꿔 쓸 때, 동일한 발음을 가진 단어가 없더라도 진짜의 병음문자의 느낌이 나지 않는다. 진정한 백화문의 장점이 무엇인가? 예부터 사람들이 오래 써왔기 때문에 대강 알아듣기 어려운 단어들을 모두 버렸다는 것이다. 따라서 병음문자를 쓸 때 반드시 가장 통속적인 백화를 쓸 필요가 없으나 알아듣기 쉬운 백화가 기준으로 삼아 병음문자를 써야 한다고 생각한다.

위에서 우리가 대총 걸어야 할 방향을 제시했다. 나눠서 얘기하자면 아래 몇 가지 주의할 점이 있다.

　첫째, 소리가 밝아야 한다. 잘 알아듣지 못한 소리는 되도록 사용하지 않는 것이 좋다. juhyih(注意)는 lioushin(留心)보다, yush(於是)는 ranhow(然後)보다, iouliuh(憂慮)는 fachour(發愁)보다, lihshyr(立時)는 maashanq(馬上)보다, lihje(立著)는 jannje(站著)보다, buderyii(不得已)는 meifal(沒法兒)보다, shyyjong shiuyaw chiuh de(始終須要去的)는 tzaowoal deeiyaw tzoou de(早晚兒得要走的)보다 못 한다.

　둘째, 음자가 적은 자를 많이 사용해야 한다. 예를 들어, shiu(須)는 deei(得)보다, tzyh(自)는 tsorng(從)보다, ing(應)는 gai(該)이나 inggai(應該)보다, chyuan(全)는 dou(都)보다, jyh(制)는 tzaw(造)보다 못한다.

　셋째, 문법상 "ey"모음으로 명사로 사용하는 경우 마음대로 많이 사용해도 된다. 예를 들어, wey는 weysherme(爲什麼)의 wey(爲), 냄새를 맡기다라는 의 wey(味)가 있는데, well는 반드시 맡을 well(味兒) '미(味)'일 것이다. suey는 pohsuey(破碎)의 suey(碎), niansuey(年歲)의 suey(歲), sueytz(穗子)의 suey(穗)가 있는데, suell는 반드시 suell(穗兒)일 것이다. daw는 dawluh(道路)의 daw(道), dawnall(到那兒)의 daw(到)가 있는데, dawl는 확실히 tzooudawl(走道兒)의 dawl(道兒)일 것이다. yi의 의미가 매우 다양해서 이 글을 쓸 수 없게 된다 yel는 모친의 자매, 즉 이모의 yel(姨兒)일 것이다. wan는 wanle(完了)의 wan(完), wanshoa(頑耍)의 wan(頑), yawwantz(藥丸子)의 wan(丸)가 있는데, wal(頑兒)는 어린 아이가 놀다라는 뜻을 나타내는 wal일 것이다.

　넷째, 한 글자가 여러 가지 발음이 있는데 뜻이 구별하지 않는 경우 되도록 다른 글자와 같은 발음이 아닌 것으로 사용한다. 예를 들어, she(色)는 shae보다 못하고, bor(白)은 bair보다 못하고, bor(薄)은 baur보다 못하고, jwo(著)은 jaur보다 못하고, jyue(嚼)는 jyau보다 못하고, luh(六)은 liow보다 못한다.

다섯째, 단음절로 뜻을 분명하게 나타낼 수 있으면 다음절로 바꿀 필요가 없다. 예를 들어, shiee(寫)는 shushiee(書寫)로 바꿀 필요가 없으며, wal(頑兒)는 wanshoa(頑耍)로 바꿀 필요가 없으며, benn(笨)는 yubenn(愚笨)로 바꿀 필요가 없으며, tzoong(總)는 tzoongguei(總歸)로 바꿀 필요가 없고 shiudeei(須得)는 deei(得)만으로 사용하면 된다.

여섯째, 다음자 단어를 사용할 때도 다행히 안의 글자 하나하나는 소리가 밝고 뜻이 명확한 글자다. 중국 백화문에서 사용하는 단어들도 두 글자로 바꿀 수 있지만 솔직히 반 정도는 단 글자를 사용하는 단어 때문이다. 그리고 다음자를 사용해도 안의 글자 하나하나의 뜻이 말하는 자 머리에서 살아 있는 것이지. 영어, 불어처럼 다음자 안의 라틴어처럼 원래 뜻이 사라지거나 살아 있지 않다는 것 아니지. 만약에 문언 성격이 강한 문언이나 동음자도 많은 글자를 사용해서 많은 단어들 만들면 보는 사람이 어떤 한자를 못 알아보면 그 뜻을 알아보기 쉽지 않다. 예를 들면 jifwu(羈縛), jingbor(精博), youluann(淆亂), fuuwey(撫慰), yuhniaan(欲念), jigow(机构), shyhtay(事態或世態) 등이 그것이다. 만약에 한자를 알아내기 때문에 그 뜻이 명확해진 거라면 한자가 G.R. 하고 짜고 치고 배후에서 하는 거잖아? 내 G.R. 친구 중에 어떤 사람은 나한테 그런 단어들이 원래 어떤 한자인지 상관없이 억지로 배워야 하는 것이라고 하였다. 원래 어떤 한자인지 상관하지 않는다. 이렇게 하라고 하면 못 할 것이 없다. 새로운 사상을 만나면 예전의 '보라(普羅)' 백화문으로 표현하지 못할 때 한자의 '쌍황사(雙簧詞)'를 선택해서 표현해야 한다. 그러나 나중에 '단황(單簧)'만으로 해야 할 날을 준비하기 위해 내가 분명히 말하고 싶은 것은 한자가 단어를 만들어 주기 때문에 한자만 의지하면 안 되는 것이다.

그래서 다음자를 만들 때 소리가 밝고, 뜻이 명확한 글자로 사용할 수 있으면 이런 단 글자를 사용하는 것이 좋다. 새로 만든 단어가 새로운 뜻이 있더라도 배운 사람에게는 쉽게 배울 수 있고 사용하는 맛도 달라진다. 늙은이들은 문자를 따지는 것 좋아하지만 다른 사람의 글을 가지고 따지는 것은 좀 흉해 보인다.

　나는 이 글을 쓸 때 처음에 G.R.로 쓰는 것이다. 이렇게 쓴 글은 진정한 G.R. 백화문이다. 내가 먼저 한자를 쓰고 로마 병음으로 번역하면 사정이 달라질 것이다. 따라서 여러분도 나중에 글을 쓸 때 이런 방법을 시도해 볼 만한다. (원고는 국어로마자로 쓴 것인데 여기는 한자로 번역한 것이다)
(리진시, 『국어운동사강』, 75~78쪽)

이처럼 "아수사아구(我手寫我口, 내 손은 내 입이 말하는 대로 쓴다)"라는 백화문이 주류가 되지 못했으나 살아있는 구어로 백화문을 쓰는 주장이 점점 사람들에게 받아들였다.

　국어운동의 추진이 순조롭게 진행되지 않았다. 그 동안 보수파(章士釗등)들의 반대가 있었으며, 여기서 생략하기로 한다.

　민국(民國) 15년(1926년) 1월 1일에, 북경중앙공원에서 중화민국국어연구회의 10주년 기념회가 열렸으며, 동시에 '전국국어운동대회(全國國語運動大會)'도 함께 열렸다. 그 기념가(紀念歌)는 다음과 같다.

　　十年的國語運動,
　　到今日才算成功。
　　今日的太陽升自東,
　　照著國音字母一片紅。
　　瞎子的眼睛光明了,
　　聾子的耳朵不再聾。
　　我們的國語宣傳到民衆,
　　十年的運動今日算成功。(其一)

十年的國語運動,

到今日還不算成功。

今日的太陽慢慢的升,

照著那國音字母淡淡的紅。

快撞起那報曉的鍾!

快喚醒那沉酣的夢!

我們的國語普及到民衆,

十年的運動那才算成功。(其二)

—리진시,『국어운동사강』, 191쪽

　　회의에서 발표한『전국국어운동대회선언(全國國語運動大會宣言)』에 "普及'的工具是統一的國語話, 國語字, 國語文; 不'普及'的工具, 是歷史上傳來的漢字和古文"과 같은 내용을 언급하였다(리진시,『국어운동사강』「서」, 46쪽). 전 국민에게 북경어음을 표준으로 하는 국어구어(國語口語 — 국어말), 주음부호, 국어로마자(국어글자) 및 표준 국어를 근거한 백화문을 보급해야 하며, 한자와 고문은 소수의 사람만 알면 되니 보급할 필요가 없다.

2. 번체에서 간체까지

　　'국어운동'에 먼저 의제로 오른 것은 문자의 개혁이다. 리진시가 문자 개혁을 다음과 같이 세 가지 주장으로 나누었다.

　　'대중어'를 종이에 쓰고 전달하는 건 바로 문자이다. (…중략…) '대중언어' 도구가 좋은지 안 좋은지 훈련의 난이도에 달려 있다. 소요한 시간, 얼마나 힘을 쓰는지, 효율이 큰지 말이다. 여기서 심각한 것은 바로 한자문제다. '대중언어' 한 가지만 말하면 한자는 당연히 좋은 도구가 아니지. 이것은 40년 동안 종종의 비교연구해온 결론이다. 하지만 현재 중국에서 한자가 유일하게 권위 있는 도구인 것은 사실이다. 40년 동안 "대중언어"를 열중하는 사람들이 이 도구를 나쁜 것에서 좋은 것으로 바꾸고 싶지. 여기서 3가지 주장이 있다. 하나는 한자 개량이다. 되도록 "간체자" 쓰는 것을 주장하며 아직도 연구 토론 중이다. 또 하나는 한자를 바꾸는 것이다. 병음을 쓰는 것을 주장하며 "병음 부호"를 규정하였다. "'국음(國音)'과 '속음(俗音)'이 모두 표기할 수 있으며, 글자의 옆에 적거나 단독 사용할 때 발음대로 적으면 된다."(출처 : 민국 19년 4월 19일 국민정부 훈령, 마지막 문장 '한자개환'이 나타남) 세 번째는 문자 혁명이다. 새로운 병음 문자를 만드는 것을 주장하며 '국어로마자'를 만들었다. (리진시, 『국어운동사강』「서」, 18쪽)

이른바 '한자개환(漢字改換)'에 대하여 리진시가 다음과 같이 말하였다.

"한자 바꿈" 정책이란 주음 부호를 일본의 가나문자를 만드는 것처럼 한자 옆에 부착시키고 점차 자연스럽게 한자 안에 삽입한다는 것이다. 그렇게 하면 드디어 한자를 모르는 자도 자연스럽게 "대중언어"를 읽을 수 있게 된다. 일본에 한번 갔다와 일본 거리에서 아침에 일하는 여자들이 신문을 읽는 모습을 생각하면 이 관점을 금방 이해할 것이다. 옛날에 왕조, 노내선 두분 선생님도 이런 생각이었다. (리진시, 『국어운동사강』「서」, 32쪽)

1906년, 로당장(盧戇章)이, 『중국절음자모(中國切音字母)』를 역학관(譯學館)에 바쳤다. 역학관문전처(譯學館文典處)가 회신문서(汪榮寶친필)에서 다음과 같이 기록하였다.

현재 세계 문자는 약 두 가지로 나눌 수 있다. 하나는 상형문자이고 또 하나는 절음자이다. 중국만 상형문자를 쓰며, 나머지 다른 나라는 다 절음 자를 쓴다. 일본, 북한은 한자를 사용하지만 일본에 가나문자가 있고 북한 에 언문(諺文)이 있어 이로써 한자의 부족함을 보충한다. 가나문자나 언문 (諺文)도 다 절음자(切音字)이다. 상형, 절음 두 가지는 장단점이 각각 있 지만 난이도를 따지면 큰 차이가 있다. 절음자는 십 획이나 십여 획이면 충 분한데 상형 문자는 수천수만 자도 부족하다. 그리고 문자의 난이도에 따 라 교육의 폭이 달라진다. 문자를 알아보기 어려우면 배우는 사람 적고 알 아보기 쉬우면 교육이 자연적으로 보급된다. 최근에 일본교육회에는 한자 를 폐지하자고 국어를 개량하는 의론이 있다. 가나문자나 로마자로 한자 를 대신 사용한다. 한자의 우리나라 국수의 원천이며, 모든 문물의 근본이 다. 일본에서 한자를 사용하는 역사가 오래 되므로 짧은 시간에 바꾸기도 어렵다. 중국에서 대대로 이어왔으니 어찌 폐지할 수 있겠는가? 글자 형식 이 번거로워 초등 교육에 있어 투자한 시간에 비해 효율이 떨어지는 단점 이 있다. 따라서 국서 및 태서(泰西)나라의 문자를 참고해서 절음자를 별 도로 만들어 원래의 상형자와 협동하는 것은 현재 어쩔 수 없이 하는 방법 이다(리진시, 『국어운동사강』, 94~95쪽).

'국어로마자'가 문자로서 한자를 대신할 수 있는지에 대해 리진시가 말 하기를 "국어로마자가 언제 통용될 수 있을까? 이 질문에 대한 답이 일찍 이 있는데 '백년을 걸려도 무방하다'. (리진시, 『국어운동사강』「서」, 40쪽)

다음은 리진시가 『국어라마자주간(國語羅馬字周刊)』에서 발표한 국 한대조(國漢對照) 단문(短文) 『일백년야가이(一百年也可以)』이다.

Ibae-nian yee keeyii	一百年也可以
Yeou ren wenn woo : Gwoyeu Romatzyh dwotzan	有人問我：國語羅馬字多咱

keeyii tongshyng?Woo shuo : ruguoo daytih
Hanntzyh, tzoongdeei wuubae-nian how.Jehsh ige
liisheangde jong-shuh, inwey Yiguu shiansheng
yiiwei jyyyaw ibae-nian, erl Wu Jyh-huei
shiansheng tserngjing shuo yaw ichian-nian.
Ibae-nian yee keeyii, tzay shao ideal
yee keeyii, jiow kann woomende nuulih; nuulih
bian shu, chu baw, fanyih sanchian-nian lai de
jiowjih, fanyih shyhjieh de mingjuh : chupiin
yueh duo, tongshyng yueh kuay, tsyyway bye wu miawfaa.
Jearu bu nuulih ne?Wuubae-nian how,
Jonggwo yee yaw gaeyonq pin-in wentzyh de,
nah sh tzyhran erl ran, rutorng jeaguu
jong-diing wen mannxde bianncherng
shiannshyngde kaeshu, shyngshu, tsaoshu,
pohtiitzyh iyanq.Buguoh biijeau nah "yeou
yihshyh de"gaeger, yaw nonq de
luannchibatzau ideal.
Shyhjian ichieh dou sh shann biann de, ige
mintzwu de yeuyan wentzyh youchyi shann biann,
nii bu yaw te biann, te yee biann, jehsh dah yuantzer.
Ren jy suooyii keeguey jee, jiow tzay jydow
moou-shyh yaw niann, jiow yushian jiashanq ideal
"yeou yishyh de"biann."Ibae-nian yee keeyii",
jeh jiawtzuoh"shian tian erl tian fwu wei";
"Wuubae-nian how, Jonggwo yee yaw gaeyonq
pin-in wentzyh de", jeh jiawtzuoh "how tian
erl fenq tianshyr"(dou sh Yihjingliitou de huah).

可以通行?我說 : "如果代替
漢字, 總得五百年後。這是一個
理想的中數, 因爲疑古先生
以爲只要一百年, 而吳稚暉
先生曾經說要一千年。"
一百年也可以, 再少一點兒
也可以, 就看我們的努力; 努力
編書, 出報, 翻譯三千年來的
舊籍, 翻譯世界的名著, 出品
越多, 通行越快。此外別無妙法。
假如不努力呢? 五百年後,
中國也要改用拼音文字的,
那是自然而然, 如同甲骨
鍾鼎文慢慢地變成
現行的楷書, 行書, 草書,
破體字一樣, 不過比較那"有
意識的"改革, 要弄得
亂七八糟一點兒。
世間一切都是善變的, 一個
民族的語言文字, 尤其善變,
你不要它變, 它也變, 這是大原則。
人之所以可貴者, 就在知道
某事要變, 就預先加上一點兒
'有意識的'變。'一百年也可以',
這叫做"先天而天弗違";
"五百年後, 中國也要改用
拼音文字的", 這叫做"後天
而奉天時"。(都是『易經』裏頭的話)

— 리진시, 『국어운동사강』, 213~215쪽.

이는 당시에 많은 언어학자들이 믿었던 '진리'이었다. 즉 중국의 문자가 반드시 세계의 추세에 맞춰 병음화의 길을 걸어야 한다는 것이다. 오늘 날에 이 문제에 대하여 여전히 결론을 쉽게 내릴 수 없다.

다음은 간체자를 위주로 살펴보겠다.

이상의 논의에 본 듯이, 한자의 병음화는 단기간에 실현하기 어려운 과제이므로 우선 첫 번째 주장, 즉 '한자개량(漢字改良)'(즉 간화)이 의제로 올랐다.

1990년, 육비규(陸費逵)는 『교육잡지(教育雜志)』 창간호에서 『보통교육에 속체자를 사용해야 한다(普通教育應當采用俗體字)』라는 논문을 발표하여 간체자의 사용을 제창하였다(筆畫簡單的"俗體字"易習易記, "用於普通教育, 事順而易行", "有利無害, 不惟省學者之腦力, 添識字之人數, 卽寫字刻字亦較便也"). 1921년, 육비규는 또 『한자 정리에 대한 의견(整理漢字的意見)』를 발표하여 민간에서 유행하는 간체자(通俗字)의 범위를 한정할 것을 건의하고, 아울러 가타 획수가 많은 글자도 간화할 것을 건의하였다(一, 限定通俗字的範圍; 二, 減少筆畫). 1920년, 전현동(錢玄同)은 『신청년(新靑年)』 7권 3호에 한자획수를 줄이는 방안 『감성한자필화적제의(減省漢字筆畫的提議)』을 발표하고, 1922년 교육부국어통일 주비회 제사차 대회(教育部國語統一籌備會第四次大會)에 『현행 한자의 필획을 줄이는 방안(減省現行漢字的筆畫案)』을 제안하였다. 이것은 간체자에 관한 구체적인 방안으로 다음과 같은 내용을 언급하였다.

현행의 문자는 획수가 많아 시간을 많이 소비하므로 효율적인 문자가 아니다. 학술, 교육 측면에 큰 장애가 될 수 있다. (…중략…) 내 생각은 병음으로 바꿔 쓰는 것이 근본적이 방법이며, 현행 한자의 획수를 줄이는 것이 일시적인 방법이다. '치본(治本)'의 사업은 물론 힘을 써서 추진하여야 한다. 현행 한자가 학술 교육에 생긴 장애가 이미 절박한 상황에 처하므로 해결 방법을 마련해야 한다. 우리는 신 문자가 성공한 후에 개혁할 수 없으므로 일시적인 방법은 가장 적절한 방법이 될 수 있다. 한자 획수를 줄이는 방법을 반대하는 사람이 있는데, 한자가 '상형문자'이라고 하는 사람이 있고 한자가 '연형(衍形)문자'라고 하는 사람도 있다. '상형'이나 '연형'은 옛 사람들이 글자를 만들 때 글자에 생각이 포함되어 있는 것을 뜻하므로 함부로 줄일 수 없다. 이런 견해는 불합리적인 것이 아니다. 획수를 감소함으로써 쉽게 쓸 수 있어 시간을 줄이게 되므로 물론 적합하다고 볼 수 있다. 우리는 당하(當下)의 합리성을 고려해야 지, 고인의 사상을 고려할 필요 없다. (리진시, 『국어운동사강』「서」, 19~23쪽)

1922년, '한자성체위원회(漢字省體委員會)'가 성립되었다. 1930년에 류복(劉複)과 이가서(李家瑞)가 12가지 자료에 근거해 약 2천 자의 간체자를 수록하여 『송원이래속자보(宋元以來俗字譜)』를 출판하여 간체자의 발전 상황을 정리하였다.

1934년 전현동(錢玄同)은 또 『수채고유이교적용적(搜采固有而較適用的) "간체자(簡體字)" 안(案)』을 제안하였다. 간체자 방안의 이유와 방법에 대하여 다음과 같이 서술한 바 있다.

【이유】지금 이후부터 한자를 쓸 때 간단한 획수로 최대한 시간을 줄이어야 한다. 이는 십년 전에 해결해야 할 문제이다. 최근 몇 년에 이 문제를 주목할 사람이 점점 증가하여, 예를 들어, 陳光堯氏는 '간자'를 만들며, 卓定謀氏는 '章草'를 제창하며, 容庚氏는 획수가 간단한 글자로 저자 『頌齋吉金圖彔』을 만든 것이 모두 그것이다. 서민 교육을 종사하는 사람들도 '속체자'를 서민 교육에 쓰인 책에 첨부한 경우도 있다. 간체자의 사용은 서민교육에 한정하면 안 되며, 정규 초등학교와 중학교에 더욱 제창하여야 한다. 점점 사회 전체에 보급시키고, 한자의 편리성을 경험하게 해야 한다. 그러나 간체자의 보급은 간체자의 쓰는 방법을 명시해야 한다. 이를 위해 고정적

이고 적절한 간체자를 수집하여 자료로 만들어야 한다. 이런 자료 가운데 가장 적절한 글자를 선정하여 표준 간체자로 규정을 지으면 된다. 표준자가 생기면 이를 이용해서 서로 결합하여 새로운 한자를 다양하게 만들 수 있다. 필요에 따라 표준자가 만든 원리를 참고해서 새로운 간체자를 만들 수도 있다. 따라서 고정적이고 적절한 간체자를 수집하는 것은 간체자를 규정하는 준비 작업이다. 이미 존재한 간체자는 여섯 가지 방법을 통해 수집할 수 있다. ① 현행의 속체자(俗體字), ② 송대(宋代), 원대의 소설 등 책에서 사용했던 속자, ③ 장초(章草), ④ 행서(行書)와 금초(今草), ⑤『설문(說文)』에 획수가 적은 이체(異體)자, ⑥ 비갈(碑碣)에 쓰인 별자(別字).

【방법】위에 제시된 여섯 가지 중에 적절한 간체자를 수집·채택하여 『간체자보(簡体字譜)』를 만든다. (리진시, 『국어운동사강』, 282~283쪽)

전현동(錢玄同)은 『간체자보(簡體字譜)』를 편찬하였다. 1935년 8월, 초고의 일부를 사용하여 몇 차례의 수정을 거쳐, 『제일차간체자표(第一批簡體字表)』를 공포하였다. 당시에 간체자를 선택할 때 다음과 같이 세 가지가 원칙이 있다. 첫째는 '술이부작(述而不作)'의 원칙이다. 둘째는 사회에서 통용된 간체자를 우선 채택하는 원칙이다. 셋째는 원래 획이 간단한 글자는 간체화할 필요가 없다는 원칙이다.

중화인민공화국이 성립된 후에, 중국공산당과 인민정부가 언어문자를 매우 중요시하였다. 1955년 중앙교육부와 중국문자개혁위원회가 같이 전국 문자개혁 회의를 열리며, 당시 문자 개혁의 세 가지 목표를 정하였다. 즉 한자의 간화, 보통화의 추진, '한어병음방안'의 제정 및 추진(簡化漢字, 推廣普通話, 制定和推行『漢語拼音方案』)이다. 1956년, '한자간화방안(漢字簡化方案)'이 정식으로 공포되어 시행되었다. 주유광(周有光)은 『漢字簡化方案'적추행성과(漢字簡化方案的推行成果)』에서 간체자

문제에 대해 논의하였다. 다음은 글의 일부분을 가져온 것이다.

　　1956년 공포한 '한자간화방안(漢字簡化方案)'이 '간체자시대'를 열렸다. 방안에 515자의 간체자와 45개의 간체부수를 수록되어 있다. 1964년에 '간화자총표(簡化字總表)'가 만들어진다(1986년에 다시 간행되었음). 여기서 2235자의 간화문자가 수록되어 있다. 이런 간화자는 중국 대륙에 이미 보편적으로 보급되었다. 문자를 새로 배운 사람들이 간화자를 배우고, 이미 한자를 아는 사람이 저절로 간화자를 알게 되므로 중국 대륙에 글자를 아는 사람 중에 간화자를 모르는 사람이 없다.

　　1956년부터 1988년까지 중국 대륙의 초등학교 졸업생이 점차 증가하였다. 일 년에 4백만 명부터 약 2천만 명까지 증가하여 총 4억 7천만 명에 이르렀다. 문맹을 퇴치는 인원은 매년 약 6백만 명이 수료하여 총 1억 5천만 명이다. 둘이 합치면 6억 2천여만 명 인구가 모두 간체자를 배웠다.

　　1956년부터 1987년까지, 중국 대륙에서 출판된 신간과 재간 도서는 약 45만 가지이며, 총 인쇄 수량은 7백여억 권이다. 출판된 잡지는 일 년에 4백여 가지부터 5천여 가지로 늘어나며 2백여억 권에 이르렀다. 그리고 출판된 신문은 1백여 가지부터 8백여 가지로 늘어나며 2천여억 권에 이르렀다. 이런 출판물이 모두 간화자로 편집되었다. 그 밖에, 소량의 번체자로 편집된 간물은 해외 화교들이 읽은 『인민일보 해외판』 및 인문 역사고적이 있다.

　　총괄적으로 말하면, 중국 대륙은 이미 '간화자시대'에 진입되었다고 볼 수 있다. 그 시기는 1 / 3시기나 달하였다.

　　초등학교 교사들이 간화자가 '삼호(三好)'가 있다고 말한다. 즉, '호교(好敎, 쉽게 가르친다)', '호학(好學, 쉽게 배운다)', '호사(好寫, 쉽게 쓴다).
　　(…중략…)
　　그러나 '三好'는 절대적이지 않다. 어떤 간화자가 번체자 보다 쓰고 가르치는데에 더 어려워 보인다. 예를 들어, '長'과 '堯'는 번체자 보다 더 번거롭고 쓰기도 어렵다. 또 '纖'는 xiān(섬유, 纖)와 qiàn(拉纖, 縴) 두 가지 발음이 있으며, "干"gān(간배, 乾)와 gàn(간선, 干) 두 가지 발음이 있다. 하나의 글자가 두 개의 발음과 용법이 있어 혼동을 일으킬 수 있다. 이런 단점은 '草書楷化(초서가 해서로 바꾸기)'와 '同音代替(동일한 발음을 가진 한자로 대체)' 등 방법을 적절하게 적용하지 못한 결과이다. 그러나 옥의 티가 옥의 빛깔을 가릴 수 없듯이, 소수의 간화자가 가진 단점은 대부분 간화자의 장점을 부정 수 없다. 물론 이런 문제를 해결할 방법을 연구해 볼 필요가 있다.

간화자가 순조롭게 보급화 되는 것은 '약속대로 사용하기'의 원칙 때문이다. 즉 대중의 사용 습관을 따르는 것이다. 515개의 한자 가운데 324개(63%)는 1956년에 이미 존재한 '수도자(手頭字)'(古本字(고본자), 古同字(고동자), 古通用字(고통용자), 約定俗成字(약정속성자) 등)가 포함되어 있다. 이들이 몇 백 년, 몇 천 년 동안 사용해왔다. 나머지 간화자는 '草書楷化(초서가 해서로 바꾸기)'와 '同音代替(동일한 발음을 가진 한자로 대체)' 등으로 형성된 것이다. 간화자와 번체자 사이에 형식과 발음상 연관이 있다. '간화'는 주로 '속체'를 '정체'로 바꾸는 것이다. (대륙 간화자가 1935년 남경에서 공포된 '述而不作' 원칙으로 만든 '간체자표'에 수록된 324개의 간체자와 비교하면 완전히 동일한 것이 225개가 있으며, 대충 비슷한 것이 80개가 있고 19개가 다르다.)

'약정속성(約定俗成)' 원칙이 매우 중요하다. 1977년의 '제2차 한자 간화 방안 초안'이 심한 비판을 받은 원인이 바로 이는 '약정속성' 원칙을 위반하기 때문이다.

한자간화는 원래 글자를 아는 사람이 '문맹'으로 만들었다고 한 사람이 있는데, 이는 과대한 평가이다.

한자 간화가 중국의 전통 문화를 파괴하였다고 생각한 사람도 있다. 이는 '문자'와 '문화'를 혼동한 것이다. '오사' 백화문 운동에서 백화문이 전통 문화를 파괴했다고 하는 사람도 있었는데, 이는 '문체'와 '문화'를 혼동한 것이다. 이런 오해는 종종 생긴 것으로 본다. 춘추시기의『논어』,『맹자』등 책은 원래 전문(篆文)으로 썼는데, 한 대(漢代) 이후 이서(隸書)와 해서(楷書)로 바꿔 쓰며, 글자체가 크게 변하고 글자 형식이 간단해졌으나 이런 변화가 전통문화를 파괴했다고 하는 사람이 없었다. 번체자가 간체자로 바꾸는 것은 '이변(隸變)'와 비교하면 매우 작은 변화에 불과하다, 어찌 전통문화를 파괴할 수 있을까? 반대로 현대 글자체를 고대 서적을 다시 인쇄하고 현대 언어로 고문을 다시 해석하는 것은 전통문화를 계승하고 발전시키는 좋은 방법이라고 생각한다.

　한자 간화의 장점이 분명하나 그 장점도 한계가 있으므로 과대평가할 수 없다. 한자가 간화되면 문맹을 쉽게 퇴치할 수 있다고 볼 수 없다. 왜냐하면 문맹의 존재는 여러 가지 복잡한 사회적인 이유가 있기 때문이다. 대만에 한자 간화를 실시하지 않았지만, 대만에 문맹을 퇴치하는 일이 매우 잘 진행해왔다. 따라서 번체자가 간체자보다 쉽게 학습할 수 있다고 말하는 사람이 있는데, 이런 견해는 논리적으로 성립될 수 없다.

　한자 간화가 부작용도 있다. 예를 들어, 신간과 구간이 서로 다르며 해외와 국내가 서로 다르다. 국내외에 한자 사용 지역에서 예전의 '서동문(書同文, 서적이 동일한 문자로 만들었음)'이 파괴되고 새로운 '서동문'이 형성되지 못했다.

　(…중략…)

　지금 중국 대륙에 간화자를 사용하고 싱가포르와 동남아 나라의 화교도 대부분 간화자를 사용한다. 대만에는 번체자를 사용하며, 홍콩도 번체자를 사용하는데, 홍콩의 서점에 간화자 서적을 많이 판매되고 있다. 간화자를 사용하는 총 인구가 총 6만 명에 이르며, 번체자를 사용하는 총 인구는 약 3천만 명이 있다(20 : 1). 한자가 다시 서동문를 형성하려면 간화자로 통일시킬 까? 아니면 번체자로 통일시킬까? 혹인 간화자와 번체자의 중간으로 통일시킬까? 소수의 사람이 바꿀 것일까 대다수의 사람이 바꿀 것일까? 아니면 각자 실행하면서 그 효과를 관찰할 것일까?

대만에 『푸준행서범본[標准行書范本]』을 반포하여 4,010자의 상용자가 수록되어 있는데, 그 중에 간체자가 1,580여 자(40%)가 있다. 이 중에 대륙의 간화자와 일치하는 글자가 640자가 있고 비슷한 글자가 약 4백여 자가 있다. 그 밖에 4백여 개가 대륙에서 간화되지 못한 글자다. (계산 기준에 따라 자료가 약간 다를 수 있다). '대만'의 '台'(臺)는 대만의 신문에 대부분 '台'로 쓰인다. 따라서 대만에도 간화자를 하나도 못 쓰는 것이 아니다.

대만은 '번체'를 '정체(正體)'로 삼으며, '간체'를 '속체(俗體)'로 삼는다. 번체자를 배우되 간체자를 쓸 수 있다. 즉 소위의 '식번사간(識繁寫簡)'이다. 실은 이는 '식번야식간(識繁也識簡, 간체와 번체자를 모두 아는 것이다)'로 볼 수 있다. 왜냐하면 간체자를 쓸 수 있으면 간체자를 당연히 알 수 있기 때문이다.

중국 대륙에 추진하는 글자의 학습 방법은 '간화자'를 정체(正體)로 삼고 '번체자'를 '구체(舊體)'로 삼는다. 초등학생은 '간체'만 배우고 '번체'를 배우지 않는다. 중학생부터 필요에 따라 번체자를 간혹 배우게 된다. 대륙의 방법은 글자를 간단한 것부터 복잡한 것까지, 지금의 글자부터 옛날의 글자까지 점차 늘어나는 방법이며, 이는 유리한 점이 많고 폐단이 적은 방법이다.

'산번취간(刪繁就簡, 복잡한 것을 없애고 간단한 것을 따르다)'은 인류 문자의 발전 추세이다. 한자를 사용하는 동아시아 나라에 최근 백 년 동안 통용 한자의 수를 감수하고 한자 획수를 줄이는데, 이는 시대에 따른 문화 전진 운동이다.

3. 어문혁신 – 역사의 필연

근대 전환기에, 중국어 문어에 있어 문언이 북경어를 표준어로 한 백화로 변하고, 문자에 있어 번체자가 간체자로 변하고, 로마자모를 주음부호로 한 것은 모두 역사의 필연이다.

1) 문언에서 백화까지

한어에 있어 문어는 종래 문언을 사용해왔으나, 한 대(漢代)이후, 구어와 문어가 점점 분리되기 시작하였다. 육조(六朝)이우 문어와 구어의 거리가 점점 멀어져 완전히 분리하고 말았다. 지식인들이 선진(先秦)경전에 나온 문언을 모방하여 글을 썼으나 보통사람들이 알아보지 못하였다. 따라서 당대(唐代)에 백화문으로 쓰인 작품이 나타나기 시작하였다. 예를 들어, 왕범지(王梵志)의 백화시, 돈황속(敦煌俗)문학작품, 선종(禪宗)어록 등이 이에 해당한다. 다음 우리는 왕범지(王梵志)의 백화시를 통해 당대(唐代) 백화시의 모습을 살펴보겠다.

> 他人騎大馬, 我獨跨驢子。回顧擔柴漢, 心下較些子。(317)
> 城外土饅頭, 餡草在城裏。一人吃一個, 莫嫌沒滋味。(318)
> 梵志翻著襪, 人皆道是錯。乍可刺你眼, 不可隱我脚。(319)

그 후에, 송유어록(宋儒語錄), 화본(話本), 의화본소설(擬話本小說), 평화(評話), 제궁조(諸宮調), 원곡(元曲), 명청백화소설(明淸白話小說)등이 나타났다.

서방문명이 들어온 후, 청말민초(清末民初)에 백화 신문이 넘쳐 나왔다. 통계에 따르면, 1897년에서 1911년에, 문언과 백화가 섞인 신문을 제외하여, 백화문만으로 된 신문이 적어도 130여 가지에 이르렀다. 백화가 기반을 튼튼하게 다졌으므로 '신문학운동'의 호소에 응하여 백화문이 빠른 속도로 발전되었다.

봉건시대에, 백화문이 품위가 없고 수준이 떨어지므로 거의 민간에만 통용하였다. 그러나 원명시대(元明時代)에 가끔 공식 문서, 심지어 황제의 조령(詔令)도 백화문으로 작성한 경우가 있었다. 『원사·태정제기(元史·泰定帝紀)』에 수록된 태정제(泰定帝) 즉위 조서(中華書局點校本)를 예로 들 수 있다.

薛禪皇帝可怜見嫡孫, 裕宗皇帝長子, 我仁慈甘麻剌爺爺根底, 封授晉王, 統領成吉思皇帝四个大斡耳朵, 及軍馬, 達達國土都付来。依着薛禪皇帝聖旨, 小心謹慎, 但凡軍馬人民的不揀甚么勾当里, 遵守正道行来的上頭, 數年之間, 百姓得安業。在后, 完澤篤皇帝教我継承位次, 大斡耳朵里委付了来。已委付了的大營盤看守着, 扶立了兩个哥哥曲律皇帝, 普顔篤皇帝, 侄碩德八剌皇帝。我累朝皇帝根底, 不謀异心, 不圖位次, 依本分与國家出气力行来; 諸王哥哥兄弟每, 衆百姓每, 也都理會的也者。今我的侄皇帝生天了么道, 迤南諸王大臣, 軍士的諸王駙馬臣僚, 達達百姓每, 衆人商量着：大位次不宜久虛, 惟我是薛禪皇帝嫡派, 裕宗皇帝長孫, 大位次里合坐地的体例有, 其餘爭立的哥哥兄弟也无有; 這般, 晏駕其間, 比及整治以来, 人心難測, 宜安撫百姓, 使天下人心得宁, 早就這里即位提說上頭, 從着衆人的心, 九月初四日, 于成吉思皇帝的大斡耳朵里, 大位次里坐了也。交衆百姓每心安的上頭, 敕書行有。

『사고전서(四庫全書)』는 이것을 문언으로 바꾸었다.

朕考晋獻武色辰皇帝之嫡孫, 乃裕宗皇帝之長子也。圣慈眷愛, 封受晋王, 統領青吉斯皇帝四大鄂爾多及軍馬達勒達國土。就國以后, 格遵色辰皇帝圣旨, 小心謹愼, 凡軍馬人民一切事宜咸由正道而行, 故數年之間, 群臣各敬其事, 百姓得安其業。嗣后鄂勒哲圖皇帝命朕継承藩服, 仍統領四大鄂爾多及北邊軍馬, 翼戴朕兄庫魯克皇帝, 布延圖皇帝, 朕侄碽迪巴拉皇帝, 歷事累朝, 无貳爾心, 以継朕皇考固讓之志, 恪恭厥職, 屏衛王家。朕行之事, 諸王宗室臣民皆所素知。今大行皇帝上賓, 迤南諸王大臣軍士及諸王駙馬臣僚達勒達百姓等, 咸謂天位不宜久虚, 乾綱固有專主, 近屬之中, 惟朕爲色辰皇帝嫡曾孫, 裕宗皇帝嫡冢孫, 以長以親, 于義皆无可讓, 況大行晏駕, 事變非常, 及今加意撫綏, 犹恐皇皇未定, 宜早正宸极, 安撫百姓, 使天下人心得宁。朕以臣民勸戴之故, 俯順輿情, 九月初四日卽位于青吉斯皇帝之大鄂爾多, 布告中外, 咸与維新。可大赦天下。

또한, 명대의『황명조령(皇明詔令)』에 수록된 주원장(朱元璋)의 백화조령 등도 있다. 조선시대의『고려사(高麗史)』和『이조실록(李朝實錄)』에도 주원장(朱元璋)과 주체(朱棣)의 구유(口諭)를 수록되었다.『고려사·공민왕세가(高麗史·恭潛王世家)』"임자(壬子) 21년"(明太祖洪武五年, 1372)에 기록한 내용이 다음과 같다.

(五月)癸亥, 帝遣宦者前元院使延達麻失里及孫內侍來錫王彩段紗羅四十八匹。王出迎于迎賓館。中書省移咨曰："欽奉圣旨：那海東高麗國王那里, 自前年爲做立石碑祭祀山川, 飛報各處捷音及送法服, 使者重疊, 王好生被暑熱來。爲那般, 我想着限山隔海, 天造地設生成的國土, 那王每有仁政, 管撫的好時, 天地也喜。我這里勤勤的使臣往來啊, 似乎動勞王身体一般。爲那般上頭, 我一年光景不曾敎人去。于今恁每中書省收拾紗羅段子四十八匹, 差元朝旧日老院使送去, 選海船一只, 用全身挂甲的軍人在上面防海。

就將那陳皇帝老少, 夏皇帝老少去王京, 不做軍, 不做民, 閑住, 他自過活。
王肯教那里住嗬, 留下; 不肯時節, 載回來。恁省家文書上好生說得子細了。"
右丞相汪广洋又致書曰: "曩因元政不綱, 群雄幷起, 各擁兵衆, 分据土疆。
我圣上乘時啓運, 奮興淮右, 肇基江左, 命將四征, 削平群雄。陳友諒窃据湖
湘, 妄称大漢; 明貞据有川蜀, 僭号大夏。是以圣上統御六師, 親臨湖广。其
陳氏勢窮力屈, 率衆就降。去年春, 命中山侯, 潁川侯等總率師旅, 水陸幷進,
直搗川蜀。明氏力不能支, 銜璧請命。皆已欽蒙圣恩, 特加赦宥, 保全其生。
然揆之以理, 不可使久處京師。今令各將家屬往王國閑居。如可則留之, 其不
可則仍發回還。尚冀裁度。"(吳晗輯『朝鮮李朝實彔中的中國史料』, 24~25쪽)

'흠봉성지(欽奉聖旨)'부분은 구어이며, '우승상왕광양우치서왈(右丞相
汪廣洋又致書曰)'부분은 문언이여 현전한 차이를 보인다. 또한『조선왕
조실록(朝鮮王朝實錄)』·『태종실록(太宗實錄)』을 예로 들 수 있다.

辛卯, 遼東千戶王得名, 百戶王迷失帖等奉敕書至, 上以冕服率群臣迎于
西郊, 至闕開讀: "皇帝敕諭東宁衛漫散官員軍民人等: '太祖皇帝開設東宁
衛, 好生瞻養你每。后來建文苦得你每沒奈何, 漫散出去。如今天下太平了,
我只遵着太祖皇帝的法度瞻養你每, 都回來東宁衛里來住, 官仍舊做官, 軍
仍舊做軍, 民仍舊做民。打圍, 种田, 做生理, 听從所便, 休要害怕惊疑。若
一向執迷, 漫散不來, 恐久后悔時遲了! 故敕。'
建文叁年六月十二日, 本府官將二次奏呈事理于奉天門題奏, 奉圣旨: "恁
都府便將文書与朝鮮國差來使臣賫回去, 說与國王知道: 但是這等逃去的
人, 着他那里挨究, 都拿將出來, 差人送与遼東都司, 休要容留他。欽此。"
使臣黃儼等賫來宣諭圣旨內: 永樂元年二月初八日奉天門早朝, 宣諭圣旨
: "建文手里多有逃散的人, 也多有逃去別處的, 有些走在你那里。你對他每
說知道, 回去對國王說, 一介介都送將來。"同日, 礼部尙書李至剛于本部說

道：“上位有圣旨：‘但是朝鮮的事, 印信, 誥命, 歷日, 恁礼部都擺布与他去。’外邦雖多, 你朝鮮不比別處。君臣之間, 父子之際, 都一般有孝順識理的孩儿, 有五逆不孝不識理的孩儿。不識理的孩儿有不是處嗬, 不怪他。識理的孩儿九遍至心孝順嗬, 一遍有些不是處, 連那九遍的心都不見了。如今上位件件事都依效着太祖行, 每日把那洪武二年, 叁年以來發去外邦的文書, 外邦來的文書, 太祖做的詩都每日看。你那里也將洪武二年, 叁年以來文書字 (仔?)細看：几時的文書有好話, 几時的文書有怪的話。恐怕因走去的小人儿有些不是處,　把從前的孝順都不見了。這件最是打緊的事。你把這旨意的話對國王說, 休要撤了上位的厚恩。”(太宗5卷, 3年(1403癸未 / 明永樂1年))

위의 내용은 영악원년(永樂元年) 명성조(明成祖) 주체(朱棣)의 구유(口諭) 성지(聖旨)와 예부상서(尚書) 이지강(李至剛)의 말이었다.

따라서 백화문으로 공식문서를 작성하는 것은 매우 자연스러운 일이었다. 그러나 민국시기에 정부의 공고가 거의 문언과 가까웠다. 예를 들어, 리진시,『국어운동사강』에 수록한 교육부령, 훈령, 포고(布告), 통고 등은 거의 모두 문언이었다. 그 이유는 정부의 문서는 엄숙하고 고아한 문체가 필요한데, 백화문이 가벼워서 이에 맞지 않기 때문이다. 백화문으로 된 문서가 30년대에 처음으로 나타났다. 1934년 1월 25일에 교육부에 공포한『민중교육응추행국어훈령(民衆敎育應推行國語訓令)』(제869호)에 나온 내용을 인용하여 설명하겠다.

① 각 교육 기관의 사회교육과 관련된 업무의 직원이 주음부호를 알아야 하며, 국어문(國語文)을 쓸 줄을 알아야 한다. 이런 조건을 갖추지 못하면 채용하지 않는다.
② 글자를 알기 위해 민중학교(民衆學校)는 주음부호부터 가르쳐야 한다.
③ 만중 서적 및 각종 공고는 국어문(國語文)으로 사용해야 하며, 글자

옆에 주음부호로 적당히 표기해야 한다.

　④ 민중학교, 교육관, 도서관, 신문 열람실등 공공 기관은 국어 도표, 주음 서적, 주음 부호 영상물 등을 구입해야 하고 진열을 해서 널리 알려서 추진해야 한다. (리진시, 『국어운동사강』, 367쪽)

가장 엄숙한 정부 문서도 백화문(문언 성분이 섞여 있었지만)으로 바뀌었다. 이제야 백화가 문언을 대체하는 과정이 철저히 끝났다고 할 수 있다.

현대사회에 모든 국가에 공통어가 존재하며, 공통어가 반드시 어떤 지역의 방언을 기준으로 해야 한다. 한어의 경우 북경어를 표준어로 삼는 것은 역사의 선택이었다. 이 문제에 대하여, 『전국국어운동대회 선언』에서 이미 자세히 언급한 바 있으며, 수많은 논쟁과 실천 끝에 이와 같은 공통된 인식이 달성하였다. 통일된 언어가 없으면, 백화문의 기준도 없을 것이다. 노내선(勞乃宣)이 쓴 두 권의 방언 '대중어' 작품, 즉 소주어(蘇州話)『권인계아편연(勸人戒鴉片煙)』, 광동어(廣東話),『권인요유심족(勸人要有心足)』(리진시, 『국어운동사강』「서」, 11~12쪽)을 보면 이 점을 알 수 있다. 두 가지 작품이 모두 '백화문'으로 쓰였으나 방언권의 사람 외에 알아볼 수 있는 사람이 있을까? 따라서 국어를 통일하는 것이 백화문을 추진하는 전제조건이었다.

2) 번체에서 간체까지

한자는 예부터 간화(簡化)와 번화(繁化) 두 가지 경향이 존재해왔으나 간화가 주를 이루었다. 한자를 간소화하여 사용하는 경향은 갑골문(甲骨文) 시절부터 있어 왔으며, 역대에 간체자가 줄곧 존재하였다. 간체자가 쉽게 습득될 수 있는 장점을 가지고 있어, 사람들이 간체자를 선호

하는 편이다. 명말청초(明末淸初)의 유명 학자 황종희(黃宗羲)(이주(梨洲))는 간체자의 사용에 앞선 대학자(大學者)이다. 중국 대륙은 50년대부터 간체자를 추진하여 뛰어난 성과를 걷었다. 지금 번체자를 회복하자는 주장이 역사의 추세에 역행하는 것이며, 백여 년의 국어운동에 대한 이해가 부족하여 결국은 통할 수 없을 것이다. 국민당정부(國民黨政府)가 대망(台灣)에 물러서지 않더라도 간체자의 추진은 피할 수 없는 추세이다. 위에 언급한 전현동(錢玄同)의 두 가지 제안과 국민정부가 1935년에 공표한 『제일비간체자표(第一批簡體字表)』가 바로 그 증거이다.

3) 로마자병음

19세기 이후 '라틴화(拉丁化)'는 전 세계의 추세이며, 중국어를 로마자로 표기한 것은 이 추세에 따른 것이다. 마찬가지로 일본문자에 가나, 한국문자에 한글 외에 로마자모 표기법도 존재한다. 주음자모(注音字母)는 민족의 것이지만, '글로벌화' 속도가 가파른 시대에 통하지 않을 것이다.

리진시와 호적(胡適)이 어문개혁의 과정에 대해 각각 다음과 같이 묘사한 적이 있다.

리진시가 민국 9년(1920) 10월 14일 항주(杭州)에서 강연할 때, 국어운동을 최고의 이상에서 법이 정한 내용까지 칠층보탑(七層寶塔)으로 기술한 바 있다. "① 이세계어위국어(以世界語爲國語) 세계어를 국어로 삼기, ② 한어를 로마병음으로 표기, ③ 주음자모만의 사용, ④ 주음한자로 쓴 서적의 추진, ⑤ 신문학의 추진, ⑥ 초등학교에 어체문(語體文)으로 바꿔 쓰기, ⑦ 초등학교 1, 2학년이 먼저 바꿔 쓰기."

호적(胡適)은 민국 10년(1921) 5월 5일에 『국어강단(國語講壇)』에서 게재된 이 글을 보고 리진시에게 보낸 편지에서 다음과 같이 말한 바 있다.

"(…상략…) 국어운동과 국어문학운동은 처음에는 독립된 두 가지 운동이었는데, 점점 하나로 합쳐져서 그의 역사는 다음과 같다. ① 통일발음, ② 국어교과서, ③ 국어문학, ④ 연합된 국어운동, 미래에 대한 내용, ⑤ 국어문학의 성립, ⑥ 국어의 과학연구(음, 문법, 사전), ⑦ 병음문자가 점차 증가, ⑧ 최종 목표는 중국언어문자의 완전히 병음화이다." 리진시는 이를 '팔각금반(八角金盤)'이라고 한다. (리진시, 『국어운동사강』「서」, 30쪽)

리진시의 ⑤, ⑥, ⑦항과 호적(胡適)의 ①~⑥항이 이제 모두 실현되었으나, '세계어를 국어로 한다[以世界語爲國語]'라는 목표는 달성하기 불가능하다고 생각한다. 그 이유는 '세계어(Esperanto)'는 인조언어이므로 생명력이 없어 사용하는 사람도 점점 없어지고 있다. '주음자모만 쓴다[注音字母獨用]', 즉 한자 대신 주음자모로 한어를 기록하는 방법도 불가능해 보인다. 왜냐하면 주음부호로서 국어 로마자와 뒤에 나온 한어 병음자모가 주음자모를 대체했기 때문이다. 따라서 비록 병음이 한자를 대신하더라도 주음자자가 아니라 로마자모를 사용할 것이다. 지금 남긴 문제는 '중국언어문어의 완전 자모화[中國語言文字的完全字母化]' 혹은 '한어를 로마자 병음으로 표기할 것[漢語用羅馬字拼音]'이다. 이 목표는 실현할 수 있을까? 혹은 한자 대신 로마자를 사용하는 것이 필요할까? 시대의 발전에 따라 특히 컴퓨터로 한자를 처리하게 된 이상, 이 문제를 쉽게 결론을 내릴 수 없을 것이다. 국어운동이 성공적으로 시행하는 데에 국내외의 여러 가지 요소 외에 현대 언어학이 커다란 영향을 미쳤다. 예를 들어, 표준어의 확립, 병음방안의 제정 등이 모두 언어학 이론과 밀접한 관계를 지닌다. 물론 그 과정에 많은 언어학자들이 많은 노력을 기울이고 국어운동에 힘썼다.

마지막에 타유시[打油詩]를 만들어 마무리를 대신 하겠다.

國家貧弱受人欺, 原因在於國民愚。

治愚必從識字始, 另造文字覓新途。

切音簡字種種法, 均以口語爲基礎。

國語標准不確立, 散沙一盤難統屬。

唯有京音衆望歸, 標准一定天下服。

文言難學難普及, 改用白話勢所趨。

以手寫口眞方便, 讀書作文可自如。

音節語言漢語獨, 漢語漢字最相符。

拼音文字難實行, 繁體改簡是出路。

繁體難認又難寫, 改成簡體省功夫。

拼音采用羅馬字, 順乎潮流自穩固。

語文革新六十載, 至此大功告成初。

| 참고문헌 |

何南林(2006),『百年滄桑話文改』,『讀書』第2期.

黎錦熙(1934 / 2011),『國語運動史綱』, 商務印書館.

李宇明(2012),『紀念「統一國語法案」頒布一百周年』,『澳門語言學刊』第1期, 澳門語
　　　言學會主辦.

馬以鑫(1996),『"白話文運動"歷史軌跡的重新考察』,『華東師範大學學報』第2期.

汪維輝(2010),『『高麗史』和『李朝實錄』中的漢語研究資料』, 浙江大學漢語史研究中心
　　　『漢語史學報』第九輯, 上海教育出版社.

_____(2011),『淸代民國時期漢語研究資料槪述』, 遠藤光曉, 樸在淵, 竹越美奈子編
　　　『淸代民國漢語硏究』, [韓]學古房.

王理嘉(2012),『民族共同語發展中的兩個裏程碑－國語運動和漢語規範化運動』,『澳
　　　門語言學刊』第1期, 澳門語言學會主辦.

於錦恩(2012),『國語運動 : 實現中華民族複興的語言規劃－以國語和教育的關系爲視
　　　角』,『澳門語言學刊』第1期, 澳門語言學會主辦.

遠　征・餘　韋(1992),『漢字簡化運動的興起和發展』,『安徽教育學院學報』第3期.

周有光(1989),『「漢字簡化方案」的推行成果』,『語文建設』第5期.

太田辰夫(1991),『關於漢兒言語－試論白話發展史』, 載『漢語史通考』, 江藍生, 白維
　　　國譯, 重慶出版社.

근대 이행기 중국의
자국어 인식[*]

양세욱

1. 유동(流動)하는 중국어

최근 한 세기 남짓 동안 세계의 언어 생태계에서 중국어는 롤러코스터에 비견될 급격한 위상의 변화를 경험하였다.

전통시기 동안 동아시아의 문명은 '한자(漢字) 문명'으로 불릴 정도로 중국어를 표기하는 문자인 한자는 동아시아 전역에서 사용된 보편 문자였다. 중국을 포함하는 동아시아 지역에서 기원 이전에 문자 체계를 확립한 민족은 한족(漢族)이 유일하고, 근대 이전까지도 중국 주변 언

---

* 이 글은 2012년 11월 29일 인하대학교 한국학연구소 주최로 인하대학교 정석학술정보관에서 개최된 '2012 동아세아한국학 국제학술회의−근대 이행기 동아세아의 자국어 인식과 자국어학의 성립'에서 발표된 초고를 바탕으로 완성되었다.

어들의 상당수가 문자 체계를 갖추지 못하고 있다.[1] 또 고전중국어를 기초로 형성된 동아시아의 공동문어는 여러 세기 동안 동아시아 거의 전역에서 문화와 문명의 수단이었다. 이렇게 전통시기 동안 중국어를 표기하는 문자인 한자와 고전중국어를 기초로 형성된 동아시아의 공동문어는 동아시아 전역에서 압도적인 위세를 형성하고 있었다.

그러나 근대로 접어들면서 과학혁명과 산업혁명을 기반으로 형성된 압도적인 유럽 문명과 서세동점(西勢東漸)의 제국주의에 대항하여 동아시아에서 대두된 내셔널리즘은 한자 문명과 공동문어의 기반을 흔들었고, 한자와 중국어는 그 생존이 위협받는 처지로 내몰리게 되었다. 근대 이행기 동안의 격랑을 겪고 난 이후 중국어는 다시 화려하게 부활하였다. 최근 세계 곳곳에서 일고 있는 중국어 학습 열풍은 일시적인 유행을 넘어 이미 대세로 자리를 잡아가고 있다.[2] 한 세기 남짓 동안의 격랑을 경험하기 이전의 중국어와 그 이후의 중국어는 이미 같은 중국어가 아니다. 현재의 중국어는 두 차례의 아편전쟁(제1차 아편전쟁은 1840~1842, 제2차 아편전쟁은 1856~1860)이 벌어지던 19세기 중반의 중국어와는 크게 다르다. "당시 중국의 공식적인 문어는 문언(文言)이었고, 백화(白話)와 백

---

1 조동일(1999)의 논의를 기초로, 동아시아 지역에 분포하고 있는 민족을 문자(文字)의 사용 여부와 문자(文字)의 유래에 따라서 나누어보면 다음과 같다. ① 한자(漢字)를 이용해서 고유어를 기록한 민족 : 한자의 주역인 한족(漢族). ② 처음 한자를 이용하여 고유어를 표기하다가, 나중에 독자적인 문자를 개발하여 현재까지 민족국가를 이루고 있는 민족 : 한국·일본·베트남 등. ③ 한자를 응용하여 자기 언어를 표기하는 문자를 만들었으나 민족국가를 이루지 못한 민족 : 유구국(琉玖國)을 이어오다가 일본에 병합된 유구(琉玖), 남조국(南詔國)에 참여한 민족 가운데 백족(白族), 서하(西夏)를 세운 당항인(黨項人), 요(遼)를 세운 거란인, 금과 청을 세운 여진인, 중국 남부의 장족(壯族). ④ 한자는 거의 사용하지 않고, 한자를 통해 문자 창제의 원리를 깨달아 독자적인 문자를 만들어 쓴 민족 : 東巴문자를 사용한 납서족(納西族), 이문(彝文)을 사용한 이족(彝族), 수서(水書)를 사용한 수족(水族). ⑤ 문자는 사용하지 않고 구비문학만 이어온 민족 : 묘족(苗族), 요족(瑤族), 포의족(布依族), 동족(侗族), 일본의 아이누족, 월남의 소수민족.

2 최근 지구촌에 불고 있는 중국어 학습 열기에 대해서는 박종한·양세욱·김석영(2012 : 18~24)을 참고할 것.

화로 쓴 텍스트들은 언어의 위계질서에서 여전히 낮은 지위를 누렸다. 20세기 초에 진행된 동아시아 공동문어의 해체로 민족어 시대가 개막되고 동시에 언문일치(言文一致) 시대가 도래하였고, "나의 손은 나의 입을 쓴다(我手寫我口)"는 구호를 내걸고 진행되었던 20초의 백화문운동(白話文運動)을 거치면서 공식적인 문어는 백화로 대체되었다. 중국어 어휘체계도 혁명적인 변화를 경험하였다. 중국어가 유럽의 언어들과 접촉하는 과정에서 근대 번역어가 탄생하였고, 남만학(南蠻學)·난학(蘭學)·영학(英學)으로 이어지는 일본의 양학(洋學) 열풍 속에서 만들어진 일본산 근대 번역어들이 대량으로 중국어에 유입되었다. 당시에도 북경어(北京語)를 기초로 형성된 공통어인 관화(官話)가 있었지만 보통화(普通話) 보급 정책이 시행된 20세기 중반 이후와 비교하면 그 세력은 미약하였고 지위는 불안하였다. 중국어를 표기하는 한자의 자형(字形)도 1958년 이후 공식적으로 사용되고 있는 지금의 간화자(簡化字)와 크게 달랐을 뿐 아니라 중국 최고 지식인들 사이에서 '한자폐지론(漢字廢止論)'이 심각하게 거론될 정도로 중국어를 표기하는 유일한 문자로서의 한자의 위상은 심각하게 위협받았다. 심지어 중국어를 폐기하고 20세기 초 세계적으로 유행했던 에스페란토(Esperanto)를 대신 사용하자는 극단적인 주장까지 등장하였다."(양세욱 2011 : 300) 이처럼 근대라는 낯선 시공간에 적응하기 위해 분투를 벌이는 동안 중국인들이 '한어(漢語)'라고 부르는 중국어의 함의는 이미 크게 달라졌던 것이다.

'한자 페시미즘', 나아가 '중국어 페시미즘' 내지 '중국어 매조키즘'이라고 부를 만한 한자폐지운동과 에스페란토 보급운동은 근대 이행기 동안 진행된 중국어의 위상 추락을 잘 보여준다. 차태근(2006 : 4)은 "근 1세기 내내 극도의 '한자 페시미즘'에 빠져 있었다. 즉 20세기 초 각종 형식의 운동에서 시작하여 신문화 운동을 거쳐 문혁에 이르는 과정은 바로 끊임없는 한자 매저키즘의 역사라 해도 과언이 아니다"

고 언급하였다.

근대 이행기 동안 중국이 자신들의 언어에 대해 보인 태도는 '한자 페시미즘'이나 '한자 메조키즘'을 넘어, '중국어 페시미즘' 내지 '중국어 메조키즘'이라 호명되어야 마땅할 것이다.

2. 에스페란토와 중국어 페시미즘

에스페란토(Esperanto)는 민족과 민족 사이의 언어 차이에서 발생하는 갈등과 반목을 해소할 목적으로, 1887년 유대계 폴란드의 안과의사였던 자멘호프(Zamenhof, Lazarus Ludwig, 1859~1917)에 의해 개발되었다. 에스페란토는 폴란드어로 '희망을 품은 사람'이라는 뜻으로, 자멘호프의 필명이기도 하다. 국제적인 보조언어를 고안하여 언어가 다른 사람들 사이의 의사소통을 쉽게 하려는 시도는 여러 차례 있으나, 현재까지 에스페란토만큼 널리 공인되고 통용된 언어는 없었다. 1887년에 공표된 에스페란토는 곧바로 프랑스에 유학하고 있던 중국 유학생들 사이에서 중국의 언어 상황을 타개할 대안으로 받아들여졌다.

아편전쟁의 패배(1840~1842), 영·불 연합군의 북경(北京) 점령(1860), 청·일전쟁의 패배(1894) 등으로 이어진 사건들을 목도하며 전통사회를 지탱해온 중국 중심의 세계 질서(Chinese world order)가 붕괴되고 근대라는 새로운 시공간에 내몰린 근대 중국의 지식인들은 한자를 폐지하고 새로운 문자를 도입하여 중국어를 표기하는 문제를 심각하게 고민하였다. "이들은 중국이 부강하지 못한 원인은 교육이 보급되지 못했기 때문이며, 교육이 보급되지 못한 원인은 '배우기 어렵고, 쓰기 어렵고, 기억

하기 어려운'(難識, 難寫, 難記) 문자 때문이라고 믿었다. 이들에게 주어진
선택은 '배우기 쉽고, 쓰기 쉽고, 기억하기 쉬운(易識, 易寫, 易記)' 문자를
사용하여 교육을 널리 보급하고, 교육을 널리 보급하여 나라를 부강하
게 만드는 외길이었다."(양세욱 2006 : 68~69) "한자불멸, 중국필망(漢字不滅,
中國必亡, 한자를 없애지 않으면, 중국은 반드시 망한다)"이라는 노신(魯迅)의 선언
은 이러한 위기의식을 상징적으로 드러내고 있다.[3]

　1892년, 싱가포르에서 영어를 배우고 돌아와 한자를 보완할 새로운
문자를 연구하던 중, 『일목료연초계(一目瞭然初階)』를 출판하고 로마자
를 응용한 '절음신자(切音新字, 표음을 위한 새로운 문자)'로 중국어를 표기
할 것을 제안하여 청말(淸末) 문자개혁운동의 시작을 알린 상징적인
인물이 된 노당장(盧戇章, 1854~1928)은 『중국제일쾌절음신자(中國第一快
切音新字)』 「원서(原序)」(1892)에서 다음과 같이 언급하였다.

　　나라의 부강은 격치(格致, 과학)에 달려있다. 격치의 번성은 남녀노소
　모두 배우기를 좋아하고 진리를 아는 일에 달려있다. 배우기를 좋아하고
　진리를 아는 일은 절음(切音)을 문자로 삼는 일에 달려있다. 자모와 그 방
　법만 다 익히고 나면, 모든 글자를 스승이 없이도 스스로 읽을 수 있게 된
　다. 문자와 말이 같아서 입에서 발음되는 대로 마음에서 이해되기 때문이
　며, 자획이 간단하여 익히기 쉽고 쓰기도 쉽기 때문이다. 이렇게 되면 10여

---

[3]　"한자불멸, 중국필망(漢字不滅, 中國必亡)"은 「병중답구망정보방원(病中答救亡情
　　報訪員)」(『中國語文的新生』, 時代書報出版社, 1949 : 119에 수록)을 비롯한 노신(魯
　　迅)의 여러 저작에 등장한다. 그러나 이 구호가 노신(魯迅)의 창안인지는 불명확하
　　다. 전현동(錢玄同), 조원임(趙元任)을 비롯한 당시의 여러 지식인들도 비슷한 시기
　　에 이 구호를 사용하고 있기 때문이다. 「병중답구망정보방원(病中答救亡情報訪員)」
　　에 등장하는 해당 원문은 다음과 같다. "漢字不滅, 中國必亡. 因爲漢字的艱深, 使全
　　中國大多數的人民, 永遠和前進的文化隔離, 中國的人民, 決不會聰明起來, 理解自
　　身所遭受的壓榨, 理解整个民族的危机. 我是自身受漢字苦痛很深的一个人, 因此
　　我堅決主張以新文字來替代這種障碍大衆進步的漢字."

년의 시간을 절약할 수 있다. 이 시간을 활용하여 산학(算學)·격치(格致)·화학(化學)과 여러 실학을 힘써 배운다면, 어찌 나라가 부강하지 못할까 걱정하겠는가.[4]

노당장(盧戇章)보다 한 해 앞서 『육재비의(六齋卑議)』를 지어 중국 최초로 '절음신자(切音新字)'의 도입을 주장했지만 실제 신문자(新文字)의 개발에는 이르지 못한 송서(宋恕, 1862~1910)는 아래와 같이 구체적인 식자율(識字率) 수치까지 제시해가며 한자를 대체할 새로운 문자의 도입을 역설하였다.[5]

백인종의 나라에서 글자를 아는 남녀는 많게는 10분의 9를 넘고, 적은 경우에도 9, 10분의 2에 달한다. 황인종의 인민 가운데 글자를 아는 사람은 일본이 가장 많다. 인도의 경우에도 글자를 아는 사람이 현재 1백 분의 4이다. 중국은 … 현재 글자를 아는 사람을 헤아려보면 남자는 백 분의 1, 여자는 대략 4만 가운데 하나 정도이다.[6]

노신(魯迅) 역시 1934년에 발표한 「한자와 라틴화(漢字和拉丁化)」에서 상징의 방법으로 한자의 폐해를 지적하여 중국이 한자에 희생되기 이전에 한자가 중국을 위해 희생이 되도록 해야 한다고 주장하였다.

---

4 "竊謂國之富强, 基于格致. 格致之興, 基于男婦老幼皆好學識理. 其所以能好學識理者, 基于切音爲字. 則字母與切法習完. 凡字無師能自讀, 基于字話一律, 則讀于口逐卽達于心, 又基于字劃簡易, 則易于習認. 亦卽易于捉筆, 省費十餘載之光陰. 將此光陰專攻于算學·以及種種之實學, 何患國不富强也哉."

5 송서(宋恕)는 1909년에 이르러 『송평자신자(宋平子新字)』라는 책을 출간하고 일본의 가나를 모방하여 한자의 필획을 응용한 신문자를 제안하였다.

6 "白種之國, 男女識字者, 多乃過十之九, 少亦九十之二. 黃種之民, 識字者日本最多. 印度識字者, 今亦得百分之四. 赤縣…計今之識字者, 男約百之一, 女若四萬得一." (『六齋卑議』「變通·開化」(1891))

이 정방형(正方形)의 문자인 한자가 초래한 병든 유산을 위해, 우리들 대부분은 지난 수천년 동안 문맹이 되어 목숨을 바쳤고 중국 역시 이 꼴이 되어, 다른 나라가 인공우를 내릴 때 우리는 여태 뱀에게 절하고 신을 숭배하고 있다. 만약 우리 모두 생존하기를 원한다면, 한자가 우리의 희생이 되도록 하는 수밖에 없다.[7]

한자는 더 이상 화려한 중화문명의 담지자가 아닌 '병든 유산'에 불과한 것으로 치부되었다. 노당장(盧戇章)의 '절음신자(切音新字)'(1892)를 시작으로 청말(淸末)의 20여 년 동안, 한자를 대신할 문자로 대략 28종의 새로운 문자가 제안되었고 그 가운데 일부는 실제로 사용되기도 하였다.

한자의 폐지는 근본적인 대책이 될 수 없으므로, 중국어 자체를 폐지하자는 주장까지 등장하였다. 중국어를 폐지하자고 주장한 당시 중국 최고 지식인 그룹이 대안으로 모색한 것이 바로 에스페란토(Esperanto)의 도입이었다.

일찍이 '두아문자(豆芽文字)'(1895)라는 신문자(新文字)를 개발한 이력이 있는 오치휘(吳稚暉, 1865~1953)는 프랑스 파리로 건너가 중국 유학생들과 함께 1907년 『신세기(新世紀)』라는 잡지를 발행하고, 한자와 중국어를 폐지하고 '만국신어(萬國新語)', 즉 에스페란토를 대신 사용하자고 주장하였다. 1908년 3월 28일, 오치휘(吳稚暉)는 『신세기(新世紀)』 40호에 「전행(前行) 군의 '중국신어범례(中國新語凡例)'를 평함(評前行君之 '中國新語凡例')」라는 글을 발표하였다. 앞서 전행(前行)은 「중국신어범례(中國新語凡例)」라는 글을 통해 다음과 같이 언급하고 있다.

---

[7] "爲了這方塊的帶病的遺産, 我們的最大多數人, 已經幾千年做了文盲來殉難了, 中國也弄到這模樣, 到別國已在人工造雨的時候, 我們却還是拜蛇, 迎神. 如果大家還要活下去, 我想, 是只好請漢字來做我們的犧牲了."(『魯迅全集』 5 : 556, 人民文學出版社, 1981)

중국의 현재 문자는 쓰기에 부적합하여 조만간에 폐기될 수밖에 없다. (…중략…) 현재의 문자를 폐지한다면 가장 뛰어나고 가장 쉬운 만국신어(萬國新語)를 반드시 사용해야 한다는 것은 식견이 있는 사람이라면 모두 공감하는 바이다.[8]

또 만국신어(萬國新語)로 중국어를 대체하기까지는 많은 시간이 필요하므로 과도기에 '중국신어(中國新語)'를 만들어 축자식으로 만국신어를 번역하여 사용하자고 주장하였다. "중국신어(中國新語)는 현재 문자에 비해 열 배 이상 배우기 쉽다. 또 중국신어(中國新語)를 배운 뒤 만국신어(萬國新語)를 다시 배우면 세 달 만에 다 익힐 수 있다"[9]는 것이다. 전행(前行)의 글에 대한 비평의 성격을 가진 「전행(前行) 군의 '중국신어범례(中國新語凡例)'를 평함(評前行君之 '中國新語凡例')」에서 오치휘(吳稚暉)는 전행(前行)의 주장을 적극 찬성하고, 중국어와 한자를 폐지하고 만국신어(萬國新語)로 바꿔 사용할 것을 주장하였다. 만국신어(萬國新語)를 지지하는 이들의 모임인 신어회(新語會)의 회원 가운데는 중국신어(中國新語)를 만들어 쓰는 과도기적인 단계를 거치는 것에 반대하고 만국신어(萬國新語)를 직접 사용해야 한다고 주장하는 이들도 있었다(倪海曙 1959 : 187~189).

장병린(章炳麟)은 1908년 『국수학보(國粹學報)』 41~42호에 발표한 「중국의 언어를 만국신어로 바꾸자는 주장에 반박함(駁中國改用萬國新語說)」에서 "말세의 학자들이 기이한 것을 숭상하고 백인들의 허황된 말에 겁을 먹어 명예를 높이는 일에만 힘쓰고 무엇을 잃게 될지 묻지 않는다"[10]

---

8   "中國現有之文字不適于用, 遲早必廢, 稍有飜譯閱歷者, 無不能言之矣. 旣廢現有文字, 則必用最佳最易之萬國新語, 亦有識者所具有同情矣."(倪海曙(1959 : 185)에서 재인용)

9   "其較現有文字, 易學何啻十倍? 且學成後, 再學萬國新語, 三閱月可以畢事."(倪海曙(1959 : 186)에서 재인용)

10 "季世學者好尙奇觚, 震慴于白人侈大之言, 外務名譽, 不暇問其中失所在."(倪海曙(1959 : 190)에서 재인용)

며 만국신어(萬國新語)를 사용하자는 주장을 반박하고, 대신 전통적인 반절법을 간략하게 운용할 수 있는 36개의 유문(紐文)과 22개의 운문(韻文)을 제시하였다.

이렇게 '만국신어(萬國新語)', 즉 에스페란토의 사용 문제를 두고 격렬한 논쟁이 전개되면서, 에스페란토의 사용 문제는 언어개혁운동의 핵심 과제의 하나로 부각시켰다.

무전아재(武田雅哉, 1998/2004 : 205~206)에 따르면, 1906년 일본에서 개최된 에스페란토 강습회의 강습생 중에는 유사배(劉師培)·경매구(景梅九)·장부천(張溥泉)·하진(何震) 같은 재일중국인 아나키스트들이 포함되어 있었다. 유사배(劉師培) 등은 귀국 후 상해(上海)와 광주(廣州)에서 강습회를 개최하기도 했는데, 1909년에는 상해(上海)에서 중국 최초의 에스페란토 단체인 상해세계어학사(上海世界語學社)가 결성되고, 잡지 『세계보(世界報)』가 창간되었다. 중화민국 성립 후, '세계어(世界語)'라고 불린 에스페란토는 교육총장에 취임한 채원배(蔡元培)로부터도 지지를 받았다. 1916년 북경대학(北京大學) 총장에 취임한 채원배(蔡元培)는 1921년에 에스페란토를 필수과목으로 정하고, 일본에서 추방된 맹인 시인 에로센코를 교수로 채용하기도 하였다. 문학혁명의 기수가 되었던 잡지 『신청년(新靑年)』의 편집을 담당했던 전현동(錢玄同)도 1918년 진독수(陳獨秀)에게 보내는 편지의 형식을 빌린 「이후의 중국 문자 문제[今後的 中國文字問題]」를 통해 중국어와 한자를 폐지하고 에스페란토로 바꾸어야 한다고 주장했다.

중국을 망하게 하지 않으려면, 그리고 중국민족이 20세기 문명의 민족이 되려면 반드시 유학을 폐하고 도교를 멸하는 것을 근본적인 해결 방안으로 삼아야 하며, 유교의 학설과 도교의 요망한 말들을 기록한 한문을 폐지하는 것을 근본적인 해결 방안 가운데서도 가장 근본적인 해결 방안으로 삼아야 합니다. 한문(漢文)을 폐지한 후에 어떤 문자로 대체해야 하겠습니까? 이는 물론 한 사람이 결정할 수 있는 문제는 아닙니다. 저는 문법이 간결하면서도 포괄적이고, 발음이 정돈되고 가지런하며, 어근이 정교하고 훌륭한 인위적인 문자인 ESPERANTO를 채용해야한다고 생각합니다.[11]

　에스페란토를 사용하며 직업적으로 에스페란토를 보급하거나 에스페란토주의를 표방하는 이들을 '에스페란티스토(Esperantisto)'라고 부른다. 채원배(蔡元培)와 전현동(錢玄同) 뿐 아니라 노신(魯迅)·주작인(周作人)·호유(胡愈) 등도 역시 한때 열렬한 에스페란티스토였던 것이다.
　한자폐지운동과 에스페란토 보급운동은 세계의 언어 생태계에서 중국어의 위상 변화를 보여주는 사건이자 한자와 중국어에 대한 중국인들의 새로운 각성을 상징하는 사건이기도 하다. 중국어는 동아시아의 공동문어의 기초 언어가 아닌 언어 헤게모니 전쟁에 내몰린 병약한 일개 언어에 지나지 않는다는 자각을 통해, 중국인들은 중국의 근대와 함께 언어개혁운동을 통한 중국어 근대의 길을 모색하게 되었다.

11　"欲使中國不亡, 欲使中國民族爲二十世紀文明之民族, 必以廢孔學, 滅道敎爲根本之解決, 而廢記載孔門學說及道敎妖言之漢文, 尤爲根本解決之根本解決. 至廢漢文之後, 應代以何種文字, 此固非一人所能論定. 玄同之意, 則以爲當采用文法簡賅, 發音整齊, 語根精良之人爲的文字ESPERANTO,"(『錢玄同文集』 1, 人民大學出版社, 1999, 166~167쪽)

3. 보편어에서 민족어로—근대 중국의 언어개혁운동[12]

19세기 후반부터 한 세기 가까이 진행된 근대 중국의 언어개혁운동은 중국어를 언어개혁운동 이전과는 크게 다른 언어로 변모시켰다. 근대 이행기 동안 중국에서 중국어의 근대를 둘러싸고 진행된 운동은 언어개혁운동이면서 동시에 정치운동이기도 하다. 근대 중국의 언어개혁운동은 중국을 보편국가에서 민족국가로 전환시키는 과정에서 추진되었고, 언어개혁운동이 도달하고자 했던 최종 목적지는 전통시대 동아시아의 보편어였던 중국어를 근대 국민국가의 민족어로 탈바꿈시키는 것이었다. 근대 중국의 언어개혁운동의 체계를 이해하기 위해 새로운 중국어의 탄생으로 이어진 근대 중국의 언어개혁운동을 '간화자와 한어병음의 탄생'(문자), '언문일치의 탄생'(문체), '보통화의 탄생'(표준어), '근대 번역어의 탄생'(어휘)의 네 영역으로 나누어 그 과정과 의미를 개괄해보기로 하자.

1) 간화자와 한어병음의 탄생

한자는 갑골문(甲骨文)이 사용되었던 기원전 14~11세기 무렵부터 3천년이 넘도록 중국어를 표기하는 유일한 문자였고, 현재도 그러하다. 한자의 자형(字形)은 갑골문(甲骨文)에서 금문(金文), 대전(大篆), 육국문

12　제3장의 주요 내용은 필자의 선행연구의 연구 성과를 요약한 것이다. "간화자와 한어병음의 탄생"은 양세욱(2006; 2011)을, "언문일치의 탄생"은 양세욱(2006; 2011)을, "보통화(普通話)의 탄생"은 양세욱(2005)을, "근대 번역어의 탄생"은 양세욱(2009; 2012; 2013)을 요약하였다. 양세욱(2011 : 301~310)에도 이 장과 유사한 내용이 수록되어 있음을 밝혀둔다.

자(六國文字), 소전(小篆), 예서(隷書), 해서(楷書) 등으로 부단히 변화되었지만 이들은 모두 동일한 계통의 문자이다. 청말(淸末)에 이르러 한자의 지위는 큰 위협에 직면하였다. 기울어가는 중국의 운명에 위기의식을 느끼던 중국의 지식인들은 한자를 폐지하고 새로운 문자를 도입하여 중국어를 표기하기 위한 방안을 모색하기에 이른다.

1892년 노당장(盧戇章, 1854~1928)은 『일목료연초계(一目瞭然初階)』를 출판하고, 로마자를 응용한 '절음신자(切音新字)'로 중국어를 표기할 것을 제안하였다. 싱가포르에서 영어를 배우고 돌아와 한자를 보완할 새로운 문자를 연구하던 노당장(盧戇章)은 청말(淸末) 문자개혁운동의 시작을 알린 상징적인 인물이 되었다. 1892년부터 1911년까지 청말(淸末) 20년 동안 발표된 신문자(新文字)를 정리한 예해서(倪海曙, 1958)에 따르면, 이 기간에 제안된 신문자는 총 28종이다. 이들은 한자의 필획을 활용한 것(14종), 로마자를 활용한 것(5종), 속기기호를 활용한 것(5종), 숫자를 활용한 것(2종), 새롭게 창조한 것(1종) 등으로 나눌 수 있다.[13]

중화민국(中華民國) 수립 이후로도 새로운 문자를 향한 모색은 계속되었다. 1912년 국음(國音)의 심사와 음소(音素)의 확정, 자모(字母)의 채택을 위해 소집된 독음통일회(讀音統一會)의 결과물인 '주음자모(注音字母)',[14] 1928년 국민당 정부가 공포한 '국어라마자(國語羅馬字)',[15] 1929년

---

13 19세기 말에 시작된 문자개혁운동의 기간 동안, 한자를 대체하거나 보완할 목적으로 제안된 신문자(新文字)의 수가 얼마나 되는 지 자신있게 말하기는 어렵다. 상당수의 신문자들이 실제로 사용되지 못하고 문헌 기록도 남기지 않은 채로 사라졌기 때문이다. 중화민국의 초대 교육총장으로 임명된 채원배(蔡元培, 1868~1940)는 1912년 8월에 개최된 세계어학회(世界語學會)의 환영회 연설에서 그때까지 신문자를 고안한 중국인이 "거의 100명 정도"라고 언급하고 있으나, 이 수치의 정확도 역시 확인하기 어렵다(武田雅哉 1998/2004 : 208)

14 1918년 북양(北洋) 정부의 교육부(敎育部)에 의해 공식적으로 채택된 주음자모(注音字母)는 이름 그대로 한자를 대체하기 위해서가 아니라 '주음(注音)'을 위한 기호로 사용되었다. 한자의 발음을 보조하는 '주음(注音)'을 위한 부호(符號)라는 사실을 좀 더 분명히 하기 위해, 1930년 정식 명칭이 '주음부호(注音符號)'로 변경되었다.

구추백(瞿秋白, 1899~1935)이 「중국라틴화자모[中國拉丁化字母]」를 완성하고, 그 이듬해인 1930년 이를 모스크바에서 출판함으로써 세상에 알려진 '라틴화 신문자[拉丁化新文字]' 등이 대표적이다. 주음자모(注音字母)나 국어라마자(國語羅馬字)와 달리, 라틴화 신문자는 보급 과정에서 한자를 대체하는 문자로 인식되었음이 분명하다.[16]

라틴화 신문자의 열렬한 지지자로 신문자협회(新文字協會)의 회원이기도 한 모택동(毛澤東, 1893~1976)은 1951년의 연설에서 "문자는 반드시 개혁해야 한다. 또 문자의 표음화(表音化)라는 세계 공통의 방향으로 나아가야 한다"고 언급하였다(武田雅哉, 1998/2004 : 218). 이 언급을 통해 1950년대 초까지 한자를 폐지하고 새로운 표음문자를 도입하여 중국어를 표기하는 것이 공산당 지도부의 공식적인 견해였음을 알 수 있다.

그러나 중국문자개혁위원회(中國文字改革委員會)가 발족한 1954년부터 중화인민공화국의 언어정책을 최종 확정하는 몇 해에 걸친 논의 과정에서 공식 입장이 급변하였다. 주은래(周恩來, 1898~1976)는 1958년 『현재 문자개혁의 임무[當前文字改革的任務]』에서 "당면한 문자개혁의 임무는 한자를 간화(簡化)하는 것, 보통화(普通話)를 널리 보급하는 것, 「한어병음방안(漢語拼音方案)」을 제정하고 확대 보급하는 것이다. (…중략…) 처음부터 분명히 말해 두어야만 하겠다. 「한어병음방안(漢語拼音方案)」은 한자에 주음(注音)을 달아 보통화(普通話)를 보급시키기 위한 것이지 결코 한자를 대체하는 표음문자는 아니라는 것이다"고 언급하기에 이른다.

한자를 폐지하고 표음(表音) 위주의 전혀 새로운 문자를 도입하여

---

15   언어학자 여금희(黎錦熙, 1890~1978)와 조원임(趙元任, 1892~1982)의 주도로 탄생한 이 체계는 성조를 따로 표기하지 않는 대신 음절구조에 따라 자모의 배열을 달리하여 쉽게 익힐 수 없었고, 정부의 공식적인 지원을 얻는데도 실패하여 널리 사용되지 못했다.

16   1930년부터 1951년까지 21년 동안 중국 전역에서 20만 명 이상이 라틴화 신문자[拉丁化新文字]를 배웠고, 3백여 개의 관련단체가 성립되었으며, 170여 종의 책과 80여 개의 잡지가 간행되었다고 한다(武田雅哉 1998/2004 : 216).

중국어를 표기하려던 문자개혁운동은 결국 실패로 막을 내렸다. 한자의 폐지는 한자로 축적된 전통 문화유산과의 실질적인 단절을 의미한다. 또 한자의 폐지와 알파벳문자의 도입은 지역 방언에 표기 수단을 제공하는 것을 의미하며, 이는 필연적으로 중국을 언어적 다원주의 사회로 변모시키게 된다. 한자폐지론자들이 한자의 불편함을 과장하였다는 사실 역시 지적되어야 할 것이다. 중국인들은 '배우기 어렵고, 쓰기 어렵고, 기억하기 어려운' 한자를 폐지하지 못하고 개량(改良)하여 사용하는데 만족해야 했다. 1956년 중국문자개혁위원회(中國文字改革委員會)가 제출한 「한자간화방안(漢字簡化方案)」을 국무원(國務院)이 정식으로 공포하면서 공식화된 간화자(簡化字)가 그것이다. 1958년에 도입된 '한어병음자모(漢語拼音字母)' 역시 한자의 보조문자(補助文字)로서의 역할을 넘어서지 못했다.

문자의 근대화는 근대 대부분의 국민국가들이 당면한 공통의 과제였다.[17] 한자 폐지를 목표로 진행되었던 문자개혁운동은 실패하였지만, 문자개혁운동 이전의 한자(漢字)와 이후의 한자(漢字)는 더 이상 같은 한자(漢字)가 아니다. 번체(繁體)·간체(簡體)라는 자형(字形)의 차이를 말함이 아니다. 한자의 위상과 성격에 근본적인 변화가 일어났다. 문자개혁운동은 한자에 대한 자기 성찰을 통해 긴 시간 동안 사용해온 보편제국의 보편문자로서의 한자를 국민국가의 개별문자로 자리매김하는데 기여하였던 것이다.

---

17 일본에서는 명치유신(明治維新) 이후 가명(假名)를 활용하여 의무교육을 실행하고, 2차 세계대전 이후에는 '문자평민화(文字平民化)'를 위해 1945자의 '상용한자표(常用漢字表)'를 제정하였다. 베트남에서는 1910년대 과거제도의 철폐 조치와 함께 한자를 베트남 식으로 변형시킨 문자인 쯔놈(字喃)을 버리고 로마자를 이용해 베트남어를 표기하기 시작했다. 한국에서는 1443년에 제정된 한글을 되살려 사용함으로써 중국이나 베트남 같이 신문자(新文字)를 만들어야 하는 부담을 벗을 수 있었다.

2) 언문일치의 탄생

근대 사회에서 당연시되는 언문일치(言文一致)가 언어사에서는 극히 예외적인 현상에 불과하다. 한, 두 세기 전만 하더라도 구어와는 현격하게 다른 표기 체계를 가진 공동문어를 사용하는 것이 전 세계적으로 보편적인 현상이었다.

'공동문어(共同文語)는 하나의 문명권 안에서 언어가 서로 다른 여러 민족이 오랜 동안 공동으로 사용하였던 문어(文語)이다.[18] 공동문어는 일반적으로 보편 종교의 경전에 사용된 언어를 바탕으로 형성된다. 경전 언어는 신이 전해준 말이거나 신과 소통하는 말이므로 함부로 바꿀 수 없다는 인식이 널리 퍼져있었다. 따라서 공동문어인 경전의 언어를 일상 구어로 바꾸는 것은 근대에 이르기까지 좀처럼 허용되지 않았다. 독일의 신학자 루터(Martin Luther, 1483~1546)가 당시 교회의 관습이었던 면죄부(免罪符) 판매에 저항하여 일으킨 종교개혁의 중요한 실천 가운데 하나가 라틴어 『성경』을 독일어로 번역하는 것이었다는 사실은 널리 알려져 있다. 이슬람 사회에서 『쿠란』의 번역은 현재까지도 허용되지 않는다.

중국 최초의 통일 제국이었던 진(秦)·한(漢)에 의해 중앙집권화가 가속화되고, '유교의 승리'로 유교 경전이 제국의 교육과 통치 기반이 되면서, 고전중국어를 모델로 표준화된 동아시아의 공동문어의 기초가 마련되었다. 또 남북조(南北朝)와 수(隋)·당(唐) 시대를 거치면서 쿠마라지바(Kumārajīva, 鳩摩羅什, 344~413)와 현장(玄藏, 602?~664) 등 번역가

---

18 '공동문어(共同文語)'는 '공동어(共同語)'와 '문어(文語)'라는 두 가지 개념의 복합어이다. '공동어(共同語)'는 민족어 또는 개별어와 상대되는 개념이며, '문어(文語)'는 '구어'와 상대되는 개념이다. 동아시아의 한문(또는 언문(文言)), 인도 지역의 산스크리트어, 아랍 지역의 아랍어, 유럽의 라틴어가 공동문어의 대표적인 예들이다.

들의 노력에 의해 한역불경(漢譯佛經)이 성립하고, 이 한역불경이 전파되면서 동아시아 공동문어의 성립은 한층 더 추진력을 얻게 되었다. 수(隋)·당(唐) 제국이 들어설 무렵 유교·불교문명권의 확장과 함께 동아시아 공동문어는 확고한 기반을 다지게 되었다.

공동문어가 동아시아 각 지역에 확산되면서부터 공동문어의 해체로 언문일치(言文一致)가 확립되기 이전까지 각 지역에는 다이글로시아(diglossia, 兩層言語現象)가 형성되었다.[19] 중국의 경우, 백화문운동(白話文運動)과 그 이후의 과도기를 거치면서 언문일치(言文一致)가 확립되기 전까지 일상적인 의사소통을 위한 언어 이외에 문학 창작과 역사 기록, 공식 문서의 작성 등에 광범위하게 사용된 상층 언어인 문언(文言)이 있었다. 중국에서 문언은 전국적으로 소통 가능한 초방언적 언어였을 뿐 아니라, 중국이라는 제국의 민족적 문화적 통일의 상징이기도 하였다.[20]

동아시아의 공동문어는 '공동문어의 시대'라고 부를 수 있는 언어사의 시대적 유산이다. 근대의 개막과 함께 여러 세기 동안 동아시아 전체의 문화와 문명의 수단이었던 공동문어는 해체되고, 각 민족의 구어를 그 민족의 문자로 기록하는 언문일치의 시대인 민족어의 시대가 시작되었다. 과학혁명과 산업혁명을 기반으로 형성된 압도적인 유럽문명의 제국주의에 대항하여 동아시아에서 대두된 내셔널리즘은 공동문어의 기반을 흔들었다.

---

19 한 사회 안에서 두 개의 언어가 사용되는 상태라는 점에서 다이글로시아(diglossia)는 바이링구얼리즘(bilingualism, 二重言語現象)과 유사하다. 다이글로시아와 바이링구얼리즘은 어원(語源)도 같아서 둘 다 '두 개의 혀' 또는 '두 개의 언어'라는 의미이다. 'diglossia'는 그리스어에 뿌리를 두고 있고 'bilingualism'은 라틴어에 뿌리를 두고 있다.

20 다이글로시아 현상은 한국의 경우에도 비슷한 양상으로 전개되었다. 늦어도 삼국시대에 이미 입으로는 한국어를 말하고 손으로는 공동문어인 한문을 쓰는 양층언어(兩層言語) 체계가 이루어졌고, 이러한 체계는 19세기 말까지 변함없이 유지되었다. 훈민정음(訓民正音)이 세종 25년(1443)에 창제되고 세종 28년(1446)에 반포된 이후에도 한국의 다이글로시아에 거의 영향을 미치지 못했다는 사실은 널리 알려져 있다.

"나의 손은 나의 입을 쓴다[我手寫我口]"는 구호를 내걸고 1919년 5·4 운동을 전후로 시작된 백화문운동(白話文運動)은 공동문어 시대에서 민족어 시대로의 전환을 알리는 상징적인 사건이다.[21] 일본은 메이지유신을 계기로 근대국가로 변모하면서, 식민지로 전락했던 한국과 베트남은 민족해방운동을 전개하면서 공동문어의 시대가 막을 내리고, 각 민족어를 기초로 새로운 언문일치(言文一致)의 시대가 시작되었다. 이처럼 공동문어를 버리고 정치 중심지의 구어를 표준어로 삼아, 이를 대중 교육을 통해 보급하고 언어 통일과 언문일치를 이룩하는 것이 근대 국민국가들이 시행하는 언어정책의 공통된 특징이다.

3) 보통화(普通話)의 탄생

모어(母語)로는 의사소통이 불가능할 정도로 수많은 방언 지역으로 분화되어있는 중국에서 의사소통의 장애를 극복하는 수단 가운데 하나가 공통어이다. 그 함의와 용도가 현재의 보통화(普通話)와 반드시 일치하지는 않지만, 중국에서 공통어는 일찍부터 존재하였다. 춘추전국(春秋戰國) 시기에도 공통어가 널리 사용되었다는 주장에 많은 이들이 공감을 표시하고 있고,[22] 한(漢)에서 명(明)·청(淸)에 이르는 동안에

---

21 이 백화문운동(白話文運動)의 성공과 20세기 초반의 과도기를 거치는 동안 문언과 백화의 언어 위계질서에 근본적인 변화가 발생하였고, 현재 백화는 중국의 유일한 문어로서의 지위를 확고히 하였다.

22 최근에 중국인 학자들을 중심으로 『논어(論語)』「술이(述而)」에 등장하는 "자소아언(子所雅言), 시(詩)·서(書)·집례(執禮), 개아언아(皆雅言也)"의 '아언(雅言)'을 춘추전국시대(春秋戰國時代)의 공통어를 가리키는 용어로 널리 인용되고 있다. 그러나 『논어』「술이」에 딱 한 차례, 그것도 동사 용법으로 등장할 뿐 다른 문헌에는 보이지 않는 이 '아언(雅言)'을 춘추전국시대(春秋戰國時代) 공통어의 공식 명칭으로 단언하기는 어렵다. 춘추전국시대(春秋戰國時代)에 공통어가 존재했는가의 문제와 '아언(雅言)'이 당시 공통어의 정식 명칭이었는가의 문제는 별개의 문제이다.

도 '통어(通語)', '정음(正音)', '천하통어(天下通語)', '관화(官話)' 등과 같이 공통어(共通語)의 흔적을 또렷이 보여주는 흔적을 발견할 수 있다.

근대적인 국민국가로서의 변모를 모색하던 중화민국(中華民國) 시기 동안, 국가적 통합을 지향하는 '국어(國語)'가 공통어의 명칭으로 채택되어 사용되었다.[23] 1902년, 경사대학당(京師大學堂) 총교습(總敎習) 오여륜(吳汝倫, 1840~1903)은 근대 국민국가의 모습을 갖추어 가고 있던 일본의 학교를 시찰하면서 동경어(東京語)을 기초로 하는 표준어인 '국어(國語)'를 효과적으로 보급하는 것을 보고 돌아와, 북경어(北京語)를 표준으로 하는 '국어(國語)'를 적극적으로 보급할 것을 주장하였다.[24] 1910년, 자정원 의원(資政院 議員)이기도 했던 언어학자 강겸(江謙)은 정명(正名)의 차원에서 '관화(官話)'라는 명칭을 버리고 '국어(國語)'를 대신 사용하자고 주장하기도 하였다(于根元 2005 : 26~27). 서구 열강들의 침탈과 군벌들의 각축전 속에서 근대적인 민족 국가로서의 변모를 모색하던 중화민국(中華民國) 시기 동안, 국가적 통합을 지향하는 '국어(國語)'가 공통어(共通語)의 명칭으로 채택되어 사용되다가, 대륙에서는 1950년대 이후로 '보통화(普通話)'[25]에 자리를 내어주고, '중화민국(中華民國)'이라는 국명을 유지하고 있는 대만에서는 아직까지 이 '국어(國語)'가 공통어(共通語)의 공식 명칭으로 사용되고 있다.

"자소아언(子所雅言), 시 詩)·서(書)·집례(執禮), 개아언야(皆雅言也)"의 해석 및 '아언'과 춘추전국시대 공통어의 관계에 대해서는 양세욱·전유용(錢有用)(2008)을 참고하라.

23   대륙에서는 1950년대 이후로 '보통화(普通話)'에 자리를 내어주고, '중화민국(中華民國)'이라는 국명을 유지하고 있는 대만에서는 아직까지 이 '국어(國語)'가 공통어(共通語)의 공식 명칭으로 사용되고 있다.

24   이는 중국 공통어(共通語)를 '국어(國語)'라고 부른 가장 이른 예라고 할 수 있다(우근원(于根元) 2005 : 26~27).

25   '보통화(普通話)'라는 명칭이 사용된 것은 신해혁명 이전으로 거슬러 올라간다. 1906년 주문웅(朱文雄)은 일본에서 『강소신자모(江蘇新字母)』를 출판하면서 '보통화(普通話)'라는 명칭을 쓰고, 이를 '각 성(省)에서 통용되는 말'이라고 정의하였다.

중국의 '국어운동(國語運動)'은 근대의 다른 국민국가들과 마찬가지로 표준어를 보급시켜 방언의 차이를 극복하고 언어의 통일을 이루기 위한 운동이었다. '국어운동(國語運動)'을 통해 북경어(北京語)의 대표성이 확고해졌고, 북경어(北京語)가 중국 공통어(共通語)의 표준음이 되는 계기가 마련되었다.[26] 백화문운동(白話文運動)의 목표가 문언(文言)을 버리고 백화(白話)를 사용하여 '언문일치(言文一致)'를 이루는 것이었다면, 국어운동(國語運動)의 목표는 표준어를 보급시켜 방언의 차이를 극복하고 언어의 통일을 이루는 것이었다고 할 수 있다.

중국 전역에서 보통교육(普通教育)을 받은 대부분의 인민(人民)들에 의해 일상적인 영역에까지 광범위하게 사용되고 있는 보통화(普通話)는 공통어(共通語)의 발전에서 질적 비약을 이루었다고 평가할 만하다.[27] 명(明)·청(淸)의 관화(官話) 이전까지의 공통어(共通語)는 관료(官僚)나 지식인 계층을 중심으로 유통되고 그 사용 범위도 행정(行政)이나 통상(通商) 등으로 제한적이었기 때문이다.

보통화(普通話)와 여러 지역 방언이 병존하고 있는 현재 중국의 언어 상황은 복잡하다. 상해(上海)와 광동(廣東)처럼 지역 방언의 위세가 여전한 대도시에서는 보통화(普通話)를 우세어(優勢語, prestige language)으로 보기 어렵다. 이런 지역의 언어 상황은 두 언어가 사회적 기능의 차별 없이 사용되는 바이링구얼리즘으로 규정할 수 있을 것이다. 하지만 대부

---

26 1912년 교육부의 주도로 설립된 "독음통일회(讀音統一會)"에서 북경어(北京語)의 음이 전국 표준음으로 채택되었고, 1919년에 설립된 "국어통일주비회(國語統一籌備會)" 및 이를 계승하여 1928년에 설립된 "국어통일주비위원회(國語統一籌備委員會)" 등의 논의를 거치면서 중국 공통어(共通語)의 기초 방언으로서의 북경어(北京語)의 지위는 확고해졌다.

27 보통화(普通話) 보급 정책은 성공적으로 진행되어, 2000년 전후에 실시된 「국가어언문자사용정황조사(國家語言文字使用情況調查)」(2001)에 따르면, 중국인 가운데 보통화(普通話)로 의사소통이 가능한 사람은 전국 평균 53.06%이다. 도시 지역이 농촌 지역보다 보통화를 구사할 수 있는 인구의 비율은 월등히 높아, 상해(上海)의 경우 70.47%에 달한다. 학력이 높을수록 나이가 어릴수록 그 비율은 높게 나타난다.

분의 지역에서는 빠르게 보통화(普通話)가 우세어(優勢語, prestige accent)가 되고 지역 방언은 열세어(劣勢語, inferiority accent)가 되어가고 있다. 이런 지역의 언어 상황은 두 언어가 차별적인 사회적 기능을 드러내는 다이글로시아로 규정할 수 있을 것이다.[28]

4) 근대 번역어의 탄생

근대 번역어의 생산은 이탈리아 선교사 마테오 리치(Mattteo Ricci(중국 이름은 利瑪竇), 1552~1610)의 입국과 함께 명말(明末)의 중국에서 시작되었다. 마테오 리치를 비롯한 예수회 선교사들은 서광계(徐光啓, 1562~1633), 이지조(李之藻, 1565~1630) 등 중국인 학자들의 도움을 받아 "서양학자가 입으로 구술하면, 중국학자가 붓으로 받아 적는(西士口授, 中士筆受)" 협업(協業)을 통해 유럽에서 건너온 생소한 개념들을 중국어로 번역하였다.[29] 그러나 중국어와 유럽어 사이의 최초의 언어접촉으로 기록될 이 번역 사업은 오래 지속되지 못했다. 1757년 옹정제가 전례(典禮) 문제 등에서 비롯된 마찰을 계기로 기독교 선교활동을 금지시키고 모든 외국인들의 활동 범위를 광저우로 제한하였으며, 뒤이어 1773년 교황 클레망 14세가 예수회의 해산을 선포함으로써 중단되었던 중서(中西) 언

---

28 일부 대도시 지역에서는 토착 방언과 대도시 방언, 그리고 보통화(普通話)가 병존하여 폴리글로시아(polyglossia, 다층언어현상(多層言語現象)) 또는 멀티링구얼리즘(multilingualism, 다중언어현상(多重言語現象))을 보이기도 한다.

29 마테오 리치는 서광계와 함께 유클리드의『기하학원론』(Elements of Geometry)의 일부를『기하원본(幾何原本)』이라는 제목으로 번역하였고, 이지조(李之藻, 1565~1630)와 함께『동문산지(同文算指)』를 번역하였다. 'geometry'의 'geo'를 음역한 '기하(幾何)'를 비롯하여 '직선(直線)·곡선(曲線)·대각(對角)·직각(直角)·둔각(鈍角)·삼각(三角)·면적(面積)·체적(體積)·평방(平方)·입방(立方)·약분(約分)·통분(通分)' 등의 수학 분야의 어휘들, '지구(地球)·경선(經線)·위선(緯線)·열대(熱帶)·냉대(冷帶)·온대(溫帶)' 등의 지리 분야의 어휘들이 이 책들을 통해 선보였다.

어접촉은 도광(道光) 44년(1844) 금교령의 해제를 전후로 재개되었다. 이 백년금교(百年禁敎) 이후 중국에 입국하여 선교 활동을 펼친 사람들은 영국과 미국의 개신교 선교사들로, 이들의 번역과 저술 작업을 통해 새로운 번역어들이 중국에 소개될 수 있었다. 이처럼 예수회 선교사에서 개신교 선교사들로 단속(斷續)을 거치며 이어진 번역과 사전편찬 작업은 19세기 초반까지 이어졌으나 중국 사회에 큰 영향을 미치지 못하고 망각되어 갔다.

물론 근대 번역어의 생산이 서양 선교사들에 의해서만 이루어진 것은 아니다. 19세기 중반부터는 경세파(經世派)로 불리는 학자들이 직접 서양의 지리와 정치, 사회를 소개한 책들을 다투어 출간하기 시작하였고,[30] 북경(北京)에 세워진 경사동문관번역처(京師同文館飜譯處)와 경사대학당편역국(京師大學堂編譯局), 상해(上海)에 세워진 강남기기제조국번역관(江南機器制造局飜譯館) 등 정부에서 주도한 번역 기관과 서양 선교사들이 주관한 번역 및 출판 기관들도 서양서들을 출간하였다. 또 청·일전쟁(1894)을 전후로, 헉슬리의 『진화와 윤리』(천연론(天演論)), 몽테스키외의 『법의 정신』(법의(法意)), 스미스의 『국부론』(원부(原富)), 밀의 『자유론』(自由論) 등을 번역한 엄복(嚴復, 1853~1921) 등 서양의 언어와 학문에 정통한 일군(一群)의 학자들이 서양서(西洋書)들을 직접 중국어로 번역하기노 하였다.

한편 남만학(南蠻學)·난학(蘭學)·영학(英學)으로 이어지는 일본의 양학(洋學) 열풍 속에서 유례없이 많은 번역어들이 만들어졌다. 번역어의 생산 과정에서 중국과 일본은 서로를 참조하고 영향을 주고받았다. 19세기 후반 메이지 유신[明治維新]을 전후로 난학(蘭學)에서 영학(英

---

30   임칙서(林則徐, 1785~1850)의 『사주지(四洲志)』(1841?), 위원(魏源, 1794~1857)의 『해국도지(海國圖志)』(1844), 서계여(徐繼畬, 1795~1873)의 『영환지략(瀛環志略)』(1848~1849) 등이 대표적이다.

學)으로 바뀐 양학(洋學)은 최전성기를 맞아 무수한 번역어들이 생겨났고, 많은 번역어들이 한자를 매개로 중국으로 유입되었다.[31] 일본 역시 번역어를 만드는 과정에서 중국에서 이루어진 번역 선례(先例)들을 지속적으로 참고하였다.[32]

이렇게 중국과 일본은 서로를 참조하고 영향을 주고받으며 근대 번역어를 다듬어냈다. 한국은 이 과정에 참여할 기회를 갖지 못하고, 중국과 일본에서 진행된 성과들에 무임승차에 가까운 편승을 하였다. 이 번역어들은 한자와 동아시아 공동문어를 기반으로 국경을 넘나들며 새로운 어휘체계를 형성하였다.

근대 번역어는 중국어 어휘에서 큰 비중을 차지하고 있으며, 특히 학술 활동과 관련된 핵심 어휘들의 대부분을 차지하고 있다. 근대 번역어의 생산과 유통은 중국어 어휘체계를 혁신시켰다. 어휘는 언어라는 집을 이루는 벽돌이다. 중국어는 근대 번역어를 재료로 삼아 낡은 집을 허물고 근대어라는 새 집을 준공하기 위한 기초를 다지게 되었다. 중국어의 역사에서 비슷한 예를 찾기 어려울 만큼 대규모로 유입된 근대 번역어들은 중국어 어휘체계에 근본적인 변화를 가져왔고, 중국어 어휘체계의 혁신은 중국 근대어가 형성되는 결정적인 계기가 되었다.

---

31 청・일전쟁(1894~1895)의 패배와 무술변법(戊戌變法)(1898)의 실패를 계기로 많은 중국 유학생들이 일본에 유학하였고, 일본어 서적에 대한 대규모의 중역(中譯)이 이루어졌다. 1896년부터 1911년 사이에 958권의 일본어 서적이 중국어로 번역되었고, 1905년과 1906년에 일본에 유학한 중국인 학생은 이미 8천 명을 넘어섰다(Masini 1994/2005 : 174). 이들 중국인 유학생 가운데는 훗날 중국 사회에 커다란 영향력을 행사하게 될 손문(孫文)・노신(魯迅)・주작인(周作人)・곽말약(郭末若)・왕국유(王國維)・욱달부(郁達夫) 등이 포함되어 있었다. 청일전쟁 이전부터 이미 일부 일본산 번역어들이 중국어에 영향을 미쳤지만, 그 본격적인 유입은 이 무렵부터 시작되었다.

32 가령, 마테오 리치와 서광계(徐光啓)가 번역한 『기하원본(幾何原本)』은 출간 직후 일본에 전해져 1630년에 이미 금서로 지정되고, 1720년에 이르러 공식 해금되었다. 위원(魏源)의 『해국도지(海國圖志)』(1844), 서계여(徐繼畬)의 『영환지략(瀛環志略)』(1848~1849) 등 19세기 이후 중국에서 출간된 주요 번역서들도 곧바로 일본에 소개되었다.

4. 중국의 근대와 중국어의 근대

19세기 후반부터 20세기 중반까지 대략 한 세기 동안 문자·문체·표준어·어휘 등 여러 갈래로 진행되었던 근대 언어개혁운동의 결과로, 현재의 중국어는 이전과는 크게 다른 모습으로 변모하였다. 근대 중국의 언어개혁운동이 일단락된 현재 중국의 언어 상황은 비교적 안정적으로 보일 수 있다. "중국어를 표기하는 유일한 문자로서의 '간화자(簡化字)'의 지위는 크게 도전받지 않고, 중국어 어휘체계를 근본적으로 뒤흔들 만큼의 급격한 어휘의 변화도 없다. 또 '문언(文言)'이 아닌 '백화(白話)'가 문어(文語)의 표준으로 확고하게 자리 잡았고, 표준어인 '보통화(普通話)'의 보급도 성공적으로 진행되고 있다."(양세욱, 2011 : 311)

그러나 2009년 3월에 개최된 전국인민정치협상회의(全國人民政治協商會議)에서 간화자(簡化字)를 폐지하고 번체자(繁體字)를 부활시키자는 주장이 정식으로 제기되면서 격렬한 찬반 논쟁을 불러일으킨 이른바 '번(繁)·간(簡) 논쟁', 2010년 5월 중국 교육부가 앞으로 5년 동안 막대한 예산을 추가로 투입하여 위구르인에 대한 보통화(普通話) 교육을 획기적으로 강화하겠다는 계획 발표, 2010년 7월 말부터 한 달 넘게 광동성(廣東省)의 성도 광주(省都 廣州)에서 수천 명의 시민들이 광동어(廣東語) 탄압에 항의하며 벌인 거리집회 등 일련의 사건들은 이런 중국어 언어 상황이 언제든 돌발적인 변수들에 의해 요동칠 수 있음을 보여준다.[33] 또 최근에 대만과 홍콩에서도 언어의 정체성을 둘러싼 논쟁이 계속되고 있다.

1997년 홍콩의 중국 반환 이후 정부가 '모어 교육'이라는 이름으로,

---

[33] 최근에 발생한 일련의 사건들에 대해서는 양세욱(2011 : 311~013)을 참고할 것.

그동안 주류 교육수단이던 영어 대신 보통화를 쓰라는 방침을 정하려 하자, 최근 홍콩의 중고등학교 학생들이 "우리에게 영어를 배울 수 있는 자유를 달라!"는 피켓을 들고 반대 시위에 나섰다. 영국의 식민 통치 기간 동안 홍콩에서는 영어가 중국어와 함께 사용되었고 영어는 중국어보다 우세 언어였다. 홍콩의 중국 반환 이후, 우세 언어로서의 영어의 지위가 흔들리고 중국어가 부상하는 상황이 되자, 과연 어떤 중국어가 영어의 지위를 대신할 지를 두고 논란이 일고 있는 것이다. 홍콩에서 지금까지 회피되어온 이 문제에 대해 모국인 중국은 보통화와 간체자를, 홍콩은 광동어와 번체자를 그 답으로 주장하면서 격화된 시위는 최근까지도 계속 이어지고 있다.[34]

또 2011년 5월, 대만의 남부도시 대남(臺南)의 한 학술회의에서 일어난 작가 황춘명(黃春明)과 대만어의 로마자 표기를 주장하는 한 국립대학 교수 간의 의견충돌은 대만의 복잡한 언어상황과 대만의 언어 정체성 혼란을 잘 보여준다. 황춘명(黃春明)이 '대만어문 쓰기와 교육에 대한 검토臺語文書寫與教育的商確'라는 주제로 강연을 하면서 대만어 교육의 실효성에 대해 비판적인 견해를 내놓자, 성공대(成功大) 대만문학과의 장위문(蔣爲文) 교수는 황춘명(黃春明)에게 타이완어로 작품창작을 하지 않는 것을 부끄럽게 생각해야 한다는 취지의 발언을 했다. 이에 장내는 각각의 지지자들의 함성으로 소란이 일어났고 이 사건이 현장에 있던 기자들에 의해 다음날 주요뉴스로 지면을 장식하자 언어사용 문제를 넘어 타이완의 정체성과 관련한 각계의 의견들이 쏟아져 나오기 시작했다.[35]

최근에 진행된 이상의 사례들은 보통화(普通話)와 수많은 지역 방언이 병존하는 현재 중국의 양층언어 또는 이중언어 현상 역시 표준어

---

34 홍콩의 모어를 둘러싼 언어 논쟁에 대해서는 장정아(2012)를 참고할 것.
35 대만의 언어 정체성 문제에 대해서는 최말순(2011)을 참고할 것.

와 방언에 대한 언어태도의 변화에 따라 요동칠 수 있음을 잘 보여준다. 또 근대 중국의 언어개혁운동이 현재 진행형임을 보여주는 일련의 사건들은 어느 측면에서는 중국의 근대 또한 여전히 현재 진행형임을 암시하고 있기도 하다.

근대 중국의 언어개혁운동은 중국이 보편 제국에서 근대 국가로 전환하는 과정에서 발생하였으며, 언어개혁운동을 이끈 원동력은 근대라는 시공간의 이데올로기인 내셔널리즘에서 찾을 수 있다.[36] 내셔널리즘은 국어 또는 민족어의 영역에서 가장 강렬하게 표출된다. 국어 또는 민족어는 한 민족을 다른 민족들과 가르는 가장 중요한 특질들 가운데 하나이므로, 내셔널리즘은 자연스럽게 이를 중심으로 성장하고 확산되게 마련이다. 언어가 민족공동체의 필수불가결한 요소이고, 민족국가 내지 국민국가 수립의 토대가 된다는 인식, 즉 언어 내셔널리즘은 내셔널리즘의 요체이다. 내셔널리즘 자체가 유럽 문명이 고안하여 제국주의와 함께 수출한 이념이라는 사실은 역설적이다.

근대 유럽에서와 마찬가지로 언어 내셔널리즘은 19세기 말 이후 중국을 비롯한 동아시아에서도 보편적인 현상이었다. 근대라는 시공간에서 언어는 언제나 변화의 동력이자 주체의 기반으로 인식되었다. 근대 내셔널리즘을 포함하여 정치운동의 이면에 늘 언어의 문제가 도사리고 있는 것은 이 때문이다. 이렇듯 '국민국가가 지배하는 영토'로서의 근대의 등장과 국민국가의 언어인 국어를 탄생시키기 위한 노력

---

36 언어개혁운동 과정에서 여러 주장들이 제기되고 때로는 격렬한 논쟁으로 점화되기도 하였으나, 어떤 경우에도 중국이라는 공동체를 위협 또는 해체하자는 주장으로 나아가지 않았다. 한자의 폐지, 나아가 중국어의 폐지를 주장했던 이들조차 한자의 폐지가 필연적으로 중국을 언어적 다원주의 사회로 변모시키게 될 것이며, 이는 곧 중국의 분열로 이어질 수 있다는 자각에 이르자 한자폐지론을 철회하였다. 근대 중국의 언어개혁운동은 어떠한 경우라도 중국이라는 공동체를 위협 또는 해체하지 않으며, 오히려 이를 강화하는데 공헌한다는 암묵적 합의 안에서 진행되었다고 말할 수 있다(양세욱, 2011 : 315).

은 다른 시대, 다른 지역에서 유사한 양상으로 전개되었다.[37]

　이런 양상은 근대 이행기의 중국에서도 마찬가지로 전개되었다. "근대는 경전이 없는, 경전을 부정하는 시대이다. 경전의 권위를 기반으로 형성되고 소수 엘리트를 중심으로 유지되어 오던 공동문어는 근대라는 시공간과 양립하기 어렵다. 공동문어가 해체되고 그 자리를 민족어로서의 동시대 중국어를 기록하는 백화(白話)가 차지하면서 중국에서 두 번째 언문일치(言文一致)의 시대가 도래(到來)하였다.[38] 공동문어를 버리고 정치 중심지의 구어를 공통어로 삼아 이를 대중 교육을 통해 보급하여 언어통일과 언문일치를 이룩하는 것이 근대 국민국가들이 시행하는 공통된 언어정책이다. 부국강병(富國強兵)의 근대국가로 탈바꿈하기 위해서는 대중교육을 통해 '국민'들을 계몽시켜야 하고, 국민 계몽을 위해 선행되어야할 과제가 '배우기 쉽고, 쓰기 쉽고, 기억하기 쉬운' 문자의 모색이었다. 또 근대 번역어의 생산과 유통은 중국어 어휘 체계를 혁신시켰고, 중국어 어휘 체계의 혁신은 중국어 근대화로 이어졌다."(양세욱, 2011 : 314~315)

　언어의 문제는 정치의 문제이며, 언어 개혁의 문제는 결국 정치 개혁의 문제와 직결된다. 근대 이행기 동안 중국에서 중국어의 근대를 둘러싸고 진행된 운동은 언어개혁운동이면서 동시에 정치운동이기도 하다. 근대 중국의 언어개혁운동은 중국을 보편국가에서 민족국가로

37　근대와 국민국가, 그리고 국어의 관계에 대한 김윤식(1936~)은 다음과 같이 언급하였다. "공동체의 최고 형태인 상상의 공동체로서의 국가만큼 강력한 폭력을 가진 것은 달리 없다. 이를 두고 국민국가라 하고 이것이 지배하는 영토를 '근대'라 불렀다. 국가가 나서서 만든 것치고, 그 구속력의 절대성이 보장되지 않는 곳은 햇빛 아래라면 있을 수 없다. 그중의 하나로 '국어'를 들 것이다. 국가어의 준말이 국어이다. 국가의 절대적인 폭력이 강제하는 국어를 외면하고는 그 누구도 국민 행세를 할 수 없다."(김윤식, 2005 : 265)

38　제한적이기는 하지만, 첫 번째 언문일치(言文一致)의 시대는 동아시아 공동문어의 기초 언어인 고전중국어가 사용되었던 춘추전국시대(春秋戰國時代)에서 진한(秦漢) 무렵까지이다.

전환시키는 과정에서 추진되었고, 언어개혁운동이 도달하고자 했던 최종 목적지는 전통시대 동아시아의 보편어였던 중국어를 근대 국민국가의 민족어로 탈바꿈시키는 것, 즉 국민국가의 언어로서의 '근대 중국어'의 탄생이었다.

| 참고문헌 |

김윤식(2005),『내가 살아온 20세기 문학과 사상』, 문학사상사.

박종한・양세욱・김석영(2012),『중국어의 비밀』, 궁리.

양세욱(2005),「중국 共通語의 계보－'雅言'에서 '普通話'까지」,『중국문학』 45, 한국
　　　중국어문학회.

　　　(2006),「근대 중국의 漢字廢止論과 새로운 문자의 모색」,『중국학보』 54, 한
　　　국중국학회.

　　　(2007),「동아시아 共同文語 시대의 재구성」,『중국어문학논집』 46, 중국어문
　　　학연구회.

　　　(2009),「근대 번역어와 중국어 어휘체계의 혁신」,『코기토』 65, 부산대 인문
　　　학연구소.

　　　(2011),「근대 중국의 언어개혁운동과 내셔널리즘」,『중국언어연구』 37, 한국
　　　중국언어학회.

　　　(2011),「최근 중국의 繁・簡 논쟁」,『중국문학』 69, 한국중국어문학회.

　　　(2012),「동아시아의 번역된 근대－'개인'과 '사회'의 번역과 수용」,『인간・환
　　　경・미래』 9, 인간환경미래연구원.

　　　(2013),「근대 번역어와 格義－'自由'의 번역과 수용을 중심으로」,『중국언어
　　　연구』 44, 한국중국언어학회.

양일모(2008),『옌푸－중국의 근대성과 서양 사상』, 태학사.

이보경(2003),『근대어의 탄생』, 연세대 출판부.

장정아(2012),「홍콩인의 모어는 무엇인가－광동어와 보통화, 그리고 영어」,『서남포
　　　럼 뉴스레터』 177, 서남포럼.

조동일(1999),『공동문어문학과 민족어문학』, 지식산업사.

차태근(2006),「한자형상과 중국의 '각성'－한자 페시미즘에서 세계어로」,『중국현대

문학』36, 한국중국현대문학학회.

최말순(2011), 「언어문제로 보는 타이완의 정체성」, 『플랫폼』29, 인천문화재단.

홍인표(2008), 『중국의 언어정책』, 한국학술정보.

吉澤成一郞(2003), 『愛國主義の創成』, 東京 : 岩波書店(정지호(2006), 『애국주의의 형성』, 논형).

武田雅哉(1998), 『蒼頡たちの宴』, 筑摩書房(서은숙(2004), 『창힐의 향연』, 이산).

三浦信孝・糟谷啓介(2000), 『言語帝國主義とは何か』, 東京 : 藤原書店(이연숙・고영진・조태린(2005), 『언어제국주의란 무엇인가, 돌베개).

小森陽一(2000), 『日本語の近代』, 東京 : 岩波書店(정선태(2003), 『일본어의 근대－근대 국민국가와 '국어'의 발견』, 소명출판).

李姸淑(1996), 『國語という思想 : 近代日本の言語認識』, 東京 : 岩波書店(고영진・임경화(2006), 『국어라는 사상－근대 일본의 언어 인식』, 소명출판).

村田雄二郞(1995), 「文白の彼方に」, 『思想』1995.7(류준필(2006), 「'문언・백화'를 넘어서－근대 중국에서 '국어' 문제」, 『중국현대문학』36, 한국중국현대문학학회).

丸山眞男・加藤周一(1998), 『飜譯の思想』, 東京 : 岩波書店(임성모(2000), 『번역과 일본의 근대』, 이산).

文字改革出版社(1956), 『普通話論集』, 北京 : 文字改革出版社(『語文彙編』第32輯(中國語文學社)에 재수록).

_____(1958), 『淸末文字改革文集』, 北京 : 文字改革出版社.

沈國威(2010), 『近代中日詞彙交流硏究』, 北京 : 中華書局.

倪海曙(1958), 『淸末文字改革文集』, 北京 : 文字改革出版社.

_____(1959), 『淸末漢語拼音運動編年史』, 北京 : 文字改革出版社(『語文彙編』第16輯(中國語文學社)에 재수록).

王理嘉(2003), 『漢語拼音運動與漢民族標準語』, 北京 : 語文出版社.

于根元(2005), 『新時期推廣普通話方略硏究』, 北京 : 中國經濟出版社.

張玉來(2000), 「近代漢語共同語的構成特點及其發展」, 『古漢語硏究』.

馮天瑜(2004), 『新語探源－中西日文化互動與近代漢字述語生成』, 北京 : 中華書局.

De Francis, John(1950), *Nationalism and Language Reform in China*, Princeton : Princeton University Press.

Ferguson, Charles A.(1964), Diglossia, In Thomas Sebeok ed., *Current Trends in Linguistics*, vol. 2, Mouton : The Hague.

Liu, Lydia H.(1995), *Translingual Practice : Literature, National Culture, and Translated Morernity-China, 1900~1937*, Stanford : Stanford University Press(민정기(2005), 『언어횡단적 실천』, 소명출판).

Masini, Federico(1993), *The Formation of Modern Chinese and Its Evolution toward a National Language, JCL Monograph* 6(이정재(2005), 『근대 중국의 언어와 역사』, 소명출판).

Norman, Jerry(1988), *Chinese*, Cambridge : Cambridge University Press.

근대 이행기의 일본의 자국어 인식

사이토 후미도시

1. 머리말

한문 훈독은 외국어인 한문에 가에리점[返点]이라고 하는 부호 및 가나(仮名)를 부기하여 일본어로 이해할 수 있도록 한 일종의 번역 시스템이다. 번역 후에는 원문이 남지 않는 일반적인 번역에 반해 한문 훈독은 원문인 한문을 그대로 남기는 것에 그 특징이 있다. 옛 나라시대[奈良時代]말부터 이어온 한문 훈독은 근세 에도시대[江戸時代] 때에 이르러 예부터 전해온 훈독법을 따르면서도 역사적으로 큰 변천을 겪게 되었으며, 유학 계통마다 다양한 특징을 가지게 되었다. 그리하여 한문 훈독은 문장(한문 훈독문) 및 어법(한문 훈독어법)뿐만 아니라 현대의 문장에도 계승되어 많은 영향을 주었다. 또한 근세의 난학(蘭學)자 및 그 전통을 계승한 메이지시대[明治時代] 초기의 양학(洋學 및 英學)자들은 네덜란드어·영어 등을 학습할 때 한문 훈독법을 인용했기 때문에 난학자료나 영학자료를 보면 한문 훈독어법을 그대로 많이 도입한 것을 알 수 있으며, 그런 번역어법과 로마자 직역체와 같은 특징적인 어법이 현대어 어법에도 큰 영향을 주고 있다. 그래서 본 발표에서는 한문 훈독의 그 영향에 초점을 맞추어 근세에서 근대로 이르는 근대이행기의 일본어인식에 대한 문제를 고찰하고자 한다.

2. 근세의 한문 훈독의 변천

위에서 말한 바와 같이 근세 초기까지 한문 훈독은 외국어인 한문에 가에리점[返点] 및 가나와 같은 기호를 부기하여 일본어로 해석하는 일종의 번역 작업이었다.

그러나 오규 소라이(荻生徂徠, 1666~1728)는 '訓譯示蒙'(1738년 간행)에서,[1]

---

1 『荻生徂徠全集』2, みすず書房, 1974.

今、學者譯文ノ學ヲセント思ハヽ、悉ク古ヨリ日本ニ習來ル、和訓ト云フモノト字ノ反リト云モノトヲ、破除スベシ (『荻生徂徠全集』2、みすず書房、1974、439頁)

라고 하며 '역문전제(譯文筌蹄)'(1711년 설립) 첫편 서두 '題言十則'에서 한문 훈독을 비판한 이론으로 유명하다. 하지만 그 내용 안에서도

此の方には自ら此の方の言語有り、中華には自ら中華の言語有り。体質本より殊なり、何に由りて吻合せん。是を以て和訓廻環の讀み、通ずべきが若しと雖も、實は牽強たり。 (…중략…) 故に學者の先努は、唯だ其の華人の言語に就きて、其の本來の面目を識らんことを要す(同, 547頁)

故に予れ嘗て蒙生の爲に學問の法を定む。先づ崎陽之學を爲し、敎ふるに俗語を以てし、誦するに華音を以てし、譯するに此の方の俚語を以てして、絶して和訓廻環の讀みを作さしめず。(同, 555頁)

라고 하면서 '화훈회환 읽기[和訓廻環の讀み]'인 한문 훈독을 폐지하고 직접 한문을 중국어로 이해하는 것을 주장하고 있다. 이 주장은 오규 소라이의 제자인 다자이 슌다이(太宰春台, 1660~1747)에게 계승되지만 이와 같은 외국어인 한문을 한문 그대로 읽어야 한다는 하나의 주장을 계기로 근세의 한문 훈독은 크게 변하게 되었다. 그 경향은 한마디로 '단순화'라고 할 수 있지만 구체적인 특징은 보독어(補讀語, 읽기 표지 말)의 감소·음독의 다용이다.

근세 한문훈독이 일본어에 미친 영향에 대해 근대에 들어서 오오츠키 후미히코[大槻文彦]가 「광일본문전별기(廣日本文典別記)」(1897)에서 다음과 같이 적고 있다.

○國文の語格のくだけたる、支離滅裂せる、今代のほどなるはあらじ。其原因をたづぬるに、多年の言語の変遷にも因るべく、學校の教育なかりしにも因るべしといへども、其最大原因は、全く漢文の訓点にありて、その禍源となりしも、近百年以來輩出せし訓点にあり。

（…중략…）

一旦破壊のいとくちを開きしより、後の儒家の何点何点といふものにいたりては、古訓点の振仮名も、捨仮名も、甚しく抹殺して、己がじ、、あらぬものに改めて、(國學とては、さらにせざれば、)さらに法をも格をもなさぬものを作り出でたり、その甚しきものを、一齋点なりとす。これぞ、語格破壊の禍源罪魁にはある。

즉 일본어 어법이 이상해진 것은 한문 훈독의 영향이며, 특히 '일체점(一齋点)'을 그 비난의 대상으로 보고 있다. 사토 잇사이(佐藤一齋, 1772~1859)의 일체점은 극단적이라고 할 수 있을 정도로 보독어(補讀語)를 줄였으며 또한 기계적이라고도 할 수 있는 훈독법이었다. 그 훈독법도 일본어 어법에서 보면 이상한 것은 틀림 없는 사실이었지만 한편으론 한문 학습자에게는 큰 이점이 하나 있었다. 그것은 기계적으로 하기 때문에 '한문 훈독문'을 바탕으로 원래의 한문으로 돌아가기 쉽다는 점이다. 오오와다 다게기(大和田建樹, 1857~1910)는 '응용 한문학(応用漢文學)'(1893)에서 일체점에 대해 "편하게 한문을 배우는 법에서 멀어지지 않기 위함이며" "그러므로 역독(譯讀)대로 읊으며 직접 작문의 모범으로 삼으리라"라고 지적하면서 그것을 일부러 의도한 훈독법이라고 했다. 여기서 "이것을 역독대로 읊다"라고 하는 것은 우선 훈독문만을 암송 및 암기하여 그 후에 의미는 의미대로 강의하는 근세의 독특한 한문학습법 '소독(素讀)'을 뜻한다.

즉 근세 전기의 한문 훈독엔 '번역'으로서의 기능이 다소 있었지만

漢　文　⇒　漢文訓読（素読）　⇒　漢文訓読文（≠日本語）

후기에 들어서는 '한문 훈독'을 통해 옮긴 일본어가 점점 부자연스러워짐에 따라 근대에 이르러서 비판의 대상이 되고만다. 그 전형적인 예가 일체점이었던 것이다. 이렇게 한문 훈독문은 형성되어 일상언어와 다른 독특한 울림(리듬)을 갖는 한문 훈독문의 '틀'을 조성하게 된다.

또한 당시 이 '틀'을 배우고 그 '틀'을 사람들에게 보급시키는 데에 일조를 한 것이 다름아닌 '소독(素讀)'이라는 학습 형태였다. 학문의 첫 단계에서 이 소독을 철저히 배움으로써 문장의 공통 기반을 지식인들 사이에서 형성할 수 있었다고 마에다 아이(前田愛, 1993)는 지적하고 있다.

한적(漢籍) 소독이란 말의 울림과 리듬을 반복 복창하는 것을 통해서 일상의 말과는 차원을 달리하는 정신의 말 — 한어 형식을 어린 영혼에 각인하는 학습 과정인 것이다. 의미를 이해하는 데에는 도달하지 못하여도 문장의 울림과 리듬의 틀은 거의 생리화되어 체득하게 된다. 의미는 구독 및 윤독(輪讀)의 반복으로 인해 공급되는 지식을 통해서 그 형식을 충족시켜 줄 것이다. 그리고 소독훈련을 거쳐 거의 동질의 문장 감각과 사고 형식을 배양하게 된 청년들은 출신지 및 신분 차이를 뛰어넘어 같은 지적 선량(選良, 엘리트)에 속하는 사람끼리 연대감을 조성할 수 있게 된다. (181쪽)

근대에 들어서는 이렇게 '틀'로서 자리 잡은 일종의 독특한 문체를 '한문 훈독체'로 즐겨 사용하게 된다. 하지만 오늘날에는 한문 훈독문 만으로는 문장의 뜻을 이해하는 데에는 어려움이 많음으로 현재 사용되고 있는 많은 한문 텍스트에서는 원(原)한문, 한문 훈독문, 현대어 번역이 세트로 표시되고 있다.

○岩波文庫『論語』(金谷治譯注、1963年)

原漢文 : 子曰、學而時習之、不亦說乎。有朋自遠方來、不亦樂乎。(『論語』學而)

訓讀文 : 子の曰わく、學びて時にこれを習う、亦た說ばしからずや。朋あり、遠方より來たる、亦た樂しからずや。

현대어역 : 선생님이 말씀하시길 "배우며 적당한 시기에 복습한다. 너무나 마음이 흥겨운 일이 아닌가(그럴 때마다 이해를 하며 실력이 향상되는 것이니까). 어디 멀리서 어느 친구가 찾아온다, 아주 즐거운 일이 아닌가(같은 길을 향해 서로 의논을 할 수 있으니까).

○講談社學術文庫『論語-增補版』(加地伸行全譯注, 2009年)

原漢文 : 子曰、學而時習之、不亦說乎。有朋自遠方來、不亦樂乎。(『論語』學而)

訓讀文 : 子曰く、學びて時に之(これ)を習う。亦說(悅)ばしからずや。朋遠方自り來たる有り。亦樂しからずや。

현대어역 : 노선생은 만년에 그의 심경에 대해 이렇게 표현하셨다. (비록 불우할 때라도) 계속 배우며 (언제든지 그것을 활용할 수 있도록) 늘 복습한다. 그렇게 몸에 익히는 것이 너무나 즐거운 일이 아닌가. 멀리서 문득 친구가 (나를 잊지 않고) 나를 찾아온다. 반가워서 마음이 따뜻해지지 않는가.

3. 근세 번역과 자국어 의식

1) 한문 훈독(경서)의 구어번역

위에서 설명한 바와 같이 오규 소라이에 의해 한문 훈독은 부정되고 "읊을 때는 화음(한자음)으로 하여 일본어 구어로 번역함으로써 한문 훈독이나 순서를 바꿔서 읊지는 않는다"고 주장하고 있다. 하지만 한문 훈독(경서) 세계에는 '구어 번역을 하기 위한 한문 훈독'을 지향한 훈독법이 있었다. 그 하나가 우노 메이카(宇野明霞, 1698~1745)의 훈독법 '삼평점(三平点)'이다.[2] 이 삼평점은 문맥에 따라 단어 읽는 법을 여러 개로 달리하는 구어 번역을 위한 훈독법을 지향한 것이었지만 미우라 바이엔(三浦梅園, 1723~1789)이 쓴 「매화독법(梅園讀法)」(1773)에서 지적한 다음 내용을 보면 한문 세계에서는 그것은 '속(俗)적'인 것으로 간주되어 비판의 대상이 되어 버렸다.

> 近來宇野明霞先生ノ点ハワキテ奇也。蓋和語ヲ以テ漢字ヲ譯スルニ古譯未盡サズ、今俗語ヲ以テ譯スルニヒツタリ叶フ者アリ。「且」「暫」トヨマズ、「マア」、「チョット」ト訓ズルガ如シ。サレドモ言ニハ雅俗ノ別アル者ナレバ譯意ヲ知テ雅ニ從フ。(…중략…) 太宰春台俗ニ丂ツルヲソシリテ、三平學文ヲヤメテ俳諧セヨトイヘリ(『梅園全集』下、弘道館、1912、327頁)

또한 근세에 들어서는 극히 기계적인 일체점 훈독법을 비판하는 글도 보인다. 그 전형적인 예가 바로 히오 게이잔(日尾荊山, 1789~1859)이 주

---

2 우노 메이카(宇野明霞)는 처음엔 소라이의 학습법을 따랐지만 이후 절충한 방법을 사용하면서 소라이의 설을 부정하게 된다.

장한 '훈점복고(訓点復古)'(1835)이다. 이는 말 그대로 단순화된 근세 후기의 훈독법을 폐지하고 도춘점(道春点)[3]과 같은 전기의 훈독법에 돌아가라고 하고 있다. 그가 이와 같이 비판하는 기준이 된 것이 바로 "벽을 치고 듣고 봐라(壁ヲ隔テ聞テ見ヨ)"이며, 이를 통해 그는 일본어가 부자연스러운 것을 강조하고 있다. 단 그렇게 주장한 히오 게이잔의 훈독법(일미점(日尾点)) 또한 한문훈독이라는 틀 안에 머물러 있는 것에 불과했으며 그 훈독문도 자연스러운 일본어로 표현된 것은 아니었다.

근세 후기부터 근대에 걸쳐서 경서의 독학 자습자료로 널리 읽힌 타니 햐쿠넨(溪百年, 1754~1831)의 '성전여사(經典余師)'(1781년 간행)는 한자와 히라가나가 섞인 글에 읽기와 함께 훈독문과 주석이 있는 획기적인 것이었다. '논어(論語)' 서두에 있는 「子曰、學而時習之、不亦說乎。」부분의 '독법(讀法)' 및 주석(注釋)은 다음과 같이 되어 있다.[4]

【讀法】子曰はく學で而して時に之を習、亦說び不ん乎

注釋 ： 子曰はすべて聖人の御語なり。以下此例としるべし。それ學問の道更にかたき事なし。たとへば鳥の始て飛ならふ如く、少しの間のかよはきも後／＼は海山をも飛こゆべし。習の字、この心のよし時といふも時／＼のことにてはなく、二六時中平生のことなり。時に習とは常／＼學びたることを幾たびも味はへばいつとなく學問の譯も意得て、心中の說び多かるべしとなり○このだんたゞ善を勸むるのみにはあらず、凡てこゝろの置どころは善場にも惡き場にも常によりそふことの多かたへ染ものにして、善こともむつかしからて、德自然と生わかるゝやうに見ゆるものなり。誠にはづかしきことならずや

---

3   하야시 라잔林羅山이 제안한 근세 전기의 대표적인 훈독법.
4   인용할 때 주석부분에서는 읽기를 생략하고 필요에 따라 구두점(句讀点)을 덧붙였다.

여기서 알 수 있듯이 '주석' 부분은 어디까지나 주석이며 '구어 번역'을 한 것은 아니었다. 이처럼 근세의 한문 세계에서도 경서를 훈독할 때는 '공적'으로 한문 훈독(素讀)이 정착되어 있었으며 주석과 해석 또한 강의 등이 이루어지어었지만 한문을 구어로 번역하려는 움직임은 거의 볼 수 없었던 것이다.

2) 근세의 중국어 학습과 백화(白話) 번역

같은 중국어에서도 백화(白話)세계의 상황은 달랐다. 먼저 어학서부터 보도록 하자. 오규 소라이의 중국어 스승이었던 오카지마 간잔(岡島冠山, 1764~1728)이 쓴 '당화찬요(唐話纂要)'(1716)와 '당음아속어류(唐音雅俗語類)'[5]를 보면 그 자료에서는 백화문 오른쪽에 중국어 음을 적고(다음 예문에서는 생략), 그 백화문에 훈점(訓点)을 붙이는 형식을 취하고 있지만 여기서 특히 글 아래에 속어 번역을 담고 있다는 점은 주목할만한다.

兒身逃ケ走リ了ハル 人ヲ殺シタル相手ハ逃タ(『唐話纂要』卷三, 6表4)

過ハ則勿レ憚ルコト改ルニ アヤマリアラハ憚ラズ改ムヘシ(『唐話纂要』卷三, 11裏6)

戰戰競競トシテ不レ能側ツルコトレ聲ヲ フルヒヲノヽイテ聲ヲ立エヌ(『唐音雅俗語類』卷三, 3裏4)

雲程阻隔シテ不レ能相見スルコト エンロヘダヽリテアフコトガナラヌ(『唐音雅俗語類』卷三, 20裏1)

5　예문의 인용문은 모두 『당화사서류집(唐話辭書類集)』제6집(급고서원(汲古書院), 1972)에 수록된 영인을 사용. 그리고 백화문의 우측에 표기한 중구어음은 생략했다.

특히 '당음아속어류(唐音雅俗語類)'의 두 예문에서는 "(…상략…) 스루 고도 아타와즈[スルコト能ハズ]"라는 한문 훈독어법을 각각 "다치에느[立エズ]", "아우고도가 나라느[アフコトガナラズ]"라는 속어로 번역하고 있다.

다음으로 백화소설에 대해서는 이것 또한 중국어지만 그것을 '훈독' 하고 이해하는 한편 직접 번역하는 방법도 사용하고 있었으며 오히려 그런 방법이 일반적이었다. 여기서도 오카지마 간잔[岡島冠山]과 관련 이 있는 '수호전'의 경우를 예로 들어 본다. 에도시대에 들어서 '수호전' 을 수용할 때 먼저 일본책[和刻本] '충의수호전(忠義水滸伝)'(1728, 오카지마 간잔이 훈을 붙임)이라는 한문 훈독형식으로 되어 있는 것과 '통속물'로 한자와 카타카나가 혼합된 글 '통속충의수호전(通俗忠義水滸伝)'(1757년부 터 간행, 오카지마 간잔 번역일 수도 있음)이 있었으며, 그 외에 한자와 히라가 나가 섞인 '신편수호화전(新編水滸畫伝)'(1805년부터 간행, 교쿠테이 바킨[曲亭 馬琴] 역(첫 편), 가쓰시카 호쿠사이[葛飾北齋] 그림) 등도 있었다. 다음에 일본책 '충의수호전', '통속충의수호전'과 '신편수호화전'을 예로 들어본다. 모 두 '구문룡대료사가촌(九紋龍大鬧史家村)'의 시작 부분이다.

　　　和刻本『忠義水滸伝』
　　王進去ﾃ投スルヲ二軍役ニ一、只說史進回到二莊上ニ一每日只是打二熬シ氣力ヲ 一、亦且壯年、又沒レ老小半夜三更、起來リ演二習シ武芸ヲ一白日里、只在ﾃ レ莊後ニ射レ弓ヲ走スレ馬ヲ、

　　不レ到二半載二之間、史進カ父親太公染二患ヒ病症ニ一、數日不レ起、史進 使レ人ヲ遠近請ヒ医士ヲ看治スレトモ不レ能ス痊可スルコト、嗚呼哀哉、太公歿 了ス、史進一面備ヘ二棺槨ヲ盛殮シ、請レ僧ヲ修二設シ好事ヲ一、追レ齋ヲ理シ 七ヲ薦二拔キ太公ヲ一、又請レ道士ヲ建二立レ齋

　　醮ヲ超度シ生スレ天ニ、整ヘ二做シ了十數壇好事功果道場ヲ選ヒ二了吉日良時 ヲ一出シレ喪ヲ安葬滿村中三四百ノ史家莊戶、都來送リ二喪ヲ掛ケ孝ヲ理ヲ殯二

在^シ村西山上祖墳內^ニ了^ル、

　史進家自_レ此無_二人_ノ管^{スル}_{一レ}業_ヲ、史進又不_レ肯_セ務^{コトヲ}_レ農_ヲ、只要_{ス三}尋_{子レ}人使_{ヒレ}家生較_二量^{セント}槍棒_一、自_二史太公死後_一、又早過了三四箇月日、時当_二六月中旬_二(第二回・十六オ6〜)

『通俗忠義水滸伝』

　九紋龍史進^{シシン}ハ。師父^{スフ}王進^{ワカ}ニ別レテヨリ後^{ノチ}ハ。弥^{イヨ}　怠^{ヲコタ}ラズ。毎日氣力^{キリヨク}ヲ熬^{子リ}。日中^{ニツチウ}ニハ弓^{ユミ}ヲ射^イ馬^ハヲ走^{ハシ}ラセ。夜間^{ヤカン}ニハ。武芸^{ブゲイ}ヲ演習^{エンシフ}シ。已^{スデ}ニ又半年余リ過シケル處^ニ。父太公一旦^{タンヤマ}病ヲ得^エ。種々^{シユ／＼}医療^{イリヤウ}ヲ盡シケレドモ。遂^{ツイ}ニ其驗^{シルシ}シ無フシテ相果^{アイハテ}ケリ。此^{コレ}ヨリ史進カ家ニハ。家業ヲ管ル人ナシ。史進モ又農作^{ノウサク}ヲ務ズ。只相手^{アイテ}ヲ冕^{モトメ}テ槍棒^{ヤリボウ}ヲ使フ。公^ム程ニ光陰箭^ヤノ如クニシテ。太公死テ後。又早クモ三四個月ヲ過シ。時正^{ショウ}ニ六月中旬。(卷之一・二十二ウ10〜)

『新編水滸畵伝』

　九紋龍^{きうもんりうししん}史進は。王進^{わうしん}に別^{わか}れて後^{のち}も。武芸^{ぶげい}いよ／＼懈^{おこた}らす。毎日に氣力^{きりよく}を打熬^{もみたて}。只管^{ひたすら}弓^{ゆみ}を射^い。馬^{うま}を走^{はし}。半年^{はんねん}あまり過^{すぎ}しつるに。父^{ちち}の太公^{たいこう}仮初^{かりそめ}に病^{やみいで}しが。医療看病^{いれうかんびやう}その驗^{しるし}なく。終^{つひ}にむなしうなりにければ。史進^{しん}いたく哀^{かな}しみて西山^{にしやま}の上^{うへ}に葬^{ほうむり}。過七^{すぎなゝ}の追薦好事^{つゐせんぶつじ}すべて心^{こゝろ}を盡^{つく}して營^{いとな}ぬ。元來彼九紋龍^{ぐわんらいかのくもんりう}は。農業^{のうげふ}を務^{つと}ることを嫌^{きら}ひし程^{ほど}に史太公^{したいこう}なくなりては耕作^{かうさく}を管^{つかさど}るものもなく。只いたづらに月日^{つきひ}たちて。六月中旬^{ろくぐわつなかごろ}にぞなれりける。(卷之三, 一オ3〜)

　'통속충의수호전(通俗忠義水滸伝)'와 '신편수호화전(新編水滸畵伝)'는 표기가 다를 뿐만이 아니라 문체에서도 다른 점이 보이지만 '신편수호

화전(新編水滸畵伝)'의 '역수호변(譯水滸弁)'에서는

> ○水滸の一書は、曩に冠山岡島老人、翻譯の功なりしより以降、我俗始
> て世にこの奇編ある事をしる。しかれども婦女童蒙、なほ解しがたしとす
> るものは、その書、漢文の口調に倣ひ、片仮名をもて記せばなるべし。
> (…중략…)
> よりて今予が譯ところは、いよく雅に遠しといへども、別に華本を編譯
> して、絶て冠山老人の筆に根ことなく、只顧婦女童蒙の爲に解しやすきを
> 宗とす。(引用にあたり、割注と振り仮名は省略した。傍線は引用者。)

로 되어 있다. 이처럼 이 책은 '부녀동몽(婦女童蒙)'의 독자를 대상으로 하
고 있는 점과 한자와 히라가나가 섞인 글로 표기하고 있는 점 등 근대 초
기에 나온 한문 훈독체 소설과의 공통점을 찾아볼 수 있다. 예를 들어
'구주기사화류춘화(歐洲奇事花柳春話)'(1878, 니와 준이치로[丹羽純一郎] 역)가
영국의 소설가 로우도 리톤(Edward Bulwer Lytton, 1803~1873)이 쓴 '어니스
트 마루쯔 라바스'(Ernest Maltravers) 및 그 속편 '앨리스(Alice)'를 번역한 것
을 보면 이 글에서는 한문 직역체(한자와 가타카나 섞인 글의 일부 읽기법)를 쓰
고 있으며 1883년에 발행된 '통속화류춘화(通俗花柳春話)'(1883, 오다 준이치
로[織田純一郞] 역)에는 바킨[馬琴]스타일의 일문체(和文体, 한자와 히라가나 를
섞인 글(전체 읽기법))를 쓰고 있다. 그리고 그 '통속화류춘화(通俗花柳春話)'
서문에도

旧譯は漢文体にして婦女兒童の或は解し難き所なしとせず且旧時は
婦女兒童にして英史を讀む者多からずと雖も 今は則ち教育の道大に進
み其史を讀むこと殆ど成童男子に異ならず故に今其旧文を一変(へん)変

して苟も四十八字を讀得るの徒徒は之を讀で解せざるの憾なからしめ
以て啓蒙英史の風俗篇に充んとす

라고 하며 '부녀와 아동'을 독자 대상으로 하고 있다고 적혀 있다.

이처럼 공통적으로 중국어를 번역한 점은 같지만 한문 훈독의 세계
와는 달리 백화(白話) 세계에서는 속어를 사용한 번역이나 다양한 문체
의 번역이 등장하고 있었다.

3) 난학의 어학 학습과 번역

한문 훈독은 근세 및 근대 초기에는 네덜란드어·영어 학습·번역
에서도 이용되고 있었다. 원래 한문 훈독은 한문이라는 외국어를 일
본어로 변환시키는 일종의 번역법이다. 한문 훈독에 익숙한 에도시대
의 지식인에게 네덜란드어·영어라는 외국어를 일본어로 옮길 때 한
문 훈독적인 수법이 이용되고 한문 훈독의 어법이 사용된 것은 자연
스러운 일이었다.

'해체신서(解体新書)'를 사실상 번역했던 마에노 료타쿠(前野良澤(호는 蘭
化), 1723~1803)가 쓴 '화란역진(和蘭譯筌)'(1785년 실립)에는 네덜란드어의
번역 방법은 '란화정역문식(蘭化亭譯文式)'[6]으로 되어 있다. 그것은

> 凡、翻譯ヲ爲ス者、宜先線字ヲ用テ、原文ヲ謄寫スベシ。次二、毎言下
> 譯字ヲ記ス。(…중략…) 次二甲乙等小字鈴ヲ附シテ、語路ヲ指点スベシ。
> (『洋學』上, 日本思想大系, 岩波書店, 1976, 120頁)

---

6   『洋學』上, 日本思想大系, 岩波書店, 1976.

위와 같이 그야말로 한문 훈독을 응용했으며 그 후에 거론된 실례를 보면 네덜란드어 단어 하나하나 맡에 그 번역어와 어순을 나타내는 기호(갑을병의 십간, 11어 이상의 경우에는 그에 십이지를 참가)가 첨부되고 있다.

Zeer	bekwaam	om	alle
大	(宜 (適応	令	諸
寅	子 得	癸	甲
	益		
	(卯)		

Persoonen	in	korten	tyd	op
子	○	(短 不	(時	(在
乙		及		就
		(丑)		(戌)

De	gemakkelykste	wyze	te
○	易 簡	法	○
	(丙)	(丁)	

Leeren	Spellen	Lezen	en	Schryven
學	用	讀	及	畫
習	字	書		字
(壬)	(己)	(庚)		(辛)

덧붙여 이 '난화정역문식(蘭化亭譯文式)'에는 네덜란드어 각문장에 대해 '독법'을 위한 네덜란드어 발음과 '번역 언어'를 위한 어주(語注), 그

리고 원문인 대의(大意)를 번역한(한문 훈독체) '절의(切意)'가 첨부되어 있으며, 위의 '절의(切意)'은 다음과 같이 표기되어 있다.

諸子ヲシテ、簡易ナル法ニ就テ、用字・讀書及畫字ヲ學習セシム。応ニ久シカラズシテ、大ニ益ヲ得ベシ。

또한 오오츠키 겐타쿠(大槻玄澤, 1757~1827)는 '난학계제(蘭學階梯)'(1788)에서 네덜란드어 학습 방법에 대해서 구체적으로 자세히 기술하고 있다. 그에 따르면 "先ズ初メハ、怠リ無ク單ヘナル言辭ヲ多ク記臆スベシ(먼저 부지런히 단어를 많이 기록할 것)"이라고 하면서 알파벳순으로 단어를 모은 소책자를 만드는 것을 권하고 있으며 다음으로 하권 '역사(譯辭)' 항목에서 "其文ノ每語ノ傍ヘ、右ノ書キ集メタル小冊ノ中ヨリ拾ヒ取テ、其譯字ヲ施スベシ"라고 하면서 먼저 단어 하나 하나에 대해 만든 단어집을 바탕으로 번역을 붙이는 단계를 보여주고 있으며, 그 다음에 어순을 '전도'시켜서 해석하는 것을 '역장(譯章)'절에서 다음과 같이 기록하고 있다.

其文、每語譯字ヲ加フルトイヘドモ、支那ノ書ヲ和讀スル意ロ持ニテ、顚倒ヲ用ヒテ讀ミ解セザレバ、通ゼヌナリ。是ハ当時 'ムカシヨリ' ノ旧染ニシテ、已ム事ヲ得ザル所ナリ。支那ノ直行右讀、和蘭ノ横行左讀ハ、其法縱横ノ差ヒナレドモ、顚倒セズシテ義理ノ通ズルハ同コトナリ(同, 359頁)

즉 마에노 료타쿠(前野良澤)와 마찬가지로 한문 훈독법을 이용하고 있다는 것을 알 수 있다. 단 위의 인용문 앞에 "サテ、譯字ノコラズ付ケ終ラバ、一章ヲ貫キテノ意味ヲ、 其師ニ就テ質問 'タヾシトフ' スベ

シ"라는 기술이 있다는 점에 대해서도 주의할 필요가 있다. 이것은 한문 훈독식 학습을 통해서 바로 네덜란드어 문장을 읽을 수 있다는 것이 아니라 문장의 의미는 따로 배울 필요가 있다는 것이다. 이처럼 네덜란드어 학습 그리고 번역을 하기 위해서는 한문 훈독적인 방법을 이용하는 것이 반드시 최선의 방법이 아니라고 하는 인식은 먼저 인용한 '난학계제(蘭學階梯)'의 '번역 장' 문장의 "이 '어순을 바꿔서 해석하지 않으면 이해하지 못한다는 것'은 예전부터 있었던 관습이며, 할 수 없는 일이다(是ハ当時'ムカシヨリ'ノ旧染ニシテ、已ム事ヲ得ザル所ナリ)"라는 설명에서도 볼 수 있으며 그 뒤를 이은 글에서도 알 수 있다.

> 功ヲ積テ、助語ノ意ヲ自然ニ解シ得レバ、顚倒セズシテモ發悟スルナリ。(…중략…) 是、唐音ニテ書ヲ讀ムニ、上ヨリ下へ順直ニ讀ミ下シテ、其義通ズルト同ジキ理ニテ、却テ其義ヲ明白ニ解シ得ルコト、顚倒シテ讀ムニ勝ツテ、言外ノ意味アリ。元來、彼方ノ言辭遙ニ別ナルコトナレバ、蘭語ヲ悉ク倭語・漢語トナシテ讀ントスレバ、却テ其義ヲ失フコト多シ。(同, 359頁)

위의 겐타크[玄澤]의 글 "당음(唐音 : 당시 중국어음)으로 중국어의 책을 읽을 때 위에서 순서대로 읽으면 뜻을 이해할 수 있는 것과 마찬가지이므로[唐音ニテ書ヲ讀ムニ、上ヨリ下へ順直ニ讀ミ下シテ、其義通ズルト同ジキ理ニテ]"라는 부분에서 한문 훈독에 대한 언급은 보이지만 어순을 바꾸어 해석하는 방법에 의존하지 않고 직독을 중시한다는 주장에 대해서는 이미 한문의 세계에서는 오규 소라이 등에 의해 제기되어 있었던 것은 앞서 말한 대로이다.

단 그 후 한문 훈독의 방법을 이용한 네덜란드어 학습 방법은 후지바야시 후잔(藤林普山, 1781~1836)의 '난학경(蘭學逕)'(1810년 간행, 자료6), 총

섭관(總攝館) '훈점화란문전(訓点和蘭文典)'(1857년간행)등으로 이어져 또 '윌슨씨 제2 리도루 독안내[ウキルソン氏第貳リードル獨案內]'(바바사카에귀[馬場榮久], 호소이 요시키치[細井僖吉]의 공동번역, 1885년 간행 隨時書房)(자료7)등과 같은 에도막후 이후의 영어학습에도 이용하게 된다. 이 '윌슨씨 제2 리도루 독안내[ウキルソン氏第貳リードル獨案內]'를 비롯한 '독안내(獨案內)'이라는 텍스트는 다음 예와 같이 영작문에 나오는 단어의 위아래에 글을 읽는법과 번역어를 표기하여 다시 번호를 추가하여 어순을 반대로 하는 영어 독학서이다.[7]

We	can	see	by	the	grass	and	the
我々ハ	能フ	見	依テ		草	而シテ	
(一)	(十八)	(十七)	(十二)		(五)	(六)	

shrubs	growing	near	them,	and	the
灌木	生長スル処ノ	近ク	彼等ニ	而シテ	
(七)	(四)	(三)	(二)	(八)	

leaves	on	the	trees,	that	it	is	summer.
葉ニ	於テノ		木ニ	コトヲ	其レガ	アル	夏デ
(十一)	(十)		(九)	(十六)	(十三)	(十五)	(十四)

See	if	you	can	pointout	all	of	them.
見ヨ	若シ ナラバ	汝ガ	能フ	指シ示シ	総テヲ	ノ	彼等
(九)	(一)(八)	(二)	(七)	(六)	(五)	(四)	(三)

---

7   원문에는 영어 위에 가타가나로 단어발음표기가 되어 있지만 이후의 예문에서는 생략했다.

그리고 이는 영어학습을 목적으로 한 것이기 때문에 영단어와 그 번역어가 일대일로 대응하고 있으며 예를 들어 'and'라면 반드시 '而シテ', 'can'이라면 곧 '能ヶ'라고 번역되어 있다. 그리하여 번호순으로 이어서 만든 일본어 번역은 의미을 파악하기에는 아주 어려운 점은 많았지만 반대로 그 번역문을 바탕으로 영작을 할 때는 쉽게 가능하다는 점은 일제점의 기계적인 훈독법과 마찬가지다. 게가다 이 한문훈독을 이용한 영어 학습방법에 대해서는 이후 '변칙(変則)'이라고 불려 비난받게 되지만 다음 니토베 이나조[新渡戸稲造]와 같이 어느정도는 평가할만하다고 하는 지적도 있다.[8]

In studying English, there are two methods in vogue, known as Seisoku (the Regular) and **Hensoku(theIrregular)**. The Regular method, which in its main conception is identical with the so-called "Direct" or "Reform" method in the English system of teaching modern studies, teaches the correct reading of English words with proper accents, emphasis, etc., and so leads a pupil to understand them without translating them into Japanese. The "Berlitz" method may be taken as the type, and this statement will give a sufficient notion of the so-called Regulermethod. But the Irregular method will require along explanation.

(…중략…)

It must be said to its praise that students who are trained in this way have usually much more accurate and precise comprehension of what they read than those who are taught to read parrot-like one sentence after another withour thinking fully of the meaning. Not unusually does the Regular

---

8 新渡戸稲造(1923), 「Two Methods of Teaching a Foreign Language」(『新渡戸稲造全集』第15巻, 教文館, 1972)에 의한다(강조 — 필자).

method turn out "a reading machine, always wound up and going," and emitting correct English sounds, but mastering nothing worth the lnowing.

한편 난학의 번역서이며 그 효시라고 할 수 있는 대표작 '해체신서(解体新書)'(스기타 겐파쿠[杉田玄白], 1774)는 한문에 먼저 훈점(訓点)을 붙인 형식을 통해 번역되어 있다. 그리고 그 후에는 후루타 도우사쿠(古田東朔, 1989)가

① 한문으로 쓰여진 것
② 한문 훈독식으로 쓰여진 것
③ 속문(俗文)으로 쓰여진 것
④ 직역문으로 쓰여진 것

네 가지로 분류하며 또한 "앞에 나온 것은 뒤에도 나오지만 거의 이 순서대로 나온다"라고 지적하고 있다.

이처럼 네덜란드어 심지어 그 뒤를 이은 영어 학습에도 한문 훈독은 영향을 주고 있다. 그리고 번역에서도 '해체신서' 등 학술적 가치가 높은 '공'적인 성격을 갖는 것은 한문 또는 한문 훈독스타일로 번역되는 것이 많기는 하지만 그 반면에 속문(俗文)으로 번역되는 것도 나오게 되었다.

4) 성경 번역

이처럼 근세의 번역에서는 한문 훈독의 영향을 받으면서도 한문 훈독체와는 다른 문체가 나타나기 시작했으며 특히 공적인 성격이 강한

문장에서는 한문과의 관계가 두드러지는 경향을 보였다. 번역에서 어떤 문체를 선택하느냐에 대한 문제에 대해서 번역자의 의견이 반영된 것으로 성경 번역을 예로 들 수가 있다.

근대 초기의 성경 번역에 대해서는 중국에서 이미 번역된 '한역성경 (漢譯聖書)'(자료 9)이 존재했던 것이 큰 영향을 미쳤다. 번역자의 한 사람인 헤본(James Curtis Hepburn, 1815~1911)은 편지에서 다음과 같이 적고 있다. [9]

이 번역을 하면서 중국의 선교사들이 번역한 훌륭한 한역 성경은 저에게 아주 많은 도움을 줬다는 것을 발견했습니다. 실로 이것은 아주 위대한 도움이었습니다. 그것은 일본어 성경의 기초가 되었습니다. 일본어 성경은 한자에다 일본어의 격과 동사의 어미를 끼고 숙어를 만들고 문장을 쓴 것입니다. (…중략…)

교육을 받은 일본인이라면 모두 아무 어려움 없이 한문 성경을 읽을 수 있습니다. 마치 우리가 라틴어를 읽을 수 있도록 훈점(訓点)을 붙여서 보는 것입니다. 브라운 씨도 이 일에 종사하고 있습니다. 우리 번역문을 한문 성경과 비교하여 이를 정정 할 것입니다. (1861년 4월 17일)

이처럼 일본의 지식인들 사이에는 한문을 이해할 수 있는 사람이 있음을 인정하면서도,

漢譯聖書は教養ある人々には利用せられておりますので、かなり多くの部數を配布いたしました。**國民の大衆──多分百分の九十五までは漢文の聖書を讀むことができません。** この國の人口のどの割合までが漢文の書物を讀みうるか正確に言えません。しかし上に述べた割合でさえ過大評

---

9   다음 인용문은 「高谷道男編譯」(1959(1965))이며 밑줄은 인용자에 의한 것임.

価にすぎるとわたしは考えます。(1866年 9月 4日)

　한역성경은 교양있는 사람들이 이용하고 있으므로 꽤 많은 부수를 배부했습니다. 국민의 대부분 ― 아마 백 분의 구십오까지는 한문성경을 읽을 수 없습니다. 이 나라의 인구 중 어느 정도까지 한문 서적을 읽을 수 있는지는 정확히 말할 수는 없습니다. 하지만 위에서 말한 확률조차 저는 과대평가라고 생각합니다. (1866년 9월 4일)

이처럼 한문을 이해할 수 없는 '국민대중'이 많은 것을 지적하고 있다. 따라서 헤본 등 외국인 선교사들은 최대한 한역 성경과 다른 문체로 번역하려고 노력했다. 헤본과 함께 번역에 종사한 브라운(Samuel Robbins Brown, 1810~1880)은 다음과 같은 번역 방침을 나타내고 있었다고 한다.

　さて翻譯の文体に就ては堅い漢文風にしやうといふ說と出來る丈通俗的にしやうといふ意見と二つに別れ、**支那譯に信賴した輔佐方には自然と漢文風に流れんとする傾向があつた**。ブラオン先生は始終その傾向と戰つたことを話されたやうに記憶する。折角聖書を日本語に翻譯しても只少數の學者丈に讀めて普通の人民に讀めぬやうでは何の益があるかとは先生の屢々繰返した議論であつた。又輔佐役の或る人が漢文はコウダと云ふと**漢文は本文に非ず**と力說されたことは恐らくは幾回であつたか分るまい。(井深梶之助『福音新報』1088号、1916.5.)

그런데 번역문체에 대해서는 탁탁한 한문식으로 하자고 하는 설과 될 수 있는한 통속적으로 하자고 하는 두 의견이 있었지만 지나번역에 신뢰를 둔 번역보좌들은 자연스럽게 한문식으로 되는 경향이 있었다. 브라온선생님은 시종 그 경향과 맞선 것으로 기억한다. 성경을 겨우 일본어로 번역하더라도 단 소수의 학자들에게만 읽히고 보통 인민들에게 읽히지 않는다면 무슨 도움이 되는가라고 선생님과 자주 의논한 것이었다. 또한 어느 보좌번역자가 한문은 이렇다고 하면 한문은 본문과 다르지 않다고 역설한 일이 몇 번 있었는지 모른다(井深梶之助, 『福音新報』1088号、1916.5).

그 결과 탄생한 것이 번역위원의 번역 "신약전서"(1880년 간행, 자료10)이며 헤본은 그 문체에 대해 다음과 같이 평가하고 있다.

こうして新旧約全書の翻譯出版事業は完成し、聖書は今や日本語で日本人の手にわたるようになりました。他國語のものと比べて見おとりのない立派な忠實な翻譯であるとわたしは信じています。**あまり多く漢文がまじっていないで**、國語を愛する日本人の學者たちから文學的作品として稱贊されていることを知っています。容易に民衆に讀まれ、理解されましょう。(1887年 12月 28日)

이렇게 신구약전서의 번역 출판 사업은 완결되고 이제 일본어로 된 성경을 일본인들이 손에 들 수 있게 되었습니다. 다른 언어의 성경과 비교해봐도 손색이 없고 훌륭한 원문에 충실한 번역이라고 저는 믿습니다. 너무 많은 한문이 섞여 있지 않고 국어를 사랑하는 일본인 학자들의 문학 작품으로 칭송되리라고 믿습니다. 사람들에게 쉽게 읽히고 이해될 수 있을 것으로 생각됩니다. (1887년 12월 28일)

구체적인 예로 '요하네에 의한 복음서의 서두 부분에서 '한역성서(漢譯聖書)', 헤본역 '신약성서약한전(新約聖書約翰伝)', 번역위원사 중역 '신약전서'를 함께 열거하겠다.[10]

「漢譯聖書」(ブリッジマン・カルバートソン譯1859)

元始道有, 道神ト偕ニス, 道則神ナリ

ヘボン譯『新約聖書約翰伝』1872

<ruby>元始<rt>はじめ</rt></ruby>に<ruby>言靈<rt>ことだま</rt></ruby>あり<ruby>言靈<rt>ことだま</rt></ruby>は<ruby>神<rt>かみ</rt></ruby>とともにあり<ruby>言靈<rt>ことだま</rt></ruby>は<ruby>神<rt>かみ</rt></ruby>なり

翻譯委員社中譯『新約全書』1880

<ruby>太初<rt>はじめ</rt></ruby>に<ruby>道<rt>ことば</rt></ruby>あり<ruby>道<rt>ことば</rt></ruby>は<ruby>神<rt>かみ</rt></ruby>と<ruby>偕<rt>とも</rt></ruby>にあり<ruby>道<rt>ことば</rt></ruby>は<ruby>卽<rt>すなは</rt></ruby>ち<ruby>神<rt>かみ</rt></ruby>なり

'한역성서(漢譯聖書)'의 '도(道)'에 대해서는 번역위원사중역(翻譯委員社中譯) '신약전서(新約全書)'에서 「말ことば」라는 읽기[ルビ]가 부여되고 있다. 이와 같이 어려운 한문식으로 된 번역문을 어떻게든 쉽게 하려고 한어(漢語)의 이해를 촉진시키는 루비(ルビ, 이것은 이미 ヘボン이나 ブラウン이 번역한 성경에 쓰여진 것들이 많다)를 부여하는 방법을 이용하고 있다. 예를 들면 '영생(永生)'에는 '영원한 생명[かぎりなきいのち]', '율법(律法)'은 '규율[おきて]', '축사(祝謝)'는 '기도[いのり]'등의 읽기[ルビ, 루비]가 붙여줘 있다.

이상과 같이 근세에서 근대 초기에 걸쳐 번역은 한문 훈독과 항상 크게 관련되어 있었으며 그 한문 훈독과 대립하면서 일본어의 독자적인 번역 문체·번역 어법이 탄생하게 된 것이다.

---

10 모두 'ゆまに書房, 近代邦譯聖書集成'에서 발췌.

| 참고문헌 |

齋藤文俊(1996), 「『解体新書』翻譯と漢文訓讀」, 『情報文化研究』 3, 岩波書店.

_____(2003), 「江戸時代における中國白話小說の翻譯と過去・完了の助動詞ー「通俗物」の系譜」, 『日本語論究』 7(語彙と文法と), 和泉書院.

_____(2011), 『漢文訓讀と近代日本語の形成』, 勉誠出版.

齋藤希史(2007a), 『漢文脈と近代日本』, 日本放送協會.

_____(2007b), 「賴山陽の漢詩文ー近世後期の轉換点」, 『古典日本語の世界』, 東京大學出版會.

_____(2010), 「讀誦のことばー雅言としての訓讀」, 『續「訓讀」論ー東アジア漢文世界の形成』, 勉誠出版.

杉本つとむ(1991), 『國語學と蘭語學』, 武藏野書院.

高島俊男(1991), 『水滸伝と日本人ー江戸から昭和まで』, 大修館書店.

高谷道男 編譯(1959), 『ヘボン書簡集』, 岩波書店.

_____ 編譯(1965), 『S・Rブラウン書簡集』, 日本基督教団出版局.

田尻祐一郎(2008), 「「訓讀」問題と古文辭學ー荻生徂徠をめぐって」, 『「訓讀」論ー東アジア漢文世界と日本語』, 勉誠出版.

德田 武(1990), 『江戸漢學の世界』, ぺりかん社.

中村春作(2002), 『江戸儒教と近代の知』, ぺりかん社.

_____(2005), 「「訓讀」再考ー近世思想史の課題として」, 『文學』 6-6.

_____(2011), 「訓讀、あるいは書き下し文という「翻譯」」, 『文學』 12-3.

中村幸彦(1984), 「通俗物雜談ー近世翻譯小說について」, 『中村幸彦著述集』, 第7卷, 中央公論社.

古田東朔(1989), 『日本の言語文化』, 放送大學教育振興會.

前田 愛(1993), 「音讀から默讀へ」, 『近代讀者の成立』, 岩波書店.

森岡健二(1991),「新約聖書の和譯」,『改訂近代語の成立　語彙編』, 明治書院.

_____(1999),『歐文訓讀の研究－歐文脈の形成』, 明治書院.

근대 이행기 한국에서의 자국어 인식[*]

장윤희

1. 서론

한국에 있어서 1890년대부터 국권을 상실한 1910년까지는, 사회 전반에 있어서 격동의 시기였다. 외세에 의한 강제적 개항 이후 새로운 문물제도를 접하여 이를 수용하고 적응하기 위한 개혁에 진력하는 한편, 열강의 영향력 아래에서 독립을 추구하기 위한 노력도 게을리 할 수 없는 시기였던 것이다. 이러한 이유로 이 시기 한국의 정치, 경제, 사회, 문화 등의 양상과 변화 등이 관심의 대상이 될 수밖에 없었다.

---

*   이 글은 인하대학교 한국학연구소에서 간행하는 『한국학연구』 제30집(2013.6)의 4
    9~92쪽에 같은 제목으로 실려 있는 논문을 오자만 바로 잡는 수준에서 그대로 가
    져온 것이다.

이러한 사정은 한국어문학계에서도 예외가 아니었다. 이 시기부터 강조되기 시작한 국문(國文)과 국어(國語) 문제나 공적인『독립신문』의 순국문체, 국어와 국문과 관련된 애국계몽주의(愛國啓蒙主義) 등은 이전에는 흔히 찾아볼 수 없는 것이라는 점에서 당시의 사회적 상황과 관련하여 크게 주목되어 왔던 것이다. 특히 최근 10여 년 동안에는 근대적 언어관, 국어관과 관련하여 이 시기의 국어·국문 인식을 파악하고자 하는 관심이 높았다. 이러한 관심은 으레 '국어(國語)'가 근대국가 형성 과정에서 국민 통합 등의 다양한 이데올로기에 의해 태어난 상상의 산물(이연숙, 1996/2006)이었다는 사실과 관련하여 과연 이 시기 계몽주의자들이 주장했던 '국어(國語)'가 이러한 근대적 '국어'로서의 성격을 지닌 것이었는지를 구명하는 데 초점이 놓여 있었다. 이때 수립된 대한제국(大韓帝國, 1897~1910) 시기에 "완전 독립" 상태의 근대적 국가로 나아가기 위해 국민의 개화와 단합, 서구 문물의 습득을 촉구하는 계몽이 활발했음을 고려할 때 이는 어쩌면 당연한 결과라고 할 수도 있다.

그러나 지금까지 이루어진 연구들이, 이러한 시대적 상황과 근대적 '국어(國語)'라는 인식의 틀에 갇힌 채 이루어져 왔던 것은 아닌지 반성해 볼 필요가 있다. 이러한 인식은 이 시기의 국어, 국문에 대한 인식이 이전 시기와는 다른 '근대적 인식'의 산물이고, 따라서 자동적으로 그 이전의 국어 인식은 '전근대적'인 것, 또는 '중세적'인 것으로 파악하는 이분법적 사고로 나타난 경향이 발견되기 때문이다.[1] 여기에 '국(國)'이 과거에는 동양에서 '중국의 제후국'을 의미했다는 사실이 더해지고, 우리말을 '방언(方言), 방언리어(方言俚語)' 등으로 가리킨 사실(2장

---

1 이 글은 기존 논의의 문제점들을 하나씩 반박하는 데 목적이 있지 않으므로 일반적인 사실과 관련된 구체적 연구는 거론하지 않기로 한다. 이러한 경향은 참고문헌란에 밝힌 많은 연구에서 발견된다.

참조) 등이 더해져 이전 시기의 국어 인식이 '전근대적'이라는 인식이 연구 전반에 암암리에 작용한 것으로 보인다.

그러나 사실은 '근대적'이라고 생각되는 당시 계몽적 어문학자들의 인식 속에는 '전근대적'인 것으로 치부되던 과거의 인식과 매우 유사한 점이 발견될 뿐만 아니라, 이들이 사용한 '국어(國語)'라는 말과 과거에 사용되었던 것 사이에 그렇게 큰 차이가 없는 경우도 많아 보인다. 이 시기의 국어(國語), 국문(國文)의 용법과 이를 통해 알 수 있는 국어, 국문에 대한 인식을 과거의 것과 비교해 보는 연구가 없었던 것은 아니지만, 이러한 연구에서도 이원적 인식의 틀을 완전히 벗어나지는 못한 것으로 보인다. 그렇다 보니 이 시기 국어, 국문에 대한 인식의 차별성은 강조된 반면, 이전 시기의 인식과의 공통성은 크게 주목받지 못했던 것이다. 여기에서는 바로 이러한 점에 초점을 두어 이 시기, 특히 대한제국기(大韓帝國期)의 국어, 국문에 대한 인식과 그 이전 시기의 인식 사이의 공통성과 차별성을 분명히 밝혀보고자 한다.

당시의 국어, 국문에 대한 인식에 대하여 살펴보는 과정에서 반드시 따르는 문제가 당시에 제기되었던 '언문일치(言文一致)'의 문제이다. 이는 '국어(國語)'와 '국문(國文)' 사이의 관계와 관련된 문제이기 때문이다. 따라서 이 문제는 당시의 국어(國語), 국문(國文)에 대한 인식이 명확히 밝혀질 때 자연스럽게 해결될 수 있는 문제라 할 수 있다. 이러한 인식을 바탕으로 이 시기의 '언문일치(言文一致)'는 현재 흔히 말하는 '구어체의 확립'으로서의 '언문일치(言文一致)'와는 거리가 먼 것이었음도 분명히 밝혀보고자 한다.

2. '국어(國語)'와 '국문(國文)'의 관계 인식

한국의 역사에서 1894년은 동학농민전쟁(東學農民戰爭), 갑오경장(甲午更張) 등 굵직한 사건으로 인하여 크게 주목받는 해이지만, 우리 문자생활사의 측면에서도 우리 문자인 한글이 드디어 국가의 문자, 곧 '문(文)'으로서의 지위를 확보한 해라는 점에서 획기적인 해이다. 이때 고종의 '칙령 1호'를 통해서 한글이 드디어 나라의 공식적인 문자, 곧 국문(國文)으로 인정된 것이다.

① 勅令第一號 (…중략…) 第十四條 法律勅令 總以**國文**爲本 漢文附譯或 混用國漢文 (『고종실록』 31년(1894) 11월 21일)[2]

①의 '국문(國文)'이 한글을 의미한다는 사실은, 고종이 종묘에 조선의 자주독립을 맹세하여 고한 「독립서고문(獨立誓告文)」이 같은 해 12월 12일자 관보(官報)에, 바로 이 칙령에 따라 순한글과 한문, 국한문 세 가지로 실려 있는 사실[3]을 통해서 잘 알 수 있다. 이전까지는 한글이 사용된 문서는 그 효력을 인정받지 못했던 사정을 고려할 때(安秉禧, 1992 : 238~248) 이는 "중세적 세계로부터의 조선의 '독립'에 상응하는 정치적 의미"(박광현, 2000 : 249)를 지닌다고 말할 수 있는 일대 사건이다.

그러나 이에 못지않게 중요한 또 하나의 사실은, 우리의 문자를 '국

---

2 이하의 인용문에서 띄어쓰기나 굵은체로 강조한 것은 필자의 것이다. 이때 이미 띄어쓰기가 되어 있는 인용문의 경우에는 '(띄어쓰기 : 원문대로)'로 표시하여 구별하기로 한다.

3 「독립서고문(獨立誓告文)」에는 14개조의 구제도 개혁 내용이 포함되어 있어 「홍범(弘範)14조(條)」로도 불리는데, 실제로 고종이 종묘에 서고한 것은 이듬해 1월의 일이라고 한다.

문(國文)'으로 불렀다는 점이다. 이전까지 우리의 문자는 '훈민정음(訓民正音) 또는 정음(正音)', '언문(諺文) 또는 언자(諺字)' 등으로 불렸을 뿐 '국문(國文)'으로 불린 적이 없다(백두현, 2004ㄴ). 사실 '국문(國文)'이라는 용어는 위의 칙령보다 몇 달 앞서 학무아문(學務衙門) 내의 편집국의 업무를 규정한 "編輯局編輯局 掌**國文**綴字各國文譯及教科書編輯等事"(『고종실록』 31년 6월 28일조)에서도 보이는데 여기의 '국문(國文)' 역시 '우리나라의 글'이라는 의미로 한글을 가리킨다. 또한 유명한 『독립신문』 창간호의 논설 "우리신문이 한문은 아니쓰고 다만 **국문**으로만 쓰는 거슨 샹하귀쳔이 다보게 홈이라 『독립신문』 창간호(1896)"에서도 찾아 볼 수 있다. 이러한 사실들은 이 당시에 '국문(國文)'을 우리나라의 글, 곧 한글을 가리키는 용어로 사용했음을 말해 준다.

이 당시에 '국문(國文)'이 우리나라의 글, 곧 한글이 아니라 원래의 형태론적 구성의 의미대로 '나라의 문자'라는 의미로도 사용되었음은 앞서의 학무아문(學務衙門)의 편집국(編輯局) 업무 규정 중 "각국문(各國文)"에서도 암시를 받을 수 있다. 나아가 "**국문**은 잇스되 힝ᄒ기를 젼일 ᄒ지 못ᄒ면 그나라 인민도 그나라 **국문**을 귀즁 ᄒ줄을 모르리니 엇지 나라에 관계가 젹다ᄒ리오(지석영, 『대조선독립협회회보』 제1호(1896))(원문대로)"와 같은 예에서 이를 보다 분명히 확인할 수 있다. 이렇게 형태론적 구성의 의미 그대로 사용될 수 있었던 '國文, 국문'이라는 말이 당시에 '우리나라의 문자', 곧 '한글'을 가리키는 말로 분명히 사용되었던 것이다.

그런데 '國文, 국문'이 '우리나라의 문자'를 가리키는 말이라고 했을 때, 다음과 같은 진술은 우리를 당혹케 만든다.

② 吾人이 先民以來로 **漢土의 文字**를 借用ᄒ야 本國의 言語와 混合ᄒ민 **國語**가 **漢文**의 影響을 受ᄒ야 言語의 獨立을 幾失ᄒ나 (兪吉濬, 『朝鮮文典』(1905) 「序」)

③ 箕子가 支那人으로 本邦에 來王ᄒ시니 漢文이 隨入ᄒ야 政令과 事爲
에 自然히 需用ᄒ지라 此로 因ᄒ야 言文이 二致ᄒ고 漢文이 **國語**에 混用된
者가 多ᄒ며 (『國文硏究議定案』(1909)〉

위의 ②, ③은 모두 우리나라에 "한토(漢土)의 문자(文字)", 곧 '한문(漢
文)'이 유입된 영향을 언급한 것이다. ①에서 한자가 "본국(本國)의 언
어(言語)와 혼합(混合)"한 일을 현재의 상식과 같이 한자어가 많아진 사
실을 언급한 것으로 해석할 경우, 아무리 그렇더라도 "언어(言語)의 독
립(獨立)을 상실(喪失)"했다고까지 말하기는 어렵다. 또한 ② 역시 "한문
(漢文)이 국어(國語)에 혼용(混用)"되었다는 사실 역시 "언문(言文)이 이치
(二致)"된 사실과 관련하여 언급하고 있다는 점에서 한자에 의한 한자
어의 확대로 해석하기 어렵다. 이렇게 볼 때 위의 진술들은 모두 한자
의 유입으로 인한 표기상의 문제, 곧 우리 문자의 위축을 거론한 것이
라 할 수 있다. 그렇다면 '國文'이 '우리나라의 문자'를 가리킬 수 있었
으니, 이 문맥에서는 '國語'가 아닌 '國文'를 사용했어야 할 것으로 보이
는데도 '國語'가 사용되고 있는 것이다.

　이러한 사실은, 세종이 새로운 문자의 이름을 훈민정음(訓民正音)으로
붙인 사실을 들어 세종이 문자와 소리도 구별하지 못했다는 극히 일부
의 허황된 주장을 떠올리게 만든다. 과연 이 당시의 계몽적 어문학자들,
나아가 세종이 문자와 소리를 구별하지 못했던 것일까? 왜 '국문(國文)'
의 문제를 '국어(國語)'로 거론하고 있을까? 이러한 문제를 해결하기 위
해서는 이 시기까지 우리의 문자(文字)에 대한 인식이 과연 어떠했는지
를 살펴볼 필요가 있다.

1) 조선시대(朝鮮時代)의 어음(語音)와 문자(文字)

세종이 창제한 새로운 문자(文字)의 이름이 훈민정음(訓民正音)이다. 문자의 이름이라면 '훈민정문(訓民正文)'이나 '훈민정자(訓民正字)' 정도가 기대되는데 그렇지 않은 것이다.[4] 이러한 사실은 다음의 주석문에서 보다 명확히 드러난다.

④ 訓民正音은 百姓 ᄀᆞᄅ치시논 正호 소리라 (「訓民正音諺解」 1ㄱ)
⑤ 正音은 正호 소리니 우리나랏 마롤 正히 반드기 올히 쓰논 그릴씨 일후믈 正音이라 ᄒᆞᄂᆞ니라 (『月印釋譜』 1 : 「釋譜詳節 序」 5ㄴ)

이들은 모두 주석문의 예인데, ④에서는 '훈민정음(訓民正音)'을 '소리'라고 풀이하고 있는 데 반해, ⑤에서는 '정음(正音)'을 '글'이라고 풀이하고 있는 것이다. 이렇게 음과 문자가 별 차이 없이 사용된 것처럼 보이는 현상은 어떠한 이유에서 나온 것일까?

중국에서 경서 연구를 위한 소학(小學)으로 발전한 문자학은 훈민정음 창제 이후 조선 후기까지 영향을 미쳤다(김병문, 2000 : 38). 이는 특히 성인지도(聖人之道)를 밝히기 위해서는 '육서(六書)의 소학', 즉 문자학의 소양이 필요하다는 정초(鄭樵)의 「육서략 서(六書略 序)」의 내용이 중국의 『홍무정운(洪武正韻)』 서문은 물론, 신숙주(申叔舟)가 쓴 『동국정운(東國正韻)』 서문에도 유사하게 실려 있는 사실은, 한글 창제 당시 세종이나 관련 학자들의 성운학적 식견이 높았음을 말해 줄 뿐만 아니라(姜信沆,

---

4 남송(南宋)의 정초(鄭樵)가 쓴 「육서략(六書略)」에 따르면 육서(六書) 중 상형(象形)과 지사(指事)는 '문(文)'이고 회의(會意)와 해성(諧聲)과 전주(轉注)는 '자(字)'이며, 가차(假借)는 '문과 자를 겸한 것이다(姜信沆, 1987 : 21). 훈민정음의 창제에도 육서 중 '상형, 지사, 형성, 회의'의 네 가지 인식이 보이므로(安秉禧, 1992 : 321) 그 명칭으로 '문'이 어울릴지 '자'가 어울릴지는 판단하기 어렵다.

1987 : 21) 조선 시대에 왜 문자에 대한 관심이 높았는지도 잘 말해 준다. 이러한 문자학에서는 한자의 형태, 연원, 의미는 물론이고 한자음이 중요한 연구 대상이 되는데, 한자음을 다루는 반절법(反切法)이나 성운학(聲韻學)에서는 한자가 곧 한자음일 수 있다. 예를 들어 반절법의 '동도홍반절(東 徒紅反切)'에서 '도'(徒)는 'ㄷ'음을, '홍'(紅)은 'ㅗㅇ'음을 가리킨다. 『훈민정음해례(訓民正音解例)』「제자해(制字解)」의 "운서의여유다상혼용(韻書疑與喩多相混用)"에서 '의(疑)'와 '유'(喩) 역시 의모(疑母) ㆁ음과 유모(喩母) ㅇ음을 각각 가리키며, 『동국정운(東國正韻)』 서문의 '이영보래(以影補來)'에서 '영(影)'과 '래(來)' 역시 각각 ㆆ과 ㄹ음을 가리킨다. 문자가 곧 소리인 것이다. 이는 한자음을 또 다른 한자를 이용하여 표시할 수밖에 없는 사정에 연유한 것으로서 조선 후기 실학자들의 한자음 정음 표기 우수성 주장의 근거가 되기도 하지만(이상혁, 1998), 이렇게 보면 한자와 한자음, 곧 문자와 음이 결코 뗄 수 없는 것이다. 의자(疑)는 ㆁ음을, 유자(喩)는 ㅇ음을 가리키는 것이고, 역으로 ㆁ음은 의자(疑), ㅇ음은 유자(喩)를 가리키는 것이 되는 것이다.

성운학적 식견이 매우 깊었던 것으로 널리 알려진 세종과 관련 학자들이었기 때문에 이들에게는 문자가 곧 음이라는 인식은 매우 자연스러웠을 것이다. 새로 만든 문자가 바른 소리를 표기하는 것이고 바른 소리는 곧 새로 만든 문자가 표시하는 소리라는 인식, 곧 ㄱ은 문자 그 자체일 수도 있으나 이는 ㄱ음을 표시하는 것이므로 그것이 음이라는 인식의 결과, '백성을 가르치기 위해 바른 소리를 적는 문자'의 이름이 '훈민정음(訓民正音)'이 될 수 있었던 것이다.

2) 조선시대(朝鮮時代)의 방언리어(方言俚語)와 한문(漢文)

'문자는 곧 음'이라는 인식은『삼국사기(三國史記)』이후 조선시대까지 우리말을 '방언(方言) 또는 방언리어(方言俚語)'로 불러 왔던 사실(南豊鉉, 1989; 이승재, 2001; 백두현, 2004ㄱ; 정승철, 2011)과도 밀접하게 관련된 것으로 보인다. 이를 위해 우리말을 가리키는 '방언(方言), 방언리어(方言俚語)'와 관련된 문제를 살펴보기로 한다.

지금까지는 '방언(方言)'을 '중국의 주변 지방의 말'이라는 의미로 조어된 것으로 보아 중국 중심의 사고와 연관시켜 온 것이 일반적이다. 그러나 '방언(方言)'이라는 말의 의미에 굳이 '중국 중심' 여부를 부여해야 하는지 의문이다. '방언(方言)'이라는 말을 최초로 사용한 것으로 알려진 후한 양웅(後漢 揚雄)의『방언(方言)』에서도 '방언(方言)'은 어떤 중심적인 것에서 벗어난 말이라든지 한 언어의 분화형이라든지 하는 의미는 찾아볼 수 없고 단지 '(여러) 지방의 말'이라는 가치중립적 의미로 사용되었을 뿐이다.(이연주, 2010) 물론 '방언(方言)'은 한 지방에서 통용되는 말이므로 다른 지방에서는 통용되지 못한다는 의미도 함축되어 있다. "聰性明鋭 生知道待 以方言讀九經"(『三國史記』46,「列傳」제4)이나 "元曉亦是方言也"(『三國遺事』4,「義解」제5, 元曉不羈) 등의 '方言'이 이러한 의미와 다르게 사용된 것으로 볼 하등의 이유가 없으므로 이는 '신라 지방의 말'을 가리키는 것이라 할 수 있다.[5] 고려시대의 '方言'도 이와 같은 것으로 볼 수 있다. "然其官號 或雜方言,(『高麗史』卷76 : 1ㄱ), 廊者官號 方言曹設(『고려사』권77 : 38ㄱ)"[6] 등의 '方言' 역시 고려 지방의 말로서 다른 지방(이때는 다른 나라)에서

---

5   '방언(方言)' 외에 신라의 말은 '향언(鄕言)'으로도 지칭되었다. "원효(元曉) 역시 방언이다. 당시 사람들은 모두 향언으로 始旦이라 불렀다(元曉亦是方言也 當時人皆以鄕言稱之 始旦也)(『三國遺事』4,「義解」제5, 元曉不羈)"가 그것이다. '향언'의 구성은 신라의 말을 적은 문자라는 의미의 '향찰(鄕札)'가 동궤의 것이라 할 수 있는데, 이에 대해서는 자리를 달리 하여 자세히 살펴보고자 한다.

는 통용되지 못하는 말이라는 의미로 해석할 수 있는 것이다.

⑥ 지금의 우리 전하는 (…중략…) 또 어리석은 백성이 법을 잘 모르고 금법을 어기는 일이 있을까 염려해서 주무 관청에 명하여 『대명률』을 **방언**으로 번역케 해서 대중으로 하여금 쉽게 깨우치게 하였고, 무릇 처단과 판결에 있어서는 모두 이 법률에 의거하였다[今我殿下 (…중략…) 又慮愚民無知觸禁 爰命攸司將大明律譯以**方言** 使衆易曉 凡所斷決 皆用此律]. (鄭道傳, 『三峰集』 (1397?) 8 「憲典」, 「摠序」)

⑦ 『소학』이란 책은 사람의 도리에 가장 절실한 것이니, 음식, 물, 불이 없을 수 없는 것과 같다. 다만 우리나라 사람들이 문자를 잘 아는 이가 적으니, 만일 **방언**으로 해석해 주지 않으면 궁벽하고 후미진 마을의 아녀자와 아이들이 비록 배우고자 해도 어찌할 수가 없다. 이것이 번역서를 짓는 까닭이다[小學一書 最切於人道 如菽粟水火之不可闕 第吾東人鮮曉文字 如不以**方言**爲之解 則窮閭僻巷 婦人小子 雖欲習學而末由 此飜譯之所以作也]. (李山海, 『小學諺解』 (1586) 跋 1ㄱ)[7]

⑧ 시는 마음으로 깨쳐야 하는 것이니 어찌 주해할 일이겠으며, 주해할 일이 없는데 하물며 **방언**으로 번역할 일이겠는가? 학식을 갖춘 입장에서 말하자면 이는 진실로 당연한 일이지만, 배우는 사람을 위해 말해 보자면 마음으로 깨쳐지지 않는 바가 있을 때 어찌 주해가 없을 수 있으며, 주해에도 통하지 않는 바가 있으면 또한 어찌 번역이 없을 수 있겠는가? 이것이 바로 『두시언해(杜詩諺解)』가 시를 하는 사람들에게 공이 있는 까닭이다

---

6   한국사 데이터베이스(http://db.history.go.kr) 참조.
7   이 발문은 『아계유고(鵝溪遺藁)』 권5의 '발류(跋類)'에 '언해소학발(諺解小學跋)'로도 실려 있다.

[詩須心會 何事箋解 解猶無所事 況譯之以**方言**乎 自達識論之 是固然矣 爲學者謀之 心有所未會 烏可無解 解有所未暢 譯亦何可已也 此杜詩諺解之所以有功於詩家也]. (張維, 『重刊杜詩諺解』(1632), 「序」1ㄱ)**[8]**

위의 ⑥~⑧은 모두 조선시대에 사용된 '방언(方言)'의 용례인데, 여기에서는 '우리말', 즉 '조선 (지역)의 말' 정도로 사용되었다. 이전 시기와 달리 당대에 자국의 말을 '방언(方言)'으로 부르고 있다는 점이 차이점이다. 그렇다고 하여 이전의 의미와 크게 달라졌다고 보기는 어렵다. '방언(方言)'이 '조선어(朝鮮語)' 즉 '조선 지역에서 쓰고 그 외의 지역에서는 통하지 않는 말'이라는 의미로 해석될 수 있으므로 이전의 '방언(方言)'가 그 의미가 달라졌다고 보기는 어려운 것이다. 따라서 여기의 '방언(方言)'에서 다른 지방(넓게는 다른 나라)의 말과 구별되는 말이라는 의미는 분명히 찾을 수 있겠으나, 이를 '모국어 인식'(백두현, 2004ㄱ)으로까지 확대 해석할 수 있을지는 의문이다.**[9]**

'방언(方言)'을 중심적인 말에서 벗어난 변방의 말 정도로 해석하게 된 데에는 '방언(方言)'과 같은 의미로 사용된 '방언리어(方言俚語)'가 크게 작용한 측면이 있는 듯하다. 앞서 '방언(方言)'이 가치중립적 의미로 사용되었다고 했는데, '이어(俚語)'는 분명히 부정적 가치를 함의한 말로 보이기 때문이다. 다음이 그 예이다.

---

8 이는 『계곡선생집(谿谷先生集)』 권6에 '중간두시언해서(重刊杜詩諺解序)'로도 실려 있다.

9 『훈민정음해례(訓民正音解例)』의 「합자해(合字解)」의 "・一起ㅣ聲 於國語無用" 등에서 발견되는 '國語' 역시 '우리나라의 말'이라는 의미로 사용된 것으로 '方言'보다 그 경계를 명확히 한 표현이라 할 수 있다. 따라서 여기의 '國語'에서도 모국어로서의 인식을 찾기는 어렵다. 이때 '國'이 애초에 '제후국'을 의미했던 것이라 하더라도 그 용법이 이미 굳어진 '國語'에서 기원적 의미를 찾기는 어려워 보인다. 한편 주시경의 『대한국어문법』(1906) 발문에서도 "아동(我東)은 자고(自古)로 방언(方言)이 잇스되"와 같이 과거 우리말을, 이전 용법을 따라 '方言'으로 부르고 있다.

⑨ 이달에 임금이 친히 언문 28자를 지었는데 (…중략…) 무릇 한자에 관한 것과 본국의 **이어**에 관한 것을 모두 쓸 수 있고[是月 上親制諺文二十八字 (…중략…) 凡干文字及本國**俚語** 皆可得而書](『세종실록』 25년 12월조)

⑩ **방언리어**가 모두 다른데, 소리 있고 글자 없어 글로 통하기 어렵더니 [**方言俚語**萬不同 有聲無字書難通](『訓民正音』 合字解 訣)

⑪ 우리 동방의 예악, 문장 등의 문물제도는 중국과 견줄만 하나, **방언리어**만은 중국과 같지 않다[吾東方禮樂文章 侔擬華夏 但**方言俚語** 不如之同]. (『訓民正音』 鄭麟趾 「序」)

⑨, ⑩의 '방언리어(方言俚語)'는 '지방 또는 지역의 말'을 의미하는 '방언(方言)'과 별다른 의미 차이 없어 보이지만, ⑪에서는 중국에 미치지 못하는 말이라는 함축적 의미가 발견되는 것처럼 보인다. 바로 이러한 부정적 함축으로부터 '방언(方言)'까지 부정적 함축을 지닌 말처럼 인식된 것으로 보이는 것이다. 그렇다면 과연 '방언리어(方言俚語)'가 무엇을 가리키는 말인지 분명히 밝혀 볼 필요가 있다.

'방언리어(方言俚語)'는 다음에서 보듯이 고려시대의 기록에서부터 확인된다.

⑫ 신라 왕 중에 '居西干'으로 불린 사람이 1명, '次次雄'으로 불린 사람이 1명, '尼師今'으로 불린 사람이 16명, '麻立干'으로 불린 사람이 4명이 있는데 신라 말의 명유 崔致遠이 제왕연대력을 지으면서 모두 아무개 왕으로만 쓰고 '居西干' 등은 쓰지 않았는데 **그 말이 비속하고 조야하여** 부르기에 부족해서였는가? 『左典』, 『漢書』 등은 중국 역사서인데도 오히려 초나라 말 '穀於菟', 흉노의 말 '撑犁孤塗' 등을 보존하고 있으니, 지금 신라 사실을 기록함에 그

方言을 보존함 역시 마땅하다[論曰 新羅王 稱居西干者一 次次雄者一 尼師
今者十六 麻立干者四 羅末名儒崔致遠作帝王年代歷 皆稱某王 不言居西干
等 豈以其言鄙野不足稱耶 曰左漢中國史書也 猶存楚語穀於莬 匈奴語撑犁孤
塗等 今記新羅事 其存方言亦宜矣]. (『三國史記』4, 新羅本紀 4, 智證麻立干)

⑬ 신라 때 고구려와 백제가 함께 정립하는데 이르러 각각 국사를 두어
그때의 일을 맡아 기록하게 했으나, 전하는 말이 실제와 달라 황당하고 괴
이한 것이 많으며, 당시의 일을 기록한 것이 자세하지도 못할 뿐만 아니라
방언을 섞어 써서 말이 단아하지 못한 데가 많다. 고려의 문신 김부식이 이
것을 모아 정리하여 『三國史』를 만들었는데, (…중략…) **방언이어**를 다 없
애지 못했는가 하면, 넣고 뺀 것과 범례가 합당하지 못하여 간요해야 할 책
이 번다하고 중복된 말이 많으니, 보는 사람들이 어떤 것은 기록하고 어떤
것은 남겨서 참고하기 어려워했다[逮新羅氏與高句麗百濟鼎立 各置國史 掌
記時事 然而傳聞失眞 多涉荒怪 錄其時事 未克詳明 且多雜以方言 辭不能
雅 前朝文臣金富軾輯而修之爲三國史 (…중략…) **方言俚語**未能盡革 筆削
凡例 未盡合宜 簡秩繁多 辭語重復 觀者病其記此遺彼而難於參究也]. (權近,
『陽村先生文集』19, 「三國史略 序」)[10]

그런데 ⑫에서 방언(方言)을 초나라 말 "곡어토(穀於莬)", 흉노의 말
"탱리고도(撑犁孤塗)" 등과 성격이 같은 것으로 보고 있으므로, 方言으
로 가리키는 것이 '차자표기(借字表記)된 신라의 말'이라는 사실을 알
수 있다.[11] 최치원(崔致遠)은 이렇게 차자로 표기되는 신라의 말을 "비

---

10 이하에서 다루는 조선시대 문인들의 방언에 대한 인용문의 많은 부분은 강민구(2007)
에서 가져온 것으로서, 한국고전종합DB(http://db.itkc.or.kr) 등에서 가능한 한 원문
을 확인하여 보완하고 해석을 약간 수정하였다. 강민구(2007)에서는 이들을 중세 문
사들이 한문에 비해 우리말을 저평가한 것으로 다루고 있으나 이들이 우리말 전체를
저평가한 것은 아니라는 것이 우리의 생각이다(후술 참조).

야(鄙野)"한 것으로 판단했다고 본 것이다. 이는 여말선초의 학자 권근 (權近, 1352~1409)이 『삼국사기(三國史記)』를 비판한 ⑬에서도 마찬가지 이다. 차자 표기는 말 그대로 한자의 음과 훈을 빌려서 우리말을 표기 한 것으로 일반적인 한문의 질서나 한자의 운용법과는 다른 것이다. 바로 이렇게 표기된 우리말에 대하여 '방언(方言), 방언리어(方言俚語)' 라는 표현을 쓰고 있는 것이다.

이러한 용법은 조선시대의 '방언리어(方言俚語)'에서도 발견된다.

⑭ 우리나라의 公事의 현장 문서에 모름지기 **방언**과 **속어**를 써서 통하게 하므로 헌의문 곳곳에도 **諺語**를 써서 후세에 전하기 합당하지 않은 것이 있습니다. 그러나 한 두 자가 싫다고 하여 전체 글을 버린다면 이는 작은 흠 때문에 한 자의 옥을 포기하는 것과 같으니 어찌 옳겠습니까? 이에 **방언** 을 다른 글자로 바꾸고자 하는 것이니, '油淸'의 '淸'을 '蜜'자로 바꾸고, '田 畓'의 '畓'자를 '土'자로 바꾸며 면포 '一千同'을 '五萬匹'로 바꾸는 것입니다. (…중략…) 제가 문집 가운데 **방언**을 제거하고자 하는 것은 대개 우리나라 의 이름난 사람의 문집을 중국인이 구매하여 볼 수 있게 하여 우리나라에 서만 유전되지 않도록 하기 위함입니다[且我國公事場文 須用**方言俗語**該 通 故獻議數處 亦用**諺語** 有不合傳後者 然若拘一二字之嫌 而棄其全篇 則 以微疵而抛尺璧 其可乎哉 玆就**方言**欲換以他字 如油淸之淸 易以蜜字 田畓 之畓 易以土字 綿布一千同 改以五萬匹 (…중략…) 生之欲去**方言**於文集中 者 蓋以我國名家文集 爲華人所購見 不但流傳於國中而已也]. (李埈, 「與屛 山書院士友」, 『蒼石集』(16세기 말~17세기 초) 10, 書)

---

11 이승재(2001)에서는 이러한 사실을 중시하여 고대의 '方言'이 "우리말 또는 우리말 표기를 뜻하는 것"으로서, '차자표기'를 고대의 '방언'으로 바꾸어 부를 수 있다고 보 고 있다. 그러나 '方言'이 차자표기 그 자체를 가리킬 수는 없다는 것이 우리의 생각 이다(후술 참조).

⑮ 어음으로 말하자면 중국 사람들은 말이 모두 문자이지만 우리나라 **방언**은 모두 **속된 소리**여서 이는 참으로 중국의 처지에 미치지 못한다. 그러나 국음으로 능히 서로 통하고 문자로 마음을 적을 수 있으니 이 또한 해롭지 않으므로 구태여 이를 같게 만들 필요가 없다[以語音言之 中國之人 言皆文字 而我東**方言** 皆是**俚音** 此故不及中國處 而能以國音相通 文字書心 則此亦無害 不必苟同者也]. (柳壽垣, 「論變通規制利害」, 『迂書』(1734년경))

⑭는 공문서에 '방언속어(方言俗語)', '언어(諺語)'가 쓰인다고 하고[12] 그 예로 '유청(油淸)'의 '청(淸)', '일천동(一千同)'의 '동(同)' 등을 들고 있으므로, 여기에서의 '방언속어(方言俗語)'는 당시 이두문으로 작성된 공문서에서 이두로 표기된 우리말 요소를 가리킨다고 할 수 있다. 따라서 이준(李埈, 1560~1635)이 문제 삼고 있는 것들은 일반적인 한자, 한문의 질서와는 달리 표기된 우리말 요소이다. 이러한 이두 표기는 물론 우리가 만든 한자 '답(畓)'과 같은 글자들이 쓰일 경우 공통 문어를 쓰는 중국인들이 읽을 수 없는 점을 우려하고 있는 것이다. 따라서 여기의 '속어(俗語)'라는 표현은 정상적인 한문의 질서와는 달리 기형적으로 표기된 것을 가리킨다고 할 수 있다. 한편 ⑮는 이전과는 달리 우리 언어를 포함한 문화의 고유성과 독자성을 인식한 유수원(柳壽垣, 1694~1755)의 언급으로 거론되는 것이지만(姜玟求, 2007 : 26), 이에 못지않게 중국말은 한자로 그대로 적을 수 있지만 우리말은 그렇지 못하다는 진술도 중요한 의미를 지닌다. 즉 우리말을 한자, 한문으로 표현할 수 없다는 사실을 가리키는 문맥에서 '방언(方言), 이음(俚音)'을 쓰고 있고, 마음을 문자[漢字]로 표현한다면 아무런 문제가 없다고 보고 있기 때문이다. 이는 앞의 ⑫~⑭에

---

12 강민구(2007 : 14)에서는 '공사장문(公事場文)'을 '공사와 과거시험의 문장'으로 해석하였으나, 문맥상 공적인 사무 현장에서 쓰이는 문서, 곧 이두문으로 쓰인 공문서로 보아야 할 듯하다.

서 '일반적인 한문의 질서나 한자의 운용법과는 어긋나게 차자 표기된 우리말'을 '방언리어(方言俚語)'로 가리킨 것과 맥을 같이 한다.

이상의 '방언리어(方言俚語)'의 용례들을 총괄해 봄으로써 그 진정한 의미가 무엇인지 추론해 보기로 한다. 우리말을 당시의 정상적인 표기 체계인 한문으로 표기할 때 일반적인 한문의 질서로는 표기할 수 없고, 차자 표기와 같이 한문의 질서에서 벗어난 방법으로 표기할 수밖에 없다. 따라서 한문 속에 이러한 표기가 섞여 있을 경우 이들은 정상적인 한문에 비해 '비야(鄙野)'하고 '리(俚)'한 것으로 보일 수 있는 것이다. 이렇게 보면 '방언리어(方言俚語)'가 우리말 전반에 대한 진술이 아니라 '한문 속에 한문의 질서와는 달리 표기되어 들어간 우리말 요소'를 가리키는 것이라고 할 수 있다. ⑭에서 '청(淸)'을 '밀(蜜)'로, '답(沓)'을 '토(土)'로, '동(同)'을 '필(匹)'로 바꾸어 씀으로써 이어(俚語)의 문제를 해결하고자 한 사실이나, ⑮에서 한문으로 문자화할 수 없는 우리말을 '이음(俚音)'으로 가리키고 있는 사실은 이를 말해 주고 있는 것이다. 이렇게 보면 '방언리어(方言俚語)'는 말이 아닌 문자 표기상 문제를 가리키는 것이라고 할 수 있는데, '문자는 곧 음'이라는 사고에서 볼 때 표기의 문제는 곧 '어(語), 음(音)'의 문제가 된다. 이러한 인식으로 인해, 한문 속에 정상적 한문 질서로 표기할 수 없는 우리말을 '이어(俚語), 이음(俚音)'으로 가리킬 수 있었던 것이다.[13] '방언리어(方言俚語)'의 참뜻은 여기에 있다.

---

13 강민구(2007 : 15~20)에는 이 밖에 신흠(申欽, 1566~1628), 이식(李植, 1584~1647) 등의 언급을 한문과 우리말의 괴리를 안타까워한 경우로, 안정복(安鼎福, 1712~1791), 이종철(李種徹, 1731~1797), 정약용(丁若鏞, 1762~1836), 이규경(李圭景, 1788~1856) 등의 언급을 지명과 과거의 관직명 등에서 발견되는 우리말에 대하여 속된 것으로 인식한 경우로 제시하고 있다. 그러나 이들 역시 우리말을 한문의 질서로 표현할 수 없고 비정상적 한문으로 표현될 수밖에 없는 사실을 가리킨 것이지, 우리말 전체에 대한 언급이라고 보기는 어려워 보인다.

3) 근대(近代) 이행기(移行期)의 국어(國語)와 국문(國文)

근대 이행기 초기의 계몽적 어문학자들은 우리말의 문제를 '국어(國語)'가 아닌 '국문(國文)'으로 언급하고 있음은 널리 알려진 사실이다. '국어(國語)'가 어문학자들의 기술에서 전면적으로 드러나는 것은 『대한국어문법』(1906)에서가 처음인데,[14] 이 서명 역시 '대한국의 말'의 의미로 해석될 수 있으므로 우리 말을 '국어'로 표현한 것으로 보기는 어렵지 않은가 한다. 그렇다면 우리말을 국어(國語)로 지칭한 최초의 연구는 현재 주시경의 『국어문전음학(國語文典音學)』(1908)이라 할 것이다.[15] 이후 한승곤(韓承坤)의 『국어철자첩경(國語綴字捷徑)』(1908), 김희상의 『초등국어어전(初等國語語典)』(1909), 주시경의 『국어문법(國語文法)』(1910) 등 '국어(國語)'를 전면에 내세운 어학서들이 다량으로 출간된다. 이러한 사실을 강조하여 근대 이행기의 언어관을 "문자 중심의 국어관"으로 보는 일이 있을 뿐만 아니라(이상혁, 2000), '국문'에 대한 관심에서 '국어'에 대한 관심으로 변화한 것으로 보기도 한다(박광현, 2000 : 256). 이러한 견해는 모두 근대 이행기 초기는 국어(國語)보다 국문(國文)을 중시했고 점차 국어(國語)를 명확히 인식하기 시작했다는 주장이어서 과연 그러한지 재검토해 볼 필요가 있다.

⑯ 國文은 國語의 影子요 國語의 寫眞이라 影子가 其體와 不同ᄒ면 其體의 影子가 안이요 寫眞이 其形과 不同ᄒ면 其形의 寫眞이 안이라 (周時經, 『國語文典音學』(1908), 60)

---

14 김병문(2009)에 따르면 『대한국어문법』의 서명은 원래 표지 서명대로 『국문강의(國文講義)』였을 가능성이 높다.
15 논설에서는 이보다 앞선 「국어와 국문의 필요」(『서우(西友)』 2호, 1907)에서 먼저 '국어'가 발견된다.

⑰ 我 世宗朝게서 國音을 依ㅎ여 國文을 作ㅎ시니 **國文**의 發音이 곳 **國語**
의 發音이라 (…중략…) 我國特性의 語音은 支那의 音과 不同ㅎ여 支那의
文字가 國語와 流通치 못ㅎ다 ㅎ심이요 此를 憂慮ㅎ사 國音을 依ㅎ여 國文
을 新制ㅎ시니 國文의 發音은 곳 國語의 發音이요 國音의 發音은 我國特性
의 發音이라 (周時經, 「국문연구보고서」(1909))

⑯에서는 국문(國文)을 국어(國語)의 "영자(影子)"이며 "사진(寫眞)"으로
비유하면서 그 실체인 국어와 다를 수 없다고 말하고 있다. 국문은 국어
를 드러낸 것이므로 국문과 국어가 다를 수 없다는 인식을 볼 수 있다.
⑰에서도 국문(國文)은 국어(國語)의 발음을 기반으로 만들었으니 국문
의 발음이 곧 국어의 발음이라고 말하고 있다. 이 역시 국문과 국어가
다를 수 없다는 인식을 드러낸 것이다. 그런데 ⑯과 ⑰이 나온 시기는
어문학자들의 저술에서 '국어(國語)'가 등장한 1906년 이후이다. 따라서
기존의 견해를 따른다면, '국문(國文)'과는 다른 '국어(國語)'에 대한 인식
이 명확해지고 연구의 대상이 '국어(國語)'로 옮겨 간 시기에 해당하는 시
기의 인식이라고 할 만한 것이다. 그런데 이러한 인식이, '국문(國文)'을
보다 중시했다는 근대 이행기 초기의 것과 크게 달라 보이지 않는다.

⑱ 盖言語는 人의 思慮가 聲音으로 發홈이오 文字는 人의 思慮가 形象으
로 顯홈이라 是以로 言語와 文字는 分호則 二며 合호則 一이니 (兪吉濬,
『西遊見聞』(1895) 「序」)

⑲ 言語와 文字는 兩個 種이 아니라 頭上에 太陽을 指ㅎ고 其理를 會得
홈은 智識이오 其理를 說明홈은 言語요 其理를 記載홈은 文字니 言語文字
는 一塊物中同分子性質이로다 (申海永, 漢文字와 國文字의 損益如何', 『대
조선독립협회회보』 제15호(1897))

⑳ 文字는 其實 이 聲音의 符標며 言語의 形迹이라 (兪吉濬, 『朝鮮文典』(1905?) 「序」)

⑱~⑳은 모두 근대 이행기 초기의 진술인데, 여기에서 말하고 있는 언어와 문자의 밀접한 관계가 국어(國語)와 국문(國文) 사이에도 발견될 것임은 물론이다. 그런데 여기에서 언어와 문자가 별개의 것이 아닌 하나라는 인식이 발견되고 이는 앞의 ⑮, ⑯과 큰 차이가 없다. 특히 ⑳은 ⑯과 표현만 다를 뿐 같은 내용이다. 이렇게 보면 근대 이행기에는 초기와 후기를 관통하여 언어와 문자, 곧 국어(國語)와 국문(國文)은 불가분의 관계에 있는 것이라는 인식을 찾아 볼 수 있다.

언어와 문자가 불가분의 관계에 있다는 인식은 저 앞의 ④, ⑤에서 보았던, '문자는 곧 음이요, 음은 곧 문자'라는 조선시대의 인식과 유사하다. 특히 ⑰의 "국문(國文)의 발음(發音)은 곳 국어(國語)의 발음(發音)이요 국음(國音)의 발음(發音)은 아국특성(我國特性)의 발음(發音)이라"와 같은 진술에는 국문이 국어의 특징적 발음을 표시하므로 '국문(國文)은 곧 국어(國語)의 발음'이라는 인식이 선명하게 드러나 있다. 근대 이행기의 국어와 국문의 관계에 대한 인식이 과거 시기의 인식과 상통하는 점이 분명히 발견되는 것이다. 이렇게 보면 저 앞 ②, ③에서 국어와 국문을 혼동한 듯이 보이는 것은 현대의 시각에서 본 것일 뿐, 이 당시에는 자연스러운 현상이라고 할 수 있다.

남은 문제는 국어와 국문을 불가분의 관계로 인식하고 있는데 어떠한 이유로 초기에는 국문을, 후기 이후에는 국어를 전면에 내세우게 되었느냐 하는 점이다. 여기에는 몇 가지 이유가 있었을 것으로 보인다. 첫째는, 초기에는 독립된 자유 국가를 수립하기 위한 계몽이 시급한 일이었고 이를 위해서는 기존의 표기 체계인 한문에서 벗어나는 일이 보다 중요했다는 것이다. 주시경의 『국문론』(1897)을 위시하여 당시의 많은 논설에서 한문의 폐를 지적한 것이 이를 말해 주는데, 한문과 상대되는 것은 자연스레 국문이 될 수밖에 없다. 이 시기에도 한문과의 대비가 필요 없는 우리 국어, 국문의 연구, 교과목 등의 명칭으로는 국어(國語)가 사용되었던 것이다(예 : 國語科 등). 둘째는 첫째 이유와 밀접하게 관련된 사실로서 많은 인민(人民)의 계몽을 위해서는 신문, 잡지 등의 매체가 필요했기 때문이다. 이들 매체를 만들기 위해서는 표기 문제가 당장의 관심사가 될 수밖에 없었는데, 1896년 주시경이 주도하여 독립신문사 안에 구성한 '국문동식회(國文同式會)'가 이러한 사정을 웅변한다. 이러한 사정으로 초기에는 국문이 전면적으로 부각될 수밖에 없었던 것이다. 셋째는 일제에 의한 국권 위축으로 인한 언어 민족주의적 인식이 싹튼 결과였을 것으로 보인다. 1900년대 후반에는 도쿄 유학생들의 활동이 많아지는데, 이들이 유학했던 시기 일본은 '국어조사위원회'가 설치(1902)되는 등 우에다 가스토시[上田萬年]의 언어 민족주의에 기초한 언어 정책이 시행되던 시기이므로 도쿄 유학생들은 이러한 사조를 접했을 가능성이 높다. 특히 1905년 을사늑약(乙巳勒約)으로 일본에 외교권을 박탈당하고 내정을 간섭받는 등 자주 독립이 위협받은 상황은 이러한 언어 민족주의에 눈 뜨게 되는 계기가 되었을 것으로 보인다. 이러한 인식의 결과 점차 언어인 국어를 전면에 내세우게 되었을 가능성이 높다.

3. 근대 이행기의 국어 인식

앞 장에서 근대 이행기에는, 언어와 문자가 별개의 것이 아니라는 인식, 따라서 국어(國語)와 국문(國文)이 별개의 것일 수 없다는 인식을 지니고 있었음을 살펴본 바 있다. '국어·국문 일체관' 정도로 부를 수 있는 이 시기의 국어 인식이 그 전 시기의 인식과 상통하는 면이 있음도 살펴보았다. 이러한 인식은 표음문자인 국문(國文)의 가치를 보다 높이 평가하는 인식의 바탕이 된 것으로 보인다.

> ㉑ 그중에 말ᄒᆞᆫ 음티로 일을 긔록 ᄒᆞ야 표 ᄒᆞᄂᆞᆫ 글ᄌᆞ도 잇고 무슴 말은 무슴 표라고 그려 놋는 글ᄌᆞ도 잇ᄂᆞᆫ지라 글ᄌᆞ라 ᄒᆞᄂᆞᆫ거슨 단지 말과 일을 표 ᄒᆞᄌᆞᄂᆞᆫ거시라 말을 말노 표 ᄒᆞᄂᆞᆫ거슨 다시 말 ᄒᆞ잘 거시 업거니와 일을 표 ᄒᆞᄌᆞ면 그 일의 ᄉᆞ연을 자셰히 말노 이약이를 ᄒᆞ여야 될지라 그 이약이를 긔록 ᄒᆞ면 곳 말이니 이런 고로 말 ᄒᆞᄂᆞᆫ거슬 표로 모하 긔록 ᄒᆞ여 놋는 거시나 표로 모하 긔록 ᄒᆞ여 노흔것슬 입으로 닑는거시나 말에마듸와 토가 분명 ᄒᆞ고 서로음이 쑥 ᄌᆞᆾᄒᆞ야 이거시 참 글죠요 무슴 말은 무슴 표라고 그려 놋는거슨 그 표에 움작이는 토나 형용 ᄒᆞᄂᆞᆫ 토나 쏘 다른 여러 가지 토들이 업고 쏘 음이 말 ᄒᆞᄂᆞᆫ것과 ᄌᆞᆾ지 못 ᄒᆞ니 이거슨 쏙 그림이라고 일홈 ᄒᆞ여야 올코 글ᄌᆞ라 ᄒᆞᄂᆞᆫ거슨 아죠 아니 될 말이라 (쥬상호(주시경) 국문론(1897), 『독립신문』)(띄어쓰기 — 원문대로)

㉑에는 문자의 종류로서 표음문자와 표의문자 가운데 표음문자가 진정한 문자라는 주장이 담겨 있다. 이때의 표음문자가 '국문(國文)'을 가리키고, 표의문자가 '한문(漢文)'을 가리킨다는 사실은 다른 호에 이어진 논설에서 "내가 월전에 국문을 인연ᄒᆞ야 신문에 이약이 ᄒᆞ기를 국문이 한문 보다는 미우 문리가 잇고 경계가 붉으며 편리 ᄒᆞ고 요긴홀 쑨더러"와 같이 말하고 있는 사실에서 분명히 알 수 있는데, 국문은 "말을 말노 표 ᄒᆞᄂᆞᆫ" 것이어서 문제가 없지만, 한문은 "일을 표 ᄒᆞ"므로 그 일을 "자셰히 말노 이약이를 ᄒᆞ여야" 말이 되므로 이는 "글ᄌᆞ"

가 아닌 "그림"이라고 폄하하고 있다. 이는 한문을 배우고 쓰기 어려운 폐단을 강조하는 맥락에서 나온 것이라 할 수 있는데,[16] 이렇게 과격하기까지 한 주장의 근거로 "음이 말 ᄒᆞᄂᆞᆫ것과 ᄀᆞ지 못"하다는 사실이나 "말을 말노 표 ᄒᆞᄂᆞᆫ"과 같은 진술의 바탕에 '국어・국문 일체관'이 있음을 발견할 수 있다.

이러한 인식은 문명개화가 요구되는 시대적 상황과 결합하여 다음과 같이 발전한다.

> ㉒大槪로 計ᄒᆞ면 象形文字ᄂᆞᆫ 古昔 未開ᄒᆞᆫ 時代에 制用ᄒᆞ던 것이오 記音文字ᄂᆞᆫ 近世 文明ᄒᆞᆫ 時代에 制用ᄒᆞᄂᆞᆫ 것이니 象形文字ᄂᆞᆫ 支那漢文과 如ᄒᆞᆫ 種類들이요 記音文字ᄂᆞᆫ 我國正音과 如ᄒᆞᆫ 種類들이더라 (周時經, 『必尙自國文言』(1907))

'한문(漢文)'과 같은 상형문자는 미개한 시대에 만들어 쓰던 것이고, '정음(正音)'과 같은 '기음문자(記音文字)', 곧 표음문자는 문명한 시대에 만들어 쓰는 것이라는 ㉒의 주장은, 당시에 이미 근대화를 이루어 문명개화한 서구의 문자가 표음문자라는 판단이 작용한 것임에 틀림없다. 이러한 상황 맥락에서 볼 때 문명개화에 어울리는 문자는 국문(國文)과 같은 표음문자라는 인식이 분명하다.

이렇게 **표음문자를 보다 발전한 문자로** 보는 인식은 근대 이행기의 한중일(韓中日) 3국에서 모두 발견되는 것이다. 일본에서는 메이지 유신 이후 문명개화를 위해 서구와 같이 로마자를 국자로 쓰자는 '로마자 국자론'이 제기되었는가 하면,[17] 중국의 만청 시기인 19세기 말에 한자

---

16 ㉑ 뒤에 한자는 수가 많아 배우기 오래 걸리고 획수가 복잡하여 쓰기 어렵고 쉽게 잊어버리므로 한자를 쓰려고 노력하는 일은 시간을 허비하는 "참 디각이 없고 미련ᄒᆞ기가 짝이 없는 일"이라는 비판이 이어진다.

의 표음 기능을 보완하고 독음을 통일하기 위한 병음 부호 창안 과정에서 한자를 폐지하고 중국 문자를 병음 문자로 대체하자는 주장도 제기되었던 것이다(김상원, 2006 : 257). 이러한 사실은 근대 이행기에 동아시아에서의 서구 문화 충격과 문명개화한 서구에 대한 동경이 얼마나 컸는지를 잘 보여 준다. 한국에서도 서구와 같은 표음문자를 우월한 문자로 보는 인식이 있으면서도 중국이나 일본에서와는 달리 로마자나 다른 문자로 대체하자는 주장이 나타나지 않은 것은 국문(國文)이 서구 알파벳과 같은 성격의 음소문자였기 때문일 것이다.

동북아 3국의 근대 이행기에 나타나는 이러한 공통적 현상을 고려할 때, ㉑, ㉒와 같은 진술을 오로지 표음문자인 국문(國文), 즉 한글 자체의 우수성에 대한 재발견으로만 파악하는 것은 편협할 수 있다. 예컨대 이 시기의 국문관을 다음과 같은 실학 시대의 인식과 결부시켜 파악하는 일이 많다.

㉓ 훈민정음은 곧 천하의 대문헌이니, 어찌 조선 한 구역의 언어만 전사하는 자료이겠는가? (…중략…) 마침내 말하기를 '東'의 음은 '徒紅翻'이고 '江'의 '古雙翻'이라 하니 글자로써 글자를 깨우치고 음으로써 음을 깨우치는 것이어서 마침내 사람으로 하여금 한 껍질을 가려 놓는 것이다. 지금 **정음**은 '東'의 음을 바로 '동'이라 하고, '江'의 음을 바로 '강'이라고 말한다. 만일 창힐이 한자를 만들 때 **정음**이 있어 함께 전하게 했다면 곧 그 당시의 한자음이 천만 세가 지나도록 차이가 나거나 잘못될 까닭이 없었을 것이대訓民正音 卽天下之大文獻 豈直爲朝鮮一區言語傳寫之資已而哉 (…중략…) 畢竟則曰 東音徒紅翻 江音古雙翻 以字諭字 以音諭音 終使人隔一膜子者 蓋由不能不假借爲說故也 今**正音** 則東音而直言동 江音而直言강 若使蒼詰

---

17   로마자 국자론를 최초로 주장한 난부 요시카즈[南部義籌]의 「修國語論」(1869)의 전문이 민병찬(2012 : 289~293)에 실려 있다.

造書之時 有**正音**而並傳 卽其時字音千·萬世無差誤之理]. (鄭東愈,『畫永編』 (1805～1806) 2)

㉔ 한자는 육서에 의해 만들어져서 그 모습이 어지러워 한 가지 예로 온 갖 것을 미루어 알 수 없는데, 언문은 중성이 초성을 잇고 종성이 중성을 이어 받는 데 각각 일정한 맥락이 있으니 종횡으로 가지런하여 부녀자나 아이 모두 금방 깨달을 수 있다. (…중략…) **언문**은 곧 옮겨 쓰는 전부 법칙 이 있으니 한 글자의 모습을 바꾸고자 하여 성공할 수 있으며 한 글자의 음 을 바꾸고자 한다고 성공할 수 있는가? 이는 운용의 정밀함이다[文字則制 以六義 爲形散亂 不可以一例推萬狀 諺文則以中係初 以終係中 各有條脉 縱橫整齊 婦人孺子 咸能頓悟 (…중략…) **諺文**則若移動全部則已 欲誤一字 之形 得乎 欲改一字之音 得乎 此用之精也]. (柳僖,『諺文志』(1824), 全字例)

㉓은 정동유(鄭東愈, 1744～1808)가 한자음 표기에 있어서 반절법보다 한글 표기가 더 우수함을 주장한 것이고, ㉔는 정동유의 제자 유희(柳 僖, 1773～1837)가 초·중·종성의 운용에 일정한 법칙이 있어 육서에 의해 만들어진 한자보다 규칙적이라는 사실을 말한 것이다. 이들은 모두 한자음 표기에서의 한글의 우수성을 주장한 것이라는 한계가 있 기는 하지만, 이전까지는 한문를 진서(眞書)로 볼 정도로 한문 중심의 인식이 일반적이었던 사실을 고려하면 획기적인 인식의 전환임에 틀 림없다. 김병문(2000)에 따르면 한자음 표시에서 한자를 이용한 반절 법보다 한글 한자음 표시가 더 뛰어나다는 표음적 우수성의 인식이 19세기에는 널리 퍼졌던 것으로 보인다.[18] 따라서 한글의 표음적 우

---

[18] 김병문(2000)에 그 구체적인 예로 이규경(李圭景, 1788～1856)의『오주연문장전산 고(五洲衍文長箋散稿)』(19세기 중엽)의「반절번뉴변증설(反切翻紐辨證說)」, 정윤 용(鄭允容, 1792～1865)의『자류주석(字類註釋)』(1856), 노정섭(盧正燮, 1849～1902)

수성에 대한 인식이 근대 이행기까지 이어졌을 가능성이 높다. 특히 다음에서 말하는 "죠션 글ㅈ"의 "격식"과 "문리"는 ㉔의 "일정한 맥락"으로 표현된 규칙성과 상통하는 면이 보이기도 한다.

> ㉕ **죠션 글ㅈ**가 헤늬쉬아에셔 믄든 글ㅈ 보다 더 유죠 ㅎ고 규모가 잇게 된거슨 ㅈ모 음을 아죠합ㅎ야 믄드럿고 단지 밧침만 림시 ㅎ야 너코 아니 너키를 음의 도라 가는디로 쓰나니 헤늬쉬아 글ㅈ 모양으로 ㅈ모 음을 올케 모아 쓰랴는 수고가 업고 쏘 글ㅈ의 ㅈ모음을 합 ㅎ야 믄든거시 격식과 문리가 더 잇서 빅호기가 더욱 쉬으니 우리 싱각에는 **죠션 글ㅈ**가 세계에 데일 죠코 학문이 잇는 글ㅈ로 녁히노라 (쥬샹호(주시경) 국문론(1897), 『독립신문』)(띄어쓰기 — 원문대로)

그러나 국문(國文)을 뛰어난 것으로 인식했다는 공통점을 제외하면, 실학 시대의 국문(國文)의 우수성은 한자음 표기에서의 우수성을 기반으로 한 것이고, 근대 이행기의 국문에 대한 우수성에 대한 주장은 주로 문명개화에 적합한 표음문자라는 사실과 배우기 쉽고 쓰기 쉽다는 데 두어져 있다는 점에서 차이가 있다. 따라서 ㉕와 같은 근대 이행기의 국문의 우수성에 대한 인식을 ㉓, ㉔와 같은 실학 시대의 인식과 직접적으로 이어진 것으로 보기는 어려워 보인다. 오히려 근대 이행기의 시대 상황적 요소가 크게 작용한 것일 가능성이 높다.

이에 비해 과거와 이 시기의 인식 사이에 공통성이 분명해 보이는 것도 있다. 소위 **'언어 풍토설'** 또는 '자연발생론적 국어관'(이병근, 1978)이라고 하는 언어 인식이 그것이다.

의 『연곡선생문집(蓮谷先生文集)』 권13의 「광견잡록(廣見雜錄)」(1885) 등이 소개되어 있다.

㉖ 地球上에 陸地가 天然으로 눈호여 五大州가 되고 五大州가 쏘 天然으로 난호여 여러 나라 境界가 되니 人種도 이에 싸라 황백흑종으로 난호여 오대종이 되고 오대종이 쏘 난호여 그 거주ᄒᆞᄂᆞᆫ 구역대로 각각 닮은지라 그 천연의 경계와 인종의 각이ᄒᆞᆷ을 싸라 그 수토풍기의 품부대로 각각 그 인종이 처음으로 싱길 ᄯᅢ붙어 자연 발음되어 그 음으로 물건을 일홈ᄒᆞ고 의사를 표ᄒᆞ어 차차 그 사회에 통용ᄒᆞᄂᆞᆫ 말이 되고 쏘 그 말에 합당ᄒᆞᆫ 문자를 지어 쓰며 (주시경,『대한국어문법』(1906) 발)

㉖은 자연적인 환경에 따라 인종이 달라지고 그 인종의 언어가 생기며 그에 알맞은 문자가 생겨난다는 사실을 밝힌 것이다. 이에 따르면 우리의 국어(國語)는 우리가 처한 자연 환경에서 자연스럽게 생긴 말이며 국문(國文) 역시 국어(國語)의 표기에 합당한 문자라 할 수 있다. 반면 한문은 중국인들이 처한 자연 환경에서 생겨난 중국어를 표기하기 위한 것이므로 우리 국어(國語)의 표기에는 합당하지 않은 것이 된다. 이러한 주장은 중국의『황극경세서(皇極經世書)』에 실린「정성정운(正聲正韻)」도(圖)의 주석 내용에 해당하는『훈민정음해례(訓民正音解例)』(1446)의 정인지(鄭麟趾)「서(序)」, 신숙주(申叔舟)의『동국정운(東國正韻)』(1448) 서문의 내용(姜信沆, 1987 : 136 · 176)과 정확하게 부합한다.

㉗ 천지 자연의 소리가 있으면 반드시 천지 자연의 글이 있다. (…중략…) 사방의 풍토가 다르고 사람의 소리 기운도 이에 따라 다르다. 대개 중국 외 나라의 말은 중국어와는 다른 그 말의 음이 있으나, 그 음을 기록할 글자가 없어서 중국의 글자를 빌려서 쓰임에 통용하고 있다. 이는 마치 둥근 구멍에 모난 자루를 낀 것과 같이 서로 어긋나는 일이니 어찌 능히 통달해서 막힘이 없겠는가?有天地自然之聲 則必有天地自然之文 (…중략…) 然四方風土區別 聲氣亦隨而異焉 盖外國之語 有其聲而無其字 假中國文字

而通其用 是猶柄鑿之鉏鋙也 豈能達而無礙乎] (鄭麟趾, 「序」)

㉘ 무릇 음 그 자체에 같고 다름이 있는 것이 아니라 사람이 같고 다른 것이고, 사람 그 자체에 같고 다른 것이 아니라 지방이 같고 다른 것이니 대개 지세가 다르면 기후가 다르고 기후가 다르면 호흡이(발음이) 다르니 (…중략…) 하물며 우리 동방은 안팎으로 산하가 스스로 한 구역을 이루어 기후가 중국과 다르니 호흡이(발음이) 어찌 중국음과 서로 부합하겠는가?
[夫音非有異同 人有異同 人非有異同 方有異同 蓋以地勢別 而風氣殊 風氣殊而呼吸異 (…중략…) 矧吾東方 表裏山河 自爲一區 風氣異殊於中國 呼吸豈與華音相合歟] (申叔舟, 『東國正韻』(1448) 「序」)

㉗은 그 자체로 ㉖의 내용과 흡사할 뿐만 아니라 ㉗, ㉘의 각 후반부 내용은 앞 ㉖의 뒤에 그대로 이어질 수 있을 정도이다. 또한 천연의 성음은 같지만 각각 다른 지방에 사는 다른 사람들에 의해 말이 달라진다는 ㉘의 내용과 흡사한 내용이 또 다른 근대 이행기의 저술인 ㉙에서도 발견된다.

㉙ 蓋聲音은 天然의 出ᄒ고 言語及文字ᄂᆞᆫ 人爲에 屬ᄒᆞ니 故로 聲音은 人物을 通ᄒᆞ야 皆同ᄒᆞ거니와 言語文字ᄂᆞᆫ 邦國種族을 隨ᄒᆞ야 各異ᄒᆞᆫ 則 (…중략…) 吾人의 言語ᄂᆞᆫ 卽吾人의 日用常行ᄒᆞᄂᆞᆫ 間에 萬般思想을 發現ᄒᆞᄂᆞᆫ 聲音이며 吾人의 文字ᄂᆞᆫ 卽吾國文의 簡易精妙ᄒᆞᆫ 狀體니 [俗所謂諺文이 是라] (兪吉濬, 『朝鮮文典』(1905) 「序」)

이렇듯 동양적 언어 풍토설에 바탕을 둔 인식이 450여 년의 시간차에도 불구하고 근대 이행기에 거의 동일한 모습으로 나타나고 있는 것이다. 이러한 언어 풍토설에 입각한 인식은 조선 시대에 지속적으로 이어져 온 것으로 보인다. 18세기 실학자의 언급에서도 이러한 인식을 발견할 수 있기 때문이다.

⑯ 또한 강역이 이미 다르고 풍토와 기질 또한 다르니 각기 그 풍속을 따르고 그 풍토를 따르는 일이 어떠한 해로움이 있겠는가? (…중략…) 아, 언어, 요속, 의복, 음식 등의 일은 곧 소위 토속이고 향풍이니 이것들까지 꼭 중국의 습속을 답습할 필요가 있겠는가?(而疆場旣別 風氣亦殊 則各從其謠俗 各順其土風 有何妨乎 (…중략…) 噫 言語謠俗衣服飮食等事 卽所謂土俗鄕風也 此何必盡襲中國之俗乎] (柳壽垣,「論變通規制利害」,『迂書』(1734년 전후))

⑯에서는 언어 풍토설에 입각하여 언어 역시 "토속", "향풍"이므로 억지로 중국의 것을 따를 필요가 없음을 밝히고 있다. 이때 중국 습속을 답습하는 '언어'는 한문을 가리키는 것으로 이해되므로 여기에 문자와 음을 동일시하는 전통적 인식도 발견할 수 있다. 이렇게 조선 시대를 관통하여 근대 이행기까지 언어 풍토설이 면면히 이어질 수 있었던 것은 언어 풍토설을 담고 있는『황극경세서(皇極經世書)』가 조선 시대에 널리 읽힌『성리대전(性理大全)』권7~13에 실려 있기 때문인 것으로 보인다. 조선 시대의 유학적 전통 속에서 이러한 인식이 이어져 내려올 수 있었던 것이다.

이러한 언어 풍토설에 입각한 언어 인식은 우리에게 가장 적합한 언어와 문자가 국어(國語), 국문(國文)이라는 인식을 가능하게 했으며, 특히 국문(國文)의 사용을 강조할 수 있는 바탕이 되었다고 할 수 있다. 앞서 살펴본 바와 같이 언어 풍토설과 통하는 이 시기의 언급들은 모두 한문이 아닌 국문(國文)을 익히고 사용해야 할 필요가 있다는 사실을 강조하거나 우리말 문전(文典)을 알 필요가 있다는 사실을 강조하는 문맥에서 나타난 것이다. 이렇게 볼 때 언어 풍토설은 당시의 국어

(國語), 국문(國文)의 연구와 교육, 계몽에 있어서 중요한 인식적 기반이
되었다고 말할 수 있다.

근대 이행기의 가장 분명하면서도 이전과는 차이를 보이는 언어 인
식은 당시의 시대적 상황으로부터 나온 것이다. 완전한 자주 독립 국
가를 이루기 위해 국민의 계몽이 절실했던 당시 상황에서, 말과 글은
문명 부강한 자주 독립국을 가능하게 해 주는 일종의 도구라는 인식
이 자연스럽게 형성될 수 있었던 것으로 보인다. 다음의 언급에서 이
러한 **언어 도구주의**적 인식을 찾아볼 수 있다.

> ㉛ 우리 나라 사ᄅᆞᆷ들이 죵시 이것[한문 글ᄌᆞ]만 공부 ᄒᆞ고 다른 새 ᄉᆞ업을
> 비호지 아니 ᄒᆞ거드면 우리 나라이 어둡고 약 ᄒᆞᆷ을 벗지 못 ᄒᆞ고 머지 아니
> ᄒᆞ야 ᄌᆞ긔 죠샹들의게 젼 ᄒᆞ야 밧아 나려 오는 젼디와 가쟝과 ᄌᆞ긔의 신골
> 과 ᄌᆞ손들이 다 어느 나라 사ᄅᆞᆷ의 손에 드러가 밥이 될지 아지 아지 못ᄒᆞᆯ
> 증거가 목하에 뵈이니 참 놀납고 익탄 ᄒᆞᆯ 곳이로다 (…중략…) ᄯᅩ 기외의
> 각식 ᄉᆞ업상 공부들을 ᄒᆞ면 엇지 십여 년 동안 이 여러 가지 공부 속에셔
> 아모 사ᄅᆞᆷ이라도 쓸만ᄒᆞᆫ 즉업의 ᄒᆞᆫᄀᆞ지는 잘 졸업ᄒᆞᆯ터이니 그후에 각기
> ᄌᆞ긔의 즉분을 착실히 직혀 사ᄅᆞᆷ마다 부ᄌᆞ가 되고 학문이 널너지면 그제
> 야 바야흐로 우리 나라가 문명 부강 ᄒᆞ야 질터이라 (쥬샹호(주시경) 국문
> 론(1897), 『독립신문』)(띄어쓰기 ― 원문대로)

㉛은 당시 계몽적 어문학자들의 초기적 인식을 잘 보여 준다. 우리
나라 사람들이 '국문'을 공부함으로써 직업을 가지고 직분을 다할 경
우 "우리 나라가 문명 부강ᄒᆞ야 질 터"이고, '국문'을 모를 경우 몽매한
약소국으로 남아 "어느 나라 사ᄅᆞᆷ의 손에 드러가 밥"이 되어 버린다는
언급은, 당시의 국문(國文)에 대한 관심과 계몽이 추구하는 목적이 무
엇인지를 분명히 알 수 있게 해 준다. '문명 부강'한 독립국이 되는 일

이 시급하므로, 배우는 데 시간을 허비할 수 있는 한문보다는 배우기 쉽고 쓰기 쉬운 국문을 알 필요가 있다는 것이다.[19]

여기에서 보듯이 근대 이행기 초기에는 국어(國語), 국문(國文)이 전적으로 독립을 보장하는 문명 부강을 이루기 위한 도구로 인식되었을 뿐, 근대적 민족국가를 위한 '제도로서의 국어 또는 國文'(이연숙, 1996/2006)에 대한 인식이나 '언어적 민족주의'(노연숙, 2007)는 찾아보기 어렵다. 이때에는 아직 어디에서도 '상상의 공동체'(이연숙, 1996/2006)로서의 '민족'과 상통하는 개념을 찾아볼 수 없는 것이다. 또한 유명한 『독립신문』 창간호 사설에서 "우리신문이 한문은 아니쓰고 다만 국문으로만 쓰는거슨 샹하귀쳔이 다보게 홈이라"와 같은 진술을 '언어적 민주주의'(노연숙, 2007)적 인식의 결과로 보는 것도 무리가 있다. 앞서 살펴보았듯이 國語와 國文의 교육과 계몽의 애초 목적은 '문명 부강한 자주 독립국'을 이룩(國語)하기 위한 것이었는데, 이때의 국가는 여전히 "죠션 대군쥬 폐하, 황상(皇上), 상제(上帝)"를 상정한 군주국이었다(李秉根, 2003). 국문의 선택이 결과적으로 민주주의에 기여를 했을지는 몰라도, 보다 많은 인민들의 계몽이 필요했기 때문에 보다 많은 사람들이 읽을 수 있도록 하기 위한 조치였을 가능성이 높은 것이다.

근대 이행기의 후기로 갈수록 국어와 국문은 단순한 문명 부강의 도구로부터 '사회'나 '국가의 독립'을 위한 도구적 요소로 보다 구체화된다.

③ 말과 글은 한 社會가 組織되는 根本이요 經營의 意思를 發表ᄒᆞ어 그 人民을 聯絡케 ᄒᆞ고 動作케 하는 機關이라 이 機關을 잘 修理ᄒᆞ어 精鍊ᄒᆞ면 그 動作도 敏活케 홀 것이요 修理치 안이ᄒᆞ어 鈍ᄒᆞ면 그 動作도 窒礙케

---

19 노연숙(2007)에서 이 시기 국어국문 논쟁의 공통된 논거 중 하나로 든 '언어 경제주의'는 문명 부강을 시급히 이루기 위한 언어 도구주의 관점을 달리 언급한 것이라 할 수 있다.

ᄒ리니 이런 機關을 다ᄉ리지 안이ᄒ고야 엇지 그 社會를 鼓振ᄒ어 發達
케 ᄒ리요 (…중략…) 이런즉 人民을 가르쳐 그 社會를 保存ᄒ며 發達케 ᄒ
고자 ᄒ는 이야 그 말과 글을 닦지 안이ᄒ고 엇지 되기를 바라리요 (주시
경,『대한국어문법』(1906)「발」)

㉝ 是以로 天이 命ᄒ 性을 從ᄒ여 其域에 其種이 居ᄒ기 宜ᄒ며 其種이
其言을 言ᄒ기 適ᄒ여 天然의 社會로서 國家를 成ᄒ여 獨立이 各定ᄒ니 其
域은 獨立의 基요 其種은 獨立의 體요 其言은 獨立의 性이라
我國은 亞細亞州 東方溫帶에 在ᄒ여 北으로 靈明ᄒ 長白山을 負ᄒ고 東
西南으로 溫和ᄒ 三海를 面ᄒ 半島라 天이 此域을 界ᄒ고 我人種을 祖産ᄒ
고 土音을 命ᄒ매 此人族이 此音을 發ᄒ여 此域의 言語를 作ᄒ니 檀朝開國
後로만 計ᄒ여도 四千餘 年을 傳用ᄒ매 此는 我韓의 國語니 天然의 特性으
로 獨立되는 表니라 (周時經,「自國語文」,『國語文典音學』(1908))

㉜에서는 말과 글이 "사회(社會)가 조직(組織)되는 근본(根本)"이며, "인
민(人民)을 연락(聯絡)케 ᄒ고 동작(動作)케 ᄒ는 기관(機關)"이므로 "사회
를 보존(保存)ᄒ며 발달(發達)케 ᄒ고자" 하기 위해서는 말과 글을 닦아
야 함을 말하고 있다. 말과 글이 사회의 유지와 단결, 발전을 위한 요소,
곧 제도적 성격을 지닌 것으로 인식되기 시작했음을 알 수 있다. 또한
㉝에서는 언어를 "역(域), 종(種)"과 더불어 국가의 "독립(獨立)"을 보장하
는 요소(獨立의 性)이며 "독립(獨立)"의 징표로 보고 있다는 점에서[20] 이는
타국과의 관계를 고려한 '국가'의 개념이 선명하지는 않지만 반영되기
시작했음을 알 수 있다. 그렇더라도 이때의 "사회(社會)", "독립(獨立)의
성(性)", "독립(獨立)되는 표(表)"가 상상의 공동체로서의 '민족'이나 근대

---

20 (33)의 둘째 단락은「必尙自國文言」,『황성신문』(1907)에도 실려 있다.

적 민족국가를 상정한 것으로 보기는 어렵다.

이러한 인식의 변화는 을사늑약(乙巳勒約, 1905)과 같은 국권의 침탈과 자주권의 훼손 등으로 독립국으로서의 지위가 위협받는 상황과 무관치 않아 보인다. 이 시기에 국세가 쇠잔해진 상황은 "然而心心不同에 團結不得ᄒ야 以致今日 國勢者ᄂ 何也오(李商在, 「大韓文典 序」, 『大韓文典』(1908))"라는 진술 속에서 함축적으로 표현되어 있다. 이러한 시대 상황 속에서의 점진적인 인식의 변화를 거쳐 점차 국어, 국문을 서구적 근대 민족국가에서의 '국어'와 가까운 것, 곧 '제도로서의 국어'로 인식하기에 이른다.

㉞ 國家의 要素가 土地、人民、法律에만 止ᄒᆯ뿐 아니라 此外에도 國家와 相互關係가 有ᄒ야 須臾難分ᄒᆯ 三要素가 又有ᄒ니 國語、宗敎、歷史ㅣ라 (…중략…) 國語ᄂ 一國思想을 發表ᄒ고 國是ᄅᆯ 演起케ᄒ며 文章을 代表ᄒ야 人民ᄅᆯ 敎育ᄒ고 歷史ᄅᆯ 述傳ᄒᄂ 天然的 無形運用器라 故로 完全獨立ᄒᆫ 國語ㅣ 無ᄒ면 人民도 難敎오 歷史도 難傳이며 國是도 難一이라 (朴太緖, 「國語維持論」, 『夜雷』1(1907))

㉟ 世界各國에 各異ᄒᆫ 言語가 有ᄒ니 此를 其國國語라 稱ᄒᄂ지라 (…중략…) 如是我國의 言語ᄂ 我國國語라 國語가 國民으로 關係됨이 甚大ᄒ니 若國語가 一定치 못ᄒ면 國民의 團結心이 缺乏ᄒ고 國語가 自由치 못ᄒ면 國民의 自由性을 損失ᄒᄂ니 支那와 露國等國으로 鑑戒를 作ᄒᆯ지어다 (崔光玉, 「國語」, 『大韓文典』(1908))

㉞는 '국어(國語)'가 국가를 유지하기 위해 필요한 요소로서 국가의 사상을 표현하고 국시를 흥기케 하며, 국민들을 교육하고 역사를 서술하여 전하게 하는 "운용기(運用器)"로서 국가의 한 요소임을 밝히고 있

다. 이는 결국 국어가 국가의 성립과 유지를 담보할 수 있는 국가 제도의 하나라는 분명한 인식이 드러나 있다. ㉟에서는 더 나아가 국어는 "국민(國民)의 단결심(團結心)"을 키우고 "국민(國民)의 자유성(自由性)"을 담보하는 것, 곧 국민의 단결과 자유를 담보하는 것이라는 인식이 드러나 있다. 이러한 인식은 근대적 민족국가에서의 국민과 국어의 관계와 상통하는 것이다.

여기에서 확인했듯이 이 시기에도 국어 인식 속에 '민족'은 선명하게 결부되지 않는다. 이 당시의 인식 이면에 우리의 국민(國民)이 곧 민족(民族)이라는 인식이 있었는지는 알 수 없으나 당시의 언급 속에서는 '민족(民族)'을 찾아보기 어려운 것이다. 따라서 이 시기의 언어 인식을 '언어적 민족주의'로 설명하기에는 토양이 아직도 충분하지 않은 것으로 보인다. 국어 인식 속에 민족이 전면적으로 드러나는 것은 일제 강점기에 들어서의 일이라고 할 것이다.[21]

4. '언문일치(言文一致)'에 대한 인식

근대 이행기의 국어, 국문과 관련하여 논의의 대상이 되는 또 다른 문제는 '언문일치(言文一致)'의 문제이다. 현재 우리의 상식으로 언문일치는 문장을 쓸 때 구어체를 반영하여 적는 일을 떠올린다. 그런데 근대 이행기에는 언문일치를 주장하면서도 실제 문장은 문어적인 국한

---

21 가장 대표적인 예로는 "민족의 정신 활동은 그 특유의 언어를 낳고, 그 언어는 또 그 민족의 정신을 도야하며, 민족감을 공고히 결합하는 것이다"와 같은 언어 민족주의가 선명하게 드러난 최현배의 『朝鮮民族更生의 道』(1930)를 들 수 있다.

문 혼용체가 대부분을 이룬다. 이는 당시의 언문일치가 현재의 상식
과는 다른 것을 가리킬 가능성이 있음을 의미한다. 따라서 당시의 언
문일치가 무엇을 지칭한 말인지 그 의미를 살펴볼 필요가 있다.

우선 언문일치와 관련된 사실을 직접적으로 거론한 언급을 통해 그
의미를 탐색해 보기로 한다.[22]

㊱ 우리 民族이 檀君의 靈秀ᄒᆞᆫ 後裔로、固有ᄒᆞᆫ 言語가 有ᄒᆞ며、特有ᄒᆞᆫ
文字가 有ᄒᆞ야、其思想과 意志ᄅᆞᆯ 聲音으로 發表ᄒᆞ고、記錄으로 傳示ᄒᆞ
매、**言文一致**의 精神이、四千餘의 星霜을 貫ᄒᆞ야、歷史의 眞面을 保ᄒᆞ
고、習慣의 實情을 証ᄒᆞ도다. (兪吉濬、『大韓文典』(1909) 「自序」: 2)

㊲ 乙支의 姓은 何處에 復見ᄒᆞᆯ고、葛城知와 加里介의 名이 今世에 尙存
ᄒᆞ거니와、卒本이니 徐羅伐이라 ᄒᆞ든 號ᄂᆞᆫ 其意가 何ᄒᆞᆫ가、想像컨대、此
皆時人語의 音을、彼漢字로 翻寫ᄒᆞᆷ이오녀. 盖彼字ᄂᆞᆫ 象符라、我의 音符
字와 其性質이 異ᄒᆞᆫ즉、到底、同體의 用을 成ᄒᆞ기 能치 못ᄒᆞᆫ 故로、文이
言을 載치 못ᄒᆞ고 **言**이 **文**에 配치 못ᄒᆞ야 判然**二致**의 結果를 生ᄒᆞ매 (兪吉
濬、『大韓文典』(1909) 「自序」: 2)

㊳ 箕子가 支那人으로 本邦에 來王ᄒᆞ시니 漢文이 隨入ᄒᆞ야 政令과 事爲

---

22   김채수(2002)에 따르면 일본의 '언문일치' 운동은 마에시마 히소카[前島密]의 가나
전용 건의로부터 시작되었고 후쿠자와 유키치[福澤諭吉]를 비롯한 '메이로쿠샤[明
六社]' 그룹을 중심으로 실행되었다. 특히 문명개화 의식이 싹튼 메이지 유신 후 10여
년경부터 '언문일치' 운동이 기세를 올렸는데, 1889년의 '대일본제국헌법발포(大日
本帝國憲法發布)'를 계기로 부상한 국수 보존 사조로 인해 기세가 꺾였다가 1894년
부터 우에다 가즈토시[上田萬年]의 영향으로 다시 국가적 차원의 운동으로 전개되
었다고 한다. 특히 간다 다카히라[神田孝平]가 「文章ヲ讀ム(문장론을 읽다)」(1885)
에서 처음으로 '구어와 문어의 일치'를 의미하는 '언문일치'라는 용어를 만들어 사용
했으며, 1898년 우에다[上田]가 중심이 되어 설립된 언어학회에서 '언문일치' 대신
'구어체'라는 용어로 바꾸어 사용했다고 한다.

에 自然히 需用ᄒᆞᆯ지라 此로 因ᄒᆞ야 **言文**이 **二致**ᄒᆞ고 漢文이 國語에 混用된 者가 多ᄒᆞ며 (『國文硏究議定案』(1909))

㊴ 殷人 箕子가 五千人의 黨으로 平壤에 入ᄒᆞ매 檀聖의 都에 外語의 聲이 始聞ᄒᆞ나 朝鮮의 語를 習ᄒᆞ여 政令을 行ᄒᆞᆷ으로 殷語는 消歇ᄒᆞᆷ에 自歸ᄒᆞ나 記事에는 漢文을 用ᄒᆞᆷ으로 **文言**이 **不同**ᄒᆞ고 (周時經, 「국문연구보고서」(1909))

언과(言) 문이(文) 어긋난 현상을 ㊲, ㊳에서는 '언문이치(言文二致)', ㊴에서는 '문언부동(文言不同)'으로 각각 가리키고 있으며, 이와 상반된 경우를 ㊱에서는 '언문일치(言文一致)'로 표현하고 있다. 우선 ㊱에서는 언문일치가 우리의 "고유(固有)한 언어(言語)"를 우리의 "특유(特有)한 문자"로 적는 일을 가리키고 있다. ㊲에서는 "을지(乙支), 졸본(卒本), 서라벌(徐羅伐)"과 같은 당시의 말을 한자로 옮겨 적은 일을 '언문(言文)'이 '이치(二致)'된 결과로 보고 있다. ㊳과 ㊴는 같은 내용을 적고 있으므로 '언문이치(言文二致)'와 '문언부동(文言不同) 또는 언문부동(言文不同)'이 같은 의미를 지닌 것임을 알 수 있는데, 이 말이 입으로는 "조선어(朝鮮語)"를 쓰면서도 기사에는 한문(漢文)을 쓴 것을 가리키고 있다. 여기에서 우리는 당시의 언문일치가 현재의 상식과 같이 글을 구어체로 적는 사실을 가리키는 것은 아님을 알 수 있다.

이들 인용문에서 '언문이치(言文二致)'는 우리의 말을 한문으로 적은 일을 가리키는 것이므로 '언문일치(言文一致)'는 우리의 말을 우리의 문자로, 곧 국어를 국문으로 적는 일을 가리키는 것임을 알 수 있다. 언문일치를 "말과 글을 같게"(정승철, 2003 : 46) 하는 것으로 본 기존 연구에서 '말'은 곧 우리말인 국어요, 글은 우리글인 국문으로 보다 구체화할 수 있는 것이다. 이러한 언문일치의 개념은 앞서 살펴본 이 시기의 국어 · 국문 일체관적 인식으로 볼 때 오히려 자연스럽다. 당시의 국어, 국문에 대한 인식으로 볼 때 '구어체'를 중시하는 의미로서의 언문일치(言文一致)는 아직 나타나기 어려운 상황이었던 것이다.

이러한 언문일치의 성공은, 『독립신문』에서 시도된 순국문체가 각종 매체의 지배적인 표기 방법으로 자리 잡는 결과로 나타났을 것이다. 그러나 현실에서는 언문일치가 제대로 이루어지지 못하고 국한문 혼용체가 지배적이었다. 앞의 인용문에서 보았듯이 언문일치에 대한 인식이 분명했고, 국문에 대한 계몽과 교육이 있었음에도 언문일치가 성공하지 못한 이유는 무엇인가? 그 이유의 한 가지는 다음의 진술에서 짐작해 볼 수 있다.

⑩ 於是乎國文을 純用코자 ᄒ나 但 屢百年 慣習ᄒ던 漢文을 一朝에 全棄홈이 時義와 時勢에 均是不合ᄒ지라 所以로 國漢字交用의 議가 起ᄒ야 十餘 年來 新聞 雜誌에 此道를 遵用홈이 已久ᄒ나 (申采浩, 「文法을 宜統一」, 『기호흥학회월보』 5호(1908))

'국문 순용(國文 純用)', 곧 순국문체를 쓰고자 했으나 그동안 쌓인 한문 사용의 전통을 하루아침에 버릴 수 없었기 때문이라는 것이다. 이러한 사정은 최재학(崔在學)이 『문장지남(文章指南)』(1908)의 「자서(自序)」에서 밝힌, 한문이 우리의 말과는 다르지만 수천 년 동안 사용되어 우리의 글처럼 인식되어 왔고 역사로부터 일상생활에 이르기까지 한자를 버리면 표현할 길이 없으므로 일본에서와 마찬가지로 한자를 폐지할 수 없다는 주장[23]과 상통하는 것이다. 모두 수백, 수천 년 동안의 한문 사용의 전통을 하루아침에 순국문체로 바꾸기는 어렵다는 보수

---

23 민족문학사연구소 편역(2000 : 44~45) 참조.

적 견해로서, 한자 폐지론에 대한 이러한 반발은 한·중·일 삼국에서 모두 발견되는 현상이다.

또 다른 이유로 문명 부국, 부국강병, 완전 독립을 위한 문명개화와 계몽이 보다 시급한 문제이므로 구어와 문어를 일치시키는 言文一致냐, 국어와 국문을 일치시키는 언문일치냐 하는 문제는 그리 중요한 문제가 아니라는 당시 계몽주의자들의 인식을 들 수 있다. 이러한 인식은 초기 독립협회장을 역임한 안경수(安駉壽)가 쓴 「독립협회 서(獨立協會 序)」(1896)에서 찾아볼 수 있다.

> ㊶ 또한 우리 시대의 누구의 經綸說, 누구의 智略論이든 본회에 보내온 것은, 漢文, 國文, 半漢國文을 막론하고 도리에 부합하는 바, 高明함을 얻을 수 있는 바, 世敎에 도움이 되는 바 등을 취하여 모두 다 인쇄하여 책으로 만들어 달마다 반포할 것이다. 이로써 한편으로 어둡고 침잠한 것을 밝게 드러내고, 한편으로 지식과 식견을 넓히며, 한편으로 정치와 교화에 도움이 되게 하고, 한편으로는 외국의 모멸을 막아내도록 할 것이니, 참으로 시대에 맞는 긴요한 일이요 세상에 드문 융성한 일이로다.(且於當世誰某人 經綸之說 智略之論之送於本會者無論漢文 國文 半漢國文 卽取其符於道理 得於高明 足有涉於世敎者 竝皆登諸揭本彙爲成書 課月分布 一以闡揚幽沈 一以開豁知見 一以補闕治化 一以外禦人侮洵及時之要務 不世之盛事也) (安駉壽, 「獨立協會 序」, 『대조선독립협회보』 1호(1896))[24]

㊶에서는 "한문(漢文), 국문(國文), 반한국문(半漢國文)", 즉 '순한문체, 순국문체, 국한문 혼용체' 어떤 문체든지 문명개화와 계몽에 도움이 된다면 책자로 만들어 반포하겠다는 의지를 표명하고 있다. 문명개화에

---

24 국사편찬위원회 한국사데이터베이스(http://db.history.go.kr) 참조. 이는 민족문학사연구소 편역(2000 : 340~348)에도 수록되어 있다.

도움이 되는 내용을 전파하고 계몽하는 일이 시급하므로 문체가 어떠해야 하느냐 하는 문제는 부차적인 문제라는 인식이 존재했음을 알 수 있다. 이러한 인식으로 볼 때, 신문물어를 수용함에 있어서 오히려 유용한 쪽은 한자와 한문을 쓰는 편이 더 나은 것으로 판단했을 수 있다. 신문물어는 대부분은 일본에서 "한문맥"(사이토 마레시[齋藤希史], 2007/2010)을 이용해 조어된 것들이었기 때문이다.

　사실 이는, 순국문체가 아닌 국한문 혼용체가 주된 문체가 된 보다 현실적이면서도 중요한 이유였던 것으로 보인다. 다음 ㊷의 논설이 이러한 사정을 직접적으로 말해 준다.

> ㊷ 純國文인가、國漢文인가
> 　余의 마음디로 홀진딘, 純國文으로만 쓰고 십흐며、 坐 흐면 될 줄을 알되、다만 其甚히 困難홀 줄을 아름으로 主張키 不能ᄒᆞ며、坐、비록 困難ᄒᆞ드리도 此ᄂᆞᆫ 萬年大計로 斷行ᄒᆞ여야 ᄒᆞ다ᄂᆞᆫ 思想도 업슴은 아니로디、今日의 我韓은 新智識을 輸入ᄒᆞ이 汲汲훈 ᄱᅵ라、이 ᄱᅵ에、解키 어렵게 純國文으로만 쓰고 보면、新智識의 輸入에 沮害가 되깃슴으로 此意見은、아직、잠가두엇다가、他日을 기다려 베풀기로 ᄒᆞ고、只今 余가 主張ᄒᆞᄂᆞᆫ 바 文体ᄂᆞᆫ、亦是國漢文幷用이라. (李光洙,「今日我韓用文에 對ᄒᆞ야 二」,『皇城新聞』(1910.7.26))

이광수(李光洙)는 순국문체 사용의 곤란한 가장 큰 이유로 "신지식(新知識)의 수입(輸入)에 저해(沮害)가" 되는 점을 들고 있다(박광현, 2000 : 252). 근대 이행기 이후 주로 일본을 통하여 신물물어가 대량 유입되는 상황에 순국문으로 신문물어를 적을 경우 한자를 아는 사람도 그 의미를 쉽게 파악하기 어렵게 된다. 이는 심정적으로는 순국문체를 지향하면서도 실제로는 어쩔 수 없이 국한문 혼용체를 쓸 수밖에 없었던 것이다. 일본에서 메이지 유신 이후 표기자 논쟁에서 가나 전용론[25]이 세력을 얻지 못하고 후쿠자와 유기치[福澤諭吉]의 '한자절감론(漢字節減論)'이 일본에서 우세했던 상황이나 중국의 백화문 운동 당시에도 '백화'보다 '문언'이 여전히 강세를 떨쳤던 이유 역시 이와 다르지 않다는 점에서 이는 동북아 삼국의 일반적인 상황이었던 것이다.[26]

오늘날 '언문일치'라고 할 때 쉽게 떠오르는 구어체 표기라는 의미의 언문일치에 대한 이른 시기의 관심은 이능화(李能和)에서 찾아 볼 수 있다. 그는 1906년 『대한자강회월보』 6호에 실린 「국문일정법의견서(國文一定法意見書)」에서 일본에서와 같이 한자 옆에 후리가나[振り仮名]를 다는 방법을 도입하면 '언문일치에 힘써 아자(雅者)와 속자(俗者)들을 같이 독서하게' 할 수 있다고 주장하였다(임상석, 2008: 101). 그가 주장한 표기 방법은 天地 _텬디_ 之間 _수이_ 萬物 _만물_ 之中 _가운디_ 唯人 _오직 사룸_ 이 最貴 _가장 귀_ 호니"와 같이 국한문의 한자 옆에 한자의 음이 아닌 그 국어 해석문의 대응 단어나 구를 달아 주는 것이다. 따라서 이능화(李能和)가 말한 '아자(雅者)'는 곧 한문 또는 국한문이요, '속자(俗者)'는 그 한문을 해석한 국어 문장에 해당한다. 여기에서 한자를 제거하고 그 해독문만을 한글로 적으면, "텬디 수이 만물 가운디 오직 사룸이 가장 귀호니"가 되는데, 바로 이러한 문장이 이 1910년 이후 본격적으로 자리 잡은 언문일치체인 것이다.[27] 따라서 이능화(李能和)에게 있어 언문일치는, 한문과 이에 대

---

25 일본의 가나 전용론은 1866년 12월에 마에시마 히소카[前島密]가 바쿠후 마지막 쇼군인 도쿠가와 요시노부[德川慶喜]에게 제출한 「漢字御廢止之議」에서 비롯된다. 이 전문이 민병찬(2012 : 279~287)에 번역되어 있어 참고가 된다.

26 사이토 마레시[齋藤希史]는 한문훈독체(또는 화한혼효문)에서 발견되는 바와 같은 한문의 영향, 곧 '한문맥'을 통해서 일본에서의 '문화의 번역, 곧 세계관의 전환'이 이루어졌다고 말하고 있다(황호덕 외, 2010 : 34). 한자와 한문을 이용한 번역을 통해서 전혀 다른 세계관의 수입과 전환이 가능했다는 것인데 이러한 사정은 중국이나 한국에서 마찬가지인 것으로 보인다.

27 김채수(2002 : 18)에서는 우리의 이후 완전한 언문일치가 이루어진 구어체 문장은 이 외에도 '하다', '이다'와 같은 '단정적 표현'과 단정 시점을 기점으로 한 '시제의 표

응하는 국어 문장의 일치를 염두에 둔 것이라는 점에서는 기존의 인식과 맥이 닿아 있지만, 이때의 국어 문장은 이전과 같이 국한문의 한문 요소의 단순한 독음 표기가 아니라 그 한문에 대응되는 국어 번역문이라는 점에서 이전과는 차이를 보인다고 할 수 있다. 구어체를 표기에 도입하는 본격적인 언문일치 운동은 1910년을 전후하여 활동한 최남선, 이광수, 최승구 등 도쿄 유학생들로부터 시작된 것으로 보인다(김채수, 2002 : 18~19).

5. 결론

지금까지 우리는 대한제국기(大韓帝國期)를 중심으로 근대 이행기 한국의 국어(國語), 국문(國文)에 대한 인식이 어떠했는지를 살펴보았다. 이 당시 국어 인식 또는 국어관에 대한 그동안의 많은 관심들이 이 시기는 서구적 근대화의 초기라는 인식을 바탕으로 하여 지난 시기 언어 인식과의 단절적 인식이 강조되기도 하고 서구적 근대 민족국가의 제도로서의 국어 측면을 강조하여 적용하고자 하는 경향이 보이는가 하면, 반대로 이 시기의 국어 인식과 지난 시기의 언어 인식을 구별하지 않은 채 연속성을 강조하는 경향이 있었다는 반성이 논의의 출발점이었다. 따라서 근대 이행기의 언어 인식에서 발견되는 이전 시기의 언어 인식과의 연속성과 차별성을 보다 분명히 파악해 보고자 했던 것이다. 이러한 의도에서 이루어진 논의를 정리하여 결론을 대신하기로 한다.

현'이 있어야 한다고 주장한 바 있다(주 22 참조).

우선 근대 이행기에는 국어와 국문이 별개의 것이 아니라는 인식이
있었다. 국문은 곧 국어의 발음이라는 인식이 있었기 때문에 국어에
대한 관심은 곧 국문에 대한 관심으로 표현될 수 있었다. 이러한 인식
은 조선 시대의 훈민정음 창제 당시의 '문자는 곧 음이요, 음은 곧 문
자'라는 인식과 상통하는 것으로서 새로이 창제된 문자 이름을 '훈민
정음(訓民正音)'으로 했던 인식과도 통하는 것이다. 이러한 인식이 있었
기 때문에 정상적인 한문 질서와 달리 표기되는 우리말 요소를 '방언
리어(方言俚語), 속어(俗語)'라고 표현할 수 있었던 것이다. 근대 이행기
에 이렇게 '국어가 곧 국문이고 국문이 곧 국어'라는 인식이 분명했
지만 문명개화를 위한 탈한문이 시급한 문제였기 때문에 초기에는 한
문에 대비되는 국문이 더 부각될 수밖에 없었던 것이다.

　이러한 '국어·국문 일체관'의 인식은 표음문자를 더 발달한 문자로
보는 문자관으로 이어지게 되는데, 특히 문명개화를 이룬 서구의 지
배적 문자가 표음문자라는 사실과 결부되어 '표음문자'를 문명개화에
적합한 문자로 인식하기에 이르렀다. 이러한 인식을 실학 시대의 한
자음 표기의 우수성에 대한 인식과 결부시키는 경우가 있으나, 이 두
인식의 근거가 같지 않아 연속적인 것으로 보기 어렵고 표음문자를
발달한 문자로 보는 근대 이행기의 문자관은 오히려 시대적 상황에서
나온 것일 가능성이 높다. 한편 이 시기에 '언어 풍토설'에 기반한 인
식이 발견되는데, 이는 성리학적 인식이 지배했던 조선 시대 이후 근
대 이행기까지 면면히 이어져 온 인식으로서 국어와 국문의 사용과
교육, 연구의 필요성을 강조하는 인식적 기반으로 작용하였다. 이 당
시의 특징적 국어 인식으로는 '언어 도구관'적 국어관을 들 수 있다.
국어와 국문은 문명 부국, 독립을 위한 도구라는 인식으로부터 사회
유지와 독립의 징표라는 인식을 거쳐 국민의 단합과 국가의 유지를
위한 제도적 장치라는 인식으로 변화하였다. 이 시기에는 아직 언어

민족주의적 인식은 발견되지 않는다.

　근대 이행기에 국어, 국문의 문제는 당시의 '언문일치(言文一致)' 문제와 직결되어 있는데, 이 시기의 '언문일치'는 국어를 국문으로 표기한다는 의미의 것이지, 문어와 구어의 일치를 의미하는 것이 아니다. 이러한 언문일치는 보수층 반발과 신문물의 수입이라는 현실적 문제로 인하여 성공하지 못하고 국한문 혼용체가 지배적인 문체로 자리 잡았다. 문장 표기에서의 구어체의 확립이라는 의미의 언문일치는 이 시기에 인식적 맹아를 보이다가 1910년 이후 본격적으로 자리 잡았다.

| 참고문헌 |

강민구(2007), 「우리나라 중세 士人의 '우리말'에 대한 인식」, 『東方漢文學』 33, 동방한
　　문학회.

강복수(1975), 『國語文法史研究』, 螢雪出版社.

강신항(1987), 『訓民正音研究』, 成均館大 出版部.

고영근(1998), 『한국어문운동과 근대화』, 탑출판사.

_____(2001), 『한국의 언어연구』, 亦樂.

_____(2008), 『민족어의 수호와 발전』, 제이앤씨.

고영진 · 김병문 · 조태린 편(2012), 『식민지 시기 전후의 언어 문제』, 소명출판.

김민수(1977), 『周時經 研究』, 塔出版社.

_____(1986), 「1세기 반에 걸친 韓國文法研究史」, 『歷代韓國文法大系 總索引』, 塔
　　出版社.

김상원(2006), 「晩淸 時期 '國語' 企劃과 新文化運動」, 『中國語文學論集』 40, 중국어문
　　학회.

김완진 · 안병희 · 이병근(1985), 『국어연구의 발자취』 1, 서울대 출판부.

김병문(2000), 「말과 글에 대한 담론의 근대적 전환에 관한 연구」, 연세대 석사논문.

_____(2009), 「'國語'를 찾아서 ─ 주시경의 경우」, 『사회언어학』 17-2, 한국사회언어
　　학회.

김석득(2006), 「근 · 현대의 국어(학) 정신사 ─ 국어연구학회에서 조선어학회 수난까
　　지, 그 역사적 의미」, 『한글』 272, 한글학회.

김채수(2002), 「한국과 일본에서의 언문일치운동의 실상과 그 의미」, 『日本研究』 1,
　　고려대 일본연구센터.

김혜정(2004), 「해방 직후, 국어에 대한 인식 및 교과 형성 과정 연구」, 『국어교육학연
　　구』 18, 국어교육학회.

남풍현(1989),「高麗時代의 言語·文字觀」,『周時經學報』3.

노연숙(2007),「개화계몽기 국어국문운동의 전개와 양상 - 언문일치(言文一致)를 둘러싼 논쟁을 중심으로」,『韓國文化』40.

미쓰이 다카시(2010),「'언어문제'에서 본 한국 근대사 - 교육정책과 언어운동의 측면에서」,『한국학연구』22, 인하대 한국학연구소.

_____(2012),「박승빈(朴勝彬)의 언어운동과 그 성격 - 기초적 고찰」,『한국학연구』26, 인하대 한국학연구소.

민병찬(2012),『일본인의 국어인식과 神代文字』, 제이앤씨.

민족문학사연구소 편역(2000),『근대계몽기의 학술·문예 사상』, 소명출판.

민현식(2008),「19세기 국어에 대한 종합적 검토」,『국어국문학』149, 국어국문학회.

박광현(2000),「언어적 민족주의 형성에 관한 再考 - '국문과 '조선어'의 차이」,『한국문학연구』23, 동국대 한국문학연구소.

백두현(2004ㄱ),「우리말[韓國語] 명칭의 역사적 변천과 민족어 의식의 발달」,『언어과학연구』28, 언어과학회.

_____(2004ㄴ),「한국어 문자 명칭의 역사적 변천」,『문학과 언어』26, 문학과 언어연구회.

서민정(2010),「한국어 문법 형성기에 반영된 서구 중심적 관점」,『한글』288, 한글학회.

서민정·김인택(2009),『근대 지식인의 언어 인식 - 언어 관련 저서의 머리말 역주를 통해』(언어문화총서 1), 박이정.

송기중(1993),「近代化 黎明期의 外國語 語彙에 대한 關心」,『韓國文化』14, 서울대 한국문화연구소.

송철의(2004),「한국 근대 초기의 어문운동과 어문정책」,『韓國文化』33, 서울대 규장각한국학연구원.

_____(2010),『주시경의 언어이론과 표기법』, 서울대 출판문화원.

안병희(1992),『國語史 研究』, 文學과知性社.

_____안병희(2001), 薛聰과 국어,『새국어생활』11-3, 국립국어연구원(安秉禧(2009),『國語研究와 國語政策』, 월인, 13~28에 재수록).

양근용(2010),「근대국어학 형성기의 언어의식 연구」, 인천대 박사논문.

이광린(1989),『開化派와 開化思想 研究』, 一潮閣.

이기문(1970),『開化期의 國文研究』, 一潮閣.

이병근(1978),「愛國啓蒙主義時代의 國語觀－周時經」,『韓國學報』12, 일지사.

_____(2003),「近代國語學의 形成에 관련된 國語觀－大韓帝國 時期를 중심으로」,『韓國文化』32, 서울대 한국문화연구소.

이병근・송철의・정승철・임주탁・류양선(2005),『한국 근대 초기의 언어와 문학』(서울대 韓國文化研究所 韓國學共同研究叢書 7), 서울대 출판부.

이보경(2003),『근대어의 탄생－중국의 백화문 운동』, 연세대 출판부.

이상혁(1998),「언문과 국어 의식－중세와 실학 시대의 '훈민정음'과 '언문' 개념의 비교를 중심으로」,『국어국문학』121, 국어국문학회.

_____(2000),「애국계몽기의 국어 의식－당대 연구자들의 국어관을 중심으로」,『어문논집』41, 안암어문학회.

_____(2009),「'한국어' 명칭의 위상 변천과 그 전망－언어 환경 변화에 따른 'Korean language' 명칭 변화를 중심으로」,『국제어문』46, 국제어문학회.

이승재(2001),「고대의 '방언'과 그 유사 지칭어」,『새국어생활』11-3, 국립국어연구원.

이연숙・임경화, 고영진 역(2006),『국어라는 사상－근대 일본의 언어 인식』, 소명출판.

이연주(2010),「揚雄『方言』과 중국어에 있어 방언의 문제」,『인문과학연구 26. 강원대 인문과학연구소.

이응호(1975)『개화기의 한글 운동사』, 성청사.

임상석(2008),『20세기 국한문체의 형성과정』, 지식산업사.

임형택・한기형・류준필・이혜령 편(2008),『흔들리는 언어들－언어의 근대와 국민국가』, 성균관대 출판부.

장윤희(2005),「국어생활사의 관점에서 본 문학 작품의 가치」,『국어국문학』141, 국어국문학회.

장윤희・이용(2000),「兪吉濬,『大韓文典』」,『형태론』2-1, 박이정.

정승철(2003),「주시경과 언문일치」,『한국학연구』12, 인하대 한국학연구소.

_____(2011),「'方言'의 개념사」,『방언학』13, 한국방언학회.

조규태(2007),「'방언'의 전통적 의미와 의미 변화」,『국어사연구』7, 국어사학회.

조태린(2006),「'국어'라는 용어에 대한 비판적 고찰」,『國語學』48, 국어학회.

_____(2009),「근대 국어 의식 형성의 보편성과 특수성」,『한국언어문화』39, 한국언어문화학회.

최경봉(2012), 「근대적 언어관의 전개와 국어정립이라는 과제의 인식 양상-한국의
　　　특수성을 중심으로」, 『東方學志』 158, 연세대 국학연구원.
최화인(1999), 「근대일본의 국민국가 형성과 언어 내셔널리즘-19세기 후반의 '國語
　　　國字' 논쟁을 중심으로」, 연세대 석사논문.
허재영(2008), 『우리말 연구와 문법 교육의 역사』, 보고사.
＿＿＿(2010), 『근대 계몽기 어문 정책과 국어교육』, 보고사.
황호덕·임상석·류충희 역(2010), 『근대어의 탄생과 한문-한문맥과 근대 일본』(齋
　　　藤希史, 2007), 현실문화.

중국 근대 학술의 전형(轉型) 및 중국 현대언어학의 성립

장위라이

1. 한어(漢語)의 발전 및 중국언어학의 전통

중국언어학은 세계언어학의 일부분이다. 중국의 유구한 역사 문화와 같이 언어학은 오래전부터 시작하여 수많은 성과를 거두어 왔으며, 유구한 학술 전통을 지키면서도 세계의 학술연구와 적극적으로 소통함으로써 중국 특색을 지니는 언어학연구 패러다임을 형성했다. 중국언어학의 학술전통과 근대 이래 학술전형의 과정을 정리하는 것은 중국언어학과 세계언어학의 발전을 추진할 수 있는 중요한 의미가 있다.

1) 한어 및 한어공동어의 형성

20세기 이전 오랫동안에 서양 학자가 한인(漢人)의 외래론(이집트나 바빌론에서 기원함)을 제기한 바가 있었다. 심지어 어떤 사람은 『상서(尙書)』 중에서 '백성(百姓)'이란 말이 바빌론어 'Bak'의 음을 따서 만들어진 것이고, 황제(黃帝)가 부족의 추장이라고 입증했다. 그 이외에도 여러 주장이 있었다.[1] 최근 몇 년 동안 현대고고학과 분자생물학의 연구 성과가 증명하듯이 현대 인류의 선조가 같은 기원이었을 가능성이 있고, 한민족은 인류사의 중요한 구성 요소의 하나이다.[2] 중국의 각 지역에서 널리 분포된 구석기문화의 유해를 검사한 결과로 한민족은 현대 몽골족과 유사하며, 단지 북방형(대표로 산정동인(山頂洞人)이 있다)과 남방형(대표로 류강인(柳江人)이 있다)의 구분이 있다. 그러므로 늦어도 2만 년 전부터 중국 대륙에는 이미 인류가 거주하고 있었다. 신석기문화는 더 광범위하게 분포되었는데 북쪽에서 발원된 홍산문화(紅山文化)를 비롯하여 중원의 하투문화(河套文化)·대문구문화(大汶口文化)·용산문화(龍山文化), 그리고 양자강 중하류의 굴가령문화(屈家嶺文化)와 량저문화(良渚文化)까지 중화문화의 융합과 계승은 더욱 뚜렷하게 드러난다.

상술한 사실에 의하면, 한민족(漢族)은 초기 인류 집단에서부터 발전하고 형성된 민족의 하나이며, 시기 및 시점의 차이에 따라 하(夏)·제하(諸夏)·화하(華夏)·화(華)·한(漢) 등 명칭을 갖게 되었다. 쉬졔선[徐傑舜](1992)은 많은 사료를 참고하고 한민족의 형성 과정을 고찰하는데 한민족의 형성에 있어서 주류(主流)와 지원(支源)의 구분이 있다고 지적했

---

1   서양학자의 한인 외래론에 관하여 아래 논문을 참고할 수 있다(李帆, 「人種與文明: 拉克伯裏(Terrien de Lacouperie)學說傳入中國後的若幹問題」, 『西南民族大學學報』(人文社科版) 第2期, 西南民族大學, 2008).

2   霍正浩, 「MtDNA與現代人類的起源和遷徙」, 『生物學通報』第8期, 『生物學通報』, 期刊社, 2002.

다. 염황(炎黃)과 동이부족(東夷部族)을 주류로, 묘만(苗蠻)·백월(百越)·융적부족(戎狄部族)을 지원으로 구분했다. 페이샤오퉁(費孝通)(1988)은 중화민족이 일체다원적 구성 양상을 띠고 있다고 주장했다. 그의 논의에 의하면, 이 구성의 형성은 역사의 결과이며, 그 기나긴 역사 속에서 셀 수 없이 많은 융합 과정을 거치면서도 언제나 응집된 핵심을 가지고 있었다. 그의 문화서광시기(文化曙光時期), 즉 신석기시기부터 청동기시기에 이르러 황하 중류에는 한민족의 전신인 화하족단(華夏族團)이 형성되었다. 상당히 먼 옛날에, 오늘보다 3천 년 전, 황하 중류에는 몇몇 민족집단이 융합되면서 형성된 핵심은 화하(華夏)라고 부르고, 굴린 눈 덩어리처럼 갈수록 커져가며 주변의 다른 민족들도 끌어들였다.

양계초(梁啓超)는 『중국역사상 민족의 연구(中國歷史上民族之研究)』(1922)라는 책에서 한민족의 응집과 확장을 상세하게 논술했다. "우리 민족의 이름은 '제하'라고 하고, 이적(夷狄)과 구별하기 위한 것이었다. 제하란 명칭의 확립은 즉 민족의식 자각의 상징이다. '하' 앞에 제를 붙인 것은 아마도 다원이 하나로 결합했음의 암시일 것이다. 고로 춘추 초기에 제하의 지배 영역은 단지 허난(河南)·산둥(山東) 두 성(그중에 역시 다른 민족이 있었음) 및 산시(山西)·산시(陝西)·후베이(湖北)·직례(直隸)의 일부분이었다. 춘추 후기에 이르러 이 다섯 성이 완전히 제하에 귀속되었고, 그 이외에 또한 쟝쑤(江蘇)·안후이(安徽) 및 저쟝(浙江)의 반, 쟝시(江西)의 작은 일부분이 지배 영역에 들어갔다. 전국 말기에 윈난(雲南)·광둥(廣東)·푸젠(福建) 세 성을 제외하면 중국 본토가 모두 제하의 관할지역이 되었다."[3] 이처럼 한민족은 중원지역의 농경문화와 예의우세를 바탕으

3　吾族自名曰'諸夏', 以示別于夷狄 ; 諸夏之名立, 卽民族意識自覺之表徵 ; '夏'而冠以'諸', 抑亦多元結合之一種暗示也。春秋初期, 諸夏所支配地, 惟有今河南, 山東兩全省(其中仍有異族)及山西, 陝西, 湖北, 直隸之各一小部分 ; 及其末期, 除此六省已完全歸屬外, 益以江蘇, 安徽及浙江省之小部分 ; 及戰國末期, 則除雲南, 廣東, 福建三省外, 中國本部皆爲諸夏勢力範圍。

로 끊임없이 중원지역에 들어온 다른 민족을 동화시키며 자신 문화의 영향력을 확장함으로써 결국 문화일체된 민족으로 형성되었다.

한어 및 방언은 한민족 문화의 일부분으로 상당히 일찍부터 존재했으나, 한민족공동어의 형성은 보다 많은 시간이 걸렸을 것이다. 비록 역사상 하(夏)·상(商)·주(周)의 문화가 이어서 계승되었지만, 그 때 공동어와 관련된 기록이 전혀 없었다. 춘추 시기에 이르러야 소위 공동어의 초기 형식, 즉 아언(雅言)이 나타났다. 이에 대한 최초의 기록은 『논어(論語)』에 있다. 물론 춘추 시기 이전 공동어의 존재여부를 검토할 여지가 없지 않다. 상·주 문자의 일치성을 통하여 당시에 공동어 같은 것이 확실히 있었음을 알 수 있다. 이것은 아마도 초기 아언의 형식인 듯하다. [4] 『논어』의 「술이(述而)」에 이르기를, "공자는 아언을 말씀하시는 바는, 『시경(詩經)』·『서경(書經)』, 예절을 행할 때 사용한 것은 모두 아언이었다"[5]고 했다. 이에 대해 하안(何晏)의 『논어집해(論語集解)』에 이르기를, "선왕의 전법(典法)을 읽는 것은, 반드시 그 음을 바르게 말한 다음에야 뜻이 온전해진다"[6]고 했다. 청대 유대공(劉台拱)이 쓴 『논어병지(論語駢枝)』에 이르기를, "공자가 노(魯) 나라에서 태어나 자랐으니, 노(魯) 나라의 말을 했을 것이다. 『시경』을 외우고 『서경』을 읽고 예를 지키는 것이 반드시 그 음을 바르게 말하는 것은, 선왕의 가르침(訓)과 전장(典章)을 중시하고 말단의 학문으로 흘러가는 것을 삼가하기 때문이다. (…중략…) 왕이 한 시대에 적절한 바를 추구해서, 헤아려 덜고 보태어 규범(憲法)을 만드는 것이, 이른바 '아(雅)'이다. 그러나 각 지방의 풍속은 억지로 같게 만들 수 없으니, 어떤 경우엔 뜻은 같으나 말이 다르고, 어떤 경우엔 뜻은 같으나 소리가 다르

---

4   李孝定, 『中國文字的原始與發展』, 中央研究院史語所集刊 第45本, 1974.
5   『論語』, 「述而」. 子所雅言, 『詩』, 『書』, 執禮皆雅言也.
6   『論語集解』. 讀先王典法, 必正言其音然後義全.

다. 노래와 풍속을 종합해서 아언(雅言)으로 풀이하고, 서로 비슷한 것들을 연결하여 서로 가까이에 둔 까닭에, 『이아(爾雅)』라고 한 것이다. 『시경』에 풍(風)과 아가 있는 것도 역시 그러하다. 수도의 음이 가장 올바른 까닭에 '아'라고 이름붙인 것이다. 다른 여러 나라의 음은 온전히 올바를 수 없으므로, '풍'이라고 이름붙인 것이다. (…중략…) 또한 『순자(荀子)』의 「유효(儒效)」에 이르기를, '초(楚)나라에 살면 초나라 사람이 되고, 월(越)나라에 살면 월나라 사람이 되고, 하(夏)나라에 살면 하나라 사람이 되는 것은, 타고난 본성이 그래서가 아니라 쌓인 습속이 그렇게 만든 것이다.'라고 했으니, 그렇다면 아는 하의 옛 글자로 뜻이 통한다"[7]고 했다. 아언은 즉 정언(正言)이며, 하언(夏言)과도 뜻이 통한 듯하다. 하란 크다는 뜻이다. 그러므로 아언은 분명히 통용 범위가 넓고, 일종의 권위성을 가진 공동어였을 것이다.

공자는 노나라 사람이며 노어를 말하기가 당연하니, 소위 공자의 아언은 마땅히 노어를 가리켜야 한다. 그러나 공자가 열국을 주유하고, 대부분은 제하의 영역 안에서 돌아다녔는데 번역 / 통역(중국어에 통칭하여 翻譯이라고 한다―역자 주) 같은 일이 있었다고 일찍이 들어본 적이 없다. 알다시피 공자가 시경을 편집했다. 『시경』에서 음운을 활용하는 체계가 정연한 일치성을 지니기 때문에 『시경』의 언어가 풍(豐)·호(鎬)·변(汴)·락(洛) 지역 간의 중원공동어로 인식되어 왔다. 노나라 출신의 공자가 중원 아언을 사용한 것에 의하면 그 공동어 체계의 영향이 강하고, 사용된 영역이 넓은 것은 분명하다. 춘추, 전국 시기 각

7　清劉台拱, 『論語駢枝』. 夫子生長于魯, 不能不魯語. 惟誦『詩』, 讀『書』, 執禮必正言其音, 所以重先王之訓典, 謹末學之流失.（…중략…）王者就一世之所宜, 而甚酌損益之, 以爲憲法, 所謂雅也. 然而五方之俗, 不能强同, 或意同而言異, 或意同而聲異. 綜合諸俗, 釋以雅言, 比物連類, 使相附近, 故曰『爾雅』. 『詩』之有風雅也亦然. 王都之音最正, 故以雅名. 列國之音不盡正, 故以風名.（…중략…）又『儒效』篇云：'居楚而楚, 居越而越, 居夏而夏. 是非天性也. 積靡使然也.'然則雅夏古字通.

나라 간 치열한 각축을 벌인 과정에 조약의 체결과 수하물의 왕래가 당연한 일이었다. 그러나 『좌전(左傳)』 · 『전국책(戰國策)』에 번역 / 통역과 관련된 기록이 매우 적으니 아마도 아언의 막대한 영향력의 덕택이었을 것이다. 한민족은 하 · 상 · 주의 장기간 동안에 황하 중하류에 있는 풍 · 호 · 변 · 락 지역을 정치, 문화의 중심으로 삼았다, 여기에 화하의 핵심은 성장했다. 아언은 중원의 어떤 방언을 기초로 하여 점차 공동어로 발전했음은 분명하다. 저우성야[周生亞](1980)는 아언이 락읍(洛邑)의 방언이라고 생각하고, 리웨이치[李維琦](1980)는 아언이 "호경화[鎬京話]"라고 주장한다. 구체적으로 어떤 방언에서 기원했는지를 증명할 수 없더라도, 중원 방언이 한민족공동어의 핵심이라는 것은 의문할 필요가 없다. 아언은 중원방언을 핵심으로 하고 영향력을 확대시켰다. 늦어도 춘추 시기까지는 그의 통용 영역을 이미 연(燕) · 제(齊) · 진(秦) · 초 · 월 등 지역으로 확장했다.

진한(秦漢) 이후 한민족과 다른 민족 간의 정치, 경제, 문화 교류가 활발히 진행하며 끊임없이 융합의 과정을 거쳤는데 언어 뿐만 아니라, 정치와 문화적 측면에도 여전히 한문화가 중심이었다. 그 와중에 한어(공동어와 방언)의 확장이 멈추지 않았다. 인구와 문화의 우세로 한어는 남북으로 뻗어가며, 또 시대와 지역의 다름에 따라 수많은 방언을 망라하면서 아언부터 계승된 공동어 형식을 유지하고 다른 방언에 영향을 미치고 있었다. 한위(漢魏) 시기의 '통어(通語)', 당송(唐宋) 시기의 '정음(正音)', 명청(明淸) 시기의 '관화(官話)', 현대의 국어(國語)' · '보통화(普通話)'란 것은 바로 민족공동어가 시대에 따라 갖게 된 다양한 명칭이다.

한어공동어의 형성은 한민족 형성의 중요한 상징이며, 한민족 통일문화의 중요한 내용이고, 동시에 중국언어학의 주요 연구대상이기도 하다. 갑골문(甲骨文)이 나타났을 때부터 한자는 한어를 기록하는 부호이며, 한어 서면어(書面語) 표현의 주요 수단이다. 그래서 한자연구도 중국언어학의 중요한 일환이다.

2) 중국 고대 언어학의 연구 전통

중국언어학의 기원은 선진시기(~221 B.C.)에까지 거슬러 올라갈 수 있다. 선진 시대 명실관계(名實關係)에 대한 토론은 언어의 사(詞)와 개념의 관계를 언급한 것이었다. 『묵자(墨子)』「경설상(經說上)」에 이르기를, "그것을 가지고 말하는 것이 명(名)이다. 말해지는 것이 실(實)이다"[8]고 했다. 『윤문자(尹文子)』「대도상(大道上)」에 이르기를, "명이란 것은 명실의 뜻이고, 형이란 것은 명에 대응한 것이다. 연이나 형은 올바른 명이 아니며, 명은 올바른 형이 아니면 형과 명은 확연히 다르다"[9]고 했다. 『순자』「정명(正名)」에 이르기를, "명칭에는 고정된 합당함이란 없으며, 그러한 약속으로 명명을 하게 되는 것이다. 약속에 의해 정해지면 그것이 습속을 이루어 그것을 합당한 것이라 말한다. 약속한 것과 다르면 곧 그것을 합당하지 않은 것이라 한다"[10]고 했다. 이러한 잘 알려진 논의들은 언어학사에 있어서는 개념과 사에 대한 고전적 논술이다. 그 외에 『시자(尸子)』「광택(廣澤)」에 이르기를, "홍(弘)·곽(廓)·굉(宏)·박(溥)·개(介)·순(純)·하(夏)·호(幠)·총(塚)·질(晊)·반(昄)은 모두 크다는 뜻이다. 10여 개의 이름이 있으나 그 뜻은 하나이다"[11]고 했다. 이것은 사휘어의학(詞彙語義學)의 선구적 연구이

---

8   『墨子』,「經說上」. 所以謂, 名也 ; 所謂, 實也.
9   『尹文子』,「大道上」. 名者, 名實者也 ; 形者, 應名者也. 然形非正名也, 名非正形也, 則形之與名, 居然別矣.
10 『荀子』,「正名」. 名無固宜, 約之以命, 約定俗成謂之宜, 異於約則謂之不宜. 名無固實, 約之以命實, 約定俗成謂之實名.

다. 전국 시대에 탄생된 『이아』는 최초의 분류식 어의사전으로 4,300
여 개 어휘를 수록하여 다음과 같은 방식으로 어휘의 의미를 해석한
다. "시(適) · 지(之) · 가(嫁) · 조(徂) · 서(逝)는, 왕(往)의 뜻이다."12

　양한(兩漢) 시기(202 B.C.~220 A.D.) 중국언어학은 이미 상당히 높은 수
준에 도달했다. 양웅(揚雄)의 『방언(方言)』, 유희(劉熙)의 『석명(釋名)』, 허
신(許慎)의 『설문해자(說文解字)』와 한대 초기에 완성된 『아언(雅言)』——
4대 언어학 저서의 출현은 중국 고전 방언학, 어원학, 문자학, 훈고학
(訓詁學 — 어의학(語義學), 사휘학(辭彙學))의 형성을 상징한다. 동한(東漢) 말
기 창조된 반절주음법(反切注音法)은 한어 음운학의 탄생을 예고한다.

　위진남북조(魏晉南北朝) 시기(220~581) 음학(音學)이 발흥했다. 학자들
은 한어에 네 가지 성조(사성(四聲))가 있다는 사실을 발견하며, 자각적
으로 문학 창작에 적용했다. 쌍성(雙聲)과 첩운(疊韻)을 파악하고, 한어
음절 구조에 대한 인식을 추진했다. 사성, 쌍성 및 첩운에 대한 연구를
기초로 하여 학자들은 잇따라 소운(小韻, 즉 음절)을 사용하는 운서(韻書)
를 편찬했다. 예컨대 이등(李登)의 『성류(聲類)』, 심약(沈約)의 『사성보(四
聲譜)』, 려정(呂靜)의 『운집(韻集)』, 양휴지(楊休之)의 『운략(韻略)』 등, 이
운서들은 육법언(陸法言)의 『절운(切韻)』이 탄생하게 한 직접 원인이다.
그리고 이 시기에 새로 나온 사서(辭書)도 많았다. 『광아(廣雅)』, 『자림
(字林)』, 『옥편(玉篇)』 등은 한 대(漢代)의 저서보다 한층 더 발전했다. 특
히 육덕명(陸德明)이 펴낸 『경전석문(經典釋文)』은 훈고, 문자, 음운 연구
의 집대성으로 중국언어학사에 있어도 중요한 위치를 차지하고 있다.

　수당(隋唐) 시대(587~959) 한어 음운학은 빠르게 진전했다. 불교의 영
향 아래 한자식 자모체계가 구성되며 한어 어음분석 유형, 즉 청탁(淸

11　『尸子』,「廣澤」. 弘、廓、宏、溥、介、純、夏、幠、冢、晊、昄, 皆大也。十有餘
　　名、而實一也。
12　『爾雅』,「釋詁」. 適、之、嫁、徂、逝, 往也。

濁)·운(韻)·등(等)·오음(五音)·내외(內外)의 형성은 등운학(等韻學)의 효시가 되었다. 육법언『절운』의 출간과 전파는 한자음류 체계의 틀을 마련하고 운서의 전형이 되었다. 송대에 나온『광운(廣韻)』까지는 그의 음류 체계에서 벗어나지 못했다. 수당 시기의 문자학은 정자(正字)·설문(說文) 연구에 있어서 뚜렷한 성과를 이루었다. 『간록자서(干祿字書)』,『오경문자(五經文字)』,『구경자양(九經字樣)』,『설문해자계전(說文解字系傳)』등 저서가 있었다. 또한 수당 시기의 훈고학은 크게 발전했다. 관참 주석서인『오경정의(五經正義)』이외에도 많은 학자들이 중요한 전적, 심지어 불교 경전까지 해석하여 주석서를 편찬했다. 예컨대 현응(玄應)의『일절경음의(一切經音義)』등이 있다.

송대(960~1279)의 언어학은 이학(理學)의 영향을 크게 입어서 연구 경향이 많이 달라졌다. 예컨대 왕안석(王安石)의『자설(字說)』은 독창성이 강하고 과감한 주석이 많다. 박식하고 대범한 정초(鄭樵)는 창조적 성과를 많이 창출했다. 송대에 독립적 금석학(金石學)이 출현했다. 경전이 된 조명성(趙明誠)의『금석록(金石錄)』이외에도『한간(汗簡)』,『고문사성보(古文四聲譜)』는 고문자학의 선구적 저서가 되었고, 장유(張有)의『복고편(復古編)』은 정자학(正字學)의 명작이 되었다. 송대부터 시작한 고음학(古音學) 연구에는 오역(吳棫)과 정상(鄭庠)이 선구자로 많은 기여를 했다. 당대에 등장한 등운학은 송대에 이르러 크게 발전하여,『운경(韻鏡)』,『칠음략(七音略)』등 전형적 저서가 출간되었다. 훈고와 사서의 편찬에도 송대의 성과가 뚜렷하다. 예컨대『용감수감(龍龕手鑒)』,『유편(類篇)』,『비아(埤雅)』등이 있다.

요금원(遼金元) 시대(907~1638)에는 전체적으로 보면 언어학의 연구가 크게 진전하지 못했다. 다만 저명한 북음운서(北音韻書)인『중원음운(中原音韻)』이 이 시기에 출간되었다. 이 저서는 14세기 구어의 한어 어음을 기록한 것이다. 그리고 허사(虛詞)에 대한 연구서인『어조(語助)』는 중국어법 연구의 선구적 논저이다.

명대(1638~1644)에 학술이 흥성하여, 언어학은 여러 방면에서 빠르게 발전했다. 특히 고음학 연구는 한 단계로 진전했다. 진제(陳第)의 『모시고음고(毛詩古音考)』가 학술적 가치를 지니는 최초의 고음 연구라고 할 수 있다. 어음학 연구는 뚜렷한 성과를 거두었고, 심지어 당송시대의 등운학을 초월했다. 원자양(袁子讓)·엽병경(葉秉敬)·갈중선(葛中選) 등은 어음 이론을 깊이 파악하고, 그들의 사호학설(四呼學說)은 많은 사람들의 마음속에 깊이 들어가 지지를 얻어냈다. 그 이외에 각종 어음 논저가 일일이 셀 수 없이 많이 나타났다. 명대 말기 언어학은 또한 서양 선교사의 영향을 받았는데, 예컨대 방이지(方以智)의 『통아(通雅)』는 벌써 초보적으로 역사언어학의 과학사상을 가지고 최초로 한어사를 시기대로 살펴보려고 시도했다.

청대(1616~1911)에 들어서서 건가학파(乾嘉學派)의 출현에 따라 중국 전통 언어학은 역사상의 최고봉에 도달하고, 음운학, 문자학, 훈고학 등 여러 방면에서 이전의 학설을 초월했다. 고염무(顧炎武), 강영(江永), 대진(戴震), 단옥재(段玉裁), 왕염손(王念孫) 등은 언어학사에 빛나는 이름을 남겼다.

청말민초에는 장황학파(章黃學派)의 활약을 통해 중국 전통 언어학은 자발적으로 현대언어학으로 전환하기 시작했다. 장황 및 그의 문하생들은 청대 학자의 연구를 기초로 하여 독립적 학문 관념을 가지고 언어학연구에 대한 체계적 인식을 초보적으로 갖추었으며 학문 원리와 법칙의 귀납을 착수했다.

중국 고대 2천여 년의 언어학연구사를 종합하여 보면, 한대부터 형성된 문자학, 훈고학, 방언학과 조금 늦게 등장한 어음학은 중국 전통 언어학의 틀을 구성했다. 그 후의 언어학연구는 모두 한대 학술연구의 바탕에서 발전해 나갔던 것이다. 중국 고대언어학은 풍부한 성과를 성취하고 수많은 학술 경전을 창출하며 자신의 학술 전통을 형성했다. 왕리[王力]는 『중국언어학사[中國語言學史]』(1981)의 서문에서 다음과 같이 중국 고대언어학을 간결하게 논술한다.

어문학(philology)과 언어학(linguistics)은 구별된다. 전자는 문자나 서면언어의 연구이며 문헌자료의 고증과 고훈의 탐구에 치중한다. 이러한 연구는 비교적으로 자잘하고 체계성이 결여되어 있다. 후자의 경우에는 연구대상이 언어 자체이므로 연구의 결과는 과학적, 체계적, 치밀하고 전면적인 언어 이론을 얻어낼 수 있다. (…중략…) 아편전쟁 이전에 중국의 언어학은 기본적으로 어문학이라고 할 수 있다. 심지어 방언과 속어의 연구조차도 언문학의 성격을 가지고 있었다. 저자들은 항상 방언과 속어에 있는 글자의 기원을 고증하려고 했기 때문이다. 중국 언어연구에 있어 어문학은 이천년 동안 지배적 위치에 차지해 왔다. 오늘날까지 여전히 적지 않은 학자들은 이러한 연구를 하고 있다.[13]

왕리가 중국 고대언어학을 기본적으로 어문학으로 보고 규정했다. 이것은 대체로 중국 언어학연구의 실정과 일치한다. 비록 역사상 빛나고 뛰어난 명작이 적지 않지만, 아직 진정한 학리적이며 체계적인 언어학 학문이 형성되지 못했다. 이 기나긴 연구과정 속의 전통과 득실을 정리하는 작업은 우리가 정확하게 과거를 인식하고 현재를 파악하며 미래를 전망하는 데에 도움이 될 것이다.

13　語文學(philology)和語言學(linguistics)是有分別的。前者是文字或書面語言的研究，特別著重在文獻資料的考證和故訓的尋求，這種研究比較零碎，缺乏系統性；後者的研究對象則是語言的本身，研究的結果可以得出科學的,系統的,細緻的,全面的語言理論 (…중략…) 在鴉片戰爭以前, 中國的語言學, 基本上就是語文學, 甚至在研究方言俚語的時候也帶有語文學的性質, 因爲作者們往往考證這些方言俚語用字的來源。語文學在中國語言研究中占統治地位共曆二千年, 直到今天, 仍然有不少這方面的學者。

(1) 통경치용(通經致用)의 전통

중국 고대언어학은 장기간 동안에 경학(經學)의 기초 학문으로 경학의 해석을 주요 목적으로 삼고 있었다. 훈고학(사휘, 어의학)의 주요 작업은 바로 경전에 대한 해석이다. 문자학, 음운학도 경전의 독해를 위해 연구된 것이다. 고염무는 "구경을 읽는 것은 문장을 상세히 검토하는 것부터 시작하고, 문장을 상세히 검토하는 것은 독음을 이해하는 것부터 시작한다. 제자백가의 책에 이르기까지 이렇지 않는 것이 없다"[14]고 말한 바가 있다. 또한 대진은 "경의 극치는 도(道)이지만, 도를 밝혀주는 것은 사(詞)이고, 사를 구성하는 것은 자(字)이니, 소학과 문자학에서 벗어나는 것은 없다. 문자로 말미암아 언어를 알게 되고, 언어로 말미암아 옛 성현의 마음과 뜻을 알게 된다"[15]고 했다.

중국 언어학의 통경치용이란 전통은 다음과 같이 나타난다. 첫째, 고대 사휘·어의학의 발달. 문자와 사휘를 해석하는 참고 서적이 많다. 둘째, 정음(正音)·정자(正字)를 목적으로 한 문자학과 음운학의 논저가 많다. 셋째, 언어연구의 자료와 대상은 항상 경전 자체이었다. 경학은 중국 고대의 현학(顯學)이고, 언어학뿐만 아니라 기타 학문도 경학의 지배를 받을 수밖에 없었다. 경학은 지배계층이 제창한 이데올로기이자 사람이 출세하는 수단이었다. 그렇다면 언어학은 경학을 위해 연구된 사실이 당연한 일이라고 할 수 있다.

(2) 이론보다 경험이 선행되는 전통

중국 고대언어학은 언어 현상의 연구에 집중했으나, 통철하고 개괄

---

14 『顧亭林詩文集』, 「答李子德書」. 讀九經自考文始, 考文自知音始. 以至諸子百家之書, 亦莫不然。

15 『戴東原先生集』, 「古經解鉤沉序」. 經之至者, 道也；所以明道者, 其詞也；所以成詞者, 字也：未有能外小學文字者也. 由文字以通乎語言, 由語言以通乎古聖賢之心志。

적 언어연구 이론의 창출이 드물고, 논리적 총괄 능력이 결여되어 있었다. 선진 시대 명실관계의 토론이 시대가 바뀌자 바로 사라지고 말았다. 학자들은 언어 사실 자체를 꼼꼼히 연구할 수 있었지만, 규칙 귀납에 대한 인식이 아직 없었고 성과도 얻지 못했다. 역사상 진제가 제시한 "시유고금(時有古今), 지유남북(地有南北)"과 같은 역사언어학 사상도 있었지만, 이것은 아주 개별적 경우일 뿐, 체계적으로 진전하지 못했다. 그리고 진제의 『모시고음고』는 진정한 역사언어학의 저서라고 하기가 어렵다. 또한 고염무은 상고음(上古音)의 연구에 집중하여 『음학오서(音學五書)』를 펴냈으나, 그 중의 『음론(音論)』이 음변(音變)을 논리적으로 검토한 글이 아니다.

쉬쟈루(許嘉璐)의 다음과 같은 평가는 적절하다. "건가에 이르러 학술의 발전에 따라 분업이 조성되고, 철학에 대한 편견으로 인해 소학과 철학을 대립물로 삼았다. 오늘날까지도 언어학계, 특히 훈고학계에는 고증을 중시하고 이론을 홀시하는 경향이 여전히 존재하며, 철학을 알고 철학과 언어학의 소통을 실현할 수 있는 학자가 매우 적다."[16]

(3) 분석보다 종합이 선행되는 전통

중국 고대언어학은 항상 분석적 연구보다 총합적 연구를 먼저 진행했다. 학자는 우선 경학자이고, 경학을 연구하기 위해 기타 학문이나 언어학에 접근했던 것이다. 따라서 고대언어학자들은 언어에 대한 깊이 있고 체계적인 연구를 할 수가 없었다. 그리고 연구의 목적이 언어 자체가 아니기 때문에 언어 전체를 고찰했을 뿐, 자연히 구체적 분석 연구에 깊이 들어가지 않았다. 왕념손(王念孫)은 "내가 생각건대, 훈고

---

16 許嘉璐(1988). 到了乾嘉, 由於學術發展所造成的分工, 更由於對哲學的偏見, 竟視小學與哲學爲對立物. 直到今天, 語言學界, 特別是訓詁學界, 偏重考據忽視理論的傾向猶在, 懂得哲學, 能夠溝通哲學與語言學的人很少.

의 핵심은 음성을 기본으로 삼는다. 그러므로 음이 같으나 글자가 다른 것 또는 음이 비슷하나 뜻이 다른 경우는 비록 비슷한 것끼리 모아 유형별로 나누지만 사실로 체계는 마찬가지이다. (…중략…) 지금은 옛 음으로써 옛 뜻을 찾아 이 원리를 유사한 것까지 확장하며 형태와 구조에 제한되지 않는다"[17]고 했다. 그가 좋은 구상을 하고 있었으나, 그의 『광아소증(廣雅疏證)』은 사의(詞義)의 구성과 변화의 형식을 결코 체계적으로 정리하지 못한 채 출간되었다.

(4) 형식보다 의의가 선행되는 전통

중국 고대언어학은 어의의 연구를 중요시하고, 때로 언어 형식에 대한 논의도 의미를 중심으로 전개했다. 한대의 4대 명작으로부터 어의 연구가 언제나 고대언어학의 우선 연구 대상으로 진행되었다. 경전을 해석하는 데에 의미를 당연히 먼저 파악해야 하기 때문이다. 어법학(語法學)의 부진에는 한어 어법의 특성이 작용하긴 했지만, 언어 형식의 묘사를 소홀히 하는 것은 주요한 원인이 된다.

(5) 구어(방언)보다 서면어가 선행되는 전통

고대 중원 한어를 기초로 하여 형성된 한어공동어에는 선진시대의 구어와 서면어가 일치했다. 그래서 선진의 문헌은 구어의 성격이 뚜렷이 드러난다. 그러나 중국 영토의 확장에 따라 방언의 차이가 점차 심각해지며 통일된 구어 체계를 유지하기가 매우 어려워졌다. 한무제 "파출백가(罷黜百家), 독존유술(獨尊儒術)"의 사상이 공포되자 구어보다 서면어가 높은 위상에 오르게 되었다. 선진 구어를 기초로 한 문언문(文言文)은 중국 문화의 핵심이 되고, 반면에 속어·방언·구두문화는

---

17   『廣雅疏證』, 中華書局, 1983. 竊以詁訓之旨, 本於聲音, 故有聲同字異,聲近義同, 雖或類聚群分, 實亦同條共貫 (…중략…) 今則就古音以求古義, 引伸觸類, 不限形體。

끝내 고상한 자리에 오르지 못했다. 당시 공손홍(公孫弘)은 한무제에게 "신이 삼가 지금까지 발표된 조서나 율령을 살펴보니 자연과 인간의 구별을 분명히 하고 고금의 지식에 밝으며, 문장이 우아하고 바르며, 훈계하는 내용이 깊고 두터우며 베푸신 은덕이 매우 아름다웠다. 그러나 말단 관리들은 배우고 들은 것이 얕고 적어 이를 십분 밝혀 펼수 없어 밑에 있는 백성에게 잘 알리거나 일깨워 주지 못한다"[18]고 상주했다. 그 후 "문장이아(文章爾雅), 훈사심후(訓辭深厚)"한 서면어는 중국언어학의 주요 연구대상이 되었다. 비록 때로 속어, 방언, 구어에 대한 연구 논저도 있긴 있었지만, 언어학의 주류가 되지 못했다. 예컨대 『통속편(通俗編)』, 『중원음운(中原音韻)』 등.

중국언어학이 구어보다 서면어를 중요시하는 경향은 사회적 원인 이외에 한자의 특성과도 관련되어 있다. 한자의 언어 기록 단위는 사(詞)이며, 즉 어소(語素)인데, 즉 한자의 형태를 통해 의미를 파악할 수 있다. 어음, 어의가 한자 형태의 뒤에 숨겨진 것이다. 소위 형(形)·음(音)·의(義)는 문자를 중심으로 한 개념이고, 한자에 대한 분석은 바로 사의 형·음·의를 분석하는 일이다. 한자 연구는 서면어를 중요시하는 의식을 한층 더 강화시켰다.

(6) 본위문화(本位文化)의 견지와 외래문화 수용의 전통

중국 고대언어학은 끊임없이 외래문화의 충격을 받아 왔다. 역사상 한대부터 유입된 범문(梵文)문화가 천 년 동안 중국에 영향을 미쳤고, 명대부터 들어온 서양 종교문화도 수백 년 동안 영향을 주었다. 그러나 범문의 영향 아래 한대 사람이 창조한 반절주음법이나 당송 시대 만들어진 등운원(等韻圖)은 어음을 절분(切分)할 때 모두 음소 단계까지

---

18   『史記』, 「儒林傳」. 臣謹案詔書律令下者, 明天人分際, 通古今之誼, 文章爾雅, 訓辭深厚, 恩施甚美。小吏淺聞, 弗能究宣, 無以明布諭下。

이르지 못했다. 명대 말기 서양의 절음(切音) 문자가 중국에 들어왔으나 한어의 병음문자(拼音文字)를 탄생시키지 못했다. 고대의 학자들은 언제나 한자를 문화의 중심으로 지키며, 병음문자의 연구 방법을 받아들이지 않았다. 한자와 병음문자가 극히 다른 문자체계이기 때문에 한자를 포기한다면 일종의 문화체계를 포기하는 것과 똑같다. 그래서 결국은 한자의 병음화가 이루어질 수가 없었다.

역사 속에서 중국 고대언어학의 전통을 바라보고, 고대의 유산을 객관적으로 평가하며, 우수한 전통을 계승하면서 그 내포된 결함을 배척해야 우리는 중국언어학의 발전을 전망할 수 있다. 상술한 언어학 전통에 내포되어 있는 중국 고대언어학의 한계점을 다음과 같이 간략하게 정리해 보고자 한다.

① 후고박금(厚古薄今)의 경향. 중국 전통적 언어학의 연구 목적은 고대 학자들로 하여금 고대를 추앙하고 현대를 경시하는 경향을 지니게 했다. 경전이 항상 선인의 저서에 있으니 선인 경전의 해석에 몰두하다 보면 학자들은 자연히 현실 언어 문제의 연구를 주의하지 못하게 되었다. 비록 중국 고대에 묘사적 언어학 저서가 아예 없다고 할 수 없지만, 적어도 현실 언어에 대한 묘사와 해석은 중국 언어학 전통의 주류가 아니라고 단정할 수 있다. 장태염(章太炎)을 예로 들자면, 언어문자학의 혁신을 추구하고자 한 그는 『문시(文始)』와 『신방언(新方言)』에서 그대로 문헌 고증 속에서 빙빙 돌고 있었다. 그는 현대 언어 자료를 인용했으나 그의 연구목적이 아직도 어원의 고증에 있다.

② 혼란한 학술 체계와 단편적 연구방법. 전통적 언어학은 체계적이고 명료한 연구 방법을 형성하지 못했다. 게다가 학술용어가 통일되지 않아 연구 수준과 지식의 전파에 부정적 영향을 끼쳤다. 고대 언어학

자는 기본적으로 제각기 연구방법과 주장을 견지하기 때문에 학술 범주를 규범하기가 어려웠다. 같은 용어인 경우에도, 그에 대한 갑과 을의 의견은 서로 반대되거나 아예 조금도 관계되지 않을 수도 있었다.

③ 유심주의(唯心主義)의 경향. 중국 고대언어학에는 실증적 연구가 결여되어 있다. 언어 현상을 역사적 시점으로 고찰하지 않기 때문에 형이상의 유심주의 폐단이 존재한다. 유심주의 경향의 대표로 당송 이후 등장한 엽음설(叶音說)은 선인 학자들이 세운 음변사상(音變思想)을 위반하고 말았다.

④ 모호한 시간 및 지역 관념의 경향. 왕인지(王引之)의 『경전석사(經傳釋詞)』는 문언 어법에 대한 주요한 저서이다. 하지만 그의 취재 범위는 지나치게 넓다. "구경과 삼전부터 주·진·서한의 책에 이르기까지 무릇 언어학에 보탬이 되는 글을 두루 찾아내어 글자에 따라 나누어 편집한다."[19] 이러한 상황은 마건충(馬建忠)의 『마씨문통(馬氏文通)』이 나왔을 때까지 지속되었다. 마건충은 여전히 "『사서』, 『삼전』, 『사기』, 『한서』, 한유(韓愈)의 글로써 역대 문장들이 성쇠했던 근본으로 삼는다. 그리고 제자백가 및 『국어』, 『전국책』까지 포함하여 자구를 배열하고 인용을 널리 모아 비슷한 예끼리 함께 묶고 인접한 종류까지 확장하며 고금의 저서를 탐구한다."[20] 분명하지 않은 관념과 자료의 선택은 학술 연구의 수준을 떨어뜨렸다. 이상의 결함은 주로 서양(인도를 포함함) 언어 연구와 비교함에 있어서 드러난 것이다. 물론 시간과 공간의 차이도 고

---

19 王引之, 『經傳釋詞』, 岳燕書社, 1984. 自九經, 三傳及周, 秦, 西漢之書, 凡助語之文, 遍爲搜討, 分字編次.

20 馬建忠, 『馬氏文通』, 商務印書館, 1983. 取『四書』, 『三傳』, 『史』, 『漢』, 韓文爲歷代文詞升降之宗, 兼及諸子, 『語』, 『策』, 爲之字櫛句比, 繁稱博引, 比例而同之, 觸類而長之, 窮古今之簡篇.

려해야 한다. 전통 속의 결함에 대한 고찰은 단지 우리 자신의 부족함을 지적하려고 할 뿐, 옛 사람을 탓하는 것이 아니다.

2. 중국 근대 학술의 전형 및 중국 현대언어학의 성립

고대 중국은 장기간 동안 동아시아 정치, 경제와 문화의 중심이었고, 조공관계를 핵심으로 삼아 동아시아 지역의 안정과 발전을 추구했다. 비록 중국은 수많은 동란을 겪었고, 끊임없이 왕조의 교체를 경험했지만, 유교・도교를 중심으로 한 문화 전통과 독립적 주권을 계속하여 유지했다.

역사상 외래문화와 본토문화가 크게 충돌한 적이 두 번 있었으나 중국은 자신 문화의 계승과 발전을 멈추지 않았다. 첫 번째는 한대 말기에 인도 불교의 유입이다. 약 1천 년이 지나 당대 선종(禪宗)의 형성에 따라 불교의 본토화(本土化)가 드디어 완성되고, 불교문화가 중화문화의 일부분이 되었다. 언어학연구에는 한어 어음을 분석하는 반절주음법, 운서, 등운학이 탄생되었다. 이것은 한어 연구에 대한 외래문화의 최초의 영향이다. 그러나 등운학을 탄생시킨 것 이외에 외래문화가 중국 고유한 언어연구 방법에 새로운 변화를 가져오지 못했다. 두 번째는 명대 말기 서양 선교사를 통해 도입된 자연과학과 종교사상의 자극이다. 마테오 리치[利瑪竇]를 비롯한 서양 선교사는 중국의 현실에 입각하여 중국 전통과 결합된 중국화의 선교 방식을 채택했다. 그들은 자발적으로 중국의 언어와 문자를 연구하고 유학 경전을 사용하여 교의를 설명함으로써 일부분의 중국인으로 하여금 기독교를 믿고 의지하게 했다. 또한 서양의 천문 역법, 수학, 물리학, 지리학과 해부학 등 서양체계의 자연과학 지식을 번역하고 소개하며, 화기(火器), 자명종(自鳴鐘) 등 기계의 제작 기술을 전수하여 중국 전통적 수공업의 발전을 추진했다. 하지만 당시 서학의 영향력이 매우 제한적이기 때문에 서광계(徐光啓), 이지조(李之藻), 방이지 등 소수의 사대부만 이것을 받아들였을 뿐, 중국 사회와 대중들은 서학의 영향을 크게 받지 않았다. 그 후 만청 정권의 확정에 따라 중국 사회에 있어서 서양 종교 문화의 개입이 더욱 약해졌다. 서양 선교사의 영향으로 중국 언어학이 성취된 것은 병음문자 체계에 대한 인식이었다. 마테오 리치와 니콜라스 트리고(金尼閣)가 중문 병음자모를 설계하고 이것을 마테오 리치의 『서자기적(西字奇跡)』과 니콜라스 트리고의 『서유이목자(西儒耳目資)』에서 직접 응용하기도 했다. 그들이 만든 중문 병음자모는 소위 자명자모(自鳴字母)나 동명자모(同鳴字母)라고 했다. 중국학자 방이지, 유헌정(劉獻廷), 양선기(楊選杞) 등이 병음문자의 체계에서 깊은 영향을 받았지만, 끝내 한어와 어울리는 병음문자 체계를 만들지 못했다. 한자가 여전히 자신의 체계를 유지하며, 중국어학도 결국 서양과 같은 역사 전환을 이루지 못했다.

1) 근대 중국 역사와 학술 전형

17세기에 들어서면서 서양 열강의 해외 확장과 식민운동이 일어나고, 열강의 포함(砲艦)은 아프리카, 아시아, 아메리카의 여러 국가의 관문을 쳐부수었다. 당시에 중국은 만청 정권의 통치를 맞이하게 되었다. 만청의 통치 과정에서 문화가 더욱 보수적으로 바뀌고 새로운 창조가 드물었다. 그리고 문화 강압 정책은 학자들로 하여금 송명 이래 발전해 온 이학에 관심을 버리고 한대의 고거학(考據學)을 중심으로 건가학파를 결성하게 했다. 한학(漢學)이 건가학파의 목표가 되는 반면에, 송대 이래의 심학(心學)은 쇠퇴해지며, 명대 말기 도입된 서학도 더이상 전파되지 못했다. 정치의 쇠퇴와 몰락으로 인해 19세기 말 중국은 서양열강의 총포(銃砲) 앞에서 항복할 수밖에 없었다. 영국 제국주의는 비바람에 흔들리고 있는 중국의 관문을 뚫기 위해 대량의 아편을 들여보냈다. 결국은 1840년 발발된 아편전쟁이 중국의 역사를 바꿨다. 1842년 중국은 영국과 "남경조약(南京條約)"을 체결한 후 서양열강의 반식민지로 전락하며 문화에 대한 자신감과 정치의 독립성을 상실하고 말았다. 1895년 갑오전쟁의 패배와 "마관조약(馬關條約)"의 체결로 인해 중국 망국의 위험이 더욱 다가왔다.

국가와 민족의 위난 앞에서 일부분의 엘리트가 각성되었다. 홍수전(洪秀全)이 반청농민의거(反清農民起義, 1851~1864)를 일으켰고, 이홍장(李鴻章) 등이 양무운동(洋務運動, 1861~1894)을 제창했고, 강유위(康有爲)와 양계초(梁啓超) 등 지식인이 무술변법도강(戊戌變法圖强, 1898)을 이끌었다. 결국 손중산(孫中山)이 지도한 부르주아계급의 신해혁명(辛亥革命, 1911)은 만청 왕조를 타도하고 중국으로 하여금 새로운 시대를 맞이하게 했다. 20세기 중엽 세계 반파시스전쟁(1937~1945)의 승리로부터 중국은 드디어 정치의 독립성을 회복했다.

19세기 중엽부터 20세기 중엽까지 약 백 년의 중국 역사를 종합해보면, 이 시기는 고유문화와 전통이 훼손되며 서양문화의 전면적 타격을 받았던 시대이다. 1905년 과거(科擧)제도의 폐지는 중국 본위문화가 외래문화에 대해 전면적으로 개방함을 상징한다. 서양을 배우자, "오랑캐의 나은 기술을 배워 오랑캐를 제압한다(師夷之長技以制夷)"(위원(魏源), 1852)는 것은 한 시대의 주류가 되었다. 1919년 발발된 5·4운동은 바로 이러한 역사 속에서 축적된 역량의 폭발이다. 5·4운동은 중국의 사회, 정치, 경제, 문화, 교육이 전면적으로 현대 사회로 이행하는 전환

점이다. 5·4운동이 제창한 민주와 과학사상은 중국의 대지에 깊이 뿌리박았다.

근대 중국의 굴욕적 역사에 수반하여, 민족 엘리트가 자국 역사에 대한 이성적 반성을 갖게 되었다. 그들은 중국의 전통적 문화체제와 학술 전통을 회의하며, 자아비판하면서 서학의 정수를 적극적으로 받아들이고, 새로운 현대학술 구성을 마련함으로써 민족문화의 핵심 체계를 재건하도록 노력했다.

서양문화와 학술연구는 실학과 철학을 중심으로 하고, 특히 16세기 이후의 서양 사회는 개성을 중요시하고 인문정신을 강조했다. 서양인은 분석을 잘 하고, 형식 논리를 중시하며, 세부에 깊이 파고들어 이성적 인식을 정리해 낼 수 있었다. 아인슈타인[愛因斯坦]이 말하는데 "서양 과학의 발전은 두 가지 위대한 성취를 기초로 하고 있다. 그것은 그리스 철학가 발명한 형식적 논리체계(유클리드의 기하학), 그리고 체계적 실험을 통해 인과관계를 발견할 수 있었던(르네상스 시기) 것이다. 내가 보기에는 중국의 성현은 이상의 두 걸음을 나아가지 못했다."[21] 코페르니쿠스[哥白尼, 1473~1543], 갈릴레이[伽利略, 1564~1642], 뉴턴[牛頓, 1642~1727] 등 저명한 과학자들은 서양 사회에 과학사상의 기초를 다졌다. 중국의 전통 학술은 "사리에 깊이 통달한 사람의 학문[通人之學]"이니 전문적 학자가 드물고, 통경치용[通經治用]이 강조되었다. 그들은 과학[기술]을 경시하며 형식 논리를 중요시하지 않았다. 서양이 서학으로 부국강병을 이루었음에서 중국의 민족 엘리트는 강한 자극을 받았다. 중국문화와 학술전통을 전면적으로 반성하는 과정에서 중국 학술은 드디어 현대성 전환을 이루었다. 천핑위안[陳平原]이 다음과 같이 평가한

---

21 『愛因斯坦文集』第一卷, 商務印書館, 1976. 西方科學的發展是以兩個偉大的成就爲基礎, 那就是希臘哲學家發明形式邏輯體系(在歐幾裏得幾何學中), 以及通過系統的實驗發現有可能找出因果關係(在文藝復興時期)。在我看來, 中國聖哲沒有走上兩步。

다. "만청 및 5·4 시대의 학자가 만든 새로운 학술 패러다임을 설명하는 것은 참으로 쉬운 일이 아니다. 그러나 적어도 다음과 같이 정리할수 있다. 경학 시대에서 벗어나고, 유학 중심을 전복하여, 계몽주의를표방하며 과학 방법을 제창하고, 학술을 분별로 발전시키며 중서의 융합과 통달을 추구한다."²² 또한 주한궈[朱漢國]는 근대 학술의 전형에 네가지 특징이 있다고 주장한다. 그것은 학술 취지의 다원화, 학술 분류의 전문화, 학술 방법의 과학화와 학술 형식의 통속화이다(1999).

앞에서 중국언어학의 변천 과정을 살펴보고, 중국 고대언어학의 전통과 한계를 토론했다. 중국언어학 자체의 변화 규칙에 의하면 명대말기에 연구 패러다임의 전환이 이미 이루어졌을지도 모른다. 진제,방이지 등의 연구에는 전통적 언어학연구와 다른 특징이 드러났기 때문이다. 하지만 이 변화가 지속하지 못했고, 청대의 건가학파에 이르러야 명대 말기에 이어 학술 전환이 다시 시작할 수 있었던 것이다.

"청나라 사람은 '소학'의 영역에는 중국 언어학의 신기원을 열었다.청대부터야 진정한 과학 연구가 출현한다고 할 수 있다. 그러나 이러한 변화는 갑자기 생긴 것이 아니다. 청대 사람 박학(樸學)의 연구방법은 실제로 근대 자연과학의 영향을 깊이 받았던 결과이다. 강(강영)대(대진) 등 학자는 근대 과학인 천문 역산의 훈련을 거쳐 점차 치밀하게사유하고 조금도 소홀히 하지 않은 정신을 갖게 되고, 모르는 사이에새로운 과학적 방법을 만들어냈다. 이것을 경학과 '소학'에 응용하다보면 당연히 이전의 학자와 크게 다를 수밖에 없었다. 알다시피 대진은 강영의 제자이고, 단옥재(段玉裁)·왕념손·공광삼(孔廣森)은 대진의제자이다. 학풍이 이대로 계승되면서 그제야 건가학파가 형성된 것이

---

22 陳平原(1998). 如何描述晚清及五四兩代學者所創立的新的學術範式, 實在不是一件容易的事情. 起碼可以擧出走出經學時代,顚覆儒學中心,標擧啓蒙主義,提倡科學方法,學術分途發展,中西融會貫通等.

었다."[23] 청대 언어학의 성취에 대한 왕리의 평가는 필자의 논의와 비교하면, 분명히 청대 언어학의 학술 수준을 치켜세운 경향이 있다. 물론 청대 강영 등 학자는 언어학을 추진한 바가 있었지만, "새로운 과학적 방법을 만들어냈다"고 말하기가 어렵다. 그들이 아직도 과학과 상당한 거리가 있었다.

건가학파이든 장황학파이든 모두 진정한 현대 언어학의 범위에 들어갈 수가 없었다. 그들은 단지 현대언어학의 대문 앞까지만 도달했을 뿐, 마루에 올라 방으로 들어가지 못했다. 중국언어학의 본격적인 학술 전환은 서양 언어학 사상을 전면적으로 받아들이고 서양 연구 패러다임을 모방하는 역사 흐름 속에서 비로소 실현되었던 것이다. 마건충 『마씨문통』(1898)의 탄생은 중국 언어학의 전환을 상징한다. 허쥬잉(何九盈)은 다음과 같이 평가한다. "서양 현대언어학과 비교하면, 우리의 현대화는 처음부터 보충 강의 같은 성격을 지니고 있었다. 태서의 '거랑마(葛郎瑪)', 역사비교법은 19세기 말 20세기 초의 중국인에게 모두 금시초문의 신선한 사물이었다."[24] 마건충의 연구에 이르러야 한어에도 '거랑마(grammar)'가 있음을 알 수 있었다. 마건충 이후 언어학연구가 여러 방면에서 발전했다. 기계적인 모방이나 표절이 없지 않았지만, 새로운 연구 패러다임은 전통적 언어학과 현저한 차이를 드러냈다. 그 후에 후이루(胡以魯)의 『국어학초창(國語學草創)』(1913), 베른하르드 칼그렌(Klas Bernhard Johannes Karlgren, 高本漢)의 『중국음운학연

---

23 王力(1962). 清人在'小學'的領域上, 開中國語言學的新紀元, 可以說是從清代起才有眞正的科學研究, 這並不是突如其來的. 清人的樸學的研究方法實際上受了近代自然科學的深刻影響. 江(指江永)戴(指戴震)等人經過近代科學的天文曆算的訓練, 逐漸養成了縝密的思維和絲毫不苟的精神, 無形中也養成了一套科學方法. 拿這些應用在經學和'小學'上, 自然跟從前的經生大不相同了. 我們知道, 戴震是江永的弟子, 段玉裁, 王念孫, 孔廣森是戴震的弟子, 學風從此傳播開來, 才形成了乾嘉學派.
24 跟西方現代語言學相比, 我們的現代化一開始就帶有補課的性質. 泰西的 '葛郎瑪', 歷史比較法, 對於19世紀末20世紀初的中國人來說, 都是聞所未聞的新鮮事物.

구(中國音韻學研究)』(1915~1926), 자오윈런[趙元任]의 『현대오어연구(現代吳語研究)』(1929), 천왕다오(陳望道)의 『수사학발범(修辭學發凡)』(1932) 등이 출간되어 중국언어학 전형의 완성을 상징한다.

2) 근대 학술 전환기 중국언어학의 성립

중국언어학의 근대 전환에 대하여 허쥬잉(1995)은 세 가지 특징을 강조한다. 이것은 과학화, 사회화와 이론화이다. 이 세 가지 특징은 천핑위안, 주한궈가 제시한 근대 학술의 전환 기준과 일치하다. 허선생이 제시한 세 가지 특징을 구체적으로 논의하자면, 다음과 같이 전통 언어학과 근대 언어학의 연구 패러다임을 구분하는 요점은 몇 가지 있다. ① 경학에 예속된 존재로부터 독립적 학문으로 전환, ② 연구대상 서면어에서 구어로, 문언에서 백화로 전환, ③ 파편적 고증에서 체계적 연구로 전환, ④ 정태(靜態)적 연구에서 역사적 연구로 전환, ⑤ 이성적 총괄 능력이 부족함에서 자발적으로 언어 구조와 변화 규칙을 귀납함으로 전환, ⑥ 소수자의 학술 취미에서 전문가의 연구로 전환, ⑦ 연구 전통만 고집함으로부터 외래 이론과 방법의 활용으로 전환.
이상의 구별 인식을 바탕으로 근대 중국언어학의 전환 과정을 서술하고자 한다.

(1) 어문운동과 현대국어의 확립
근대 중국 사회에서 3대 어문운동이 성대하게 전개했다. 병음화운동(한자의 간체화를 포함함), 백화문운동과 국어통일운동의 목적은 국가를 구하고, 교육을 발전시키며 국민을 계몽하는 것이다.
근대 중국의 선각자는 중국의 몰락과 패배를 낙후한 교육이 초래한 결과로 보고, 교육의 낙후가 언어의 불통일, 문언문의 억압, 복잡한 한자와 관련되어 있다고 생각했다. 따라서 교육을 발전시키고 국민을 계몽하여 부국강병을 이루기 위해 반드시 언어를 통일하고 백화와 병음문자를 시행해야 한다고 주장했다. 오여륜(吳汝綸, 1840~1903) 등은 귀머거리도 들을 수 있도록 큰 소리로 국어의 개혁을 호소했다. 왕조(王照)의 『만오여륜문(挽吳汝綸文)』에 의하면, "선생(오여륜)은 순수하고 진지한 마음으로, 일본 득력의 단서를 사람마다 가다가나를 사용하여 국어를 만든 데에서 찾아내고, 각국이 예외없이 모두 국어를 자모로 만드는 것을 보통교육의 관건으로 삼는 이유를 문득 깨달았다."[25] 선각자의 끊임없는 노력 끝에 3대 어문운동, 특히 국어통일운동과 백화문운동은 뚜렷한 성과를 거두었다. 국어 의식의 자각이 심화되면서 전국 국민은 대체로 동일한 공동 언어를 사용하게 되었다. 백화가 문언을 대체하여 서면어의 주류가 되는 반면에, 문언이 구석까지 굴어내려 개인의 특별한 경우에만 사용되기 시작한다. 병음화운동의 성과가 비교적으로 미흡하지만 표음자모이든 로마자이든 다시 한자식 반절에만 국한하지 않고, 음소화, 부호화로 한 걸음 크게 발전함으로써 대중에게 한자를 해독하는 데에 편의를 제공했다.

허쥬잉(1995)은 "3대어문운동의 출현은 객관적으로 현대언어학 발전의 길을 개척했을 뿐만 아니라, 많은 새로운 과제를 제출하고, 또 중국 전체의 사회발전, 문화발전에 중요한 의미를 가진다"[26]고 했다. 3대어문운동은 언어 문자에 대한 고찰과 인식을 촉진하고, 전통적 어문 관념을 타파하며 언어교육의 보급을 추진한다.

---

25 目睹日本得力之端, 在人人用其假名之國語, 而頓悟各國莫不以字母傳國語爲普通教育至要之原.

26 三大語文運動的產生不僅在客觀上爲現代語言學的發展開闢了道路, 提出了許多新課題, 而且對整個中國的社會發展, 文化發展, 也有重要意義.

(2) 중국언어학의 독립 – 언어학과 문자학 / 언어문자학

중국언어학은 장기간 동안 독립적 학문이 아니므로 학문적 체계가 구성되지 못했다. 건가학파의 학풍을 계승한 장황학파는 최초로 독립적 학문의 중요성을 인식했다. 장태염이 1906년 발표한 「언어문자학을 논하다(論語言文字之學)」에 이르기를, "지금 국학을 알려고 하면 먼저 언어 문자를 이해하지 않으면 안 된다. 이 언어 문학의 학문은 옛날에 소학이라고 명칭한다. (…중략…) 오늘날 소학이란 것은 모두 경학의 부속품으로 여겨지는 것 같다. 사실은 소학의 용도는 경전에 통달하는 데에만 있는 것이 아니다"[27]고 했다. 그는 최초로 언어문자학의 학문이 "경전에 통달하는 데에만" 필요한 것이 아니라고 명확히 지적했다.

한언어문자학이 경학의 구속을 벗어나 독립적 학문으로 성장된 것은 근대 언어학 전환의 가장 중요한 성과이다.

(3) 근대 중국언어학 각 분야의 형성

① 보통언어학 및 국어언어학

중국 고대언어학의 이론적 총괄이 부족하기 때문에 이론 저서가 많지 않았다. 근대 언어학 이론에 대한 접근은 먼저 서양과 일본의 언어학 이론 저서의 소개부터 시작했다. 이 시기에 번역된 저서는 주로 일본 안도 마사츠쿠(安藤正次)의 『언어언학대강(言語言學大綱)』(雷通群 역, 1931), 영국 J. R. Firth(福爾)의 『언어학통론(語言學通論)』(張世祿 · 藍文海 역, 1937) 등이 있다. 또한 서양 언어학 이론들을 광범위하게 수용해서 펴낸 저서는 러쓰빙(樂嗣炳)의 『언어학대의(語言學大意)』(1923), 왕구루(王古魯)의 『언어언학통론(言語言學通論)』(1930), 선부저우(沈步洲)의 『언어언학개론(言語言

---

27 『論語言文字之學』, 今欲知國學, 則不得不先知語言文字。此語言文字之學, 古稱小學 (…중략…) 今日言小學者, 皆似以此爲經學之附屬品。實則小學之用, 非專以通經而已。

學槪論)』(1931), 장스루[張世祿]의 『언어학원리(語言學原理)』(1930) 등이 있다. 이러한 저서들은 독창적 연구가 아니지만, 언어학 지식을 소개하는데에 긍정적 역할을 하고 있었다.

장스루는 1934년 펴낸 『언어학개론』에서 당시 학자들의 심리를 고백한 바가 있다. "우리 중국에는 과학이 원래 발달하지 못했다. 언어에 대한 저서가 많았지만 끝내 일종의 과학으로 형성할 수가 없었다. 그래서 중국의 국어와 각종 방언을 연구하려면 당연히, 또한 반드시 서양언어학 이론을 기초로 해야 한다. 중국어의 성질과 역사를 규명하는 데에도 반드시 세계언어학의 지식을 먼저 갖추어야 한다."[28]

서양 언어학 이론으로 한어를 연구하는 저서가 나타나기 시작했다. 후이루의 『국어학초창』(1913)을 이어 리진시[黎錦熙]의 『국어학강의(國語學講義)』(1919), 러쓰빙의 『국어개론(國語槪論)』(1923), 선지안스[沈兼士]의 「국어문제의 역사적 연구(國語問題之歷史的研究)」(1923), 마궈잉[馬國英]의 『신국어개론(新國語槪論)』(1928), 러쓰빙의 『국어학대강』(1935) 등이 출간되었다.

후이루는 일본에 유학을 다녀왔다. 그는 체계적으로 프란츠 보프(Franz Bopp, 浦氏), 뮐러(Friedrich Max Muller, 麥斯车勒), 카를 훔볼트(Karl Wilhelm von Humboldt, 亨抱而), 오토 예스퍼슨(Otto Jespersen, 耶斯彼善) 등의 이론을 공부했다. 그는 배운 이론으로 한어를 연구하고, 많은 성과를 이루며 현대 한어연구의 선구자가 되었다. 책에서 그가 토론하는 문제는 "국어 연기, 국어 연기의 심리관, 국어 후천의 발전, 국어 후천 발전의 심리관, 국어 성립의 법칙, 언어학에서의 국어의 위치, 방언 및 방음, 표준어 및 표준음, 국어와 국문의 관계, 역명"[29]이다. 이러한 논제를 보면, 그가 한어 언

---

28 我們中國, 科學向來不很發達, 過去對於語言雖然有許多的著述, 終究未曾組織成爲一種科學, 因此, 我們要研究中國的國語和各種方言, 自然必須有西洋語言學學理做個基礎, 我們要考明中國語的性質和歷史, 也必須先具有世界語言學的智識。

29 說國語緣起, 國語緣起心裡觀, 說國語後天發展, 國語後天發展心裡觀, 國語成立之法則, 國語在語言學之位置, 論方言及方音, 論標準語及標準音, 論國語國文之關係,

어학을 내세우고자 한 것을 알 수 있다.

② 어음학

국어통일운동에서 국어 어음 체계에 대한 논의는 유난히 학자들의 주목을 받았다. 주음자모의 발음에 대한 설명을 중심으로 하고, 어음학 원리로써 국어의 어음학을 논술한 저서가 우후죽순처럼 출간되었다. 예컨대 이쮀린[易作霖]의 『국음학강의(國音學講義)』(1920)와 『국음독본(國音讀本)』(1920), 랴오리쉰[廖立勛]의 『실용국음학(實用國音學)』(1920), 주진천[朱蓋忱]의 『국어발음학개론(國語發音學概論)』(1922), 가오위안[高元]의 『국음학(國音學)』(1922), 왕이[汪怡]의 『신저국어발음학(新著國語發音學)』(1924), 팡이[方毅]의 『국음연혁(國音沿革)』(1924) 등. 가오위안의 『국음학』의 논제는 "일, 서론; 이, 성; 삼, 운; 사, 오성(五聲); 오, 국음의 특성"[30]이다. 그는 이것으로 국어 어음학 연구의 기초를 다져 주었다.

서양의 일반 어음학을 소개하는 저서로는 장스루의 『어음학개요(語音學概要)』(1934)와 『어음학강요(語音學綱要)』(1935), 천린샹[岑麟祥]의 『어음학개론(語音學槪論)』(1939) 등이 있다.

보다 더 중요한 것은 이 시기에 실험어음학도 크게 진전했다. 예컨대 자오위안런의 「중국언어자조의 실험법(中國言語字調底實驗法)」(1922), 류푸(劉複)의 「사성실험록(四聲實驗錄)」(1924), 왕리의 「박백방음 실험록(博白方音實驗錄)」(1931), 바이디저우[白滌洲]의 「관중 성조 실험록(關中聲調實驗錄)」(1934) 등.

자오위안런이 쓴 「음위표음법의 다능성[音位標音法的多能性]」(1934)은 한어 실정을 근거로 하여, 음위귀납(音位歸納)의 원칙성 문제를 검토한 논문으로 어음학사의 경전이 되었다.

論譯名.
30　一、緒論, 二、聲, 三、韻, 四、五聲, 五、國音之特性。

어음학은 전통적 등운학의 한계를 극복하여 성학(聲學), 생리학과 사회학의 이론을 활용하는 학문으로 뿌리를 깊이 박아 꽃을 핀다.

③ 방언학

중국 고대언어학에는 일찍부터 『방언(方言)』이란 저서가 있었다. 그러나 고대의 방언연구는 문헌의 방언 어휘에 대한 고증을 주요 목적으로 하기 때문에 언어학의 학술연구라고 할 수가 없다. 근대에 들어서면서 방언연구의 방법과 목적은 모두 크게 바뀌었다. 근대 방언연구의 주요 방법은 묘사이고, 연구목적은 방언의 언어 구조(어음, 사휘, 어법 등)를 분석하고 방언의 변화를 고찰하며, 방음(方音)을 파악하고 방언을 언어 역사 비교의 자료로 이용하는 것이다.

1918년 베이징대학[北京大學] "가요연구회(歌謠研究會)"의 성립으로부터, 베른하르드 칼그렌의 『중국음운학연구(中國音韻學研究)』(1916~1926), 자오위안런의 『현대 오어의 연구』(1928), 뤄창베이[羅常培]의 『하문음계(廈門音系)』(1931)와 『임천음계(臨川音系)』(1941), 타오하오민[陶燠民]의 『민음연구(閩音硏究)』(1936), 둥퉁허[董同和]의 『화양량수정 객가화 기음(華陽涼水井客家話記音)』(1948) 등의 출간까지 방언 연구의 새로운 핵심이 모두 뚜렷하게 드러났다.

④ 음운학

전통적 음운학은 청대 건가학파에 이르러 최고조에 도달하고, 전통 어문 자료를 이용하고 귀납하는 작업의 극치를 보여주었다. 만청 장태염과 황간(黃侃) 등은 건가학파를 계승하여 어느 정도의 성과를 거뒀으나 강노지말(强弩之末)처럼 더 이상 큰 진전을 이루지 못했다. 근대 전환기에 서양학자가 한어의 역사 음운연구를 주목하기 시작했다. 그 대표작으로 마쉬맨(Joshua Marshman, 馬士曼)이 1908년 펴낸 『한어의 문자와 음성을 논하다[論漢語的文字和聲音]』이다. 이 책은 범한대음(梵漢對音)으로 한어의 문자와 음성을 연구한 것이다. 에드킨스(Joseph Edkins, 艾約瑟)의 『중국 상해 토화의 문법(中國上海土話的文法)』(1853), 『중국관화문법(中國官話文法)』(1857)에도 역사 음운 문제를 언급했다. Z. Volpicelli(武爾披齊利)의 『중국음운학(中國音韻學)』(1896)을 비롯하여 중고(中古) 운치(韻値)의 재구성이 시작했다. 그 후 마스페로(Henri Maspéro, 馬伯樂)과 베른하르드 칼그렌의 참여가 해외 한어연구의 진용을 확대했다. 이 시기의 연구는 서양의 이론을 수용했으나 체계적으로 이루지 못하므로 진정한 과학적 음운연구라고 보기가 어렵다.

1918년 첸쉬안퉁[錢玄同]의 『문자학음편(文字學音篇)』의 출간은 국내 학자 연구방향의 전환을 예고했다. 『문자학음편』은 새로운 이론으로 음운학을 논의한 저서이다. 첸쉬안퉁은 전통적 음운학의 학설에만 의지하지 않고, 새로운 연구방법을 적극적으로 수용함으로써 음운학의 획기적 연구를 내놓았다.

서양의 이론과 한어 음운학의 전통을 결합시킴으로써 본격적으로 현대 음운학의 기초를 다져 준 학자는 스웨덴의 베른하르드 칼그렌이다. 그는 1915년부터 1926년까지의 11년 동안에 『중국음운학연구』를 작성했다. 이 저서의 성과는 『절운』의 음계를 연구한 것이 아니라, 새로운 관념과 방법, 즉 역사비교법을 소개한 것이다. 그리고 최초로 고대 한어 어음을 과학적으로 묘사하고 재구성하며 서양 역사비교언어학을 한어연구에 실천하며 전환기 음운학 연구의 방향을 좌우했다. 그 후에 자오위안런, 리팡궤이[李方桂], 뤄창베이, 왕징루[王靜如], 장스루, 루즈웨이[陸志韋], 저우파가오[周法高], 둥퉁허 등 학자는 베른하르드 칼그렌이 개척한 음운학 연구를 계승했다.

이 시기에 상고음이든, 중고음이든, 근대음과 등운학이든 모두 놀라운 진전을 보여주었다. 음운학은 새롭게 성립된 중국언어학에 있어서 가장 빛난 성과를 성취한 분야이며 국제적 영향력을 가장 많이 지니는 학문이다. 국제적으로 유명한 자오위안런, 리팡궤이, 뤄창베이는 모두 음운학 대가이다.

⑤ 어법학

중국 고대언어학은 어법의 연구를 중요시하지 않았다. 비록 단편적 연구가 있었지만 제대로 된 어법학 저서가 나타나지 않았다. 마건충의 『마씨문통』(1898)에 이르러야 한어를 중심으로 한 어법학은 비로소 탄생했다. 마건충은 기독교의 신자이며 프랑스에 유학을 다녀왔고, 프랑스어와 라틴어가 능숙한 초기 양무파의 인물이다. 『마씨문통』은 네 가지 방면에서 논의를 전개한다. 첫째, 정명(正名). 23개 어법 용어를 규정한다. 둘째, 실자(實字), 즉 실사(實詞). 다섯 가지로 분류한다. 명자(名字), 대자(代字), 동자(動字), 정자(靜字), 태자(狀字). 셋째, 허자(虛字), 즉 허사(虛詞). 네 가지로 분류한다. 계자(介字), 연자(連字), 조자(助字), 탄자(歎字). 넷째, 구독(句讀). 구가 문(문장)을 가리키며, 독은 단문을 가리킨다. 마건충이 서양 언어의 문법을 모방하고 이 책을 쓴 것은 분명하다. 그러나 이 책은 최초로 체계적으로 한어 어법의 구조를 구성하기 때문에 그의 역사적 영향력을 과소평가하면 안 된다.

장사쇠[章士釗]의 『중등국문전(中等國文典)』(1907), 류푸의 『중국문법통론(中國文法通論)』(1920), 양수다[楊樹達]의 『고등국문법(高等國文法)』(1920), 리진시의 『신저국어문법(新著國語文法)』(1924), 이쩌린의 『국어문법사강(國語文法四講)』(1924), 천청찌[陳承澤]의 『국문법초창(國文法草創)』(1922), 진자오쯔[金兆梓]의 『국문법의 연구(國文法之研究)』(1922), 왕리의 『중국고문법(中國古文法)』(1927) 등 저서는 모두 마건충의 연구에서 영향을 받고 서양과 한어의 어법 갈등 속에서 헤매고 있었다.

1936년 왕리는 「중국문법학초탐(中國文法學初探)」을 발표함으로써 자신을 포함한 초기의 어법 연구자들이 서양 문법과 억지로 비교하는 방법을 비판하고, 한어의 실정에 의존하여 한어 어법연구를 해야 한다고 주장했다. "모 민족어의 문법연구에 대하여, 다른 민족어와의 비교를 통해 공동한 점을 증명하기가 쉬지만, 본 민족어에 입각하여 세계의 다른 언어들과의 차이점을 찾아내기가 어렵다. 남의 집에 있는 물건을 보고, 자기 집에 돌아와서 같은 물건이 있는지를 확인해도 된다. 다만 주의해야 하는 것은 죽부인을 폐지 쓰레기통으로 잘못 보지 마라."[31] 왕리의 글은 어법연구의 새로운 전환을 예고했다. 그 이후 출판된 뤼수샹(呂叔湘)의 『중국문법요략(中國文法要略)』(1941)과 왕리의 『중국현대어법(中國現代語法)』(1943)은 한어 어법연구 전환의 완성을 상징한다.

⑥ 훈고학의 혁신

훈고학이 중국 고대언어학의 현학이지만, 확정하지 않은 연구 범위, 혼란스러운 연구방법, 불명확한 학리와 연구목적으로 인해 훈고학을 현대언어학에 융합시키기가 매우 어려웠다. 이러한 훈고학은 근대 전환기에 새로운 생명을 맞이하여, 연구범위나 연구방법 등 방면에서 모두 크게 진전했다. 황간의 『훈고술략(訓詁述略)』, 선지안스의 「문자학 '형'과 '의'를 연구하는 방법[研究文字學"形"和"義"的方法]」(1920), 허중잉(何仲英)의 『훈고학인론(訓詁學引論)』(1934), 푸마오지[傅懋勣]의 『중국 훈고학의 과학화[中國訓詁學的科學化]』(1942), 치페이룽[齊佩瑢]의 『훈고학개론(訓詁學槪論)』(1943), 왕리의 『신훈고학(新訓詁學)』(1947) 등 저서는 훈고학 분야의 확립에 기여를 했다.

황간의 『훈고술략』은 어의학에 접근한 시도이다. "고(詁)이란 것은

---

31   "我們對於某一族語的文法的研究, 不難在把另一族語相比較以證明其相同之點, 而難在就本族語裏尋求其與世界諸族語相異之點。看見別人家裏有某一件東西, 回來看看自己家裏有沒有, 本來是可以的, 只該留神一點, 不要把竹夫人誤認爲字紙簍。"

고(故)이자, 즉 본래의 뜻이다. 훈(訓)이란 것은 순(順)이자, 즉 원의를 확대하는(引伸) 뜻이다. 훈고란 것은 언어로 언어를 해석하는 말이다. 만약 이 땅의 언어로 다른 땅의 언어를 해석하거나, 지금의 언어로 옛 언어를 해석하면, 이것은 비록 훈고에 속하는 일이나 그 구성의 원리가 다르다. 진정한 훈고학은 곧 언어로 언어를 해석한다. 처음에 시간과 지역의 제한이 없었고, 단지 그의 법식(法式)을 연구하여 그의 격식(義例)을 밝힘으로써 언어 문자의 계통과 근원을 탐구한 것이다."[32]

어원(語源)학의 발전은 이 시기 훈고학의 뚜렷한 성과이다. 장태염의 『문시』(1910), 선지안스의 「훈고학에서 우문설의 연혁과 추정(右文說在訓詁學學上之沿革及其推闡)」(1933), 베른하르드 칼그렌의 『한어의 사족(漢語的詞族)』(1934) 등 저서는 서로 다른 체계와 입장에서 한어 어휘의 어근 관계와 어음 관련성을 논의한다. 문제점도 적지 않지만, 연구 성과가 상당히 대단하다.

⑦ 문자학

근대 전환 이후 어학은 여전히 문자학의 연구를 주목하고 있었다. 이 시기 문자학의 연구 성과는 대체로 세 가지 있다. 첫째, 갑골문의 발견은 고문학의 연구를 추진하고 다른 학문에도 상당한 영향을 미쳤다. 대표작으로는 뤄전위(羅振玉)의 『은허서계고석(殷墟書契考釋)』(1915), 왕궈웨이(王國維)의 『은복사중소견선공선왕고(殷卜辭中所見先公先王考)』(1917), 상청쭤(商承祚)의 『은허문자유편(殷墟文字類編)』(1923), 귀뭐뤄(郭沫若)의 『갑골문자연구(甲骨文字研究)』(1931)와 『은주청동기명문연구(殷周靑銅器銘文硏究)』(1931)

---

32 詁者, 故也, 卽本來之謂 ; 訓者, 順也, 卽引伸之謂。訓詁者, 用語言解釋語言之謂。
若以此地之語釋彼地之語, 或以此時之語釋昔時之語, 雖屬訓詁所有之事, 而非構
成之原理。眞正之訓詁學, 卽以語言解釋語言, 初無時地之限域, 且論其法式, 明其
義例, 以求語言文字之系統與根源是也。

등이 있다. 둘째, 문자학 이론의 뚜렷한 발전. 특히 탕란[唐蘭]의 『고문자학도론(古文字學導論)』(1934)과 『중국문자학(中國文字學)』(1949)은 과거와 완전히 다른 문자연구 패러다임을 만들었고, 허신 『설문해자』의 체계 속에서 벗어나서 문자학으로 하여금 독립적 학문이 되게 한다. 셋째, 한자의 간체화와 병음화 연구는 한자의 교육과 보급을 추진했다. 대표작으로는 루페이다[陸費逵]의 「보통교육 속체자를 사용해야 하다[普通教育應當採用俗體字]」(1909)와 「한자 정리의 의견[整理漢字的意見]」(1921), 첸쉬안퉁의 「현행 한자의 획수를 줄이기[減省現行漢字的筆劃]」(1922) 등이 있다.

그리고 『설문해자』에 대한 연구로 딩푸바오[丁福保]의 『설문해자고림(說文解字詁林)』(1928)이 있다. 후푸안[胡朴安]은 최초로 『중국문자학사(中國文字學史)』(1937)를 펴냈다.

⑧ 수사학

수사학은 중국 고대언어학의 중요한 일환이며, 주로 편장학(篇章學)의 형태로 존재했다. 이 분야에 있어서 유협(劉勰)의 『문심조룡(文心雕龍)』은 천고에 빛날 명작이다. 하지만 중국 고대에 수사학의 전문적 논저가 없었다.

근대 전환기에 일본에 유학을 다녀온 학자가 일본 학자를 통해 수사학의 풍채를 알게 되었다. 탕전창[湯振常]의 『수사학교과서(修詞學教科書)』(1905), 청산즈[程善之]의 『수사초보(修辭初步)』(1918), 탕웨[唐鉞]의 『수사격(修辭格)』(1923), 왕이(王易)의 『수사학(修辭學)』(1926) 등은 대체로 일본 저서에 대한 소개이다.

천왕다오는 1932년 펴낸 『수사학발범(修辭學發凡)』에서 최초로 한어 수사학의 학문 체계를 체계적으로 구성했다. 비로소 수사학은 중국 학술체계 속에서 자신의 자리를 갖게 되었다.

⑨ 한 장어(漢藏語) 및 기타 언어 연구

전환기 이후의 중국언어학에는 한어연구 이외에 한장어의 연구도 시작했다. 대표작으로는 리팡궤이의 『용주토어(龍州土語)』(1935), 『중국의 언어와 방언[中國的語言與方言]』(1937), 뤄창베이의 『연산파이어문초탐(蓮山羅夷語文初探)』(1944) 등이 있다. 그들의 제자인 장쿤[張琨], 마쉐량[馬學良], 푸마오지 등 학자는 이어서 중국 한장어연구의 신천지를 개척했다.

또한 중국언어학은 서양 언어의 연구에도 관심을 가지고 있으며 주로 서양 언어의 연구 성과를 소개했다. 본문은 이에 대한 논의를 생략하기로 한다.

3. 근대 이행기 중국어학에 대한 평가

근대 전환기 이후 중국언어학은 형식묘사, 구조분석, 역사비교 등 방면에서 뛰어난 성과를 거두고 드디어 세계 학술연구의 수준에 접근하여, 중국 현대 학술의 중요한 일환이 되었다. 근대 전환기의 중국언어학을 어떻게 평가하는가 하는 문제도 중요한 과제이다.

둥퉁허(1968)가 다음과 같이 현대 음운학의 성과를 평가한다. "서양인이 중국에서 언어학을 소개했을 때부터 중국의 고음연구가 크게 발전하기 시작했다. 약 10년 동안 중외 학자가 거둔 성과는 심지어 청대 삼백년 동안 수많은 대가들의 성과를 초월했다. 그들의 시야가 넓어지고 자료가 많아지며 도구가 잘 갖추어지고 방법도 더욱 치밀해졌다. 그래서 고음의 '류(類)'부터 한 걸음 나가서 '치(値)'를 논할 수 있는 것이었다. 더 중요한 것은 음운학이 드디어 '배우기 어렵고 가르치기도 어려운' 궁지를 벗어나게 되었다."[33] 이것은 음운학에 대한 평가이지만, 근대 언어학의 기타 분야에도 똑같이 적용할 수 있는 논평이다.

현대 음운학이 이만큼 훌륭한 성과를 성취한 원인은 이론과 방법의 혁신 및 학술 관념의 변화에 있다. 아래의 표와 같이 전통 음운학과 현대 음운학의 차이를 비교해 보고자 한다.

중국 현대언어학은 백 년의 역사를 가지고 있다. 그의 성과를 인정하는 동시에 경험을 정리하고 부족한 점을 짚어내야 한다. 그래야 중국언어학은 온전하게 발전할 수 있는 것이다. 다음 몇 가지 사항을 특별히 주의할 만하다.

① 대외적으로 언제나 개방하고, 적극적으로 해외의 우수한 연구 경험을 참고한다. 해외의 우수 연구 성과를 받아들이고 수용하는 것은 현대언어학 연구의 필수 방법이다. 장지동(張之洞)은 1898년에 일찍 중체서용(中學爲體, 西學爲用)의 사상을 제기했다. 왕리(1962)는 "해방 이전까지 극히 소수한 마르크스주의자를 제외하면, 소위 중국언어학은 언제나 서양언어학을 배우는 것을 목적으로 했다. 근 50년 동안 중국언어학의 각 분야가 성취한 조그만한 성과라도 보통언어학이 베푼 은혜라고 봐야 한다"[34]고 했다.

② 중국은 문화통일의 전통을 가지고 있다. 이러한 전통은 좋은 점

---

33 從西洋人把他們的語言學介紹到中國來, 中國古音硏究的進展, 眞是可觀。我們可以說, 近幾十年間中外學人的收穫, 足足抵得上, 甚或超過淸代三百年間許多大師的成績。眼界寬闊, 材料增加, 工具齊備, 方法也更爲精密 ; 因此我們已經能從古音的'類', 進而談古音的'値' ; 更要緊的則是, 我們已經能使這門學問脫離'童稚從事而皓首不能窮其理'的絶境。

34 直到解放以前, 除了極少數的馬克思主義者以外, 中國語言學始終是以學習西, 洋語言學爲目的。最近五十年來, 中國語言學各部門如果有了一点一滴的成就, 那都是普通語言學的恩賜。

	傳統音韻學	現代音韻學
對象	文字音讀	語音系統的歷史
材料	文獻材料	文獻材料丶活的材料
目的	解經	語音史
理論	語文學	語言學
方法	音類	音類與音值
語音符號	漢字	音標

도 있지만, 막대한 부정적 역할을 또한 하고 있다. 특히 학술연구 창조력의 결여에 이 점이 두드러지게 나타난다. 어떤 학자는 보수적 경향을 지니고, 심지어 창조적 연구를 멸시하는 태도를 보여준다. 중국 봉건적 학술사상은 아직도 어느 정도의 시장을 갖고 있다. 어떤 학자들은 결탁하여 자기 파의 전통만 군세게 견지하며 다른 학파를 배척하고 조그만한 진취심도 없다. 학술연구에는 창조가 가장 중요하고, 창조성이 없는 연구는 단지 물거품에 불과하다. 따라서 학술연구의 자유를 지키며 '백화제방(百花齊放)'를 제창하고 학술연구의 다양화를 추구하는 것은 중국언어학의 발전을 위해 반드시 거쳐야 하는 길이다.

③ 백 년 동안 중국언어학은 서양언어학에 대한 공부와 모방 속에서 어렵고 천천히 전진했다. 이러한 경험은 부득이한 선택이면서도 학술연구에 반드시 거쳐야 하는 과정이다. 모방은 창조의 모체이기 때문이다. 몇 세대 학자의 끊임없는 탐색으로 중국언어학은 필히 단순한 모방과 비교를 뛰어넘어 중국언어학의 전통을 잘 드러내는 독립적 학술연구를 성공적으로 세울 것이다.

학술사 연구자인 팡숭화(方松華)의 논의에 의하면, "춘추 전국, 중국학술사에 있는 전무후무한 백가쟁명의 시대에 각종 사조와 학파가 벌떼처럼 일어났다. 이때는 중국학술사조의 창조 시대이며, 나중에 형성된 수많은 학파의 발원지이다. 유·도·묵·명·법·음양 등 제자백가는 서로 다른 학설, 방법을 가지고 있었으나 천지, 우주, 자연, 인생 및 인의 예지 등에 대해 모두 토론하고 연구하고 있었다. 특히 모 학파는 그의 기본 신념, 관점과 방법으로 수천 명의 문하생을 모아, 학파의 전통을 전수하여 후세까지 계승되었다. 선진 다원적 학술 패러다임은 서한 '파출백가, 독존유술'의 문화 독재주의로 인해 비참하게 종결되었다."[35]

우리는 미래의 중국언어학이 춘추 전국 시대의 학술 전통을 계승하고, 창조적이며 생기있는, 또한 언어학의 전통을 지니는 학술연구로 발전하여 세계언어학의 선도자가 되기를 기대한다.

---

[35] 方松華(2004). 在春秋戰國這一中國學術史上空前絶後、百家爭鳴的大時代, 各種思潮和學派蜂擁而起, 這是中國學術思潮的原創時代, 也是後來諸多思潮和學派的原型。儒、道、墨、名, 法, 陰陽等諸子百家盡管學說不同、方法各異, 但對天地宇宙、自然人生、仁義禮智等都有共同的研究、討論的興趣, 特別是某個學派共同的基本信念、基本觀點和基本方法常常可以彙聚數千門客, 從而形成該學派的傳統, 傳承無數年代。先秦多元學術的這種"範式"在西漢"罷黜百家, 獨尊儒術"的文化專制主義統治下慘遭終結。

| 참고문헌 |

陳平原(1998), 『中國現代學術之建立－以章太炎・胡適之爲中心』, 北京大學出版社.

董同龢(1968), 『漢語音韻學』, 中華書局, 2001(재판).

方松華(2004), 「近百年中國學術思潮反思」, 『上海行政學院學報』, 第5期, 上海行政學院.

費孝通(1989), 「中華民族的多元一體格局」, 『中華民族多元一體格局』, 中央民族學院
　　　出版社.

黃興濤・胡文生(2005), 「論戊戌維新時期中國學術現代轉型的整體萌發－兼談清末民
　　　初學術轉型的內涵和動力問題」, 『淸史硏究』, 第4期, 中國人民大學淸史硏究所.

霍正浩(2002), 「MtDNA與現代人類的起源和遷徙」, 『生物學通報』, 第8期, 『生物學通
　　　報』期刊社.

何九盈(1995), 『中國古代語言學史』, 廣東教育出版社.

_____(1995), 『中國現代語言學史』, 廣東教育出版社.

李　帆(2008), 「人種與文明 : 拉克伯裏(Terrien de Lacouperie)學說傳入中國後的若幹
　　　問題」, 『西南民族大學學報』第2期(人文社科版), 西南民族大學.

李維琦(1980), 「關於'雅音'」, 『中國語文』第6期, 中國社會科學院語言硏究所.

李孝定(1974), 「中國文字的原始與發展」, 『中央硏究院史語所集刊』第45本, 2～3分, 中
　　　央硏究院歷史語言硏究所.

羅志田(1999), 「新的崇拜:西潮衝擊下近代中國思想權勢的轉移」, 『權勢轉移 : 近代中
　　　國的思想・社會與學術』, 湖北人民出版社.

梅　耶(1924), 「歷史語言學中的比較方法」, 『國外語言學論文選譯』, 岑麒祥譯, 語文出
　　　版社.

孫　江(2010), 「拉克伯裏關於中國文明源於巴比倫的假說」, 『中國社會科學報』5月 18
　　　日, 中國社會科學院.

王　力(1981), 『中國語言學史』, 山西人民出版社.

_____(1962),「中國語言學的繼承和發展」,『中國語文』第10期, 中國社會科學院語言研究所.

魏　源(1852),『海國圖志』, 嶽麓書社, 2011(재판).

許嘉璐(1988),「關於訓詁學方法的思考」,『北京師範大學學報』第3期, 北京師範大學.

徐傑舜(1992),『漢民族發展史』, 四川民族出版社.

張玉來(2000),「近代漢民族共同語的構成及其特點」,『古漢語研究』第2期, 湖南師範大學.

周生亞(1980),「論上古漢語人稱代詞繁複的原因」,『中國語文』第2期, 中國社會科學院語言研究所.

朱漢國(1999),「創建新範式 : 五四時期學術轉型的特徵及意義」,『北京師範大學學報』第2期, 北京師範大學.

근대 이행기의 일본어학 성립

야스다 토시아키

1. 머리말

이 글은 근대 일본에서 언어연구라는 학문이 갖는 개념에 어떤 의미가 부여돼 왔는지를 개관하고 그것이 대학 제도 속에서 어떤 의도 아래 자리매김하게 되었는지를 축으로 논의하고자 한다. 언어연구는 일본어연구와 불가분의 관계에 있기 때문에 언어연구에 대한 자세가 일본어연구 방향에도 으레 영향을 주어왔다.

한편 국가의 정책방안과 언어연구의 양상을 서로 연계시켜서 논의하게 된 것도 근대시대의 특징이다.

그래서 '근대 이행기의 일본어학 성립'에 대해서는 두 관점에서 어떻게 논할 수가 있는지를 고찰해보고자 한다.

먼저 방향을 제시하기 위해 국어학자 도기에다 모토키(時枝誠記, 1900~1967)가 쓴 국어학역사의 구절을 인용해본다.

　도기에다에 의하면 일본어연구는 메이지시대 초기 이후 큰 변화를 일으켰다고 한다. 즉 "아주 새로운 바탕 위에 뿌리를 내렸다"고 하면서 그 때까지 실천해온 일본어학 연구는 "국학(國學)에 의존하면서 발전해 온 것이며 늘 그 안에 내재하는 원리를 따라서 진행되었다"고 했다.

　메이지 유신[明治維新]이 일본사회 전반에 걸쳐서 과거의 전통을 매장시킨 것처럼 국어연구 또한 아주 새로운 출발점에 서게 된 것이다. 구 국어연구와 비교하여 새로운 국어연구의 특징을 꼽는다면

　　첫째, 국어가 국가적 및 사회적으로 중요한 문제로 취급 받게 된 것.
　　둘째, 서양 언어학의 영향을 받았다는 것

위의 두 가지를 들 수 있다.[1]

　우선 여기서 국어와 일본어를 구별하여 국어학과 일본어학을 구분할 필요가 있다. 일본어도 국어도 메이지시대에 정착된 단어다. 먼저 국어에 관해서 말하자면 19세기 말까지 위에서 인용한 것처럼 국어는 '국가적 및 사회적으로 중요한 문제'로 거론되면서 정착되었다. 이는 근대국민국가의 통치기법으로 국어라는 제도로 정비된 것과 무관하지 않으며 국어학이라는 명칭 또한 대학제도의 명칭으로 정착된 것이다. 그렇게 된 배경에는 위 인용문 '둘째'에 있듯이 '서양언어학'의 부

1　時枝誠記, 『國語學史』, 岩波書店, 1940, 38頁.

정할 수 없는 영향을 들 수 있다. 나아가서 1897년에 도쿄제국대학 문과대학 국어연구소 설치에도 크게 기여했다고 할 수 있다.

이런 과정을 보면 일본어라는 명칭은 국어에 비해 정치적으로는 중립적인 것으로 보인다. 그러나 메이지시대 초기까지는 그런 측면이 있었지만 근대국민국가인 일본이 식민지를 영유하고 거기에 제도로서의 언어를 부식한 뒤 1930년대 이후 중국 대륙 등에서 일본어 보급을 꾀했을 때 국민국가와 식민지 이외 지역에서 통용되는 언어로 적극적으로 도입한 것이 다름아닌 일본어라는 명칭이었다. 그리고 거의 때를 같이하여 역사적 문헌학적 연구에 특화되고 있었던 국어학을 비판하고 지금 현재 대화에서 사용되고 있는 말과 음성 및 억양을 중시한 연구, 새로운 문법체계 창출을 목표로 한 연구 등을 심리학이나 수학 등 다른 분야를 전공한 연구자들로부터 제기 받게 되었다. 그 때 그들이 적극적으로 사용한 명칭이 바로 일본어학이었다. 또한 그것은 제국일본이 점령한 지역 등에서 하는 일본어연구를 시야에 둔 이름이기도 했다. 그런 의미에서 일본어 또는 일본어학이라는 명칭도 시대 배경과 깊은 연관성이 있다고 할 수 있다.[2]

제목대로 논하려면 일본어학이라는 명칭이 일반화되는 1930년대를 다루어야 하지만, 그렇게 하자면 '근대이행기'라는 전체 테마와 상반되므로 이 글에서는 국어학을 염두에 두고 논하기로 한다.

그렇다고는 하지만 국어학자 야마다 요시오(山田孝雄, 1873~1958)가 1935년에 쓴 '국어학사요(國語學史要)'의 기술 내용은 '국어학사(國語學史)'임에도 불구하고 메이지 전기시대까지만 되어 있다. 그 이유는 "지금의 국어학이란 메이지 중반에 서양언어의 학문이 수입된 후부터 그에 의한 이법에 국어를 대고 설하는 것이 주안점이 되고" 있으며 "국어의

---

2   자세한 것은 安田敏朗, 『日本語學는 科學일까─佐久間鼎와 그 시대』, 三元社, 2004
를 참조.

근본은 국민정신이며 또 언어 자체가 국민정신의 귀중한 보고라고 하는 중요한 점을 대부분 소홀히 하고 파괴적인 언론이 만연되어서" 진정한 의미의 '국어학'은 메이지 중기 이후에는 존재하지 않았기 때문이[3]라고 했다. 그의 개인적인 입장대로 당시의 국어학에는 문제가 있었다고 할 수도 있지만 여기서 그의 입장을 따르게 되면 보고 자체가 성립되지 않기 때문에 이러한 견해도 있다고 소개하는 정도로 그치고 진행해보려고 한다. 덧붙이자면 앞 인용문을 쓴 도기에다 모토키는 대학에서 제도화된 언어학과에서 배운 인물인 반면에 야마다 요시오는 중학교 중퇴가 최종 학력으로 근대국어학과와의 접근성이 서로 다른 것은 확실하다.[4]

그런데 국어학이라는 학문은 서양언어학의 영향을 받아서 성립되었다고는 하지만 그렇다면 언어학은 어떤 형태로 근대 일본에 도래한 것일까? 우선 용어에 대해서 고찰해보려고 한다.

---

3 山田孝雄, 「自序」, 『國語學史要』, 岩波書店, 1935, 2~3頁.
4 그렇다고는 하나 야마다 요시오[山田孝雄]도 서양사상 영향을 전혀 받지 않았던 것은 아니다. 게르만어학자인 헨리 · 스위트(Henry Sweet, 1845~1912)나 심리학자 빌헬름반트(Wilhelm Vundt, 1832~1920), 독일어학의 요한하이제(Johann Christian Augst Heyse, 1764~1892)와 같은 저서를 원문으로 읽었다는 지적도 있다. 특히 반트의 심리학으로부터 영향을 받았던 것으로 본이다(나록 하이코「『日本文法論』에 있어서 문장 성립관련 개념과 유럽언어학」, 사이토 츠네아키[齋藤倫明] · 오오키 가즈오[大木一夫編]『山田文法의 現代的意義』, ひつじ書房, 2010 참조). 또는 齊木美知世 · 鷲尾龍一, 『日本文法의 系譜學─國語學史와 言語學史의 接点』(開拓社, 2012)에서는 야마다[山田]와 보편문법과의 연관성을 논하고 있다.

2. '박언학(博言学)'이라는 말

1) 곤고 · 겐교 · 겐고

James Curtis Hepburn A Japanese and English dictionary : with an English and Japanese index(JC헵번 '和英語林集成')은 1867년에 초판이 나왔으며 1872년에 제2판, 1886년에 제3판이 간행된 일영사전(和英辭書)이다. 초판은 에도 막후 말기인 유신기 시대의 일본 영학(英學)에 큰 영향을 주었다고 할 수 있다. 여기서 우선 '언어'에 관한 어휘를 살펴보면 제2판에 GEN-GIYO 항목을 정해서 GON-GO를 보라고 되어 있다. 그래서 GON-GO를 보면,

GON-GO, ゴンゴ, 言語, n Words, speech, language (用例는 省略)

로 되어 있다. 겐교는 '언어'의 한자를 漢音으로 한 것이며 그것은 곤고를 오음(吳音)으로 읽은 것이다(후자가 더 오래된 읽기법). 하지만 여기에는 지금 일본어로 일반적으로 쓰인 언어의 읽기법인 '겐고'가 나오지 않는다. 이것은 '겐고'가 한음(漢音) + 오음(吳音)의 예외적인 조합에 의해 조성된 것에서 유래되지만 헵번의 제3판을 보면 약간의 변화를 볼 수 있다. 즉,

GEN-GYO or GENGO ゲンギョ 言語 n. Same as gongo

라고 되어 있다. 덧붙여서 GONGO에 대한 기술은 증쇄판과 동일하다. GENGO가 단독 항목으로 되어 있지는 않았다. 다시 이야기하지만 현재 '言語'를 '겐고'라고 읽는 것이 일반적('곤고'라는 읽기는 '言語道斷' 이라는 말

에 남을 정도)이지만 이 읽기는 단독으로 쓰이지 않았던 시기가 있었다고 할 수 있다. 즉 이 읽기는 비교적 오래되지 않았다는 것을 알 수 있다.

그런데 같은 제3판을 보면,

GENGOGAKU ゲンゴガク 原語學 n. The science of the origin of words; philology.

라는 항목이 만들어져 있다(곤고가쿠는 아니다). 영일사전 부분에서도 제3판부터는 "PHILOLOGY, n. GENGO-GAKU"으로 되어 있다.[5] '겐고'는 '언어(言語)' 대신 '원어(原語)' 즉 말의 기원이라는 뜻이다. 이것 또한 '言語'를 겐고나 곤고라고 읽는 것이 일반적이었다는 것을 증명하고 있다. 그러면 '겐고가쿠(언어학)'는 말의 기원 연구를 뜻하는 것이기 때문에 지금 상정되는 '언어학(言語學)'의 학문 내용과 비추어 보면 제한적이다. 물론 이것은 헵번사전에만 해당된다는 것을 잊지 말아야 하지만 근대에 있어서의 언어학 수용을 생각할 때 중요한 시각을 제공하고 있다.

2) 어원학(語源學)에서 박언학(博言學)으로

메이지시대 초기의 지식인 니시 아마네(西周, 1829~1897)가 엮은 책으로 『百學連環』(1870)이라는 것이 있다.[6] 거기에는 philology의 번역어로 '어원학(語源學)'이 기제되어 있다. 의미는 헵번과 같다. 덧붙여서 『百學連環』에는 language의 번역어는 '국어'라고 적혀 있다.

---

5   飛田良文・李漢燮 編, 『ヘボン著 和英語林集成 初版・再版・三版對照總索引』港 의 人, 2001을 참조.
6   『百學連環』는 데이터베이스로 되어 있다. 大學共同利用機關法人人間文化研究機 構의 總合檢索 시스템으로 이용할 수 있다(http://int.nihu.jp/).

따라서 '어원학(語源學)' 또는 '원어학(原語學)'이라는 번역어는 분명히 존재했다. 그러다 (도쿄)제국대학 총장을 맡게 된 가토 히로유키(加藤弘之, 1836~1916)가 이 말에 '박언학(博言學)'이라는 번역어를 추가했다고 한다.[7] 구체적으로 말하면 그것은 도쿄학사회원 제17회(1880년 2월 15일)에 일어난 논쟁이라고 할 수 있다. 이 '도쿄학사회원'이라고 한 것은 1879년에 설치된 최대 정원 40명(당초 정원은 21명)인 교육부소관의 학문적인 발전을 도모하기 위한 아카데미이며 거기에서 한 논의는 '도쿄학사회원 잡지'에 게재되었다(초대회장은 후쿠자와 유키치[福澤諭吉]. 나중에 제국학술원으로 개편되어 패전 이후는 일본학사원(日本學士院)이 되어 현재에 이른다.[8]

이 무렵 도쿄학사회원의 의제 중 일본문법서 편찬을 문부성에 건의하는 것을 둘러싼 한 논쟁이 있었다. 제기한 사람은 국학자인 후구바 비세이(福羽美靜, 1831~1907)였지만 그와 관련하여 가토가 다음과 같은 안건을 제출했다.

我邦語ヲ修正シ文法ヲ設定スルノ急務ナルコトニ就テハ既ニ諸氏ノ論説モ少カラス (…중략…) 西洋近來博言學(ヒロヽデー)(philology — 인용자)ノ一科盛ニ開ケ遠ク人類言語ノ淵源ヨリ凡地球上文野諸人種ノ言語ノ起源沿革及ヒ其種類性質等ニ至ル迄概シテ探討索求スルヲ旨トス今我

---

7   上田万年, 『國語를 위해 第二』, 富山房, 1903, 129頁(上田万年著・安田敏朗校注『國語를위해』平凡社東洋文庫, 2011年, 317頁)엔 「加藤先生이 스스로 博言學 譯名을 만들며, 英語에 所謂 휠로지를 東京學士會院에 제창」이라고 되어 있다. 단 이 문장의 서두에 있는 「祝辭」(『言語學雜誌』 創刊号、1900年 2月)에는 「加藤先生」의 부분이 「西周先生」라고 되어 있지(2頁)만 이것은 加藤弘之의 잘못 표기된 것.
8   東京學士會院의 沿革에 대해서는 秋山勇造「東京學士會院과『東京學士會院雜誌』」, 『人文硏究』 151集(神奈川大學人文學會, 2003.12)을 참조. 1880년부터 1901에 걸쳐서 刊行된 『東京學士會院雜誌』의 목자가 채택되어 있으며, 어떤 의논이 있었는지 알 수 있을 것 같다.

邦語ヲ修正シ文法ヲ設定セント欲セハ須ク先ツ此博言學ニ依テ博ク東西
二洋諸國語ノ大体ニ通シ其長短得失等ヲ究メ而後始テ之ニ着手セサル可
ラス (…중략…) 殊ニ博言學士ノ說ニ據レハ我邦語ノ如キハ支那ノ言語等
トハ全ク其類ヲ異ニシ實ニ亞細亞北方ノ言語ニ屬シテ滿州蒙古朝鮮等ノ
言語ト根源ヲ同ウスルモノナルヘシト云フ果シテ然ラハ博言學ニ就テ是
等言語ノ大体ニ通曉スルヲ得ハ邦語ノ修正ニ於テ爲メニ得ル所ノ利益タ
ル蓋シ少カラスシテ或ハ我邦語ト類ヲ異ニセル梵語、希臘語、拉丁語(是
等ハインド、**エウロピアン**、**ラングエヂ**ト稱スルモノナリ)ノ研究ヨリ得
ル所ノ利益ニ優ル所アルヤモ計ル可ラス因テ余ハ文部卿カ我邦語ノ修正
文法ノ設定ニ着手スルニ先タチ俊秀一二名ニ博言學ノ學習ヲ命シテ歐洲
ニ留學セシメ此輩カ數年ノ學習研究ヲ積テ歸朝スルニ迫(および — 인용
자)テ始テ右ノ大業ニ着手アランコトヲ希望スルナリ[9]

요컨대 일본어 문법을 만들기 위해서라면 언어 기원과 그 변천을
취급하는 '박언학(博言學)'을 배우고 여러 외국어에 능통해야 하며 또
한 일본어와 '근원이 같은' 아시아의 여러 언어를 배울 필요가 있으므
로 우선 '박언학(博言學)'을 학습시키기 위해 유럽에 우수한 인재를 파
견해야 한다는 주장이다.[10] 이 때부터 philology을 '어원학'이라고 한
정하지 않고 "널리 동서의 여러 국어에 통하여 그 장단과 득실 등을
연구함"이라는 뜻으로 '박언학(博言學)'이라고 번역하고 있었다는 것을
알 수 있다. 즉 헵번에서 말한 단어기원연구를 강조하는 것이 아니라
오히려 기원을 찾기 위해 다양한 언어를 연구해야 한다는 점을 강조
하고 있다. 또한 이로 인해 '방어(邦語)를 수정하여 문법을 정하다'는
'급한' 연구에 이어질 수 있다고 하는 점을 부각시키고 있다.

---

9 『東京學士會院雜誌』第2編 第1冊, 1880.4, 8~10頁.
10 위의 책, 같은 곳.

그러나 가토의 이 제안에 대해서 니시는 반대 입장을 나타냈다. 니시가 주장한 자세한 내용은 다음 제18차 회의(1880.3.15)를 보면 잘 알 수 있다. 니시는 이렇게 말한다.

> 所謂 **フキロロジー**(philology — 인용자)ナル學ハ古クヨリ名稱ハ有レトモ特別ニ科學ト爲ル程ノ事モ無ク唯言語ノ道時代ニ依テ変化ヲ受クル者ナレハ其時代々々ノ語義若クハ文法ヲ講究スル事ナリ (…중략…) 卽註釋文ヲ附屬シテ學フ事ナレハ別ニ一科學ト云フ程ノ者ニモ非ス[11]

한편 그는 '컴패러티브 에티몰로지(비교어원학, comparative etymology)'은 '과학'이라고 한다. 그 근거는 소위 인도유럽어족의 발견, 즉 "希臘語、羅馬語及其枝語等ノ南歐ノ語脈モ日耳曼英吉利等ノ北歐ノ語脈モ同シクサンシキリツトニ發源シタル事ヲ發明"에 있다고 한다. 니시는 이러한 지식을 막스 밀러가 쓴 책[12]에서 습득한 것으로 보이며 "이러한 서적들을 강구하면 얻을 수 있는 일[此等ノ書ヲ講究スレハ得ラルヽ事ナリ]"이며 이를 위해 일부러 유학시킬 필요는 없다고 한다. 게다가

> 是ハ歐洲ノ言語ニ必要ナル可ケレトモ本邦ノ語學ヲ立ツルニ之(比較語源學 — 인용자)ヲ先ンセサル可ラスト云フ程ノ切要トモ見エサル事ナリ且所謂 **フキロロジー**ノ旨趣ト云フ者ハ專ラコムペレーチフ、ヱチモロジー〔比較シテ語源ヲ知ルト云フ事ニ限リタレハ此ヨリ文典ノ規則ヲ採ルト云フ程ノ事モ有ル可ラス[13]

<hr />

11 『東京學士會院雜誌』第2編 第2冊, 1880.4, 27~28頁.
12 Freidrich Max Müller, 1823~1900. 인도학 · 언어학 · 신화학자. 아마 Freidrich Max Müller, *Lectures on the Science of Language Longman*, 1864 등을 가리킨다.
13 『東京學士會院雜誌』第2編 第2冊, 1880.4, 29頁.

라고 말한다. 비교를 하면 어느 정도는 과학성을 찾을 수 있다는 인식인 것 같다. 하지만 니시는 그것과 일본어의 '어학(語學)'을 확립하는 것과는 직접적인 관련이 없다고 주장한다. 게다가 "本語ノ淵源ヲ究メント欲スレハ先ツ朝鮮滿洲等ノ諸語ヲ講究スル(본어의 어원을 연구하고자 할 경우는 우선 조선어, 만주어 등의 제언어를 강구할 필요가 있다)"고 하고 그쪽과의 학술교류를 더 활발히 해야 한다고 반박한다.[14]

아무리 봐도 니시의 주장이 더 일리가 있어 보이며 '박언학(博言學)'을 습득하기 위해 유럽에 인력을 파견해야 한다는 가토 히로유키의 주장은 결국 이 때는 통과하지 못했다. 정식으로는 같은 해 6월 15에 열린 제21회 회합에서 다음과 같이 부결되었다.

加藤君ノ博言學議案ト(西－인용자)周ノ之ニ對シタル駁議ノ可否決ハ三月十五日本院第十八會ノ討議以來每會議事ノ時限及會員ノ欠席等ノ都合ニ依リテ遂ニ未決ニ付シタレハ本日ハ先ツ其可否ヲ決センコトヲ要ス故ニ加藤君ノ議案ヲ可トスル者ハ起立ヲ乞フト述ヘシニ中村正直君發言シテ博言學ノ事ハ固ヨリ不可ナケレトモ目今留學生ヲ歐洲ニ派遣シテ之ヲ學習セシムルノ一段ニ至テハ本員之ヲ否トスト曰ヘリ他ノ會員モ亦起立スル者ナキニ因リテ本案ハ之ヲ否決ト定ム[15]

결론적으로 말하자면 여기에서 니시가 제가한 문제 ─ "サンシキット(산스크리트 ─ 인용자)ヨリ歐洲諸國語ニ分派シタル事ハ歷然證憑アリ其書具ニ存スト雖トモ之ニ精通シタリトモ本邦ノ語學ニハサマテノ效驗ヲ奏セサル可シト信スルナリ"[16] 즉 일본어의 연구에는 비교언어

---

14 위의 책, 34頁.
15 『東京學士會院雜誌』第2編 第8冊, 1880.9, 117~118頁.
16 『東京學士會院雜誌』第2編 第2冊, 1880.4, 38頁.

학은 도움이 되지 않는다 — 결국 근대 이후의 일본 언어학 혹은 일본어의 학문이 안고 있는 문제의 성격을 어느 정도 미리 파악한 것이라고 할 수 있다.

3) 제국대학 박언학과(博言學科)

먼저 여기서 주목하고 싶은 것은 philology을 '박언학(博言學)'이라고 번역하고 적극적으로 이용한 사람이 카토이며 니시는 원어 그대로 사용했다는 점이다. (물론 『도교학사회원 잡지(東京學士會院雜誌)』에 게재된 글이 구두표현 그대로인지 연설한 원고를 본 후에 게재한 것인지에 대해서도 고려해야 하지만) 니시과 헵번이 사용한 '어원학' '원어학'이 philology의 본래 의미에 더 가까운 것은 말할 필요도 없지만 카토는 '박언학(博言學)'을 적용시켰다. 그 효과는 적지 않았다.

즉 '박언학'이라는 단어로부터 어원연구라는 의미를 직접적으로 읽어내는 것은 쉬운 일이 아닌 것이다. 하지만 그런 의미 확대를 성공시켰기 때문인지 1886년에 제국대학 문과대학에 박언학과(博言學科)를 설치할 수 있게 되었다. 좀 더 자세히 말하면 제국대학의 전신인 도쿄대학은 1877년에 설립되었지만 1886년 3월에 제국대학으로 바뀐다. 이에 따라 도쿄대학 문학부가 제국대학 문과대학이 되어 철학과, 일문학과, 한문학과, 박언학과가 개설되었다.

박언학을 담당한 사람은 챔벌라인(Basil Hall Chamberlain, 1850~1935)이였다. 잉글랜드 포츠머스출신인 챔벌라인은 '박언학'이 전문이 아니라 일본학자라고 칭해야 할 인물이다. 1873년에 도일하여1886년부터 1893년까지 박언학을 강의했다(博言學 강의는 1890년까지. 1891년부터 1892년까지는 K.A. 플러렌츠가 담당). 이른바 고용된 외국인 강사였지만 1911년에 제네

바에서 은거할 때까지 40년 가까이 대부분을 일본에서 지내면서 일본의 문학과 언어, 역사를 연구했다. 류큐어[琉球語]나 아이누어[アイヌ語] 연구도 했다. 고사기(古事記)를 영역하기도 하였다. '일본구어문전(日本口語文典)' '일본소문전(日本小文典)'과 같은 문법에 관한 저서도 있다.[17]

챔벌라인의 강의 내용을 보면 1886년 9월부터 이듬해 7월까지 1년 동안 "세 학생에게 일본문전(日本文典) 및 비교 박언학(博言學) 강의를 했다"고 되어 있다.[18]

여기서 등장하는 것이 '박언학' 대신 '비교박언학(比較博言學)'임을 주시할 필요가 있다. 이 때 챔벌라인의 강의를 들었던 세명중 한 명이 바로 우에다 카즈토시(上田万年, 1867~1937)였다. 우에다는 1885년 9월에 도쿄대학 문학부에 입학하여 일한문학과(和漢文學科)를 택했다. 이듬해 도쿄대는 제국대학이 되어 일한문학과는 제국대학 문과대학 일문학과로 재편된다. 그는 그곳을 1888년 7월에 졸업하여 대학원에 진학한다. 영어학 수업의 촉탁강사를 겸하고 있었던 우에다는 1889년에 '박언학'이라는 글을 발표한 적이 있었는데 여기서 그 일부분을 보도록 하자.

이 글은 '일본학지' 2호(1889.3), 3호(1889.4)에 나눠서 게재되었다.

제1절 언어, 국어, 어 및 문자
제2절 자연적 언어
제3절 언어를 연구하는 목적
제4절 언어는 항상 변화가 있다
제5절 언어 학문과 박언학(博言學)의 유의점(이상 2호)

---

17   챔벌레인에 대한 평전으로 일본어로 된 것으로 楠家重敏, 『ネズミはまだ生きている(쥐는 아직 살아 있다)』, 雄松堂書店, 1986가 있다.
18   「和文學博言學教師 챔벌라인申報」, 『文科大學年報 起明治二十年一月止明治二十年十二月』(復刻은『東京大學年報』第五卷, 東京大學出版會, 1994, 507頁).

이들 내용은 그가 참고한 일부 다른 책에서 발췌한 것으로[19] 서두에서 본인이 "내가 기술하고자 하는 것은 박언학 계제(階梯)라는 제목의 서에 의한 말"이라고 하고 정리는 잘 되어 있지는 않지만 대학 강의 등을 통해서 얻은 지식인 것은 분명한 것 같다.

이 '제3절 언어를 연구하는 목적'을 보자. 우에다는 언어 연구의 목적을 '언어 자체를 위함'과 '언어를 잘 사용하기 위함'의 둘로 나누어 전자에 대한 학문을 '박언학'이라고 했다. 구체적으로는

> この學問は一般の人類が用ゐる言語を研窮するものにして、古今となく東西となく、開明となく野蛮となく、空間時間に發生する言語は、盡く取りて分析し比較するものなり。更に言を換へていへば、博言學は言語上顯象を蒐集し、順序に區別して、その間の原因結果を研究するものなり。言語の起源言語の原理等も、この學あらざれば決して正確なりがたし。[20]

> 이 학문은 일반 인류가 사용하는 언어를 연구하여 고금동서 막론하여 개명되든 야만하든 공간과 시간에 발생하는 언어는 모두 분석하여 비교하는 것임. 바꿔 말하자면 박언학은 언어상에 나타난 현상을 수집하여 순서대로 구별하여 그 동안의 원인과 결과를 연구하는 것임. 언어의 기원언어 원리도 이 학문이 있어서 정확이 이루어짐.

---

19 W.D.Whitney, *Language and the study of language : twelve lectures on the principles of linguistic science* (N, TRÜBNER & CO, London, 1867) 등을 참조한 것으로 보인다.

20 上田万年, 「博言學」, 『日本學誌』 2号, 1889.3, 5~6頁.

이라고 하고 있다. 이어 '제4절 언어는 항상 변화가 있다'에서도 동시대의 '각국어를 수집 비교'할 뿐만 아니라 '각 시대에 따른 비교방법'으로 '역사적 방법'과 '비교적 방법'을 통해서 찾은 언어의 변화 '법규'가 '박언학에 있어서 가장 중요한 원리다'라고 적고 있다.[21] 그리고 '제5절 언어 학문과 박언학의 유의점'에서는 언어 기원을 찾는 것을 동물학자와 대비하면서 논하고 있다. 동물학자는 그 학문의 대상인 생물의 발생에서 성장까지 관찰 가능하지만 박언학자는 그렇지 못한다. 하지만

現に存する所の言語を分析し、語の構成せらるゝ究竟的元素を發見し、且つ今日語が変化、又新語が用ゐらるゝ方法等を推究せば、余輩は言語の本初にありて、なからざるべからざりきと、或はありしならむと、思はるゝに多少の近き決言を得べきなり、かの數多の博言學者が、噴々する言語起源の問題は、卽ち右に關する思弁なりとす。[22]

현재 존재하는 언어를 분석하여 언어를 구성하는 궁극적 원소를 찾으며 또한 오늘날의 언어변화와 신조어가 사용되는 방법을 추구하는 것이 우리 언어의 기원이라고 생각하여 결론을 얻음. 그 동안 수많은 박언학자가 운운하는 언어기원의 문제는 위와 같은 사변임.

이라고 하면서 학문적으로 언어기원을 규명하는 것이 가능하다고 했다. 언어 기원을 거슬러 올라간다는 점에서 '어원학(語源學)'이라고 해도 좋을 것 같지만 널리 다른 언어와 비교하면서 그 변천을 쫓는다는 점이 '박언학'을 적극적으로 사용하는 이유였다고도 말할 수 있을 것이다.

'제6절 박언학의 명칭 및 필요성'에서 다시 "박언학은 인류의 언어 일반을 과학적으로 연구하는 것"이라고 말했다.

---

21 위의 책, 6~7頁.
22 위의 책, 7頁.

獨逸にてはこれを、ディ、スプラッハフォルシュングとも、ディ、ス
プラッハフェルグライヒュングとも、ディ、スプラッハヰッセンシャフ
トともいふ、仏蘭西にてはこれを、リングィスティツクと称す、英吉利
にては名称殊に多く、グロトロヂーと云ひ、クロッサグラフィーとい
ひ、サイエンティフィック、エチモロジーといふ、フィロ丶ジーとい
ひ、ゼサイエンス、オヴ、ランゲーヂといひ、我帝國大學にては、フィ
ロ丶ジーの語を採用し、これを博言學と称せらる、蓋しフィロ丶ジーと
は希臘語のフィロス(愛する)、ロゴス(ことば)より生ぜるものなり.[23]

여러 요소를 담은 느낌이 들지만 '박언학'의 어의 자체는 애매한 상
태라고 할 수 있다. 또한 비슷한 시기에 우에다는 '일본언어 연구법'이
라는 제목으로 황전강구소(皇典講究所)[24]에서 강연을 하고 있다. "일본
에서 박언학이라고 하는 것은 최근 겨우 꽃봉오리를 맺었다고 해도
좋을 정도며 학문상의 일정한 규칙이 없으며 그러므로 제가 말씀 드
린 것을 이해하기 어려울 수도 있습니다"라고 하면서 우에다는 강연
을 시작했다. 내용은 '일본언어 연구법'으로서의 박언학의 필요성과
문헌학 및 언어교육을 종합한 것을 주장한 것이다. 여기에서도 "언어
그 자체를 연구하는 학문을 박언학이라고 하며 이 학문은 일반인이
사용하고 있는 언어를 연구하는 것이며, 세계언어를 총괄해서 연구하
는 것이다"라고 하지만 "나는 일본인이 열심히 일본언어를 조사하고
자 할 경우는 이 학문을 해야 한다고 생각한다"고 박언학에 준한 일본
어연구를 주장하였으며 또한 역사적으로 다른 언어와의 비교를 통한

23　上田万年, 「博言學(承前)」, 『日本學誌』 3号, 1889. 4, 4〜5頁.
24　황전강구소(皇典講究所)란 1882년에 발족된 황전연구(皇典研究) 및 신직양성기관
　　(神職養成機關), 강연회(講演會)이나 자료편찬(資料編纂)을 했다. 그 후 국학원대
　　학(國學院大學)·일본대학(日本大學)이 여기서 나온다.

방법을 사용하면서 추진해야 한다고 했다.[25]

그 후에 그가 논하는 것과 관련하여 우에다는 여기서,

> 言語は社會と隨伴するものであるから我々は此重要なるものを學ぶに
> 怠つてはなりません且つ我々が自分の言語を愛すると云ふことは取りも
> 直さず國を愛すると云ふことを同じであります[26]

> 언어는 사회와 동반되는 만큼 우리는 이 중요한 것을 배우는 것을 게을
> 리 하지 말아야 합니다. 그리고 우리가 우리 언어를 사랑하는 것은 나라를
> 사랑하는 것과 같은 것입니다.

라고 말한 것을 주시해야 한다. 언어연구와 내셔널리즘이 잘 결합된
것을 알 수 있다.

우에다는 이 글을 발표한 이듬해 1890년 9월부터 '박언학 수학(修學)'
의 명을 받아 독일과 프랑스에 3년간 유학을 가게 된다. 이 명을 내린
사람은 다름 아닌 당시 제국대학 총장이었던 가토 히로유키(加藤弘之)
였다. 도쿄학사회원에서 부결된 지 10년 후의 일이다.

그런데 카토는 우에다가 유학 길에 오른 1890년에 국어전습소(國語
伝習所)라고 하는 곳에서 '일본어학'에 대해 연설을 하고 있다. '가토 히
로유키군 연설대의'라는 이름으로 국어전습소의 '국어 강의록'에 게재
되어 있는데 그곳에서는 '박언학'이라는 단어는 사용하지 않고 '언어
학'을 일관해서 사용하고 있다. 천부인권론(天賦人權論)에서 우승렬패
(優勝劣敗)인 사회진화론으로 주장을 전환한 가토답게 오래된 말을 존
속시키는 것은 '생존경쟁'상 무리이다. '일본 어법에 맞는 언어'를 사용

---

25 上田万年, 「日本言語研究法」, 『日本大家論集』22編, 1889.3, 78・82・84頁(후의 上
    田万年, 『國語를 위해서 第二』, 富山房, 1903에 수록).
26 위의 책, 80頁.

해야 한다고 말한다. 그리고 우승렬패 결과 "조만간 영어가 교통어가 되겠지만 그것은 어찌 할 수 없는 기세이며 할 수 없는 일이어서 교통어는 영어가 좋겠지만 나라 말을 유지하기 위해서는 인위적으로 지원을 해야 한다"고 하면서 세계공통어와 국가언어와의 관계에 대한 생각을 나타내고 있다. 그런 가운데 낡아서 죽은 사어(死語)에 역행하는 학문 연구에는 여전히 차가운 시선을 던지고 있다. 그러므로 "일본 언어 성질을 갖는 자는 문제 없이 현시대에 적응할 필요가 있다"라는 것이 가토의 주장이다. 하지만 "지금까지 일본어학을 한 선생님 및 서양 학문을 한 선생님, 특히 서양 학문을 한 사람 중에서도 깊이 언어학을 연구하고 서양 학문과 비교 연구한 사람이 나오고 그 사람들이 서로 힘을 합쳐 지금의 대업을 기획하는 것이 중요하다고 생각한다"고 말했다.[27]

10년 전 논의와 유사하지만 '현시대에 적응해 나가'는 중요성을 호소하고 있는 부분에 특징이 있다고 할 수 있다. '박언학'으로 기원을 찾는 것보다 약육강식 세계 속에서 일본어를 지키면서 세계어와 함께 나가는 것을 지향하고 있음을 엿볼 수 있다.

가토의 생각은 이렇다고 해도 우에다는 독일 베를린대학(1891년 여름학기), 라이프치히대학(1891년 겨울학기부터 1893년 여름학기)에서 강의를 청강한다.[28] 또한 프랑스에서 반년을 지내며 1894년 6월에 귀국하여 다음달 제국대학 문과대학 교수가 되어 박언학강좌를 담당하게 된다.

---

27 「加藤弘之君演說大意」, 『國語講義錄』, 國語伝習所, 1890, 21·26～28頁.

28 베를린대학에서는 上田에게 영향을 준 것으로 생각되는 가베렌츠의 강의를 들은 가능성이 높다. 또한 라이프치히대학의 『受講証明目錄』에 따라서 실제로 上田가 어떤 강의를 등록한지 조사한 清水康行, 「上田万年의 歐洲留學에 관한 기록」, (『國語學會2000年度春季大會予稿集』)에 의하면 모두 입문, 초보적인 강의뿐이며, 2년 동안 6과목으로 평균보다 꽤 적었다고 한다. 또한 森川潤, 『明治期의 독일留學生－독일大學 日本人學籍登錄者의 研究』(雄松堂出版, 2008)는 말 그대로 독일의 모든 대학 학적부에 기록된 일본인의 재적학기를 조사한 것이다. 역시 上田의 이름도 있다.

박언학강좌는 이미 전년 9월에 설치되어 있었다(초대 담당은 영어학자 간다 나이부(神田乃武, 1857~1923)).

3. 제국대학 언어학

1) 박언학(博言學)에서 언어학(言語學)으로

우에다는 귀국후 1896년에 '언어학 명칭에 대해서'라는 글을 쓴다.
그 글에서 영어·프랑스어·독일어·이탈리아어로 '언어학'이란 어떤 의미를 갖는지에 대해 검토하고 오늘날의 제국대학에서 강좌명 '박언학'은 다소 부적절하다고 말하고 있다. 즉 "박언학이라고 하는 단어에는 세인이 문자적으로 여러 뜻을 추측하게 하는 올바르지 않은 의미가 내포되어 있다. 예를 들자면 박언학이라고 하면 수십개 국어를 단순히 구사할 줄 아는 사람을 나타내는 것처럼 보인다. 하지만 언어학은 언어상에 존재하는 원리를 연구하는 학문이므로 결코 어학에 능한 사람을 뜻하는 것은 아니다"라고 강조하고 있다.[29] 이것은 philology을 '어원학(語源學)'으로 한정적으로 번역하지 않고 '박언학'이라고 번역했기 때문에 생긴 오해일 수도 있으며 제도적으로도 1900년에 들어 박언학과는 언어학과(言語學科)로 개칭되기도 했다. 이것은 한편으로 언어(言語)=겐고가 정착된 것을 보여주는 것이기도 한다.
언어학과로 개칭될 전제가 되었다고 할 수 있는 것이 1898년 5월에

---

29   上田万年, 「言語學의 名称에 임하여」, 『國家教育』 51号, 1896.12, 17頁.

박언학과의 교수와 졸업생이 발기인[30]이 되어 결성된 언어학회이다. 박언학회가 아닌 언어학회라고 그들 관계자가 자칭한 것이기 때문에 그 후 언어학회는 '언어학 잡지'를 1900년 2월에 간행하게 된다. '언어학회 규칙'에 따르면 학회 목적은 '언어에 관한 제사항을 연구하는 것'으로 정하고 '담화회, 강연, 잡지'를 그 활동 내용으로 삼았다. 학회 발족에서 잡지 간행까지는 2년 가까이 공백이 있다. 그 이유는 확실하지 않지만 예를 들어 언어 학회 발족 직후에 보고한 글에서 "언어에 관해서는 지식과 관심이 전무인 일반사회에 향해서 팔아도 구독자를 다수 확보하기는 힘들 것. 수지 운운 때문에 중도폐기를 맞기보다는 오히려 회원이 자기 부담금을 내는 방법이 만전의 방법이라고 생각되는 분은 금 십엔이상 적어도 금 육엔 이상 각출하기로 정함"이라고 했다. 이어 "재료 또한 일반독자를 고려할 필요가 없으므로 고상하든 아니든 흥미진진하든 아니든 신경 쓰지 않는다. 연구자료로 유용하다고 생각되는 것은 모두 이 잡지에 게재할 것. 단 비매품인 만큼 원하는 이는 누구라도 구매가능함"[31]이라고 했다.

겨우 간행된 잡지는 외국 언어학 동향 및 언어학자 소전(小伝), 방언 조사보고 및 조사방법, 연구 방법, 사전론 등 분명히 다방면에 걸친 내용이었다. 일일이 '잡보(雜報)' 내용을 보면 짧은 기사이면서도 연구동향 등을 엿볼 수 있다. 이 '잡보'는 '일체 구어체 문장을 쓰기로 했다'[32]고 하면서 구어체로 학술적 문장을 시도한 것으로 보인다. 이 점 등을 포함하며 "20세기의 일본은 이미 낡고 죽은 일만 하는 것이 아니라고 알리고

---

30 「言語學會規則」에 따르면 발기인은 칼아돌프플로랜츠, 上田万年, 小川尙義, 金澤庄三郎, 藤岡勝二, 猪狩幸之助, 新村出, 八杉貞利.

31 「言語學會」, 『國學院雜誌』 4卷 7号, 1898.5, 92頁. 이 「言語學會規則」에는 통상회원은 월회비 15錢, 특별회원은 월회비 50錢으로 되어 있어서 그리 비싼 것이 아니며 이것은 감정적인 평판일 것이다. 그때 1897년 동경에서는 쌀 10킬로그램 값이 1엔 12전이었다(週刊朝日 編, 『値段の明治大正昭和風俗史』, 朝日新聞, 1981, 115頁).

32 「本欄의 文体에 대해서」, 『言語學雜誌』 1卷 2号, 1900.3, 103頁.

싶다"[33]고 하는 목적은 달성되었다고 생각되지만 3권 3호(1900년 8월)로 예고 없이 돌연 폐간되고 만다.

한편 philology(독일어로는 Philologie)에 대해서는 새로운 번역어가 정착하게 된다. 국문학자인 하가 야이치(芳賀矢一, 1867~1927)는 1904년에 다음과 같이 말하고 있다.

向ふ(ドイツ─인용자)にはフィロヽギーと唱へる一つの學問があります。これを日本語に譯しますと文獻學又は古典學ともいへます。先づ文獻學と唱へた方がよいやうです。卽はち希臘の文明を研究し、羅馬の文明を研究するのに、昔の言葉を根本として研究するのであります。フィロヽギーといふ言葉は、英獨では用ゐ方が違ひます。英語のフアイオロヽジーといふのは、日本でいふ博言學といふものに當り、コンパレチーヴ、フアイオロヽジー、比較博言學といふことに當りますが、この意味とは全く違ひます。先づ言語を取つて學問の研究題目とするのに、凡そ三色の別ちがあります。第一は言語哲學で、これは言語はどうして成立するものであるかといふので、言語の出來る原理を心理學から研究して來るので、哲學の一部分であります。第二は、言語學、大學にも言語學科といふものがありますが、これは英語の比較博言學に當るので、英語でいふサイエンス、オフ、ラングエージ、獨乙語のシユプラツハ、ウイツセンシヤフトといふのに當ります。それを日本で言語學と翻譯したのであります。そこで第三が文獻學。この三つが言語の學問の種類になつて居ります。(…중략…) 文獻學といふものは文明の無い國にはもとより出來ないのであります。言語學が文明のない國の言語でも取ります。[34]

---

33 「この雜誌をいだすゆゑ」,『言語學雜誌』1卷 1号, 1900.2, 4頁.
34 芳賀矢一, 「國學이란 뭣인가」,『國學院雜誌』10卷 1号, 1904.1, 9~10頁.

Philologie는 언어학과 전혀 다르다고 하는 언사이다. 1900년 6월부터 일년 반 동안 '문학사공구법연구(文學史攻究法研究)'를 위해 독일에 유학하고 귀국한 하가의 절실한 생각을 나타낸 것이라고 말할 수 있다.[35]

"コンパレチーヴ、フアイオロヽジー、比較博言學といふことに当ります"라는 부분과 후반 부분 인용에서 '휘로로지'라는 단어로 문헌학을 대치시키려고 하는 하가의 생각 — 문언학과 언어학은 기본적으로 다르다 — 을 알 수 있다. 그리고 또 우에다 가즈도시가 박언학 말고 언어학으로 용어를 변경하려고 한 이유의 단면도 엿볼 수 있다. 즉 philology를 연상시키지 않는 용어로 언어학이 — science of language인 경우 '과학'이다 — 를 선택한 것이라고 할 수 있을 것이다.

우에다와 하가는 같은 해에 태어난 제국대학 동기이기도 하지만 우에다가 전통적인 국학에 관점을 둔 일본어 연구는 다도와 같은 고금 전수의 '길'에 불과하다고 거리를 둔 반면, 하가는 사후에 간행된 강의록에 따르면 "내가 여기에 소위 '일본 문헌학(文獻學)'이라고 함은 Japanische Philologie 를 뜻하여 즉 국학인 것이다. 국학들이 기존에 해온 일들은 결국 문헌학자의 사업밖에 되지 않는다. 다만 그 방법에 있어서 개선해야 할 것이 있는데 그 성질에 있어서는 확장해야 할 것이 있다"[36]라고 시작했듯이 국학을 서양 philologie와 동등한 것으로 삼고 있는 것이 특징이다.

---

35 芳賀矢一의 독일 留學에 대해서는 佐野晴夫「芳賀矢一의 國學観과 독일文獻學」, 『山口大學獨仏文學』23, 2001 참조.

36 芳賀矢一遺著, 『日本文獻學 文法論 歷史物語』, 富山房出版, 1928, 1頁.

2) 제국대학 언어학

그럼 우에다가 말하는 언어학과는 과연 어떤 것이었을까?

우에다가 남긴 것으로 1896년에 쓴 노트와 다음 해에 쓴 '博言學' 강의 노트가 있다. 언어학자인 신무라 이즈루(新村出, 1876~1967)에 의한 것이 지만 우에다는 1896년도 '博言學'강의 속에서 우선 'Philologie란 언어에 대한 학문'[37]이라고 전제하여 비교하는 것을 강조했다. 그것을 일본의 문맥에 두고 우에다는 다음과 같은 '제국대학 언어학'을 제창하게 된다.

> 日本帝國大學言語學二就テ
>
> Indogerm., Semitic., Ural-alt., Indo-Chinese 等ノ大 family アル中ニ, 日本 語ハ何レニ屬スベキカニ付キテ
>
> 日本語ハ北ハ Corea ヲ経テ滿洲ノ語
>
> 　　　　　　Chineseヲ経テ西藏、印度
>
> 　　　　　　Ainu語
>
> 　　　　　　南ハMalay, Plynesia等ノ言語ヲ研究セザル可ラズ。
>
> 而シテ我ガ大學言語學ノ講座ハ、之等Oriental　Philologyヲ研究シ、日 本語ノ位地ヲ定ムルsideニアリ。Indo-European等ハ、歐州學者の authorityニ由テ、其ノ研究シタル結果ヲ知リテ滿足セシノミ。而シテ其 ノ方ニ於ケルmeansナドハ十分取テ以テ用ユベキモノトス。[38]

Oriental Philology라는 말이 사용되고 있지만 이것은 어떤 의미에서 는 니시 아마네의 비판에서도 보이듯이 philology란 인도유럽어족의 연구이기 때문에 그것을 일본어연구에 적용시켜도 의미가 없다는 것

37　新村出筆錄・柴田武校訂,『上田万年－言語學』, 敎育出版, 1975, 3頁.
38　위의 책, 38頁.

을 근거로 하고 있는지도 모른다. 즉 우에다는 기원을 추구하는 것보다 oriental에 한하여 '일본어의 위치를 정하는' 일 즉 일본어와 주변 여러 언어와의 관계를 정하는 것이 제국대학 박언학강좌의 역할이라고 하는 것이다. 이 때가 되어 비로소 메이지시대 초기부터 일본 philology가 추구하고 있었던 것을 굳힐 수 있었다고 말할 수 있다. 처음에 인용한 도기에다 모토키의 '국어학사'에서 말하는 그대로이다.

　이에 대해 우에다는 다음과 같이 후기에 이렇게 회상하고 있다.

　　國語學が、德川氏時代に發達して、明治初代に於けるまでは、學者も少く、その研究の方法も、極めて幼稚であつた。花道・茶道の如く、師弟の伝授の道によつて、進んで來たと評しても差支あるまい。(…중략…) 私の記憶によれば、國語學が科學として研究せられることは、明治年間になつて、ドイツ人のグロウト氏が、大學に於て、博言學の講義をなし、英國人のアストン、チヤンバレン兩氏が、日本語の文典を著し、また日本語と朝鮮語・琉球語・アイヌ語等の比較研究を發表せらるゝ頃から初まつたと思ふ。

　　比較研究なしに、科學は勃興しないものと思ふ。私はそれらの諸先生の感化をうけて、明治年間に於て、いさゝか斯道に盡力したものであるが、當時の社會は、仲々この學問に共鳴せず、新旧學派の間に立つて、隨分苦闘したものである。[39]

　　국어학이 도쿠가와 시대에 발달하여 메이지시대 초기까지는 학자도 적었고 그 연구방법도 매우 유치했었다. 화도・다도 같이 사제의 전수의 길을 통해 발전해 왔다고 평가해도 과언이 아닐 것이다. (…중략…) 내 기억에 의하면 국어학이 과학으로서 연구되는 것은 메이지시대가 되어서 독일

39　上田万年, 「「國語科學講座」發刊을 기뻐한다」, 『國語』 1号, 1933.5, 3~4頁.

인의 그러우트 씨가 대학에서 박언학 강의를 하며 영국인의 아스튼 챔발레인 두 분이 일본어문전을 기술하여 일본어와 조선어 및 류큐어, 아이누어등의 비교연구를 발표하는 시기에 시작되었다고 생각한다.

비교연구 없이 과학의 발흥은 없다고 생각한다. 나는 그 여러 선생님으로부터 감화를 받고 메이지시대 동안 적지 않게 그 학문에 힘을 써왔지만 당시의 사회는 뜻대로 이 학문에 공명할 사람이 없었고 신구학파 사이에 서서 상당히 고생하기도 하였다.

이 글은『국어과학강좌』(明治書院, 1933~1935)라는 책을 간행하기 시작한 것을 기념한 것이지만 근대 이전의 언어연구는 과학이 아니라 '사제전수의 길'에 불과하였지만 메이지시대가 되어 '비교연구'를 통해 과학적인 언어연구가 이루어지게 되었다는 이야기이다(이런 식으로 되면 당연히 야마다 타카오와 절충할 수가 없다). 우에다는 일본어를 과학적으로 연구하는 것을 국어학으로 파악하고 있었던 것 같지만 그가 추구하고 있었던 과학은 과연 무엇이었을까? 우에다는 다음과 같이 계속 말한다.

　國語學を一個の科學としてみるときには、人類學・人種學等と同じく、世界の人類、世界の言語の學問と同じく、この言語と人類との關係が、如何なるものであるかを研究せねばならぬ。日本人の話す國語は、世界の人類の話す言語と如何なる關係に立つかを研究せねばならぬ。かういふ研究は極めて高尚なものであつて、（…중략…）俗人からみれば、ひとしく無用のことかも知れぬ。しかし學問として、眞理を探究し、人類の知識を増加してゆくことは、世界の人にとつて非常な利益を与へられるものといふことができる。
　かういふ意味からして、國語を研究し、國語の歷史・性質を闡明し、世界の言語上に於て、日本語の有すべき地位を確定することは、學者と

してなさねばならぬ、高尚なる研究である。國語學研究者は、この点に對つて今日以後益々努力すべきである。[40]

　국어학을 하나의 과학으로 볼 때는 인류학, 인종학 등과 같이 세계인류나 세계언어의 학문과 마찬가지로 이 언어와 인류와의 관계가 어떤 것인지를 연구해야만 한다. 일본인이 말하는 언어는 세계 인류가 말하는 언어와 어떤 관계에 있는지를 연구해야 한다. 이렇게 말하는 연구는 매우 고상한 것으로서 (…중략…) 세속인 입장에서 보면 아주 무용한 것일 수도 있다. 그러나 학문으로서 진리를 탐구하고 인류의 지식을 증가시키는 것은 세계인에게 있어 매우 유익한 것이라고 할 수 있다.

　이러한 의미에서 국어를 연구하고 국어의 역사·성질을 천명하고 세계언어상에서 일본어가 갖는 지위를 확정하는 것은 학자로서 이루어내야만 하는 고상한 연구다. 국어학 연구자들은 이 점에 대해서 앞으로 더욱 노력해야 한다.

　그에게는 비교연구야말로 과학이며 다른 언어와의 위치 관계를 확정 짓는 것이 언어과학이었던 것이다. 즉 거기에 '제국대학 언어학'의 역할이 있었던 것이다.

　이것이 바로 근대 일본어연구의 원리가 된 것이다.

2) 제국대학 언어학의 계승

　그는 일본어와 주변 여러 언어와의 계통 관계를 논하는 것이 과학적 연구다라고 했지만 여기서 우에다의 가르침을 받은 인물을 인용하면서 다

40　위의 책, 4~5頁.

시 한번 확인하고자 한다. 아이누어 연구로 유명한 긴다이치 쿄스케(金田一京助, 1882~1971)는 1904년 도쿄제국대학의 언어학과에 입학하여 그 당시의 일을 그는 만년 1959년 12월 강연에서 다음과 같이 회고하고 있다.

御多分にもれない、國語の研究が志望だったのでございます。たゞ、今までより、もう少し材料を、諸外國の言語の上に廣げて、世界の言語の中における日本語の地位・系統というようなことを考えたかったがために大學(東大の文科)で、國文科を選ばずに、言語學科へはいったものでございました。そして、同じ志望の友人たちと、だん／＼話し合っておりますうちに、どうしても、日本語をとりまく周囲の言語を、まず日本語と比較して、それらと日本語が、一々どういう關係に立つかを、手始めに、明らかにすることが必要であるが、一人でもって、諸國語と國語との比較研究をすることは、淺い程度の研究しかできないから、銘々專門を分かとうじゃないか、ということになって、國語と琉球語との關係、國語と朝鮮語との關係、國語と南洋語との關係というように、手を分けましたが、歴史以前の昔から、隣合って、住んでおりました、アイヌ語と日本語との關係、これは、まず第一に、すぐにも解決しなけりゃならない問題でございましたけれども、ほかの諸國語には、古い言語資料もあり、いろ／＼な學者の研究もございますから、それを調べることは、容易でもあり、興味のあることでございますが、アイヌ語の方には文字がございませんため、古いアイヌ語の資料がありませず、したがって、單に今日、アイヌ人が話していることばをアイヌの口眞似をしてしゃべるようになれる程度の勉強だったら、つまらないのみならず、實際上の必要はもはやなかったのです。なぜなれば、どこの村里に行きましても、どんな山奥に行きましても、一人としてアイヌ人に日本語の通じないものはなかったから。[41]

다름 아닌 국어연구를 지망했습니다. 단 지금보다 좀 더 재료를 여러 외국 언어로 넓혀서 세계언어 속에서 일본어의 지위·계통을 연구하기 위해 대학(도쿄대 문과)에서 국문과에 가지 않고 저는 언어학과에 들어간 것이었습니다. 그리고 같은 지망생 친구들과 논의하면서 아무래도 일본어를 둘러싼 주위의 언어를 먼저 일본어와 비교하여 그와 일본어가 일일이 어떤 관계에 서 있는지를 시작으로 밝히는 것이 필요하다고 생각했습니다. 하지만 혼자서 여러 언어와 국어를 비교연구하는 것은 깊은 연구가 되지 않으므로 각자 전공을 분담하자라는 식으로 이야기가 되어 국어와 류쿠어[琉球語]와의 관계, 국어와 조선어와의 관계, 국어와 남양어(南洋語)와의 관계와 같이 각자 나눴습니다. 역사가 생긴 오래전부터 이웃에 살고 있었던 아이누어[アイヌ語]와 일본어와의 관계, 이것은 제일 먼저 해결해야 할 문제입니다. 그러나 오랜 고어자료가 있거나 여러 학자 연구가 있는 것을 연구조사 하는 것은 쉽고 흥미진진한 일인 반면에 아이누어에는 문자가 없기 때문에, 아이누어로 된 옛 자료는 없습니다. 따라서 오늘날 말하고 있는 언어를 아이누인처럼 흉내를 내서 이야기할 수 있을 정도의 연구라면 재미가 없을 뿐만이 아니라 실질적으로 더 이상 필요도 없었습니다. 왜냐하면 어느 마을에 가든 또 어느 산골에 가든 아이누인과 일본어로 통하지 못한 사람은 아무도 없었기 때문입니다.

아이누어 연구의 일인자였다 해도 좋을 긴다이치가 "아이누인처럼 흉내를 내서 이야기할 수 있을 정도의 연구라면 재미가 없을 뿐만이 아니라 실질적으로 더 이상 필요도 없다"라고 태연하게 단언할 수 있었던 이유에 대해서는 다른 논고에서 언급했기 때문에 반복해서 다루지는 않지만,[42] 일본어와 주변 여러 언어와의 관계를 언어학과 학생들

---

41 金田一京助, 『心の小道をめぐって 金田一京助隨筆集 一』, 三省, 1964, 159~160頁.
42 安田敏朗, 『金田一京助와 日本語의 近代』, 平凡社新書, 2008.

이 각자 분담하고 연구해 나가자고 상의한 것이 증언되기도 했다.

구체적으로는 이렇다. 1968년에 회상한 것이지만 긴다이치보다 한 학년 위인 하시모토 신키치(橋本進吉, 1882~1945), 오구라 신페이(小倉進平, 1882~1944), 이하 후유우(伊波普猷, 1876~1947)들은,

> 態度はみんな、当時から立派でした。すぐ親しくなって、話し合ってみると、どの人もみんな日本語のための言語學だったのです。日本語の起源はどうか。世界のどこに、日本語と同じもとから分かれた言語がはなされているか。日本語がこの島へ來る前に、どっちの方で話されたことばか。この問題をみんな共通にもっていたのです。それぞれ各々、一人でもって、日本語をとりまく諸國語と、日本語との關係を明らかにしていかなければならないわけでした。そして、だれかが日本語とアイヌ語との關係を專門にやらなければならないということは明らかでしたが、小倉君は朝鮮語と國語、伊波君は琉球語と國語、後から入ってきた後藤朝太郎がシナ語と國語をやるし、私たちの藤岡(勝二、ふじおかかつじ、1872年~1935年 ― 인용자)先生は滿洲語と蒙古語が專門でした。そんなふうで、アイヌ語にはだれも手を出さなかった。[43]

태도는 모두 당시부터 훌륭했습니다. 금방 친해져 대화를 하다 보면 모두 일본어를 위한 언어학을 하자고 했습니다. 일본어의 기원은 뭔지, 세계 어디에서 일본어와 같은 근원에서 나온 언어가 사용되고 있는지, 일본어가 이 섬에 오기 전에 어느 쪽에서 사용되고 있었던 언어인지, 이 문제를 모두 공통적으로 가지고 있었습니다. 각각 혼자서 일본어를 둘러싼 여러 국가의 언어와 일본어와의 관계를 밝혀내야만 했습니다. 그리고 누군가는 일

---

43   金田一京助,『나의 걷고 온 길』, 日本図書센, 1997년, 43~44頁.

본어와 아이누어와의 관계를 전문으로 분명히 해야 했습니다. 오구라군은 조선어와 국어, 이나미군은 류큐어와 국어, 나중에 들어온 고토 아사타로 우군은 지나어와 국어를 하고 그리고 후지오카 가츠지(藤岡勝二, 1872~1935) 선생님은 만주어와 몽고어를 전문으로 했습니다. 이렇게 아이누어에는 아무도 손을 대지 않았습니다.

그들이 재학하고 있었던 1904년 전후 우에다 카즈토시[上田万年]는 1898년부터 1902년까지 문부성 전문 학무국장을 겸임하여 1902년 관제 공포의 국어조사위원회의 주사로, 1904년부터 교과서 조사위원으로 분주했었다. 우에다가 유럽 유학 후 소개적이고 계몽적이었던 언어학은 이 시기의 제자들에 의해 '일본 제국대학 언어학'의 구상에 따라 개별적으로 구체화되었으며 소화되었다고 해도 좋을 것이다. 하시모토 신키치[橋本進吉]는 고대일본어 연구에 매진하게 된다.

또한 1959년 긴다이치가 강연에서 말한 '국어와 남양어와의 관계' 일을 '나눠서 분담한' 인물은 그들과 재학기간이 겹치지는 않지만 오가와 나오요시(小川尚義, 1869~1947)일 것이다. 오가와는 1896년에 제국대학 박언학과를 졸업하였으므로 유학 직후의 우에다로부터 강의를 받았을 것이다. 이후 타이베이 제국대학 교수가 된 오가와는 대만총독부에 근무하면서 '대만어'사전 편찬을 비롯해 소수민족언어인 파이완어·아타얄어(타이얄어)·아미어 조사를 실시하여, 1935년에는 타이베이 제국대학 언어학연구소편 '원어로 된 대만 고사족 전설집(刀江書院)'이라는 책을 아사이 에린(淺井惠倫, 1894~1969)들과 함께 편찬한다. 오가와는 인도네시아어와 여러 언어와의 비교 언어학적 관계에 대한 연구를 했으며, 이런 의미에서는 우에다로부터 물려받은 비교언어학을 실천으로 옮겼다고 말할 수는 있지만, 일본어의 계통을 밝히려 하는 '일본제국대학 언어학'의 범위에서 벗어난 그는 어느새 이 맥락에서 사라지게 된다.

이 우에다 프로젝트에 제자를 배치했다고 하는 이야기는 다소 조작된 느낌도 들지만 이것은 일종의 전설로 말해지고 있어, 1928년 언어학과에 입학한 핫토리 시로(服部四郎, 1908~1995)는 "지금도 감개 깊은 추억으로 이야기하는 것은 일본어의 어원을 밝히기 위해 국어를 하시모토가, 조선어를 오구라가, 아이누어를 긴다이치가 류큐어를 이나미가 각각 분담하고 그 길로 나갔다는 것이다"라고 적고 있다.[44]

3) 언어연구의 정치학 - '언어와 국가와'

조금 이야기가 앞선 것 같다.

앞에서 인용한 우에다 가즈토시가 1933년에 쓴 글에서 앞으로의 일본어연구 방향으로 "일본인이 국어학을 일으켜 국어를 정리한 이 신식 일본어로 하여금 국외까지 발전시킬 수 있는 방법을 강구해야 할 것이다"[45]라고 말하고 있는 부분에 주목해야 한다.

언어 문제를 국가정책방안과 함께 말하려고 하는 것으로 우에다가 유학에서 돌아와서 젊은 제국대학 교수로서 1894년에 한 '언어와 국가와'[46]라는 유명한 강연이었다.

이 글 서두에서 인용한 도기에다 모토키의 '국어학사'에서 말한 "언어가 국가적으로나 사회적으로나 중요한 문제로 취급 받게 된 것"은

---

44 服部四郎, 「金田一先生와 文化勳章」, 『河北新報』, 1954.10.28(引用은 服部四郎, 『一言語學者의 隨想』汲古書院, 1992, 105頁).
45 上田万年, 「『國語科學講座」 發刊을 기뻐한다」, 『國語』 1号, 1933.5, 6頁.
46 上田万年 「國語와 國家와」 『東洋哲學』 1篇 11·12号, 1895.1·2(후 上田万年, 『國語를 위하여」, 富山房, 1895에 수록된다. 上田万年著·安田敏朗校注『國語를 위해서』, 平凡社東洋文庫, 2011年 참조).

이 강연을 염두에 둔 것으로 생각되지만 1894년 10월 8일에 철학관(哲學館, 훗날 동양대학)에서 한 이 강연은 우에다 카즈토시의 대표적인 논설로 자리매김하게 된다. "국가라고 먼저 논하기 시작하여"라고 큰 틀을 설정하면서 "저는 원래 국어 학자이기에 (…중략…) 오류를 보면 웃지 않을 수 없으며"라고 말하는 부분을 보면 당시 그의 젊은 패기를 느낄 수 있다. 도쿄제국대학에 국가학회가 설치되어 '헌법 행정 법률 재무 경제 외교 통계 등 국가학에 속하는 논설사항'을 게재하는 학회지 '국가학회잡지'가 출간된 것은 1887년이다. 언어 문제를 국가학을 배경으로 논하려고 한 것이다. 우에다는 먼저 국가의 요소를 토지・인종・결합일치・법률과 함께 열거하고 또한 결합일치는 '역사실천 습관' '정치적 원리' '종교' '언어' '교육'에서 생각해야 한다고 말한다. 그리고 각각에 대해서 세계에서 가까운 시기에 일어난 사례나 역사적 사례를 비교적 충분히 든다. 언어와 민족과의 밀접한 관련 특히 국어가 '국민의 정신적 혈액'이라고 파악하는 사고는 우에다 자신의 것이라고도 할 수 있지만 유학 중에 접한 훔볼트적인 언어관의 영향이라고 하는 지적도 있다.[47] 이러한 사례를 인용해서 일본이 한 민족(인종) 한 국가 그리고 한 언어라고 하는 유럽에서도 볼 수 없을 정도로 드문 '결합'을 보이고 있음을 나타내려고 했다. 또한 이 '결합'을 유지 및 강화하는 것이 '일본제국을 지키는 용사'이며 국어는 '일본인의 정신적 혈액'이기 때문에 사랑해야 한다고 하는 것이다. 부모에 대한 사랑이나 향토에 대한 사랑에 대안이 없도록(그것은 황실에 대한 고귀한 사랑과 마찬가지다라고 함) 한 것이다. 이 국어 사랑도 동서고금의 사례를 섞으면서 논박한다.

---

47 高田博行, 「日本 國語運動의 독일 國語運動 수용의 흐름 (1)」, 大阪外國語大學 독일語學科研究室編, 『日本과 독일 – 오늘날의 相互交流와 影響』1, 1985, 160頁. 빌헬름 폰훔볼트는 1767년생이며1835년에 작고하지만 그의 영향을 받아 Völkerpsychologie (民族心理學)를 제창한 스타인탈(Lazarus Steinthal)로부터 上田는 유학중에 훔볼트적 언어관을 배웠다고 한다.

또한 이러한 국가와 국어와의 관계에 대해 1903년에 한 강의 노트에서는 이렇게 적혀 있다.

國家ト言語トノ關係ハ歷史的ニ於テ關係アルモノニシテ自然ニ物理的ニ關係アルモノニアラズ故ニ我等ハコ、ニ又大ナル心配ガアルナリ國民ハ日本語ニ由テ団結スルヤウニセザルベカラズ[48]

국가와 국어와의 관계는 자연적인 것이 아니라, 역사적이다. 조금 현대적으로 바꿔 말하면 구조주의적이기에 다양한 표현을 사용하여 국민을 언어에 의해 단결시켜야 한다고 논하게 된 것이다.

따라서 어느 특정 계층에만 통용되는 국어가 되어서는 안되며 '사천만 동포의 것이어야 한다'라는 주장이 가능한 것이었다. 그렇게 되면 청일전쟁중에 만들어지고 전쟁 승리에 열광하던 분위기도 느낄 수 있는 강연이기는 하지만 '한자 한어(漢字漢語)를 많이 사용하는 것은 '사천만 동포'을 위한 것이 아니기에 '일본어 일문의 훌륭한 독립'을 강력히 요구한 것이었다.

그러므로 '독립'을 하기 위해서 중요한 '국어 정리'가 제대로 이루어지고 있느냐에 대한 것이 이 강연의 최대 주장이며 총 12항목 제목을 제시하면서 '국어'가 외국인에 의해서만 연구되어 있는 것을 슬퍼하고 연구의 필요성을 역설하고 말을 끝낸다.

물론 청일전쟁 아래서 고조된 내셔널리즘에 동승한 언어 내셔널리즘을 동서고금, 특히 '문명'의 땅이었던 유럽 사례를 들면서 일본이 상대적·비교적 우위에 있는 것을 강조해서 더 강하게 내걸었다고 파악해서 우에다를 이데올로구처럼 다룰 수도 있지만, 오히려 목표로 삼을만

---

48   上田万年, 「國語學」, 渡辺修翻刻解題, 『大妻國文』7号, 1976.3, 129頁.

한 '국어'가 아직 존재하지 않는 것에 대한 초조함이 그 속에 있었던 것이 아닌가라는 생각도 든다. 여하튼 구체적으로 이것이 국어다라고 할 수 있는 어휘(즉 사전이다), 표준어, 표준 억양, 그리고 일정한 표기법을 연구한 후 제대로 제시하자고 호소한 것이 이 '국어와 국가와'이었다.

4) 언어연구실 설치를 둘러싸고

국어연구는 시국과 이렇게 관련되어 오면서 '국어와 국가와'의 다음 해인 1895년에 우에다 카즈토시가 제국대학 총장에게 국어연구소 설치를 요청한다. 이 글에서도 이 시기의 국어연구의 특징을 볼 수 있다.

> 謹て惟るに我大日本帝國の國語は 皇祖 皇宗以來我國民的思想の顯表したるものにして所謂大和民族の精神的血液たるものなり人種の結合之に賴りて強固を增し教育の實行之に據りて國民的性質を帶ふ故にこれが過去に於ける歷史を討究しこれが現在に於ける狀況を洞察し而して後にこれが未來に於ける隆盛を布図するは当に國家の自ら爲すべき義務と謂ふべしこれ立憲の制既に確立し教育の方針已に一定せる今日に於て今又更に喋々を要せざるものとす況や帝國の版図新に擴張せられ國光の闡揚實に空前なる秋に於てをや唯此上にて吾輩國民たるものの熱心に攷究すへき点ハ如何に其義務を盡すべきかの手段にあり
> 帝國大學ハ國家の須要に応ずる學術技芸を教授し及び其蘊奧を攷究するを以て目的とする所なれば卽ちその分科たる文科大學は応に進んて此重要なる國語問題を解釋すべき責任を有する所とす是に於て小官(上田万年 — 인용자)は我文科大學內に其研究室を創立し玆に其研究資料を網羅し玆に有爲の子弟を教育して緻密なる科學的智識及方法を以て此廣大深

遠なる事業の各方面より漸次合期的の解釋を試み行く事の最良策たることを信ず

かくの如くして此研究事業其歩を進め全國の教育これが爲に其趣を改め東洋の言語學こゝに其の中樞を得るに至らばこれ帝國のため世界のため最も慶賀すべきことならずや[49]

요약해서 말하자면 '우리 대일본제국의 국어'란 황조(천황의 조상)이후 역사를 갖는 '야마토 민족의 정신적 혈액'이며 국민끼리 결합을 증대하여 교육을 가능케 한 결과 '국민적 성질을 띠게' 된다고 말하고 있다. 국어는 고대 국가와 함께 오래된 역사를 관통하는 것으로 인식되지만 그 이상으로 '만세 일계'의 천황과 함께 이야기하고 있는 것에 주의해야 한다.

그러한 '역사'를 가진 국어를 연구하여 그 '과거에 있어서의 역사' '현재에 있어서의 상황', '미래에 있어서의 융성'을 '치밀하고 더 과학적인 지식 및 방법'으로 밝혀내기 위해 제국대학 안에 국어 연구실을 설치해야 한다는 것이 여기서 우에다가 말하는 주장이다. 과거와 현재를 앎으로서 미래로 향한다. 이것이 우에다가 생각한 국어연구의 자세라고 해도 좋을 것이다. 이러한 연구야말로 헌법이 제정되어 교육칙어도 발부된 지금 국가가 완수해야 할 당연한 의무이며 '제국의 판도가 새로 확장된' 지금이야말로 더 급한 일이라고 하는 것이다. '제국의 판도'의 확장이라는 것은 청일전쟁 후 1895년에 일본이 대만을 영유한 것을 가리킨다. 즉 식민지를 얻은 것을 뜻한다.

국가의 기간을 굳히고 더욱 해외에 영토를 넓혀가고 있는 지금이야

---

49   上田万年「帝國大學文科大學에 國語學研究室를 건의하는 議」(『明治文化資料叢書八卷』, 風間書房, 1975(所收)), 또한 표제는 「國語學研究室」로 되어 있지만 본문에서는 「國語研究室予算案」으로 되어 있다.

말로 국어연구가 필요하다고 하는 내용이다. '동양 언어학'이라는 표현은 앞서 본 '제국대학 언어학' 속의 오리엔탈 필로로지(Oriental philology)에 해당될 수도 있지만 '언어 문제 해결에 비중을 두고 있는 것은 확실하다. 이것은 국가에서 예산을 끌어 내기 위해 썼던 측면도 크다(돈을 위해서라면 마음에 들지 않는 글 정도는 쓸 줄 아는 것이 유능한 관료이며, 대학 교사라는 사실은 예나 지금이나 변함이 없는 것 같다)고도 할 수 있기 때문에 다소 그것을 감안할 필요는 있을 것이다.

우에다가 위 문서에서 '연구에 관한 사항'으로 내걸고 있는 것은

① 국어에 관한 저서를 망라하여 이를 연구실에 비치하는 일
② 연구실에 당분간은 20명의 연구생을 두는 일
③ 문전(文典) 및 제국대사전(帝國大辭典)(다른 일본 제국대학에 바라는 대사업) 편찬준비에 착수하는 일
④ 방언연구를 하는 일
⑤ 교육상 필요로 하는 사항을 강구하는 일(예를 들어 글, 가나, 소학생에게 필요한 어휘 등 기타 독서 및 작문, 교수법 등에 관한 사항임)[50]

여기서는 연구 원리가 아니라 목적을 주로 정리하고 있지만, 이 시기에 국어문제가 매우 중요한 과제로 부각되어 있었던 것과 무관하지 않을 것이다.

또한 우에다가 여기서 다루고 있는 국어의 과거와 현재 연구의 의미는 다음과 같은 것이라고 할 수 있다.

공시적 현재에 있어서 '국민'으로 인정되는 사람들이 거주하는 전지역에 완전히 보급시킬 수 있는 공통된, 가능하면 하나의 언어변종 설

---

50   위의 책.

정이 근대 국민국가에는 필요하다. 그것은 법을 비롯한 국민국가를 지지 및 운영해 나가기 위한 여러 제도를 효율적으로 회전시키기 위해서는 필수인 것이다.

그러나 국민국가의 구성원으로서의 일체감을 조성하기 위해서는 공시적인 현재의 일체감만으로는 불충분하며 통시적으로 — 즉 '역사' '전통'을 — 보장하는 일체감도 조성해야 한다. 예를 들어 '천 년 전 언어', '백 년 전 국어'라고 말하는 것이 어색하지 않기 위해서는 그것이 현재의 '국어'로 변하면서 연면히 이어져 있다는 의식을 갖게 하는 것이 필요하다. 즉 이 말은 비록 9세기 중반의 작품인 '다케토리 이야기'에 쓰인 문장 뜻을 이해 못해도 그것은 현재라는 시점과 9세기 중반이라는 두 시점에서 나누기 때문에 이해하기 어려운 것이고 그 동안의 변화가 밝혀져 있으면 두 시점을 연결할 수 있다고 생각하는 것과 동일하다. 이러한 사례의 축적에 의해 '역사' '전통'을 공유한다는 의식도 생기게 된다는 것이다. 학교 교육에서 '국어과' 안에 '고전'을 교육시키는 것도 그 때문이며 아스카 · 나라시대의 역사 — 이것을 나라의 지역사라고 하면 폭언일까 — 를 일본전국에서 '일본의 고대'로 교육시키는 것도 그 때문이다.

즉 단순히 효율성을 높이기 위해서 요구되는 것이 아니라 국가나 국기처럼 '국어'에도 국민통합을 상징하는 역할을 요구되고 있는 것이다. 또한 과도한 정신성 · 민족성도 함께 부여하게 되지만, 그것은 이 글에서 다루는 범위를 넘는다.

여하튼 1897년에 설치된 국어연구소의 초대교수에는 우에다 카즈토시가 되어 그후 국어학의 연구자를 배출해 나갔다.

5) 문부성 국어조사위원회의 설치

한편 우에다가 언급한 국어제도 정비를 국가적으로 실시해야 한다는 기운은 청일전쟁 이후 더욱 높아졌다. 정치적으로 봐도 제국교육회[51]의 회장인 츠지신지(辻新次, 1842~1915)는 1900년에 '국어국자국문 개량에 관한 청원서[國語國字國文ノ改良ニ關スル請願書]'를 제국의회에 제출하여 중의원·귀족원에서 모두 '건의'함으로써 가결되어 그에 기초하여 우에다 카즈토시 등 총 8명으로 구성된 '국어조사회' 설치가 결정되었다. 그러나 이것은 다음 연도의 예산의회에서 부결되어 1902년 3월 말에 겨우 '국어조사위원회'로 관제 공포되었다. 4월에 가토 히로유키를 위원장으로, 우에다 카즈토시를 주사로 하여 총 11명이 임명되었다. 그 국어조사위원회가 1902년 7월에 발표한 기본 방침에 국어에 대한 요구가 드러나고 있다.[52]

一、文字ハ音韻文字(フォノグラム)ヲ採用スルコトトシ、仮名羅馬字等
ノ得失ヲ査スルコト
(문자는 음운문자(phonogram)를 채용하여 가나(일본어)로마자 등의 득
실을 조사할 것)

二、文章ハ言文一致体ヲ採用スルコトトシ、是ニ關スル調査ヲ爲スコト
(문장은 언문일치를 채용하여 이에 관한 조사를 할 것)

三、國語ノ音韻組織ヲ調査スルコト

---

51 제국교육회(帝國教育會)는 1883년 설립된 전국규모의 교육단체인 대일본교육회(大
日本教育會)를 모체로 하여 1890년 설립된 국가교육사(國家教育社)와 합병되어 1896
년에 설립되었다. 그 후 일본교육회(日本教育會)로 개칭되어 1944년까지 존속했다.

52 국어조사위원회설치(國語調査委員會設置)와 그 이후의 국어정책기관(國語政策機
關)의 백 년 역사에 대해서 자료를 포함하여 한 권으로 개관할 수 있는 것으로 文化廳,
『國語施策百年史』, 교세이, 2006이 있다.

(국어 음운 조직을 조사할 것)

四、方言ヲ調査シテ標準語ヲ選定スルコト

(방언을 조사하여 표준어를 선정할 것)

표기, 문체, 음운방언 조사를 통해 구체적으로 국어 내실을 표준어로 선정해 간다는 것이다.

'一'은 메이지시대 초기의 논의를 이어온 것이라기보다 청일전쟁 후의 대 '시나'의식의 변화와 표음 문자를 중시하는 서양 언어학의 도입과 관련이 있다.

위 4가지 방침 발표에 앞서서 위원회가 관보에 공고하고 널리 의견을 요구한 사항이 있다. 그것을 열거한다.

一、假名遣調査に關する件 (가나 사용법에 관한 건)

一、文体調査に關する件 (문체 조사에 관한 건)

一、方言調査に關する件 (방언 조사에 관한 건)

一、發音調査に關する件 (발음 조사에 관한 건)

一、國語教授法に關する件 (국어 교수법에 관한 건)

一、小學校に於ける國語教授實驗の結果 (소학교에 있어서의 국어교수 실험 결과)

실제로 방언과 발음에 관한 조사는 1903년에 설문조사 방식으로, 현재의 방법에서 보면 완전하다고 할 수는 없지만, 각 지역 교육회, 사범학교를 통해서 이루어졌다. 그 결과는 「음운조사 보고서」(1905), 「구어법 조사보고서」(1906)에 정리되어 있다(각각 '음운 분포도'(29장), '구어법 분포도'(37장)를 기술함). 이러한 조사를 바탕으로 1904년부터 1906년에 걸쳐 정리되어 1916년에 출판된 것이 '구어법', 1917년에 간행된 것이 '구어법 별기'이다. 이러한 전국 규모 조사를 가능하게 한 것이 국가 조직으로의 국어조사위원회의 특징이었다고 해도 좋을 것이다. 이와 같이 교육회와 각사범학교를 통해서 조사가 가능했던 것은 교육 제도의 보급을 뜻하는 것이기도 하다. 하지만 이 조사는 너무 미비한 점이 많았기 때문에 질문사항을 두 배 이상 늘린 제2차 조사가 1908년에 이루어졌다. 도쿄에 모아진 조사 데이터는 발행되지 않고 관동대지진으로 소실되었다. 그러나 데이터 분석에 나선 방언학자 도조 미사오(東條操, 1884~1966)는 이를 바탕으로 1920년대 후반부터 '방언 구획론'을 제창하고 국어의 하위분야로 방언을 서로 긴밀히 관련 지위서 방언학 이론을 구축하게 된다.[53]

이러한 조사에서 방언은 어떻게 인식되어 온 것일까. 예로 들어 '구어법' 내용 중에 "今日東京ニ於テ專ラ教育アル人々ノ間ニ行ハルル口語ヲ標準トシテ案定シ、其ノ他ノ地方ニ於ケル口語ノ法則トイヘドモ廣ク用キラルルモノハ或程度マデ之ヲ斟酌シタリ(오늘 도쿄에서 전문교육을 받은 사람들 사이에서 흔히 하는 것은 구어를 표준으로 한 것이라고 생각되어 그 외의 지방에 대해서도 구어 법칙이라고 해도 널리 사용되는 것은 어느 정도 이를 참작한 것임)"와 '구어' 기준을 명확히 하고, 방언에 대한 배려는 다소 보인다. 그러나 실제로는 '구어법 별기'에서 고어용법과 함께 지역 표현이 소개될 정도로밖에 되지 않았다.

표준어가 될 수는 없었어도 인위성과는 전혀 관계가 없는 것처럼 보이는 사투리조차도 국어의 이름 아래 정돈해서 서로 관련 지우려고 했다. 각종 방언 조사표를 보면 알지만 방언 조사가 결국 표준어와 일대일 대응 형태로밖에 채집되지 않았다는 것을 상징하듯이 방언은 결국 국어나 표준어와의 관계 안에서만 언급되었던 것이다. 방언의 정

---

53   자세한 내용은 安田敏朗, 『『國語』와 '方言' 사이—言語構築의 政治學』, 人文書院, 1999, 第2章을 참조.

서라는 명목아래 표준어의 동시대적 구축, 다른 한편에서는 역사적 변천을 뒷받침하여 거기에 민족성을 불어넣고 통시적으로 구축되어야만 비로서 국어개념이 성립된다고 할 수 있을 것이다. 다시 말해 언어가 내셔널리티 구성의 핵이 되어 그 '역사'를 말하게 되어 민족성이 부여되고 일본의 국어로써의 고유성이 강조되어 온 것이다.

4. 비교 언어학에 회의

1) 신무라 이즈루[新村出]의 경우

여기까지 살펴본 바와 같이 일본어 계통을 찾는 것을 과학적으로 하기 위해 언어학 특히 비교 언어학을 도입하는 한편 국가 시스템을 운영하기 위한 언어 확립을 위해서도 그 학문을 이용해야 한다는 것이 우에다가 메이지 초기 '박언학' 수용을 근거로 한 대략적인 주장이라고 해도 좋을 것이다. 그리고 이 방침에 따라 학문의 제도화를 우에다는 도모해 왔다.

그러나 우에다에게 사사하여 1899년에 박언학과를 졸업한 신무라 이즈루(新村出, 1876~1967)가 1933년에 언급한 것은 다음과 같이 매우 비판적이다.

> 本邦に於ける西洋言語學並びに音聲學の祖述者の所説は、輸入當初より往々直ちに國語運動の所依の原則として之が輕率に用ゐられた嫌ひがないでもなかつた。

西洋の言語學や音聲學が直接に諸種の國語改良の指導原理を与へることが如き觀を呈したことが屢々あつた。西洋言語學が國語の新研究を促がした功績も少からずあつたことを私たちは認めるけれども、ともすれば利用厚生的に能率本位的に言語學が使はれたやうな場合がなかつたとは云はれない。(…중략…) 言語學が日本の國語研究の上に益したよりも、比較言語學の皮相が伝はつて國語と他國語の無造作な比較研究を促がし、比較すべき相互の國語の當該國語學の研究を忽諸に附したやうな方法論上の誤謬が頻繁に犯されたのも事實である。然しそれよりも、むしろ西洋の言語學の一面が、西洋の語法學と同じく、一種の規範的な指導原理を与へるものだと誤解されて、國語運動者や調査者の味方に使はれたやうな譏りを免れなかつたが、其の方の一種の過失は到底掩ふべからざるものがあつた。[54]

본국에 있어서 서양언어학 및 음성학에 관한 기존 기술내용의 설은 수입 당초부터

종종 국어운동의 기초원칙으로 경솔하게 이용될 경향이 있었다.

서양 언어학이나 음성학이 직접 각종 국어개량을 위한 지도원리를 제공하는 것처럼 보이는 일도 자주 있었다. 서양언어학이 국어의 새연구를 촉지한 공로는 적지 않았다는 것은 인정 하지만 반면에 이용후생적으로나 능률 본위적으로 언어학을 사용한 경우가 없었다고도 말 할 수 없다. 언어학이 일본 국어연구상에 이익을 가져다 줬다고 하기보다는 비교 언어학의 피상만 전하여 국어와 타 국어의 손쉬운 비교연구를 촉진하여 비교해야 할 상호 국어의 당해 국어학 연구를 하게 해서 방법론상의 오류를 빈번하게 범하게 하는 것 또한 사실이다. 하지만 그것보다 오히려 서양 언어학의 일면을 보고 서양 어법학과 같이 일종의 규범적 지도원리를 제공하는 것

---

54   新村出,『岩波講座日本文學—言語學槪論』, 岩波書店, 1933.4, 14~15頁.

이라고 오해하고 국어운동자나 조사자가 썼다고 하는 비난은 면치 못하지만 그러한 일종의 과실에는 도저히 용서할 수 없는 것이 있었다.

博言學を言語學だと解する見方に對して、比較言語學を、その中でも特に印歐比較言語學を、言語學の全部か要部かと解する見方も、日本の古いところにも行はれてゐた。(…중략…) 日本でいふと、殊に日本語と同系語とを比較する所の比較言語學を言語學の主要部と考へたがる傾がある。(…중략…) 明治二十年前後におけるチャンバレン氏の感化なども大に手つだつた樣なわけで、言語の比較が言語學の主潮を形作つたらしく見える。(…중략…) 明治三十年代の日本の言語學界には、表面狹義の比較學風が漲つてゐたと見られるのである。最近に至るまでは、日本にはこの比較學派が主潮をなしてゐたと言へる。今日でも此の風潮が決して絶えたわけではなく、今後なは續出もするであらう。[55]

박언학을 언어학이라고 해석하는 견해에 대해서 비교언어학을 그 중에서도 특히 인도유럽 비교언어학을 언어학의 전부, 또는 요점이라고 보는 견해도 옛 일본에서는 있었다. (…중략…) 일본에서 말하자면 특히 일본어와 동계어를 비교할 때 비교언어학을 언어학의 주요부분이라고 생각하는 경향이 있다. (…중략…) 메이지 20년 전후에는 챔바레인씨로부터 받은 감화가 크게 기여했으며 언어 비교가 언어학의 주류를 형성한 것 같이 보이기도 했다. (…중략…) 메이지 30년대 일본 언어학계에는 표면협의 비교학풍이 만연되고 있었다고 볼 수 있다. 최근까지 일본에는 이러한 비교학파가 주류를 이루고 있었다고 할 수 있다. 오늘날도 이러한 풍조가 아직도 살라지지 않고 앞으로도 계속될 것이다.

---

55   위의 책, 28~29頁.

그리고 비교언어학의 유행이 일본인 기원론 유행에 편승한 것이었다는 지적도 계속된다. '메이지 30년대의 일본 언어학계'에 '표면 협의한 비교학풍'이 넘쳐 있었다고 표현한 부분이나 언어학을 '국어운동에 근거를 둔 원칙'(여기서 말하는 언어운동은 가나사용 표음화(仮名遺表音化)와 한자폐지 주장을 가리키고 있다고 할 수 있다)이라고 하는 것은 직접 가르침을 받은 우에다에 대한 비판이라고 해도 좋을 것이다.

2) 도기에다 모토키 [時枝誠記]의 경우

좀 더 시대를 거슬러 우에다에 사사한 사람들의 의견을 살펴 보도록 하자.

서두에서 인용한 국어학자 도기에다 모토키는 1922년부터 1925년까지 도쿄제국대학 우에다 카즈토시에게 사사했다.[56]

도기에다는 '국어학사' 속에서 메이지시대에 도입된 언어학이

言語學はその当初に於いて、國語學の學問的規範と考へられたといふよりも、國語の實際問題解決の批判者として遇せられたのである。明治前半の著しい傾向は、實に國語の實際問題の解決にあつたと云つてもよい。その熱情が冷めて、國語學が眞に科學としての研究の方向に就く様になつたのは明治も後半に屬する頃であつた。國語の系統論、歴史的研究がこの期間に著しい進歩を遂げた。一方國語の文法學に就いてもおお

---

[56]　時枝誠記는 京城帝國大學에서 國語學을 강의했다. 時枝의 言語觀인 「言語過程觀」는 이 사이에 형성되었다고 해도 될 것 같지만 이 言語觀에 의해서 朝鮮總督府의 言語政策을 批判하면서 親和하게 된다. 자세한 것은 安田敏朗, 『植民地 속의 「國語學」－時枝誠記と 京城帝國大學をめぐって』, 三元社, 1997를 참조.

くの業績が現れた。[57]

　언어학은 당초 국어학의 학문적 규범으로 생각했다고 하기보다는 국어의 실제문제 해결을 위한 비판자로 인식되어 왔다. 메이지 전반에는 실로 국어의 실제문제를 해결하려는 경향이 두드러졌다고 해도 좋다. 그 열정이 식어서 국어학이 참으로 과학으로서의 연구로 방향을 틀게 된 것은 메이지 후반에 들어섰을 때쯤이다. 국어 계통론, 역사적 연구가 그 가간에 눈부신 진척을 이뤘다. 한편 국어 문법학에 대해서도 많은 업적을 냈다.

고 말하고 있듯이 신무라와 유사한 견해를 나타냈지만 신무라는 비교언어학의 수용이 불충분하고 표면적이었다는 점에 중점을 두고 있다. 도기에다는 오히려 우에다가 말한 '과학'이란 비교를 한다는 설에 관심을 가진 것 같았다.

　예를 들어 도기에다는 대학에서 받은 강의에 대해 아래와 같이 회고하고 있다.

　　上田先生の講義が、如何に清新なものに感じられたことであつたか。國語學や言語學の「い」の字も知らぬ私にとつて、國語學といふものが、如何に泰西の近代科學に連るものであるか、國語學や言語學を研究するのに、人類學や生理學や解剖學や音響學や、さては心理學や哲學などの研究が、如何に必要であるかといふことが敎へられた。(…중략…) 先生の講義を通しては、古典的と考へられた國語學が、近代科學の清新な裝をして我々の前に登場して來るやうに感じられたのである。[58]

　우에다 선생님의 강의가 얼마나 청신하게 느꼈던 것인지. 국어학이나 언어학의 '첫자' 도 모르는 저에게 국어학이라는 것이 얼마나 서양의 근대

57　時枝誠記,『國語學史』, 岩波書店, 1940, 40頁.
58　時枝誠記,『國語研究法』, 三省堂, 1947, 26頁.

과학으로 이어지는 것인지, 국어학이나 언어학 연구에 얼마나 필요로 하는 건지를 배웠다. (…중략…) 선생님 강의를 통해서 고전적이라고 생각되고 있었던 국어학이 근대과학의 청신한 모습으로 우리 앞에 등장한 것처럼 느낀 것이다.

'과학'임에 현혹되어 있었던 것을 솔직하게 보여주기도 했지만 거기서 안주했던 것도 아닌 것 같다. 즉

私たちの大學在學中に於いても、國語研究法といへば、何よりも先づ西洋言語學特にインド・ヨーロッパ言語學(或は印歐語學、インドゲルマン言語學とも)の方法に學び、それに基礎を置かねばならないことが講義でも敎へられたのであつた。國語學を言語學の一特殊部門と考へれば、特殊部門の研究法を考へる前に、言語一般の研究法を考へることはものゝ順序として当然であるかも知れない。しかしながら國語研究法が言語學の方法論に基かなければならないと考へることには、言語學を言語研究の先進者であると考へる以上に、言語學に對する大きな過信があると考へるのである。[59]

우리가 대학에 재학하고 있을 때도 국어연구법이리고 하면 무엇보다 먼저 서양언어학 특히 인도 유럽어(혹은 인구어학, 인도 게르만어학이라고도 함) 방법을 배우며 그에 기초를 두어야 한다는 것을 강의에서 배웠다. 국어학을 언어학의 한 특수부문으로 생각한다면 특수부문의 연구법을 생각하기 전에 언어 일반의 연구 방법을 생각한다는 것은 순리대로면 당연한 것일지도 모른다. 하지만 국어연구법이 언어학의 방법론에 따라야 한다고 생각한다는 것에 대해서는 언어학을 언어연구의 선진자라고 생각하는 이

---

59   위의 책, 5頁.

상으로 언어학에 대해 큰 과신이 있다고 생각한다. 소위 언어학이란 주로 인도유럽어족을 대상으로 연구한 언어연구의 체계이므로 그것은 매우 광범위한 언어를 대상으로 하지만 그 연구 대상을 봐도 또한 연구 과제를 봐도 역시 특수 언어학에 지나지 않는다. 이 특수 언어학의 이론과 방법을 국어연구의 지도 원리인 것처럼 생각한 데부터 큰 착오가 있었던 것이다.

서구언어학도 결국은 특수언어학이라고 파악하는 것은 대학 재학 중에 얻은 것은 아닐 것이다. 비교언어학에 대해서도 미국유럽 유학후에 있었던 연구회에서 한 담화('신식 국어학의 제창', 1929)에서도 그는 자신의 파리 하숙집에서 프랑스 남부 출신인 하숙집 주인과 같은 숙소의 스페인인과 이탈리아인이 손쉽게 연구하는 것을 보고 유사점이 많은 여러 언어간의 연구이기 때문에 계통론과 비교언어학이라는 것이 발달하게 되었다는 생각에 이르렀다고 그의 생각을 말한 후에

翻つて國語について考へて見ますと、明治初年始めて言語學が我が國に紹介されて以來、國語學は常に歐州言語學の後を追つて歩いて來ました結果、比較言語學の方法もそのまゝ我が學界に移されて、一時國語の系統論、所屬論がやかましく論議され、或はウラルアルタイ語系に屬するといはれ、或はインドゲルマン語系に、或は南洋語系に、或は支那語系といふ風に所屬の問題が研究され、若しこの問題を解決せねば國語學界の恥辱であるといふ風に考へられて參りました。しかしながらこの歐州言語學で取扱はれた系統論の問題は、我が國語學にとつて、それ程緊要な問題でありませうか。フランス語がスペイン語、イタリヤ語等の同族語に取りかこまれて、地理的にも歷史的にもそこに一つの系統を形成してゐるといふやうな事情と、我が國語の事情とは全く相違してゐると見なければならないのではないかと思ふのであります。

そこで私は、國語學はこのやうな人眞似をするよりも、先づ國語の事情を直視し、ここに於いては何が最も著しい事實であり、又何が重要な問題であるかを探索しなければならないかと考へたのであります。[60]

　반면 국어에 대해 생각한다면 메이지 첫해에 처음으로 언어학이 일본에 소개된 이후 국어학은 늘 구미언어학을 뒤따라 왔습니다. 그 결과 비교언어학 방법도 그대로 우리 학계로 도입되어 한때 국어 계통론, 소속론에 대해 논의되어 혹은 우랄 알타이어계에 속한다고 하거나 인도게르만어계에 혹은 남양어계에, 혹은 지나어계에 속한다 식으로 소속문제에 관한 연구가 활발했으며 만일 이 문제를 해결 못하면 국어학계의 치욕이라는 식으로 받아들여져 왔습니다. 하지만 이 구주언어학에서 다뤄왔던 계통론 문제는 우리 국어학에 있어서 그 정도 긴급한 문제일까요? 불어가 스페인어나 이탈리어와 같이 동족어에 둘러싸여서 지리적이나 역사적으로 그 안에 한 계통을 형성해왔다고 하는 사정과 우리 국어 사장과는 전혀 상이하다고 봐야 한다고 생각합니다.

　그래서 저는 국어학은 이와 같이 다른 것을 흉내내기보다 먼저 우리의 국어사정을 직시하여 그 때 무엇이 가장 두드러진 사실이며 또한 무엇이 중요한 문제인지를 탐구해야 한다고 생각한 것입니다.

　어떤 의미에서는 정당한 반응일 것이다. 유럽 언어학도 비교언어학 시대가 지나고 페르디낭 드 소쉬르(Ferdinand de Saussure, 1857~1913)로 대표되는 일반언어학의 시대로 접어들려고 하고 있었다. 그리고 도기에다는 이 후 소쉬르 언어관과도 대치하게 된다.[61] '흉내'를 하지 않는다고 하는 생각을 계속 고수했던 것일지도 모른다.

60　위의 책, 57頁.
61　時枝誠記, 『國語學原論』, 岩波書店, 1941에 펼쳐진다.

3) 비교에서 역사로

비교언어학은 국어운동에 이용되었을 뿐이라고 비판했던 신무라 이즈루는 한편으로 우에다 가즈토시의 '업적'에 대해 다음과 같이 적고 있다.

これら明治二十七八年以降十有余年間に於て日本の大學に於て邦人として最初の言語學講座の担任者たる上田(万年 ― 인용자)氏が一方に於て東京帝國大學に於て國語研究室を旧來の言語取調所から發達せしめて一方には文獻資料を益々蒐集し他方には少壯の學徒を勉學させる機關を設備したことは、ひとり國語學史上に期を畫したのみならず、延いて日本の言語學にも少からぬ余澤を及ぼしたことになる。現任東大の教授たる橋本(進吉 ― 인용자)氏はもとより、古くは國語政策國語教育の保科(孝― ― 인용자)氏も、ロシヤ語の八杉(貞利 ― 인용자)氏も中程には歌謠史の高野氏や後れて方言の東條(操 ― 인용자)氏も、國語國文の吉澤(義則 ― 인용자)氏も亦不肯わたくしの如きも、これかれ前後しまた年限の多少こそあるが、みな比の研究室に育くまれたのであつた。その教授室に在つて年々(ヘルマン・ ― 인용자)パウルの『言語史諸原理』の輪講を指導されて演習を受けた私たち、少くとも私一箇にとつては、絶大な影響をパウルの訓練から得たことを常に感銘する。(…중략…) パウルを日本の言語學界に咀嚼せしめた點だけでも、指導者上田氏の功績は忘れてはならないと思ふ。私はこれらの時代を表面にあらはれた所で比較言語學の主潮の橫流時代のやうに述べたが、然し他面から觀ると、同じ時代は新國語學の育成時代とも言はれようし、或は國語新研究の素材が內らから集められ、又方法と理論が、外がはから、卽ち言語學から供給された時代であるから、言語學が國語學的傾向を根柢とするに至つた畫期的時代だとも言ひ得るのではないかと思ふ。 [62]

메이지 27, 8년 이후 10여 년간 일본 대학에서 일본인으로 처음으로 언어학강좌를 담임했던 우에다 가즈토시씨는 도쿄제국대학의 국어연구실을 종래의 언어취조소에서 발전시킨 한편 문헌자료를 더욱 수집하였으며, 유망한 학도를 면학시킬 수 있는 기관을 설치한 것들은 혼자서 국어학 사상에 획을 그었을 뿐만이 아니라 일본 언어학에도 적지 않은 영향을 주었던 셈이다. 현 도쿄대 교수인 하시모토 신키치씨를 비롯하여 일찍이 국어정책국어교육을 한 호시나 코이치[保科 孝一] 씨도 러시아어의 야스기 사다도시[八杉 貞利] 씨도 중반에는 가요사[歌謠史]의 다가노[高野] 씨와 후에 나온 방언연구자 도죠 미사오[東條 操] 씨, 국어국문의 요시자와 요시노리[吉澤 義則] 씨 또한 저와 같은 사람도 다소 연도의 차이는 있으나 이 연구소가 키워준 것이다. 그 교수실에서 해마다 헤르만 파울의 '언어사 제원리'의 윤강을 지도 받고 연습을 받은 우리는, 적어도 저 개인적으로는 파울의 훈련으로부터 아주 큰 영향을 받았으며 그에 늘 감명을 받았다. (⋯중략⋯) 파울을 일본의 언어학계에 이해시킨 것만 해도 지도자 우에다씨의 공로를 잊지 말아야 한다고 생각한다. 우리는 이 시대가 표면적인 면에서는 비교언어학을 주된 흐름처럼 말해 왔지만 다른 관점에서 보면 이 시대는 신국어학 육성시대라고도 할 수 있으며, 혹은 국어신연구의 소재가 안에서부터 모아지며 그리하여 방법과 이론이 밖에서 즉 언어학에서 공급된 시대이기 때문에 언어학이 국어학적 경향을 근조로 하게 된 획기적 시대였다고 말할 수 있을 것으로 생각한다.

위와 같이 우에다가 1897년에 국어연구실을 설치하고 후진 육성에 힘

---

62   新村出,『岩波講座日本文學－言語學槪論』, 岩波書店, 1933.4, 30頁. 新村出筆錄・柴田武校訂,『上田万年－言語學』, 敎育出版, 1975, 1~2頁에는 參考書가 10여 권 거론되어 있지만 파울 책도 포함되어 있다. 그 외는 맥스뮐러(Max Müller), 가벤렌츠(Gabelentz), 하이제(Heyse) 등이 있다.

을 쓴 것, 그리고 헤르만 파울(Hermann Paul, 1846~1921) '언어역사 원리'(Prin-zipien der Sprachgeschichte, 1880)의 윤강(輪講)을 한 것이 그의 업적이라고 했다.

계통론(系統論)을 시대에 편승해 유행한 논의가 아니라 비교언어학의 전제인 역사언어학의 기본서로 소개한 점만으로도 평가할 만하다는 것이다. 분명히 '일본제국대학 언어학'은 여러 언어의 계통 관계를 밝혀내야만이 과학이다라고 하는 우에다보다 언어의 역사적 변천을 밝히는 것이 과학 즉 언어학이며 이는 곧 언어사라고 하는 파울의 설이 타당할 것이다.[63]

5. 맺는 말 — 일본어학의 또 다른 형태

이상 간단하기는 하지만 '근대 이행기의 일본어학 성립'이라는 주제에 따라 고찰해 보았다.

근대 이후 서양 언어학의 영향을 다소 받았다고는 할 수 있지만 비교언어학의 시대가 지나면 구조주의 언어학의 시조로 불리는 비교언어학자 페르디낭 소쉬르의 조류도 거의 동시대적으로 일본에 도입되었다. 소쉬르의 강의를 청강한 학생들의 노트를 모아 편집한 '일반언어학 강의(Cours de linguistique générale)'가 스위스에서 1916년에 간행되어이를 언어학자 코바야시 히데오(小林英夫, 1903~1978)가 '언어학 원론'으로 번역한 것이 1928년의 일이었다(오카쇼인[岡書院刊行]. 이 책의 번역은 일본어로 한 것이 첫사례라고 되어 있다).

---

63 新村出, 『岩波講座日本文學 言語學槪論』, 岩波書店, 1933.4, 30頁.

도쿄제국대학 문학부에서 국어학을 전공한 카메이 타카시(龜井孝, 1912~1995)는 고바야시 히데오의 개역판(1941)에 깊이 관여했었다. 고바야시의 '역자의 말'에 의하면 "카메이 씨와 함께 원본과 번역문과에 맞춰서 읽는 데에 시간을 보냈다"고 되어 있다.

그 카메이가 1938년 2월호 잡지『문학』(6권 2호)에 「일본언어학을 위해서」라는 논문을 발표했다.

이것은 소쉬르의 새로운 사조에 대해 직접 언급한 것은 아니지만 그것을 염두에 둔 것으로 보인다.

우선 카메이[龜井]는 국어학 성립에는 두가지 흐름이 있다고 한다. 하나는 '에도시대의 맥을 이어온 옛 국학의 전통'이고 다른 하나는 '새로 수입된 언어학'이다. 그러나 이렇게 성립된 국어학은 국학의 전통도 모르고 언어학에 대해서도 어설픈 이해에 그치고 있다고 카메이는 신랄하게 비판한다.

비판은 하되 국어학이 학문으로서 현대적 가치를 갖는 것은 '현대에도 관통해서 흐르는 일반적인 과학적 정신이 숨어들었기' 때문이라고 한다. 즉 "그것이 많든 적든 서양의 근대 언어학의 세례를 받고 있다는 것 자체가 오늘날 국어학의 특수한 성격"이기 때문에 "국어학도는 언어학에 대해서는 조금이라도 거부하지 말아야 한다"고 하듯이 언어학을 "국어학도병의 교양의 하나로 스스로 여겨서 그것을 배우려는 편이 낫다"고 평가하고 있다.

실제로 국어학 속에 언어학 방법을 제대로 받아들인 사례는 적지만 반대로 "일본어의 일각에서 보면 서양 언어학을 방법적으로 확충해나가는 노력이야말로 가치가 있다"고 주장했다. 그것은 '풍부한 데이터 수집과 충실한 사실 기재'에 기초한 '확고한 실증에 서서 한결같이 방법 자체에 깊은 이해를 하는 것'이기도 하고 이를테면 '언어학도가 아닌 언어학도는 본질상 존재할 수 없다'는 것이다. 일본어를 통해서 언어 본질에 다가간다는 것이다.

또한 카메이는 언어연구를 할 때는 '언어 감정'에 대한 이해가 필수라고 한다. "인간이 먼저 가장 뛰어난 언어감정을 갖게 되는 것은 모국어"여야만 하고 일본어 이외의 언어를 연구하는 경우에도 "어떤 의미에서는 모국어에 대한 감정을 어느 정도 전제하고 있기" 때문이다라고 한다. 그리고 카메이는 다음과 같이 계속한다. "국어학은 요컨대 이러한 감정에 대해서 구심적으로 학문적 반성을 가하는 것이다"라고 한다.

'학문적 반성을 가한다'는 것에 대해서 구체적으로 어떤 것이며 언어학의 구체적인 내용에 대해서는 카메이는 언급하지 않았다. '모국어에 대한 감정'을 절대적인 것으로 받아들이지 말 것을 이야기 하고 있다고 생각할 수도 있다.

한편 카메이는 "일본어의 동의어로 '국어'에 다소 학문적 가치가 없다는 것 또한 분명하다"고 한다. 이것은 "국어학의 글자 위에 떠도는 일종의 독선적인 느낌은 그가 일종의 언어학에 매진하는 한 그다지 바람직한 것은 아니다"라는 판단 때문이었다.

따라서 카메이는 '국어학'을 형식적으로 '일본어학'으로 개칭해야 한다고 주장했다. 그렇게 되면 논문 제목인 '일본언어학을 위해' '일본언어학'이란 과연 무엇을 하는 것일까? 카메이는 말한다. '일본언어학'은 "자국의 전통 속에 확고한 뿌리를 내리고 일본문화가 널리 세계를 둘러쌀 수 있는 학문인 언어학이다"라고 말한다. 이를테면 '일본어의 어학'이 아니라 '일본의 언어학'이라는 의미에서 '일본 언어학'을 사용하겠다는 것이다. 하지만 아직 거기까지 도달하지 않았기 때문에 '일본어학'이라는 명칭하에 우선 "국어학을 진정한 일본어의 과학이라고 할 수 있도록 우리는 오로지 노력해야 한다"고 말한다. '일본 언어학'은 '축복 받을 미래를 위해 보류해 두고 싶다'는 것이다.

그리고 마지막으로 일부에서 유명한 "국어학이야, 죽어서 태어나

자"고 인상적인 말을 언급하면서 이 논문을 맺으려고 한다. 사상 사학자인 코야스 노부쿠니[子安宣邦]는 카메이의 이 논문에서 국가의 내면에만 향한 국어학의 '일국지'적인 성격을 지적하여 야나기다 구니오[柳田國男]의 민속학을 '일국 민속학'으로 간주하는 것과 나란히 논하며 "국어학은 죽어서 태어났는가"라고 묻고 있다.[64]

물론 개별적으로는 따르면서 보편적인 것을 지향한 카메이의 주장에서 '일국지'적인 성격을 보기는 어렵다. 다만 '자국의 전통'이나 '일본문화가 세계를 둘러쌀 수 있다'고 하는 부분에서는 분명 애매모호한 점도 있다.

개별 구체적인 것에서 보편적인 것으로 지향하는 생각은 도기에다 모토키도 가지고 있었다. 그의 대표적인 서적 '국어학 원론'에서 명확하게 다음과 같이 말하고 있다.

言語の本質が何であるかの問題は、國語研究の出發点であると同時に、又その到達点でもある。(…중략…) 國語學はそれ自体言語の本質を明める處の言語の一般理論の學にまで高められねばならないのである。(…중략…) 國語學は卽ち日本語の言語學であるといはなければならないのである。[65]

언어 본질이 뭔지에 대한 문제는 국어연구의 출발섬인 것과 동시에 도달점이기도 한다. (…중략…) 국어학은 그 자체가 언어본질을 밝히는 언어의 일반이론 학문으로까지 올려야 한다. (…중략…) 국어학은 즉 일본어의 언어학이라고 말할 수 있어야 한다.

---

64 子安宣邦, 『近代知의 알케올러지(archeology)―國家와 戰爭과 知識人』, 岩波書店, 1996. 增補版은 『日本近代思想批判 : 一國知의 成立』, 岩波現代文庫, 2003.

65 時枝誠記, 「序」, 『國語學原論』, 岩波書店, 1941, 2～3頁.

‘언어 본질'을 생각하고 또한 ‘일본어의 언어학'을 구상한다. 유럽언어학을 수용하기만 했던 근대 이행기가 끝나고 그 영향을 받으면서도 거기에서 출발하려고 하는 다음 세대의 모습을 읽어 낼 수 있을 것이다.

그러나 그러한 희구가 무엇을 가져 왔는지에 대해서는 새로 원고를 준비를 해야 할 것 같다.

근대 베트남에서의 자국어 및 자국어학의 성립

부 득 응예우

이 글에서는 우선 베트남어의 역할 및 위치에 대해서 간략하게나마 서술하고, 그 다음에 베트남의 역사 흐름에 따라 각 시기마다 사용되던 언어와 문자에 대해서도 살펴보고자 한다. 이러한 기초적인 베트남 어학에 대한 이해를 바탕으로 해서 근대시기 베트남에서의 자국어 및 사국어학의 성립과정을 검토할 것이다.

1. 베트남어의 계통 및 발전과정

1) 베트남어의 계통

우선 베트남어의 계통에 대해서 설명하고, 그 다음에 각 시기의 역사적 배경 및 언어, 문자를 사용한 양상에 대해서도 간략하게 정리한 후 베트남어의 발전과정을 검토하겠다.

베트남어는 베트남의 여러 민족들 중 가장 인구가 많은 비엣(Việt)족, 혹은 낀(Kinh)족이라고도 하는 민족의 언어다. 베트남어는 남아시아 어족 내 몬-크메르(Môn-Khme) 어족의 비엣 므엉(Việt Mường, 혹은 비엣 쭛(Viet Chut)이나 비엣 떡(Vietic)이라고도 함) 어파에 속하는 언어다.[1]

그런데 산악지역에 살던 주민들과 델타지역에 살던 주민들의 언어는 시간이 지날수록 점점 차이가 커지면서 8세기에 이르러 드디어 델타지역에서 주로 사용된 프로도 비엣(Proto-Việt)어 및 산악지역에서 주로 사용된 프로도 므엉(Proto-Mường) 두 가지로 나누어졌다. 이 과정에서 한(漢)문화와의 접촉도 여러 원인 중의 하나로 볼 수 있다.[2] 이렇게 해서 생긴 프로도 비엣 어파는 고대, 중세, 근대, 현대 베트남어로 점점 진화되었다.

역사적 배경을 기초하여 베트남어의 형성과 발전 과정을 분류하고 정리하는 작업은 20세기 초반부터 이미 H. Maspero라는 프랑스 학자

---

1 Bright W., 1992; Diffloth G., 1991; Ferlus M., 1992; Nguyễn Tài Cẩn, 1995 등 참조
2 서한(西漢) 시기에, B.C. 111년부터 A.D. 939년까지 약 1천 년 동안, 북쪽(서한)군이 아우 락(Âu Lạc, 당시 의 베트남 국명)에 쳐들어가 침략하고 자기들의 지방행정구역으로 만들고 군림했다. (물론 그 후에도 짧게 혹은 길게 여러 번 침략하다가 물러가다가 반복하기도 했다.) 아우 락은 B.C. 208년에 형성된 베트남의 고대 나라였고, 중심지(수도)는 꼬 로아(Cổ Loa)이다. 아우 락은 홍(Hùng)왕들이 다스리는 반 랑(Văn Lang)국의 후대 왕국이다. 한편, 반 랑국은 베트남의 초대 왕국이며, 수도는 지금의 푸 토(Phú Thọ)성에 속하는 지역인 퐁 쩌우(Phong Châu)에 있었다.

에 의해 진행 및 발표되었다.[3] 그리고 이 작업은 국내외 여러 학자들에 의해 최근까지도 계속 진행되었는데, 그 중에서 1998년에 발표된 베트남 학자인 응우옌 따이 껀(Nguyễn Tài Cẩn) 교수의 베트남어 시기 분류를 좋은 예로 들 수 있다. 그는 역사적, 정치적, 사회적 사건들뿐만이 아니라 언어 및 문자 요소들도 다 고려하면서 기존과 다른 분류결과를 발표했다.[4] 이 연구를 요약하자면 다음과 같다.

① 시기 : 베트남어 이전 단계(약 8세기~9세기)
   언어 : 두 가지(통치 계층이 사용한 한어(漢語) 및 현지인들이 사용한 베
        트남어)
   문자 : 한 가지(한문)

② 시기 : 고전 이전 베트남어 단계(약 10세기~12세기)
   언어: 두 가지(베트남어(이시기에는 현지인만이 아니라 통치 계층도 이
        언어를 회화할 때 사용함) 및 한어)
   문자: 한 가지: 한문

③ 시기 : 고전 베트남어 단계(13세기~16세기까지)
   언어 : 두 가지(베트남어 및 한어)
   문자 : 두 가지(한문, 쯔 놈(chữ Nôm))

쯔 놈은 베트남 사람들이 한문을 바탕으로 베트남 말을 기록하는 글자이다.[5] 이전시기부터 발생하기 시작된 쯔 놈이 이 시기에 이르러

---

3   Maspero H., 1912 참조.
4   Nguyễn Tài Cẩn, 2001, 403쪽 참고.
5   쯔 놈에 대해서는 Đào Duy Anh(1975), Chữ Nôm : nguồn gốc · cấu tạo · diễn biến(『쯔

더욱 발전된 모습이 보여주었다. 이는 베트남의 문화 발전에 굉장히 큰 의미가 있다고 인정된다.

④ 시기 : 중세(中世) 베트남어 단계(17세기~19세기 초반까지)
　언어 : 두 가지(베트남어과 한어)
　문자 : 세 가지(한문 및 쯔 놈, 꾸억 응의[國語][6])

이 시기에 쯔 놈은 굉장히 발달되었다. 한 편, '꾸억 응으'라고 하는 알파벳을 비탕으로 베트남 말을 기록하는 문자가 출현되기 시작했다. 베트남에서 활동하던 유럽 전도자들의 노력과 더불어서 당시의 몇 몇 지식인들의 협력으로 만들어진 것이다. 이 문자는 만들어진 후 한동안 천주교 관계자들 사이에만 사용되었다. 20세기 초반에 이르러서는 꾸억 응으(國語, Quốc ngữ)라는 이름으로 널리 보급되기 시작하여 지금까지 국어(국가의 언어, National Language)의 자리를 차지해 왔다. 이 문자의 출현은 당시 베트남의 문화, 언어, 문자 등 여러 측면에 커다란 영향을 끼친 큰 사건이었다. 또한, 그 다음 시기에 비상(飛上)으로 발전

놈-기원 · 구조 · 발달과정』), Hà Nội : Nxb. Khoa học Xã hội(하노이 : 사회과학출판사); Lê Văn Quán(1981), *Nghiên cứu về chữ Nôm*(『쯔 놈에 관한 연구』), Hà Nội : Nxb. Khoa học Xã hội(하노이 : 사화과학출판사); Nguyễn Tài Cẩn(1985), *Một số vấn đề về chữ Nôm*(『쯔 놈에 관 한 몇 가지 문제』), Hà Nội : Nxb. Đại học và Trung học chuyên nghiệp(하노이 : 전문 중학 및 대학 출판사); Nguyễn Ngọc San(2003), *Lý thuyết chữ Nôm văn Nôm*(『쯔 놈 및 쯔 놈 문학 이론』), Nxb. Đại học Sư phạm Hà Nội(하노이대 출판부); Nguyễn Quang Hồng(2008), *Khái luận văn tự học chữ Nôm*(『쯔 놈 문자학 개론』), Hà Nội : Nxb. Giáo dục(하노이 : 교육 출판사); Nguyễn Tuấn Cường(2012), *Diễn cách cấu trúc chữ Nôm Việt*(『베트남 쯔 놈의 구조』), Nxb. Đại học Quốc gia Hà Nội(하노이대 출판부) 등을 참고.

6　이에 대해서는 Đỗ Quang Chính(2008), *Lịch sử chữ quốc ngữ 1620~1659*(『1620~1659 시기 꾸억 응으의 역사』), Nxb. Tôn giáo(종교출판사); Đoàn Thiện Thuật(주편)(2008), *Chữ quốc ngữ thế kỷ XVIII*(『18세기의 꾸억 응으』), Hà Nội : Nxb. Giáo dục(하노이 : 교육출판사) 등을 참고.

하게 된 베트남의 문화 및 사회의 중요한 요인으로 여기지기도 하다.

⑤ 시기 : 근대 베트남어 단계(19세기 후반~20세기 초반, 이때의 베트남은
　　　프랑스의 식민지였다.)
　언어 : 세 가지(베트남어, 프랑스어, 한어)
　문자 : 네 가지(프랑스 문(文), 한문 및 쯔 놈, 꾸억 응으)

이 시기는 위에서 소개된 베트남어, 프랑스어, 한어 등 3가지의 언어
와 프랑스 문, 한문, 쯔 놈 그리고 천주교 관계자들이 주로 사용한 베트
남 알파벳인 꾸억 응으 등 4가지의 문자가 공동으로 존재했다. 하지만
이러한 언어와 문자는 모두 똑같이 평등하게 사용되는 것이 아니었다.
예를 들자면 베트남어는 일상생활에 주로 사용되는데 쯔 놈의 경우와
마찬가지로 국가, 공권력의 행정에 정식적으로 사용되지 않았다.
바로 이 시기에 프랑스 식민당국은 베트남에서의 언어에 직접적으
로 간섭하기 위해 여러 정책, 법률을 만들어서 시행시켰다. 그 전시기
에 중요한 위치에 있었던 한문 및 쯔 놈의 역할을 약화시켰고, 그 대
신에 프랑스 말과 문자 그리고 알파벳 형식으로 만들어진 베트남어
즉 꾸억 응으를 대체했다.[7]

7　Triều Anh의 연구에서 다음과 같은 내용을 밝힌 바가 있다.
　1869년 2월 22일에, 코친차이나 총독이었던 G. Ohier는 1869년 4월 1일부터 정식적
　인 모든 교역문서에 한문이나 쯔 놈으로 작성하면 그 문서가 법적 효력 없다는 규정
　을 포함한 법을 통과시켰다.
　1878년 4월 6일에, J. Lafont 총독은 1882년 1월 1일부터 모든 정식적인 교역문서들을
　알파벳(꾸억 응으)으로 작성 및 싸인을 해야 한다는 법을 통과시켰다.
　1882년 1월 31일에, 당시 코친차이나 총독이었던 Le Myre de Vilers는 프랑스령 코친
　차이나 전 영토에서 안남어로 작성되던 모든 정식적인 문서들이 프랑스어(혹은 꾸
　억 응으)로 작성하도록 한 법을 통과시켰다.
　1917년 12월 21일에, Albert Sarraut 총독은 '인도차이나에서의 국민교육부의 규제'를
　시행시켰다. 1919년 7월 14일에, 후에(Huế) 조정은 프랑스 식민당국에 한문으로 하

19세기부터, 특히 20세기에 이르러 꾸억 응으는 점점 베트남의 언어, 문화, 사상, 학술, 사회에 중요한 영향을 미치기 시작했다.

⑥ 시기 : 현재 베트남어(1945년부터 지금까지)
　　언어 : 한 가지(베트남어)
　　문자 : 꾸억 응으

2) 각 시기의 역사 및 언어적 배경에 따른 베트남 자국어의 발전 양상

(1) 언제나 통일된 언어로써의 베트남어

이상에서 소개된 형성 및 발전 과정에서 베트남어는 언제나 통일된 언어라는 점을 강조한다. 몬-크메르 어파에서 분류되고 난 후, 10세기부터 12세기까지의 형성기, 그리고 여러 과정을 걸쳐서 오늘날까지의 발전해온 베트남어의 역사를 살펴보면 이 점을 쉽게 확인할 수 있다. 베트남어는 베트남사람들이 남쪽으로 이동하면서 영토를 넓히는 과정에도, 각 지방에서 방어(邦語)들이 형성하는 과정에도, 외침을 당할 시기에도, 오랜 세월의 분단 시기에도 언제나 통일된 언어로 사용되었다. 여기에서 이러한 일치성을 나타내는 두 가지 사례는 다음과 같이 들 수 있다.

일치성을 나타내는 첫째 사례는 다음과 같다. 10세기 초반(938)에 북쪽(중국) 제국으로부터 독립을 되찾아서 베트남의 응오(Ngô) 왕조, 띤

던 고전 교육에 대한 결정권을 양보하기로 했다. 그 때부터, 베트남 전 영토에서 프랑스어 및 꾸억 응으만 가르치는 식민지 교육이 시작되었다. 한문 교육은 거의 이루어지지 않게 되었다(Triều Anh, 1999, 45쪽 참고).

(Đinh) 왕조, 리(Lý) 왕조, 쩐(Trần) 왕조, 레(Lê) 왕조는 이어서 나라를 다스렸다. 리(Lý) 왕조 및 쩐(Trần) 왕조 때부터 남쪽으로 영토를 넓히기 시작했다. 다이 비엣(Đại Việt, 大越 — 베트남의 당시 국명)의 국경이 남쪽으로 더 많이 확장되고 Việt 족(Kinh 족)사람들이 새로운 지역으로 이동하면서 삶터를 확대했다(Hoàng Thị Châu, 1989; Nguyễn Văn Hầu, 1970).

국토가 확대되면서 베트남어는 방어(邦語)와 교류하며 한편으로 각 지역의 방어에 영향을 미치고 한편으로 영향을 받아 필요한 것을 받아들여 스스로 완성되었다. 베트남어 및 각 방어 사이에 언어 측면의 접촉, 서로 영향을 주고받으면서 발전하는 과정에는 지방마다 그리고 방어마다 차이가 조금씩 있었다.

그 다음 시기에도 많은 사람들이 다른 지역으로 이동한 경우가 종종 있었는데 그 지역의 방어와 또한 접근 및 교류하였다.

타인 화(Thanh Hoá)성, 응에 안(Nghệ An)성, 하 띤(Hà Tĩnh)성, 꽝 빈(Quảng Bình)성(베트남 중부지방에 있음, 제4구역이라고 불리기도 함)의 방어 그리고 중남부, 남부의 방어는 이러한 영토 넓히고 집단적으로 새로 정복한 지역에 이동한 과정의 결과라고 볼 수 있다.

여기에 중요한 것은 베트남의 방어들이 어음(語音)에 약간 차이가 나고 단어의 쓰임도 약간 차이가 나기는 하나 서로 다른 지역 주민들 간의 회화에는 큰 어려움이 없다는 것이다. 다시 말하자면 서로 다른 지역 주민들이라고 해서 서로 말이 안 통할 정도가 아니라는 것이다.

일치성을 나타내는 둘째 사례는 다음과 같다. 베트남의 역사상 두 번 분단된 적이 있었다. 첫 번째는 16세기 중반부터 18세기 말까지이고 두 번째는 1954년부터 1975년까지였다.

첫 번째 분단 시기는 16세기 초반부터 18세기 말까지 찐(Trịnh)씨-응우엔(Nguyễn)씨 두 세력 사이에 일어난 내전의 결과인데 지금의 꽝 빈

(Quảng Bình) 성에 있는 짜인(Gianh)강을 두고 나라를 남북으로 갈라졌다. 강의 북쪽은 땅 응와이(Đàng Ngoài, 즉 통킹 Tonkin)이라고 하고 레(Lê) 왕조와 왕조를 돕겠다는 찐(Trịnh)씨의 세력이 다스렸다. 북쪽의 수도는 승룡(乘龍, Thăng Long, 지금의 하노이)이었다. 강의 남쪽은 땅 총(Đàng Trong, 즉 코친차이나(Cochinchine))이라고 하고 응우옌(Nguyễn) 왕조가 다스렸다.

이시기의 문화, 언어, 문자의 양상을 살펴보기로 한다. 나라가 분단되지만 양쪽 모두 각 부처의 행정적 문서에는 여전히 한어, 한문을 사용하고 한문이 국가의 정식적인 언어로 여겨졌다. 법률, 의학, 역사, 문학 등 모든 교재는 한문으로 기록되어 레(Lê), 응우옌(Nguyễn) 왕조시기에 베트남에서 한문이 크게 발전한 것으로 전해진다. 한편, 당시 북쪽이든 남쪽이든 일상생활에 쓰인 말은 베트남 말이다.

두 번째 분단 시기는 1954년에 체결된 제네바 협정(Geneva Agreements)에 따라 중부에 있는 벤 하이(Bến Hải)강을 두고 베트남을 남-북으로 갈라졌다. 분단되어 서로 다른 두 가지 정치 체계를 가지는 이러한 상황이 1975년까지 이어졌다. 그러나 언어 및 분자 측면에서 살펴보면 베트남어(베트남 말과 베트남 알파벳 문자인 꾸억 응으)는 양쪽 모두의 유일한 언어였다.

베트남어는 원래 유일한 언어이기 때문에 나라가 통일되었을 때(1975) 언어를 다시 통일할 필요가 없었다. 방어(邦語)들이 다양하고 남-북 발음이 서로 조금씩 다르기는 하지만 일상생활 회화에는 큰 어려움이 없다.

그렇지만 앞으로 자국어 발전 및 표준어 구축을 위한 언어교육 정책의 필요성을 부정할 수 없는 사실이다.

(2) 베트남에서의 언어 정책
① '국어'에 대하여
베트남에서는 '국어(國語, 꾸억 응으)'라는 말이 2가지의 의미를 가진다. 첫 번째는 지금 베트남에서 사용되고 있는 문자를 가리킨다. 이상에서 언급한 것처럼 이 문자는 알파벳을 바탕으로 베트남 말을 기록하는 것이며 17세기쯤에 베트남에서 활동하던 유럽 전도자들의 노력과 더불어서 당시의 몇 몇 지식인들의 협력으로 만들어진 것이다. 두 번째의 의미는 베트남 국가의 정식적인 언어라는 뜻이다. 이러한 의미로써의 '국어'는 지금 사용되고 있는 꾸억 응으만이 아니라 베트남 말을 기록한 쯔 놈 등도 포함된다. 예를 들면 국음시(國音詩)라는 용어나 『국음시집(國音詩集)』, 『홍덕국음시집(鴻德國音詩集)』에서 나온 '국음'은 바로 이런 뜻으로 쓰인 것이다.

② 한어의 사용 양상에 대하여

한족의 통치 하에 있었던 긴 세월 동안 그리고 약 1천 년 동안 중국 문화의 영향을 받은 과정을 통해서 베트남 말은 한어의 영향을 많이 받았고 베트남 사람들은 한어에 대한 특별한 언어적, 사회적 태도를 가지게 된다. 여러 역사 단계들을 거쳐 그 태도가 달라지기도 했다. 베트남 사람들은 처음에 통치 계급의 동화 정책으로 한어, 한문을 배워야 했을지 모르지만 시간이 지나 자국의 문화 및 언어를 발전시키는 목적으로 한어, 한문을 배워야 한다고 스스로 깨달았다. 이러한 한어와의 교류 과정을 통해서 베트남어는 굉장히 큰 영향을 받게 되었다. 어휘 측면에서만 살펴봐도 그 정도를 알 수 있다. 문학, 과학, 이론 등 여러 분야의 어휘를 조사한 바를 따르면 60~70%는 한문에서 유래된 것이다(Nguyễn Tài Cẩn, 2001, 432쪽 참고).

20세기 이전에는 식민지였던 시기에도 독립 국가였던 시기에도 베트남에서 언제나 한어와 한문이 행정적 언어라고 여겼다. 외국과의 교류할 때나 역사 기록, 교육, 과거시험, 공식적인 문서 작성에 모두 한문을 사용했다.

이러한 인식은 20세기 초기에 한어, 한자의 위치를 프랑스 어문 및 꾸억 응으로 교체했을 때까지 지속되었다. 이 부분에 대해서는 이하에서 살펴보기로 한다.

③ 프랑스어의 사용 양상에 대하여

프랑스의 식민지였던 시기에는 한어를 대신에 프랑스어가 공식 행정적 언어로 선정되었고 꾸억 응으도 역시 교육 및 국가의 정식적인 문서 작성 등에 사용되기 시작했다. 이에 관련해서 이상에서 프랑스 식민당국이 언어에 관한 법규를 시행 시킨 과정을 언급한 바가 있는데 여기에서 다시 살펴보기로 한다.

Triều Anh의 연구에서 다음과 같은 내용을 밝힌 바가 있다(Triều Anh, 1999, 45쪽 참고).

1869년 2월 22일에, 당시 코친차이나 총독이었던 G.Ohier는 1869년 4월 1일부터 정식적인 모든 교역문서에 한문이나 쯔 놈으로 작성하면 그 문서가 법적 효력 없다는 규정을 포함한 법을 통과시켰다.

1878년 4월 6일에, J. Lafont 총독은 1882년 1월 1일부터 모든 정식적인 교역문서들을 알파벳(즉 꾸억 응으)으로 작성 및 싸인을 해야 한다는 법을 통과시켰다.

J. Lafont이 1878년 4월 6일에 통과 시킨 법령과 1879년, 1880년, 1881년도에 통과시킨 법령을 기초로 하여 1882년 1월 31일에, 당시 코친차이나 총독이었던 Le Myre de Vilers는 프랑스령 코친차이나 전 영토에서 안남어로 작성되던 모든 정식적인 문서들이 프랑스어(꾸억 응으)로 작성하도록 한 법을 통과시켰다.

1884년 6월 6일에 파트노트르(Patenôtre) 조약이 체결됨에 따라 프랑스 식민당국은 코친차이나 지역만이 아니라 북부 및 중부 지역의 경제, 정치, 사회 모든 측면에 실권을 잡게 되었다.

1917년 12월 21일에, 북부에서 Albert Sarraut 총독은 '인도차이나에서의 국민교육부의 규제'를 시행시켰다. 1919년 7월 14일에, 후에(Huế) 조정은 프랑스 식민당국에 한문으로 하던 고전 교육에 대한 결정권을 양보하기로 했다. 그 때부터, 베트남 전 영토에서 프랑스어 및 꾸억 응으만 가르치는 식민지 교육이 시작되었다. 한문 교육은 거의 이루 어지지 않게 되었다. 1918년 후에 궁권에서 치른 과거시험은 마지막 한문 시험이었다.

1917년 12월 21일에 Albert Sarraut 총독이 통과시킨 '인도차이나에 서의 국민교육부의 규제'는 북부 및 중부에서 한어, 한문 교육 제도를 없애고 베트남 전 영토에서 프랑스어를 정식적인 언어로 사용하도록 했다. 프랑스 식민당국은 원한 바를 얻게 되었다. 베트남 사회에서 한 어, 한문이 차지했던 절대적인 위치에 프랑스어를 앉혔다.

그러나 다른 측면에서 보면, 프랑스어와의 교류 과정을 통해서 베트 남어가 더욱 발전되었다고 볼 수 있다. 프랑스어원에서 나온 수천 수 만 외래어들이 생기기도 했다(Vương Toàn, 1992: Vũ Đức Nghiệu, 2011 참조).

이상에서 살펴본 것처럼, 20세기 중반(1945)까지, 베트남에서 베트남 어는 법적으로 국가의 정식 언어가 아니었다. 그러나 전 영토에서 베 트남 사람들은 서로 회화할 때 항상 사용된 것이다. 베트남어의 경우 에는 국가가 정식적인 언어로 인정한 것과 베트남 사람들이 일반 생활 에서 사용한 것이 나르나는 것이다. 베드님 밀의 존재와 발전은 궁권 력의 법적, 행정적 규정에 따르는 것이 아니었다. 베트남어는 베트남 사람들의 통일된 언어로써 일반 회화만이 아니라 구비문학 작품들과 쯔 놈 문학 작품들에도 흔적을 남겼다.

④ 베트남어 사용 양상에 대하여

20세기 중반(1945)부터 베트남은 독립된 국가가 되었다. 그리고 베 트남어는 행정적 언어의 위치를 차지하게 되었다. 국가 및 각 지방의 행정기관, 외교, 교육, 시험, 문화, 문학, 언론 등 모든 영역에서 베트남어를 국가의 정식 언어로 사용하게 되었다. 베트남 방송국은 매일 "베트남 민주공화국(지금은 베트남 사회주의공화국)의 수도인 하노이에서 방송한 베트남어 방송입니다"라는 인사말로 방송이 시작해 왔다.

그런데 지금까지 베트남어를 국가의 언어로 정하는 법적 규정은 아직 없다. 베트남의 헌법 및 정부의 관련된 규정에서 각 민족의 언어적 평등에 관한 언급만 있을 뿐이다. 예를 들면 다음과 같은 사항들이 있다.

  - 1960년 1월 1일에 공포(公布)된 베트남 민주공화국의 헌법 제3조는 "각 민족은 자기 민족의 문화를 발전시키기 위해서 풍습, 습관, 언어, 문자를 보존 혹은 바꿀 수 있는 권리를 가진다"고 규정되어 있다.
  - 1980년도에 공포된 베트남 사회주의공화국의 헌법 제5조는 "각 민족은 자기 민족의 언어, 문자를 사용하고 좋은 문화와 전통, 풍습, 습관들을 보존 및 발휘할 권리를 가진다"라고 규정되어 있다.
  - 1992년도에 공포된 베트남 사회주의공화국 헌법 제5조는 "각 민족은 자기 민족의 언어, 문자를 사용하고 민족적 고유한 특징을 보존하고 좋은 문화와 전통, 풍습, 습관들을 보존 및 발휘할 권리를 가진다"라고 규정되어 있다.
  - 1991년 8월 6일에 공포된 베트남의 '소학교 교육 보급 법'은 "각 소수민족은 소학교에서의 교육을 진행하기 위해서 베트남어와 함께 자기 민족의 언어, 문자를 사용할 권리가 가진다"라고 규정되고 있다.
  - 1998년 12월 10일에 공포된 '베트남의 소학교 교육법'은 "국가는 소수민족 사람들이 자기 민족의 언어, 문자를 배울 수 있도록 지원한다. 소수민족의 언어, 문자를 배우고 가르치는 것은 정부의 규정에 따른다"라고 규정되어 있다.

⑤ 공용(phổ thông) 언어와 문자에 대해서

법적으로 전해진 국가의 언어에 대한 규정이 아직 없지만 1980년 2월 22일에 공포된 정부의 제53-CP 규정은 베트남어가 공용 언어와 문자라고 되어 있다. 그리고 이 규정은 "공용 언어와 문자는 베트남 공동이 다 같이 사용하는 언어와 문자다. 전국의 각 지방, 각 민족 사이에 없으면 안 될 교류 수단이다. 각 지방, 각 민족의 경제, 문화, 과학 기술 등을 잘 발전할 수 있도록 할 것이다. 전 국민의 단결 및 각 민족 간의 평등을 유지하는 데에 도움이 될 것이다. 따라서 모든 베트남 사람들은 공용 언어와 문자를 배우고 사용할 의무 및 권리를 가진다"라고 되어 있다.

이어서 1991년 8월 6일에 공포된 베트남의 '소학교 교육 보급 법'은 "소학교 교육은 베트남어로 진행된다. 각 소수민족은 소학교에서의 교육을 진행하기 위해서 베트남어와 함께 자기 민족의 언어, 문자를 사용할 권리가 가진다"라고 규정되고 있다.

그리고 1998년 12월 10일에 공포된 '베트남의 소학교 교육법'은 처음으로 '베트남어는 학교에서 정식적으로 사용되는 언어다'라고 정해졌다.

이상에서 살펴본 것처럼 베트남 사회 및 베트남 정부의 베트남어에 대한 인식은 항상 분명했다. 1945년 베트남 민주공화국이 탄생한 후부터 지금까지 베트남어를 유지 및 발전시키기 위한 여러 운동이 진행 되었다. 예를 들면 다음과 같다.

> 1960년부터 진행된 국어 개혁 운동
> 1966년부터 진행된 베트남어의 아름다움을 유지 운동
> 1979년부터 진행된 베트남어 표준화 운동

아울러 '맞춤법 표준화 연구회', '학술용어 표준화 연구회', '국어 개혁 연구회' 등도 설립되었다. 그리고 1980년 11월 30일에 베트남 교육부가

'개혁 교육과정의 교과서에서의 맞춤법에 관한 규정'을 내놓았다. 또한, 1984년 3월 5일에 베트남 교육부는 제240-QĐ 교정인 '베트남어의 맞춤법 및 학술용어에 관한 규정'을 내놓았다(Nguyễn Thiện Giáp, 2007 참조).

필자의 개인적인 생각이지만 베트남 내에 모든 민족의 언어를 평등하게 사용할 권리가 있다는 정부의 정책이 법적으로 '국가의 언어'를 정하는 데에 '심리적 장애'가 되고 있다. 사실 현대 베트남어는 그 동안 계속 그 '국가의 언어'의 역할을 해왔다. 각 민족의 평등할 권리를 보호하는 정책과 베트남과 같은 다민족 국가는 국가의 언어를 법적으로 정하는 일은 서로 다른 문제들이라고 생각한다.

3) 베트남에서의 문자(文字) 사용 양상

베트남의 역사상 4가지의 문자가 사용되었고 각 문자의 사용 시기도 각각 다르고 또한 위상도 달랐다. 그렇지만 실제로 그 4가지 문자는 서로 보완하여 사회의 요구에 부응해왔다. 바로 한문 및 쯔 놈, 꾸억 응으, 프랑스문(文)이다. 그러나 프랑스문의 사용 양상은 프랑스어의 사용양상과 크게 다르지 않아 이하에서 한문, 쯔 놈, 구억 응으의 사용 양상에 대해서만 살펴보기로 한다.

(1) 한문의 사용 양상

베트남에서는 한문(글)이 한어(말)와 더불어서 일찍부터 사용되었다. 서한 시기에 한족이 아우 락(Âu Lạc, 당시 의 베트남 국명)에 쳐들어가 침략하고 자기들의 지방행정구역으로 만들고 군림했는데 그 때부터 한문을 가르치기 시작했다(Nguyễn Tài Cẩn, 2000 참조). 한어는 외국어이지만 오랜 세월 걸쳐 사용되었기 때문에 베트남 현지인들의 언어에 깊은 영향을 주었다. 그 동시에 한편으로 베트남에서 사용된 한어가 베트남어화 과정도 거쳤다. 따라서 어음(語音), 어법(語法), 어의(語義) 등 여러 측면에서 베트남어화가 되어 외래어의 성격이 점점 약해졌다. 베트남어에 유입된 한어, 한문의 요소들이 점점 베트남어의 어음, 어법의 흐름에 따라 변화되었다(Nguyễn Tài Cẩn, 2000, 43쪽 참조).

10세기 초에 베트남이 독립 국가가 되었고 그 후에는 베트남어와 한어, 한문의 접촉이 다른 방식으로 진행되었다. 말보다는 주로 책, 글을 통해서 익히는 것이다. 즉 베트남 사람들은 한문책을 가지고 자손에게 가르치면서 한문을 널리 전파한 것이다.

베트남이 독립 국가이었을 당시에도 언어 사용하는 데에 있어서 항상 한문을 정식적인 문자로 유지했다. 한문을 유교의 문자, 성현(聖賢)의 문자로 여기기 때문이었다. 그래서 20세기 초반까지 국가의 공문, 행정 문서, 예식, 교육, 과거시험 등에서 한문을 정식적인 문자로 사용되었다. 지금까지도 이처럼 한문책을 통해서 들어온 한문의 영향이 여전히 베트남어에 미치고 있다.

오랫동안 행정적 문자의 위치를 차지한 한문은 베트남의 문화에 중요한 역할을 담당했다. 현재까지 리(Lý) 왕조, 쩐(Trần) 왕조, 레(Lê) 왕조, 응우옌(Nguyễn) 왕조 때에 쓴 한문 문학작품들이 많이 남아있다. 이는 베트남의 역사, 정지, 문화, 사상, 생활 등 여러 분야에 관한 정보를 가지고 있는 높은 문화적 재산이다.

(2) 쯔 놈의 사용 양상

쯔 놈은 꾸억 응으보다 훨씬 더 먼저 창조되어 쓰였다. 리(Lý) 왕조 때인 1125년과 1174년도에 만든 비문(碑文)에서 한문과 함께 쓰인 쯔 놈이 발견되었는데 이는 확인 할 수 있는 쯔 놈의 가장 오래된 흔적이다 (Nguyễn Quang Hồng, 2008, 126쪽 참고). 리(Lý) 왕조 때는 쯔 놈이 형성하는 시기라고 여기진다. 연구자들은 12세기경에 만든 Phật thuyết đại báo phụ mẫu ân trọng kinh[佛說大報父母恩重經]을 이 주장의 증거물로 사용하곤 했다(Nguyễn Quang Hồng, 2008 참조). 13세기에 이르러 쯔 놈은 더욱 완성되었고 Đắc thú lâm tuyền thành đạo ca(득취림천성도가(得趣林泉成道歌)), Cư trần lạc đạo(거진악도(居塵樂道)), Vịnh Hoa yên tự phú(영화연사부(詠花煙寺賦)) 등과 같은 많은 좋은 작품들을 남겼다(Đào Duy Anh, 1975 참조).

그렇게 일찍부터 형성되었지만 쯔 놈은 국가의 공문, 행정적인 문서, 교육, 법률 등에 정식적인 문자가 된 적은 없었다. 확인할 수 있는 기록에 따르면 레 러이(Lê Lợi, 1385~1433)왕, 호 귀 리(Hồ Quý Ly, 1337~1407)왕, 꽝 충 응우옌 후에(Quang Trung Nguyễn Huệ, 1753~1792)왕, 짜 롱(Gia Long, 1762~1819)왕 및 레(Lê) 왕조와 응우옌(Nguyễn) 왕조 때의 몇몇 대신들은 쯔 놈을 정식적인 문자로 사용하도록 권장하려는 생각을 가지고 있었다. 게다가, 그들이 일부 문서를 직접 쯔 놈으로 작성하기도 했다. 그렇지만 이는 어디까지나 소망 혹은 생각, 사상에만 그쳤고 전 사회의 넓은 범위에서 시행된 것이 아니었다(Nguyễn Quang Hồng, 2008 참조).

그런데 한편으로 고대부터 중세, 근대까지 쯔 놈으로 작성된 신양, 종교, 역사, 정치, 의학, 약학, 문학번역서, 법, 불경(佛經), 특히 베트남의 최고 문학 작품들이 지금까지 아직 많이 남아 있다. 그 중에서 Phật thuyết đại báo phụ mẫu ân trọng kinh(불설대보부모은중경(佛說大報父母恩重經), 12세기); Quốc âm thi tập(국음시집(國音詩集)), Hồng Đức quốc âm thi tập(홍덕국음시집(鴻德國音詩集), 15세기); Truyền kì mạn lục giải âm(전기만록해음(傳記漫錄解音), 17세기경); Thiên Nam ngữ lục(천남어록(天南語錄)), 그리고 Geronimo Maiorica의 천주교에 관한 내용의 수많은 문서들(17세기 중반); Truyện Kiều(전교(傳翹)), Chinh phụ ngâm khúc(정부음곡(征婦吟曲)), Cung oán ngâm khúc(궁원음곡(宮怨吟曲)), 18세기); 무명의 수많은 쯔 놈 소설들(17~19세기) 등이 좋은 예로 들 수 있겠다.

20세기에 이르러 한문과 쯔 놈을 가르치는 일은 전처럼 넓은 범위에서 진행하지 못했다. 한문과 쯔 놈을 잘 아는 지식인, 학자들은 여전히 이들 문자를 사용하고 있지만 소수에 불과하다. 이외에 고자(古字)로써의 한문과 쯔 놈을 가르치고 있는 곳은 이들 문자와 관련된 학과가 있는 몇몇 대학교나 종교단체에만 존재한다. 한문과 쯔 놈을 가르치고 연구하는 교육기관으로는 하노이 국립대학교 인문사회과학대학 및 베트남 한놈연구원 두 군데 뿐이다. 여기에서 한문과 쯔 놈을 공부하고 연구하는 연구자들은 한문과 쯔 놈으로 작성된 고문서 자료의 가치를 널리 알리는 고급 인력들이다.

(3) 꾸억 응으의 사용 양상

이상에서 언급한 것처럼 '꾸억 응으'라고 하는 알파벳을 바탕으로 베트남 말을 기록하는 문자[8]는 17세기쯤에 형성되었다. 이 문자는 처음에 유럽 선교사들이 베트남어를 배우는 데에 필요해서 만들어진 것이다. 선교사들이 베트남 말을 듣고 그 음을 라틴어 알파벳을 기록하면서 베트남어를 배웠기 때문이었다. 그 후에 당시 몇몇 베트남 지식인들의 도움을 받아 이 문자를 점점 완성시켰다. 결국 오늘날처럼 국어는 점점 널리 보급되어 사용되었다.

그런데 여러 원인으로 인해 처음에는 꾸억 응으가 천주교 관계자들 사이에만 사용되었다.[9] 그러나 19세기 말에 이르러 베트남에서 한문과 쯔 놈의 위치에 프랑스 어문을 대체하기 위해 1878년 4월 6일에, J. Lafont 총독은 1882년 1월 1일부터 모든 정식적인 교역문서들을 알

---

8 17세기 꾸억 응으의 대표적인 성과는 바로 A. de Rhodes가 편찬하고 1651년에 로마에서 발간한 *Dictionarivm Annnamiticvm Lvsitanvm, et Lainvm ope*(『베트남–포르투갈–라틴 사전』)이다. 이외에 베트남 국내 및 프랑스 파리외방선교회 같은 해외의 고문서를 보관하는 기관들에서 남아 있는 손수로 쓴 문서들도 당시 꾸억 응으의 성과이다.

9 Đoàn Thiện Thuật, 2008; Đỗ Quang Chính, 2008 참조.

파벳(즉 꾸억 응으)[10]으로 작성 및 사인을 해야 한다는 법을 통과시켰다.

따라서 중세시기에 한문, 쯔 놈, 꾸억 응으 등 3가지의 문자가 사용되던 베트남에서는 근대시기에 프랑스文, 한문, 쯔 놈, 구억 응으 총 4가지 사용되었다. 이 4가지의 문자는 동시에 사용되기는 하나 역할 및 위상은 같지 않았다. 이러한 정치, 사회, 문화적 배경 그리고 이처럼 여러 가지 언어, 문자를 같이 사용한 당시의 배경에서 베트남 사람은 가장 좋은 언어, 문자를 능동적으로 선택했다. 그 선택은 지식과 사상을 개혁 및 전파하기 위해 베트남 말을 기록하는 알파벳 형식의 문자인 꾸억 응으를 수용해서 국어(國語)로 사용한 것이었다. 한자 및 쯔 놈에 비해 꾸억 응으는 훨씬 더 간단해서 배우기 쉽고 기억하기 쉬운 문자이다. 그래서 누구나 짧은 시간 안에 배워서 사용할 수 있다. 따라서 꾸억 응으는 빠른 속도로 널리 보급될 수 있었다. 19세기 말~20세기 초 시기에 꾸억 응으로 한 신문 잡지들이 이어서 출현되어 성장되었다. 이는 베트남 신(新)문학 특히 베트남 신(新)서사문학이 발전하는 데에 중요한 역할을 담당했다.

20세기 초에 이르러 개혁 사상을 가진 지식인들은 꾸억 응으의 보급에 힘 많이 썼다. 꾸억 응으의 장점을 알고 나라를 개혁하는 데에, 새로운 지식 및 사상을 전파하는 데에 가장 잘 맞는 문자라고 믿었기 때문이다. 1907년에 교육개혁운동단체 및 동경의숙(東京義塾)에서 활동한 개혁파 지식인들은 교육 자료인 *Văn minh tân học sách*(『문명신학책(文明新學冊)』)에서 다음과 같이 주장했다. "구억 응으를 수단으로 여기고 배운다면 불과 몇 개월 안에 여자도 어린이들도 다 글을 쓸 수 있다. 옛날의 일, 오늘날의 일을 모두 꾸억 응으로 기록할 수 있다. 이는 바로 계몽의 첫 시작이다."[11] 그 지식인들의 생각에는 민지(民知), 민기

---

10 '꾸억 응으'라는 용어는 이 문서에서 처음으로 사용되었다.

11 이에 대해서는 http://www.baomoi.com/Dong-Kinh-Nghia-Thuc-va-tu-tuong-cai-cach

(民氣), 민생(民生)을 위해서라면 꾸억 응으는 가장 효과가 좋은 수단이 었기 때문이다.[12]

동경의숙은 약 1년 동안만 활동했지만 유신 개혁 운동, 꾸억 응으 보급 운동, 신서(新書) 보급 운동 등을 진행하며 당시 베트남 사회의 교육, 문화, 사회, 사상, 경제, 학술, 언어 등 많은 분야에 대한 혁신 사상을 가져왔다.

한편, 같은 시기에 계몽 활동을 하고 꾸억 응으의 전파에 큰 기여한 응우옌 반 빈(Nguyễn Văn Vĩnh, 1882~1936) 학자는 "우리 남국은 앞으로 좋아질지 망해질지, 모두 꾸억 응으에 달려 있다"[13]라는 말을 남기기도 했다.

오늘날까지 꾸억 응으를 국가의 언어라는 것에 대한 베트남 정부의 법적 규정이 아직 없다. 베트남어에 대한 법적 관례에 비롯된 것으로 보인다. 그런데 실제 사용 상황 및 일반적인 사회 분위기를 보면 꾸억 응으는 분명히 국가의 언어, 문자이다. 한편, 한문 및 쯔 놈으로 작성된 고문서를 연구하는 일부 지식인과 일반 사람들이 여전히 있고 앞으로도 계속 이어질 것이다.

중세 및 근대 시기에 한자와 쯔 놈, 꾸억 응으의 사용 양상에 대한 예로 다음과 같은 몇 가지 자료를 들겠다.

4) 베트남 표준어 설정

지금까지 베트남 표준어에 대한 정식적인 규정은 아직 없다. 그런데

---

giaoduc/59/9382939.epi 참조.

12   이에 대해서는 http://www.baomoi.com/Dong-Kinh-Nghia-Thuc-va-tu-tuong-cai-cach giaoduc/59/9382939.epi 참조.

13   이에 대해서는 http://vi.wikipedia.org 참조.

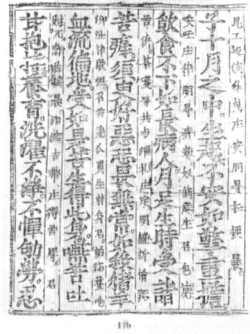

예 1) Phật thuyết đại báo phụ mẫu ân trọng kinh(佛說大報父母恩重經)의 일부. 이는 1730년에 자성된 것으로 현재로써 가장 오래된 쯔 놈에 관련된 자료다.
크게 쓴 글씨는 한문이고 옆에 작게 쓴 글씨는 해당 한문을 쯔 놈으로 번역한 것이다.
(출처 : 황티 응오(Hoàng Thị Ngọ) 편 및 주해, 2002): Chữ Nôm và tiếng Việt qua bản giải âm Phật thuyết phụ mẫu đại báo ân trọng kinh(佛說大報父母恩重經의 解音 자료를 통해 본 쯔 놈과 베트남말) Nxb. Khoa học Xã hội, Hà Nội(하노이 사회과학 출판사)

예 2) Truyền kì mạn lục giải âm (傳記漫錄解音)의 일부. 1774년에 작성된 자료이다.
크게 쓴 글씨는 한문이고 작게 쓴 글씨는 해당 한문을 쯔 놈으로 번역한 것이다.
(출처 : 응우옌 꾸앙 홍(Nguyễn Quang Hồng)편 및 주해, 2001): Truyền kì mạn lục giải âm(傳記漫錄解音) Nxb. Khoa học Xã hội, Hà Nội (하노이, 사회과학 출판사)

예 3) Truyện Kiều(傳翹)의 일부. 이 작품은 쯔 놈으로 창작되었다. 이 자료는 1872년에 만든 것이다.
(출처 : 응우옌 따이 껀(Nguyễn Tài Cẩn), 2008): Tư liệu Truyện Kiều. Thử tìm hiểu bản sơ thảo Đoạn trường tân thanh(Truyện Kiều (傳翹)의 자료에 관하여) Nxb. Giáo Dục, Hà Nội(하노이, 교육 출판사) *

사실 베트남에서 여러 방어(邦語)들이 존재하기는 하나 그 방어들 간에 문법이 오래 전부터 일치되었고 단지 어음(語音) 및 단어만 조금씩 다르다. 따라서 서로 다른 방어를 사용하는 베트남 사람들이라고 해서 서로의 사투리 때문에 회화가 불가능한 것이 아니다.[14] 이와 같은 이

---

14 이미 20세기 초부터, 팜 꿘(Phạm Quỳnh, 1892~1945)은 *Nam phong tạp chí*(『남풍잡지 (南風雜誌)』)의 18호(1918.12)에 이 문제에 관한 견해를 내놓았다. 그는 "Tiếng An-nam có cần phải hợp nhất không? Đã nên làm tự điển Annam chưa?"(「안남어를 통일시

유로 1975년 나라가 다시 통일되었을 때 많은 분야에서 통일이라는 과제가 주어졌지만 언어 측면에서는 방어들을 통일시킬 필요가 없었다.

현재 사용되고 있는 베트남 여러 지방의 사투리들을 크게 두 가지의 방어로 나눌 수 있다. 바로 하노이를 중심으로 한 북부지역방어 및 사이공을 중심으로 한 남부지역방어다. 이들 두 가지의 방어는 모두 장점 및 단점을 가지고 있다. 그렇지만 예전부터 일반적으로 하노이를 중심으로 한 북부지역방어는 사회적 위상 측면에서나 어학 측면에서나 표준어로써의 자격이 더 적합하다고 여겨져 왔다. 그 이유는 다음과 같다.

하노이 방어는 모든 음운 및 육 성(6개의 성조)을 다 표현할 수 있다. 단지 몇 개의 자음의 발음만 정확하게 구별되지 않을 뿐이다. 그런데 사이공을 중심으로 한 남부지역반어는 음운 및 성조 그리고 여러 자음의 발음이 정확히 구분되지 않다.

따라서 사회적 위상 측면 및 어학(특히 발음) 측면을 다 고려할 때 하노이를 중심으로 한 북부지역방어가 표준어에 더 가까운 방어라고 할 수 있다.

그런데 현재 국가의 행정 측면이나 대중매체에서의 언어 사용 양상, 그리고 외국어로써의 베트남어를 가르치는 분야의 양상을 살펴보면 북부지역방어와 함께 사이공을 중심으로 한 남부지역방어 또한 자연스럽게 쓰이고 있다.

킬 필요가 있는가? 안남어사전을 출판할 때가 되었는가?」)(320~326쪽)라는 이 글에서 베트남의 각 방어들이 약간 차이가 있으나 서로 교류하는 데에 아무런 지장이 없으니 방어들을 통일시킬 필요가 없다는 주장을 펼쳤다.

2. 근대 시대의 베트남 자국어학의 형성 및 발전 과정

이상에서 언급한 것처럼, 베트남에서는 19세기 후반부터 20세기 중반까지를 근대시대라고 불리며 이시기의 언어는 바로 근대 베트남어이다. 이 논문에서 '근대'라는 용어는 19세기 후반부터 20세기 중반까지의 시기라는 점을 다시 한 번 강조한다.

실제로 19세기 초반까지 베트남어학 연구(Vietnamese linguistics)는 특별한 성과가 별로 없었다. 언급할 만한 성과로는 다음과 같이 예를 들 수 있다. 1651년에 나온 *Dictionarivm Annnamiticvm Lvsitanvm, et Lainvm ope* 사전에 수록된 A. de Rhodes의 「통킹 혹은 안남 말에 대한 간략한 보고」에서의 문법 연구(Rhodes. A. de., 1651), 18세기에 레 귀 돈(Lê Quý Đôn)이 쓴 *Vân đài loại ngữ*(『운대류어(蕓臺類語)』)에서 발견된 몇 가지 언어에 대한 견해(Lê Quý Đôn, 1995), 그리고 18세기 전후에 나온 *Chỉ Nam ngọc âm giải nghĩa*(『지남옥음해의(指南玉音解義)』)와 같은 몇 권의 사전(Trần Xuân Ngọc Lan, 1985) 등이다.

프랑스의 식민지가 되었을 때부터 약 80년 동안(19세기 후반부터 20세기 중반까지) 베트남과 프랑스문화 교류와 함께 베트남어-프랑스어의 교류도 역시 깊어졌다. 특히 1917년 12월 21일 Albert Sarraut 총독이 '인도차이나에서 국민교육부의 규제'를 제정하고 난 후부터 베트남에서 많은 프랑스 학교가 성립되었다.[15]

이러한 상황에서 여러 유럽 학자, 특히 프랑스 학자들은 베트남뿐만 아니라 베트남어학에 대해 관심을 가지고 연구하기 시작했다. 그들과 더불어서 일부 베트남 학자와 지식인들도 자신 민족의 문화 및

---

15 Triều Anh, 1999.

언어 연구에 신경을 쓰게 되었다. 이렇게 해서 베트남어학이 형성되어 발전된 것이다. 이하에서 이 시기에 베트남어 및 베트남어학에 대한 연구 동향 및 분야를 간략하게 정리하기로 한다.

1) 사전 편찬 및 출판

(1) 19세기 후반의 사전 출판 양상

근대시기에 프랑스 학자들은 베트남어학에 대한 연구를 앞서 시작했다. 상당한 성과를 얻은 분야는 사전 출판, 교과서 편집 및 어음(語音), 문법, 문자에 대한 연구들이다. 사전을 출판하는 분야에는 여러 경향, 흐름이 있었는데 우선 베트남어-프랑스어 사전 출판 양상을 살펴보겠다. 당시 프랑스 사람들이 베트남어를 배우는데 사전을 필요했기 때문에 여러 프랑스어-베트남어 혹은 베트남어-프랑스어 사전들이 출판하게 되었다. 언급할 만한 당시의 베트남어-프랑스어 사전 및 프랑스어-베트남어 사전의 성과로는 다음과 같이 예를 들 수 있다.

G. Aubaret의 *Từ điển Pháp-Annam, Annam-Pháp*(『프랑스어-안남어, 안남어-프랑스어 사전』, 1867, 파리), G. Pautier의 *Dictionnaire etimologique Chinois-Annamite, Latin-Français*(『자이나어-안남어, 라틴어-프랑스어 이원사전』, 1867, 파리), Theurel의 *Tự vị Annam-Latin*(『안남어-라틴어의 어휘』, 1877, 베트남 닌 빈(Ninh Bình) 성), Ravier의 *Tự vị La-Việt*(『라틴어-베트남어의 어휘』, 1880, 베트남 닌빈성), J.F.M. Genibrel의 *Từ điển Annam-Pháp*(『안남어-프랑스어 사전』, 1898, 사이공), Jean Bonet의 *Từ điển Annam-Pháp*(『안남어-프랑스어 사전』, 1899), Aj. L. Taberd의 *Dictionarium Anamitico Latinum*(『안남어-라틴어 사전』, 1838) 등이다. 이상은 당시 프랑스 학자들에 의해 출판된 프랑스어-베트남어 사전과 베트남어-프랑스어 사전들이다.

같은 시기에 대부분 베트남 학자들은 옛 전통을 계승하여 한문-베트남어 사전을 편집했다.[16] 예를 들면 다음과 같은 사전들을 대표로 들 수 있다. 팜 딘 호(Phạm Đình Hổ)이 1851년에 만든 *Nhật dụng thường đàm* (『일용상담(日用常談)』), 응우엔 반 산(Nguyễn Văn San)이 1899년에 만든 *Đại Nam quốc ngữ*(『대남국어(對南國語)』), 땅 수언 방(Đặng Xuân Báng)이 1901년에 만든 *Nam phương danh vật bị khảo*(『남방명물비고(南方名物備攷)』), 뜨 득(Tự Đức)왕이 편찬한 *Tự Đức thánh chế tự học giải nghĩa ca*(약칭을 『자학해의(自學解義)』로 함, 1898) 등이 있다.

한편 일부 베트남 학자들은 프랑스어-베트남어 사전과 베트남어-프랑스어 사전을 편집하기도 했다. 그 중에서 쯔엉 빈 끼(Trương Vĩnh Ký)를 가장 대표적인 학자로 여겨진다. 그는 *Petit Dictionnaire Francais Annamite*(『작은 프랑스어-안남어 사전』, Saigon, Impr., De la Mission, 1884)과 *Vocabulaire Annamite-Francais. Mots usuels, noms techniques, scientifiques et termes administratifs*(『안남어-프랑스어 어휘사전』, Saigon, Rey et Curiol, 1887) 등 두 권의 사전을 출간했다.

이상에서 언급한 사전들은 소규모의 사전들이지만 실제로 베트남의 사전 출판 분야 및 베트남 자국어학 형성과 발전 과정에 큰 이론적, 현실적 의미를 가지고 있다. 특히 휜 띤 꾸아(Huỳnh Tịnh Paulus Của)라는 학자는 상당히 큰 사전인 *Đại Nam quấc âm tự vị*(『대남국음자휘(大南國音字彙)』, Saigon Imprimerie REY, CURIOL & Cie, 4, rue d'Adran, 4. 1895~1896)를 출간함으로써 베트남 사전 출판 분야의 큰 성과를 내었다.

이처럼 베트남 학자들이 베트남어-프랑스어 사전 및 프랑스어-베

---

16 제목에 '사전'이라는 말을 사용되어 있지 않지만 사실상 이들 도서는 모두 한어-베트남어 사전들이다. 뜨 득(Tự Đức)왕이 편찬한 *Tự Đức thánh chế tự học giải nghĩa ca* (약칭을 자학해의(自學解義)로 함)의 경우는 총 13권의 큰 규모의 사전이며 이미 전부터 완성되었는데 1898년에야 발간되었다(Hà Đăng Việt, 2006).

트남어 사전을 연구하고 편찬하기 시작하는 일은 그 전 시기와 확실히 다른 차원에 있다. 이는 또한 다음 시기 베트남어학의 발전에 큰 기여를 한 것이라고 볼 수 있다.

(2) 20세기 초반의 사전 출판 양상

20세기 초반에 나온 사전들은 대부분 베트남 학자들이 편찬한 사전들인데 예를 들면 다음과 같다. *Đồng âm tự vị*(『동음자휘(同音字彙)』, 응우옌 반 마이(Nguyễn Văn Mai), Sài gòn, 1912), *Quốc âm tân chế*(『국음신제(國音新製)』, 레 마이(Lê Mai), Sài gòn, 1925), *Việt Nam tự điển*(『베트남 사전』, 계지진덕(啓知進德) 학회(Hội Khai trí tiến đức), 1931), *Hán Việt từ điển*(『한(韓)−월(越) 사전』, 따오 쭈이 아인(Đào Duy Anh), Hà Nội, 1932), *Pháp-Việt tự điển*(『프랑스어−베트남어 사전』, 따오 쭈이 아인(Đào Duy Anh), Hà Nội, 1936), *Từ điển Annam-Hán-Pháp*(『안남어−한어−프랑스어 사전』, Gustave Hue, Hà Nội, 1937), *Tầm nguyên từ điển*(『어원사전』, 레 반 호에(Lê Văn Hoè), Hà Nội, 1941), *Pháp Việt tự điển dự thảo*(『프랑스어−베트남어 사전』, 팜 꾸인, Phạm Quỳnh, NP, S.174) 등이다.

한편, 프랑스 학자들도 계속해서 사전 출판에 힘썼다. *Petite lexique Annamite-Français*(『작은 안남−프랑스 사전』, Al. Pilon, 1908), *Từ điển Pháp-Annam*(『프랑스−안남 사전』, V. Barbier, 1921), *Từ điển Pháp-Annam*(『프랑스−안남 사전』, G. Cordier, 1934~1935) 등이 좋은 성과라고 볼 수 있다.

이 시기에는 전문용어사전도 출판되기 시작했다. 예를 들면 응우옌 반 또(Nguyễn Văn Tố)는 『지신잡지(知新雜誌)』 95호에 "Tự vị chữ nho"(『한문자휘(漢文字彙)』) 및 163호에 "Tự vị thuốc Tây"(『서양 약의 자휘(字彙)』)를 발표했다. 이는 나중에 황 쑤언 한(Hoàng Xuân Hãn)의 *Danh từ khoa học*(『과학명사(科學名辭)』, Hà Nội, 1942)과 같은 좋은 사전이 나올 수 있도록 바탕이 되는 것이다.

사전 출판 이외에 베트남 학자들이 다른 여러 분야에도 관심을 가지게 되었다. 예를 들면 다음과 같다.

- 어휘 및 단어의 뜻
- 과학 기술 분야의 새 용어
- 과학 문서 작성
- 베트남어의 다양화
- 고어(古語)의 사용. 특히 한자어의 사용.

이에 관련해서 『지신잡지』를 중심으로 검토해 본 결과 약 20편의 논문이 발표되었다. 바로 화 방(Hoa Bằng)의 9 · 18 · 74 · 86 · 90호에 실린 논문들, 응우옌 쫑 투이엣(Nguyễn Trọng Thuyết)의 66 · 69 · 70 · 74 · 90 · 91 · 114 · 115 · 116 · 117호에 실린 논문들, 레 타인(Lê Thanh)의 11 · 93 · 94호에 실린 논문들, 피엔 툭(Phiên Thúc)의 130 · 131호에 실린 논문들, 쩐 까인 하오(Trần Cảnh Hảo)의 154호에 실린 논문, 응우옌 반 또(Nguyễn Văn Tố)의 46~49 · 51~63 · 66~69 · 71 · 73 · 76 · 77 · 80~92호에 실린 논문들 등이다.[17]

---

17 그 중에서 일부 논문을 구체적으로 언급하자면 다음과 같다. 응우옌 쫑 투이엣 (Nguyễn Trọng Thuyết)의 "Cách đặt tiếng Việt mới dùng làm chữ chuyên môn"(「전문용어 설정하는 법」, 74호); 피엔 툭(Phiên Thúc)의 "Xung quanh vấn đề danh từ: khoa học Việt Nam"(「베트남 과학용어 문제에 대하여」, 130 · 131호); 쩐 까인 하오(Trần Cảnh Hảo)의 "Một cách giải quyết vấn đề danh từ hoá học"(「화학 분야 용어 문제에 대하여」, 154호); 화 방(Hoa Bằng)의 "Góp chút kiến giải vào từ ngữ học: Phải làm cách nào cho tiếng ta được phong phú và thuần tuý"(「우리말을 다양하고 순수한 언어로 만들려면 어떻게 해야 한가?」 90호); 응우옌 쫑 투이엣(Nguyễn Trọng Thuyết)의 "Bàn về Việt nam khoa học ngữ : Tại sao nên viết khoa học bằng tiếng ta"(「베트남 과학 용어에 대하여」, 66호); 레 타인(Lê Thanh)의 "Từ việc dùng những danh từ mới đến sự tiến hoá của Việt ngữ"(「새 용어의 사용 양상 및 베트남어의 발전」, 11호) 등이다.

(3) 사전 편찬 방법 연구 양상

근대 시기 베트남 학자들은 베트남 말을 배우고 베트남어학을 연구하기 위해 사전 출판과 함께 사전 편찬 방법에 대해서도 관심을 가지게 되었다. 그 덕분에 깊이 파고들어간 것이 아니지만 사전 편찬 방법에 대한 논의가 시작되었다. 그 중에서 『남풍잡지(南風雜誌)』에 실린 팜 꾸인(Phạm Quỳnh)의 3편 논문, 축 파(Trúc Pha)의 논문 그리고 『지신잡지』에 실린 응우옌 반 또(Nguyễn Văn Tố)의 두 편 논문, 따오 충 두(Đào Trọng Đủ)의 논문 등이다. 이들 논문들은 다음과 같은 논의를 펼쳤다.

  ― 사전 편찬의 중요성에 대한 논의는 팜 꾸인(Phạm Quỳnh)의 "Tiếng Annam có cần phải hợp nhất không? Đã nên làm tự điển Annam chưa?"(「안남어를 통일시킬 필요가 있는가? 안남어사전을 출판할 때가 되었는가?」, 『남풍잡지』 18호) 및 "Việc khởi thảo một bộ Việt âm tự điển"(「베트남 어음 사전 편찬의 시작」, 『남풍잡지』 74호) 등이 있다.
  ― 사전 편찬 방법에 대한 논의는 축 파(Trúc Pha)의 "Bàn góp về việc làm tự điển"(「사전 편찬에 관하여」, 『남풍잡지』 75호); 따오 충 두(Đào Trọng Đủ)의 "Cách xếp đặt chữ nho trong các tự điển"(「사전에서의 한자 순서 정한 법」, 『지신잡지』 60・64・68・70・78・79호) 등이 있다.

2) 어학도서 출판

사전을 편찬하여 출판하는 사업과 함께 언어 교육 교과서 편집 및 베트남어의 구조 분석 작업도 진행되었다. 그 당시에 베트남에서 언어 교육의 이론은 발달되지 않았지만 프랑스 및 베트남 학자들은 언어 실습 교재, 베트남어 구조 연구, 특히 문법과 어음(語音) 및 여러 다른 관련 분야의 책 편집에 애를 썼다.

(1) 외국어로써의 베트남어 교재 만들기

19세기 말부터 베트남에서 외국어로써의 베트남어 교재 여러 권이 나왔다. 예를 들면 G. Aubaret의 *Grammaire de la langue annamite*(『안남어의 문법』, Paris, 1864), 쯔엉 빈 끼(Trương Vĩnh Ký)의 *Cours pratique de langue annamite*(『안남어의 실습』, Saigon Imp, 1868) 및 *Cours d'annamite parlé*(『안남어 회화』, Saigon, 1894), A. Cheon의 *Cours de langue annamite*(『안남어 연습』, Hà Nội, 1901) 등이 있다.

20세기 초반에도 외국어로써의 베트남어 교재 및 베트남 어음, 문법 연구는 여전히 주로 프랑스 학자들에 의해 만들어졌다. 아마도 그들의 베트남어를 배우려는 욕구가 가장 큰 원인이었던 것이다. 한편, 유럽 특히 프랑스의 오래된 어학 공부 전통도 역시 원인 중의 하나라고 볼 수 있다. 그런데 시간이 지날수록 이러한 프랑스 및 유럽 학자들의 어학 연구 방법[18]을 수용한 베트남 학자들이 점점 많아졌다.

(2) 베트남어 구조 연구 양상

외국어로써의 베트남어 교재와 함께 베트남어 구조 연구서도 더불어 나왔다. 그런데 사실 근대 시기에 베트남어의 어음, 어의, 문법을 분석하는 연구 분야의 성과는 그리 많지 않았다. 게다가 이 분야의 이론과 실제 두 측면 다 살펴봐도 성과라고 할 만한 연구는 대부분 유럽 사

---

18 당시 외국어로써의 베트남어 교재는 *Cours de langue annamite*(A. Chéon, 1904); *Cours élémentaire d'annamite*(A. Bouchet, 1908); *Leçon d'ouverture du cours d'intenation et de lecture annamite*(J. Roux, 1909); *Annamite et Fançais, Estude phonétique pratique*(M. Dubois, Hanoi - Haiphong, IDEO, 1910); *Grammaire annamite*(V. Barbier, Hanoi, 1925); *Cours de la langue annamite*(G. Cordier, 1932, Année Preparatoire : Grammaire et Exercises); *Le parler Vietnamien*(Lê văn Lý, Imp. esd. Hương Anh, Paris, 1948); *Cours d'anamite*(R. Bulteau, 3e esd, Paris, 1950) 등이 있다.

람들에 의해 실행되었다. 그들은 베트남어를 유럽의 문법 분석, 언어 분석의 기준으로 연구했다. 그래서 19세기 후반에서 20세기 중반까지의 근대 시기에는 베트남어 구조 연구의 이론이 유럽 언어 구조 분석 이론 그대로였다. 이러한 연구 방법을 익히고 그 대로 수용한 베트남 학자들이 이어서 같은 방법으로 베트남어 구조를 분석하고 연구하게 되었다. 결국 베트남 문법 연구는 유럽 문법의 틀에서 벗어날 수 없었다.

19세기 말에 나온 베트남 문법 연구서 및 베트남 어학 연구서의 성과로는 다음과 같이 예를 들 수 있다. 바로 *Abrégé de grammaire Anna-mite*(Trương Vĩnh Ký. Saigon, 1867), *Grammaire de la langue Annamite*(Trương Vĩnh Ký. Saigon, C. Guill et Martion, 1883), *L'intonation et la prononciation annamite*(Gouzien Dr Paul. Paris, 1897), *Méthode de langue annamite*(dialecte tonkinois) (Ed. Nordeman. Hanoi, 1898) 등이다.

20세기에 이르러 이보다 더 나은 연구들이 발표되었는데 대표적으로는 *Eléments de grammaire annamite*(Ed. Diguet; Imp. Nationale, Paris, 1904), *Monographie de la semi-voyelle labiale en annamite et en sinoannamite*(L. Cadière. BEFEO vol.VIII-X, 1909~1910), *Phonétique annamite*(Dialecte du HautAnnam)(L. Cadière. Paris, 1902), *Le dialecte du Bas-Annam*(L. Cadière. BEFEO vol.11, 1911), *Études sur la langue annamite*(M. Grammont, Le Quang Trinh; M. S. L.; Paris 1911), *Sách mẹo tiếng Nam*(Nguyễn Hiệt Chi, Le Thước, Hà Nội, 1935), *Việt nam văn phạm*(『베트남 문법학』, Trần Trọng Kim, Bùi Kỷ, Phạm Duy Khiêm; Hà nội, 1940), *Khảo cứu về tiếng Việt Nam*(『베트남어 연구』, Trà Ngân-Lê Ngọc Vượng; Hà Nội, 1942~1943), *Lược khảo Việt ngữ*(『베트남어 고찰』, Lê Văn Nựu; Hà Nội, 1942), *Cours d' annamite*(B. Bulteau; Paris, Larouse, 1950) 등이 있다.

이상에서 언급한 연구서들의 연구 방법은 모두 유럽 언어 및 문법을 연구하는 방법에 그 대로 따랐다.[19]

1940년대에 이르러 『지신잡지』에 베트남 학자들의 베트남어 문법에 대한 연구들이 발표되었는데 예를 들면 다음과 같다. 베 타익(Vệ Thạch)과 따오 쭈이 아인(Đào Duy Anh)의 "Mẹo tiếng ta"(『우리말』 2호); 쭈이 아인(Đào Duy Anh)의 "Phác sơ về : mẹo tiếng ta"(『우리말에 대하여』 2·10·13·14·15호); 응우옌 반 또(Nguyễn Văn Tố)의 "Lược khảo Việt ngữ"(『베트남어 고찰』 79호) 및 "Khảo về tiếng ta"(『우리말 고찰』 125호); 롱 띠엔(Long Điền)의 "Một kiến giải về tiếng ta"(『우리말에 관한 한 가지 견해』 136호) 등이다.

1945년 이후부터는 베트남어문법 연구 상황이 점점 개설되었다. 1948년에 레 반 리(Lê Văn Lý) 신부님의 *Le parler Vietnamien*(Imp. esd. Hương Anh. Paris, 1948)이 발간되었다. 이어서 M. B. Emeneau의 *Studies in Viet-namese*(Annamese) *Grammr*(Univ. of California Publications in Linguistics, V. VIII, 1951), 부이 득 띤(Bùi Đức Tịnh)의 *Văn phạm Việt Nam*(『베트남어문법』, 사이공, 1952), 판 코이(Phan Khôi)의 *Việt ngữ nghiên cứu*(『베트남어 연구』, 1955), L. Cadière의 *Syntaxe de la langue Vietnamienne*(Ecole Française d' Extreme Orient, Paris, 1958), 쯔엉 반 징(Trương Văn Chinh)과 응우옌 히엔 레(Nguyễn Hiến Lê)의 *Khảo luận về ngữ pháp Việt Nam*(『베트남 문법에 관한 소고』, 후에 대학 출판부(Đại học Huế), 1963), 응우옌 낌 탄(Nguyễn Kim Thản)의 *Nghiên cứu về ngữ pháp tiếng Việt*(『베트남어 문법에 관한 연구』, 과학사회 출판사, 1964), Ju.K. Lekomtsev의 *Cấu trúc câu đơn tiếng Việt*(『베트남어의 문장구조』, Moskva, 1964) 등이 출판되었다.

이상에서 언급한 이 시기의 대표적인 연구들의 특징은 베트남어 구조 분석할 때 다른 언어와 구별된 점을 보다 깊이 살펴본 것과 기존의 접근 방법 및 연구 방법과 달리 새로운 방법으로 선택했다는 것이다. 이러한 연구 동향은 그 후 시기 연구자들에게도 영향을 미쳤다.[20]

19　이에 대해서는 응우옌 티엔 찌압(Nguyễn Thiên Giáp) 주편, *Lược sử Việt ngữ học*(『베트남어학사』 1권)에 실린 한 응우옌 반 히엡(Nguyễn Văn Hiệp)의 "Lịch sử nghiên cứu cú pháp tiếng Việt"(「베트남어문법 연구사」), 230쪽~252쪽 참조.

20　20세기 중반에 이르러 유럽 문법의 틀을 베트남어 연구에 적용하는 경향이 그 전시기보다 약화되었지만 여전히 남아 있다. 20세기의 70년대 이후부터, 특히 20세기 말에

3) 베트남어의 역할에 대한 인식

베트남의 교육, 문화, 문학에서 베트남어의 위치와 역할에 관한 연구 및 논의는 '국학(國學)' 혹은 '베트남 국문'의 개념에 관한 논의와 함께 진행되었다.

20세기 초반의 사회 및 문화적 상황 그리고 베트남어(꾸억 응으와 함께) – 프랑스어(프랑스어 문자와 함께) – 한어(한문과 함께) 공존하는 당시의 언어적 배경에서 베트남 연구자들 사이에 베트남어의 역할에 관한 논의는 상당히 활발하게 전개되었다. 당시 베트남 사람에게는 자신에게 가장 맞는 언어를 선택을 해야 하는 과제가 주어졌다. 그 당시 베트남 사회에는 한편으로 자신의 전통 국문(國文)을 보존하고자 하는 경향과 다른 한편으로 유럽에 따라 개신(改新)하고자 하는 경향도 동시에 존재했다. 그래서 신문 잡지 같은 언론기관을 통해서 언어 사용에 관한 연구들이 활발하게 발표되었다. 그 연구들의 동향은 다음과 같이 정리할 수 있다.

- 베트남 국문학에 대한 인식 및 평가
- 베트남에서의 전통적인 한문 교육에 대한 평가
- 프랑스 사람들이 정하는 프랑스식 교육에 대한 평가
- 꾸억 응으에 대한 평가 등

당시 『남풍잡지』, 『지신잡지』 등에 한문, 쯔 놈, 꾸억 응으에 관한 연구들이 많이 실렸다. 그 동시에 베트남 국문학에 있어서 꾸억 응으의 역할, 베트남 국문학의 발전, 베트남어를 보존하는 과제[21] 등과 같

베트남어문법 연구는 더욱 많이 발표되었고 또한 더욱 정밀하게 진행되었다. 이는 새로운 연구 방법론의 형성 및 베트남 국내외 연구자들의 노력으로 얻은 결과이다.

21 20세기 초반에 이에 관련된 논의를 펼친 과정에서 팜 꾸인(Phạm Quỳnh, 1892~1945)

은 주제들에 대한 수십 건의 연구들이 발표되었다.

(1) 표준어(공용 언어 혹은 국가의 정식 언어) 및 방어에 관한 논의

　이 시기에 발표된 방어에 관한 연구들을 살펴보면 다른 방어들을 서로 비교 혹은 대조적으로 연구하여 유사점과 다른 점을 찾아보는 경향이 있는데 이는 방어 연구 측면에 큰 의미를 가진다.[22]

(2) 한문과 프랑스 어문 사용에 관한 논의

　자국어 및 자국어문학에 대한 인식과 함께 20세기 초반에 베트남 학자들은 한문(漢文)의 역할을 인식하고 베트남 국문학(國文)을 발전시키기 위해 프랑스어로 한문을 대체해서 안 된다는 것을 깨달았다. 『남풍잡지』에 이와 관련된 여러 글들이 발표되었다. 바로 응오 비 럼(Ngô Vi Lâm)의 "Chữ Hán không nên bỏ"(「한문을 버리면 안 된다」, 26호, 1919), 쯔엉 바 착(Dương Bá Trạc)의 "Bàn về vấn đề học chữ Hán"(「한문교육에 관하여」, 24호, 1919), 팜 꾸인(Phạm Quỳnh)의 "Bàn về sự dùng chữ nho trong văn quốc ngữ"(「국어문학에서의 한문 사용」, 20호, 1919) 등이다. 그리고 『지신잡지』에도 호아 방(Hoa Bằng)의 "Địa vị Hán học trong văn học ta"(「우리문학에 있어서 한문학의 위치」, 143호) 등을 실렸다.

은 "Truyện Kiều(傳翹)이 남아 있다는 건 곧 우리말이 살아 있다는 뜻, 우리말이 살아 있다는 건 곧 우리나라가 남아 있다는 뜻이다"라는 명언을 남겼다(http://vi.wikipedia.org 참조).

22　예를 들면 쩐 마인 딴(Trần Mạnh Đàn)의 "Quốc ngữ đính ngoa"(「국어에 대하여」, 『남풍잡지』 180~188·190호, 1933); 응우옌 뜨 랑(Nguyễn Tử Lang)의 "Tiếng Nam Bắc khác nhau"(「남북언어의 차이」, 『남풍잡지』 152호, 1930); 팜 휘 호(Phạm Huy Hổ)의 "Mấy nghĩa nên bàn lại"(「몇 가지의 語義에 대한 재고」, 『남풍잡지』 43호, 1920); 똔 고 뚝(Tôn Cổ Tục)의 "Xét về tên các xứ đất nước ta thay đổi mỗi đời một khác"(「각 역사 시기에 따른 우리나라 각 지역의 지명에 관한 고찰」, 『남풍잡지』 26호, 1919); 편 툭(Phiên Thúc)의 "Một kiến giải về vấn đề thống nhất tiếng Việt"(「베트남어 통일시킬 문제에 대하여」, 『지신잡지』 143호, 1944) 등이 있다.

게다가 『남풍잡지』에 실린 응우옌 쫑 투엇(Nguyễn Trọng Thuật)의 "Giáo dục phổ thông phải lấy tinh thần làm trọng"(「보급교육에 정신교육을 중시해야 한다」, 174호, 1932), 팜 꾸인(Phạm Quỳnh)의 "Chữ Pháp có dùng làm quốc văn Annam được không"(「프랑스어문은 안남 국문으로 사용될 수 있는가」, 22호, 1919), "Có nên dạy toàn quốc văn ở các trường hương thôn không?"(「향교(鄕校)에서 국문을 가르쳐야 되는가」, 185호, 1933) 등에서는 프랑스 말 및 프랑스 문자가 베트남의 국문이 될 수 없었고 심지어 프랑스어를 아예 없애자는 의견도 보였다.

(3) 문자학(文字學)에 관한 논의

놀랍게도 당시 『남풍잡지』에 문자학에 관한 논의가 일찍부터 발표되었다. 이 문제에 대해 관심을 가지고 논의에 참여한 연구자들은 대부분 베트남 학자들이다. 그들은 한문, 쯔 놈, 프랑스어, 꾸억 응으 모두에 관심을 가졌고 현재의 언어 사용 상황만이 아니라 각 역사적 단계의 언어 사용 과정까지도 연구하기 시작했다.[23] 그 중에서 1888년에 발표된 쯔엉 빈 끼(Trương Vĩnh Ký)의 베트남 문자에 대한 논문인 "Ecriture en Annam"(「Bulletin de la Société dé Estudes Indochinoises de Saigon」, 1888)이 가장 대표적이라고 할 수 있다.

---

23 예를 들면 "Lối chữ thời cổ"(「고대시기의 문자」, 『남풍잡지』 26호, 1919); "Khảo về chữ quốc ngữ"(「꾸억 응으에 관한 고찰」, 『남풍잡지』 122호, 1927); "Hán Việt văn tự"(「한월문자(韓越文字)」, 『남풍잡지』 107호, 1926); "Chữ quốc ngữ cổ"(「고대 국문」, 『남풍잡지』 74호, 1923); "Một kiến giải của bạn : Chữ Nôm ta có tự bao giờ và ai sáng chế ra chữ ấy"(「우리의 쯔 놈은 언제부터 그리고 누구에 의해 생겼는가」, 『지신잡지』 40호, 1942); "Bàn góp về vấn đề cải cách quốc ngữ"(「국어개편문제에 관하여」, 『지신잡지』 165호, 1944); 그리고 "Quoc ngu et mecanisme des sons de la langue annamite"(*Revue Indochinoise*, HanoiHaiphong, 1909) 등이 있다.

(4) 베트남어 발전에 관한 논의

베트남 문화, 문학에 있어서 베트남어의 역할을 논의하면서 당시 연구자들은 베트남어를 보존하고 더 나아가 발전시켜야 할 것을 깨달았다. 따라서 연구자들은 말과 문자의 관계, 베트남어의 표현력, 고사성어(故事成語) 등에 대해서 논의했다. 그 외에 베트남어를 발전시키는 데에 프랑스어의 역할 등에 대해서도 의견을 교환했다.[24]

(5) 베트남 국문학 발전에 관한 논의

베트남 국문학의 발전을 도모하기 위한 이러한 논의들은 특히 많았다. 베트남 연구자들의 큰 관심을 받았기 때문이었다. 이에 관련해서 『남풍잡지』 및 『지신잡지』에 수십 건의 글들이 발표되었다.[25]

---

[24] 예를 들면 『남풍잡지』에 "Bàn về tiếng Annam"(「안남어에 관하여」, 22호, 1919); "Vấn đề tiếng ta chữ ta"(「우리말 우리글의 제문제」, 65호, 1922); "Tiếng Annam có nghèo không"(「안남어의 어휘망이 치말하지 못한가」, 59호, 1922); "Bảo tồn Nam ngữ"(「베트남어 보존 문제」, 122호, 1927); "Tiếng Nam"(「베트남 말」, 160호, 1931); "Điều tra về tục ngữ phương ngôn"(「방언에 대한 조사」, 66호, 1932) 등이 있다.
한편, 『지신잡지』에는 "Truyền bá Quốc ngữ với chống nạn thất học"(「꾸억 응으의 전파 및 문맹문제」, 193호, 1945); "Kiểm điểm người và việc trong hàng trí thức Việt Nam : Hội truyền bá quốc ngữ với trên ba vạn học trò"(「베트남 지식인들의 임무」, 200호, 1945); "Những vết tích nô lệ cần phải tẩy trừ"(「없애야 할 식민지의 흔적」, 187호, 1945); "Ý kiến chúng tôi với lệnh dùng toàn tiếng Việt Nam(trong kỳ thi sơ bổ túc sắp tới)"(「다음 시험에 베트남어만 사용하라는 지시에 대하여」, 188호, 1945); "Quốc ngữ, chữ nước nhà"(「우리나라의 글 – 꾸억 응으」, 20호, 1941); "Quốc ngữ với việc đánh điện tín"(「전보(電報)할 때의 꾸억 응으 사용」, 209호, 1945) 등이 있다.

[25] 예를 들면 『남풍잡지』에 "Quốc văn ta hồi triều Gia Long"(「짜 롱(Gia Long)왕 시기에 우리국문」, 80호, 1924); "Bàn về việc học của quốc dân : Chữ nho có bỏ được không?"(「국민교육에 대하여 – 한문을 버려야 하는가?」, 21호, 1919); "Vấn đề quốc văn"(「국문의 제문제」, 126호, 1928); "Quốc ngữ quốc văn"(「국어 및 국문」, 110호, 1926); "Học quốc văn"(「국문을 배운다」, 149호, 1930); "Vấn đề quốc văn"(「국문의 제문제」, 181·182호, 1933); "Tiếng dùng trong quốc văn"(「국문에서의 언어 사용」, 19호, 1919); "Bàn về văn chương quốc ngữ"(「국어문학에 관하여」, 29호, 1919); "Vấn đề cổ học Hán Việt"(「한문 교육 문제」, 132호, 1928); "Quốc học với quốc văn"(「국학 그리고 국문」, 164호, 1931); "Vận mệnh quốc văn về tương lai thế nào"(「국문의 미래」, 52호, 1921) 등이 있다.
한편, 『지신잡지』 19호에는 호아 방(Hoa Bằng)의 "Đừng ôm thành kiến coi thường

4) 언어 사용 및 외국어의 번역, 베트남-프랑스 언어 비교 연구 등에 관한 논의

이에 관련하여 당시 『남풍잡지』, 『지신잡지』 등에 많은 연구들이 발표되었다. 이들 글들의 중심 내용을 다음과 같이 정리할 수 있다.

— 베트남어의 전통적 가치 : 고사성어(故事成語), 민요, 쯔 놈 문서 등 연구
— 시와 소설의 발전 과정 연구
— 베트남어로 글쓰기
— 안남어와 프랑스어 비교연구
— 과학 용어의 번역 및 문학 작품의 번역

등이 있다. 당시 『남풍잡지』, 『지신잡지』에 이에 관련된 20편 이상의 글들이 실렸다.[26]

---

quốc văn! Đừng nên cẩu thả khi viết tiếng mẹ đẻ"(「국문을 무시하지 말고, 모국어 쓸 때 대충 쓰지 말고」)라는 글이 실렸다.

26 예를 들면 『남풍잡지』에 "Khảo về các câu đối nôm cổ"(「쯔 놈에 관한 고찰」, 102호, 1929), "Bàn về diễn thuyết"(「연설에 대하여」, 45호, 1921), "Lược khảo về sự tiến hoá của quốc văn trong lối viết tiểu thuyết"(「소설 창작을 통해 본 국문의 발전」, 175호, 1932), "Bàn về sự dịch những danh từ về địa dư, tên người các nước châu Ơ rốp và châu A mê rích" (「유럽과 미주지역의 지명, 인명 번역에 관하여」, 61호, 1922), "Bàn về cách dịch các danh từ hoá học"(「화학 분야 용어의 번역에 관하여」, 111호, 1926), "So sánh tiếng Annam và tiếng Pháp"(「안남어와 프랑스어 비교」, 181호, 1933) 등이 있다.
한편, 『지신잡지』에는 이에 관련된 약 15편의 논문들이 발표되었다. 바로 "Tục ngữ và ca dao"(「속담과 민요에 관하여」, 147호, 1944), "Tục ngữ ta đối với tục ngữ Tàu và tục ngữ Tây"(「우리 속담과 중국 및 서양의 속담을 비교」, 147 · 148호, 1944), "Bước biến triển và vết biến thiên của thi ca ta"(「우리 시의 발전 및 변천 과정」, 133 · 134호, 1944), "Văn Nôm đời Cảnh Thịnh(1793~1800)"(「1793~1800 시기의 쯔 놈 문학」, 154호, 1944), "Khảo về văn Nôm trong thế kỷ 18~19"(「18~19세기의 쯔 놈 문학에 관한 고찰」, 155호, 1944), "Một kiến giải về vần thơ tiếng ta"(「우리 시의 음률에 대한 견해」, 76 · 77호, 1942), "Từ bước tiến tới của báo giới Việt nam đến những vết biến thiên của quốc văn trên báo chí"(「베트남 신문 잡지의 발전 및 신문 잡지를 통해 발전한 국문」, 20호, 1941), "Một vài nhận xét

5) 베트남어의 유래에 대한 연구

19세기 말부터 베트남어의 계통 및 유래에 대한 연구는 일부 유럽 학자들에 의해 진행되기 시작했다. 이시기의 언급할 만한 연구 성과로는 A.H. Keane의 "On the relations of the Indo : Oceanic races and languages"(1880) 및 J.R. Logan의 "Ethnology of the Indo : Pacific Islands"(1882) 등을 들 수 있겠다. J.R. Logan는 자신의 논문에서 인도차이나반도에 몬-비엣(Môn-Việt) 어파가 존재했고 베트남어는 이 어파에 속하다는 주장을 펼쳤다. 그 후에 나온 C.J.S. Forbes의 논문(1881), Himly의 논문(1884), Fr. Muller의 논문들(1888, 1905), E. Kuhn의 논문(1889) 등에서도 이와 같은 주장이 수용되었다.[27]

20세기 초반에도 어파들 사이의 관련성, 인도차이나 각 지역의 언어 계통을 분류하기, 베트남어의 계통 찾기 등이 계속 진행되고 보다 나은 성과를 얻었다. 당시 비교연구라는 연구방법이 사용되었고 유럽 연구자들이 중요한 역할을 담당했다. 이 시기의 대표적인 연구들을 예로 들자면 다음과 같다. 바로 W. Schmidt의 "Les langues Mon-Khmer-trait d'union entre les peuples de l'Asie centrale et de l'Austrasie"(1905), C. O. Blagden의 "The classification of the Annamese language"(1913), G. Coedès의 "La langue de l'Indochine"(1919), E. Souvignet의 "Les origines de la langue annamite"(1920) 등이다. 그런데 당시 베트남어의 유래 및 베트남어음의 역사에 관한 가장 좋은 연구는 H. Maspero의 "E'tude sur la

---

trong khi viết tiếng mẹ đẻ"(「모국어 사용에 관하여」, 117호, 1943), "Lối văn diễn thuyết của ta có tự bao giờ"(「우리식의 연설문은 언제부터 생겼는가」, 115호, 1943) 등이다. 아울러 『지신잡지』에는 "Sáu phép dịch thơ"(「시를 번역하는 6가지 방법」, 79호, 1942); "Một kiến giải về vấn đề dịch sách"(「번역문제에 관한 견해」, 88·90호, 1943), "Vấn đề dịch sách"(「번역에 대하여」, 91·92호, 1943) 등과 같은 번역에 대해서 깊이 논의한 글들도 발표되었다.

27 Hồ Lê, 1971 참고.

phonetique historique de la langue annamite. Les initiales"라고 할 수 있다. 이 연구가 발표된 직후부터 베트남어학 전공자 사이에 모르면 안 되는 중요한 저서로 인정받아 왔다. 그러나 현재 이 연구에서 발견된 '한계'도 역시 언급된다.[28]

나중에 베트남 학자 따오 쫑 뚜(Đào Trọng Đủ)는 『지신잡지』(129 · 137 · 142 · 146 · 151 · 152 · 158 · 159 · 168 · 170 · 172 · 181 · 192호)에 자신의 베트남 유래에 관한 연구 결과를 "Bàn góp về nguồn gốc tiếng Việt Nam"(「베트남어 유래에 대한 논의」)라는 제목의 논문을 통해 발표했다.

3. 결론

근대의 베트남 자국어 및 베트남 자국어학의 발전에 대한 인식에 대해서 다음과 같은 몇 가지의 평가를 할 수 있다.

① 근대라는 시기의 특별한 역사, 정치, 문화적 배경에서 베트남어는 행정적 언어 및 교육과 시험 언어의 역할을 한 적은 없지만 일상생활에 항상 쓰였다. 20세기 중반에 베트남이 독립국가가 되고 난 후부터는 국가의 행정적인 언어의 자리를 잡게 되었다.

---

[28] 20세기 중반부터, A.G. Haudricourt의 두 편의 논문인 "La place du Vietnamien dans les langues Austroasiatique"(1953)와 "De l'origine des tons en Vietnamien"(1954)이 발표된 후, 베트남어의 유래와 역사를 연구하는 분야는 많이 개선되었고 더욱 진전되었다. 이는 Jakhontov S.E., Difiloth G., Ferlus M., Nguyễn Tài Cẩn과 같은 국내외 연구자들의 많은 노력의 결과라고 할 수 있다. 그런데 근대 시기의 상황이 아니기 때문에 이를 차후 과제로 삼겠다.

② 지금까지 베트남 사람은 언제나 여러 방언을 함께 하는 통일된 언어에 대한 인식을 강하게 가지고 있다. 서로 큰 차이 없는 베트남의 각 방언은 공용 베트남어를 사용하는 데에 방해하는 요소가 아니다. 나라가 오랫동안 분단되어 두 가지 정치. 경제 체계를 가졌을 당시에도 불구하고 베트남 사람은 항상 유일한 베트남어를 사용했다. 그래서 분단 상태를 극복하고 나라를 통일했을 때 언어를 통일시킬 필요 없었고 방어(邦語)들 간에 일치하지 않은 단어, 발음 등을 통일하는 문제만 제시하여 논의했을 뿐이었다.

③ 지금까지 베트남에서는 표준어에 대한 정식 법적 규정이 아직도 없다. 그렇지만 전통적 관념 및 습관에 따라 하노이를 중심으로 한 북부 방어(邦語)가 표준어로 여겨지고 있다. 북부 방어는 언어학 측면(특히 발음)만이 아니라 사회적 위상, 언어 사용 습관 등 여러 측면에서 표준어에 알맞은 언어이다.

④ 베트남에서의 문자사용 측면에서 살펴보면 한문, 프랑스 글자, 쯔 놈, 꾸억 응으 등이 서로 다른 시기에 출현되고 서로 다르게 사용되었다. 어떤 문자를 정식 문자로 사용하는지를 각 역사적 상황에 따라 베트남 사람은 그때그때 맞게 선택해야 했다. 한문은 전통 시대에 굉장히 오랫동안 베트남의 정식 문자로 사용되었다. 프랑스 글자는 베트남이 프랑스의 식민지로 전락되었을 당시에 그 위치에 대체되었다. 1945년부터 꾸억 응으는 실제로 국가의 언어로 여겨지며 사용되어 왔다. 그런데 쯔 놈의 사용은 더 특별했다. 쯔 놈은 국가의 정식 문자로 인정받은 적이 없었다. 그러나 이 문자는 중세 시기 및 근대 시기의 문학에 굉장히 큰 기여를 했다는 것은 부정할 수 없는 사실이다.

⑤ 근대 시기 들어오면서 자국어학 형성 및 발전 과정을 살펴보면 외국어로써의 베트남어 교재 만들기 및 사전 편찬, 출판이 가장 큰 성과라고 할 수 있다. 이 시기에 많은 유럽 연구자, 특히 프랑스 연구자들의 노력으로 베트남어학에 관한 연구가 점점 개선되어 좋은 연구들이 활발하게 발표되었다.

그렇다가 20세기 초에 이르러 프랑스 연구자 및 베트남 연구자들의 베트남어 연구는 더욱 진전되었다. 연구 영역은 더 넓어지고 연구 분야 및 대상은 더 다양해졌다. 베트남어 교재 및 사전도 더 많이 발간되었다. 처음에는 연구자들이 주로 유럽 사람들인데 시간이 지날수록 베트남 연구자들이 점점 더 많아지고 그들의 연구도 점점 깊어지고 많아졌다.

⑥ 사실 근대 시기에 베트남에서의 자국어학은 따로 연구, 교육기관에 의해 진행된 것이 아니었다. 그렇지만 당시 많은 연구자들이 자국어학에 대해 특별한 관심을 가지고 연구하기 시작했다. 베트남어의 구조, 어음, 어법, 방어, 문자, 어의(語義) 등에 대한 전문 연구들은 처음에 깊지 못했으나 점점 발전되고 좋은 성과를 얻어 다음 시기 베트남어학 발전의 원동력이 되었다. 당시 가장 널리 읽힌 『남풍잡지』, 『지신잡지』 등의 언론을 통해서 그러한 연구 성과를 발표해서 광범위에 알렸다. 『남풍잡지』(1917~1934, 총 210호)에는 베트남어학에 관련된 40편 이상의 글이 실렸다. 그리고 『지신잡지』(1941~1946, 총 112호)에는 60편의 관련 글들을 발견할 수 있다.

이와 같은 어음, 문법, 어의(語義), 사전(事典), 방어, 문자 등에 대한 이 시기의 전문적 연구들은 이후 베트남어학의 발전에 큰 역할을 담당했다. 근대 시기의 이러한 베트남어학 연구 성과를 바탕으로 하여 20세기 중반부터 베트남어학은 세계 언어학으로부터 받은 좋은 영향 및 베트남 국내외 학자들의 노력 덕분에 빠르게 발전할 수 있었다.

Bright, W. (Editor in chief)(1992), *Encyclopedia of Linguistics*, Oxford University Press.

Đào Duy Anh(1975), *Chữ Nôm : Chữ Nôm —nguồn gốc · cấu tạo · diễn biến*(『쯔 놈—계통 · 구조 · 발달과정』), 하노이 : 사회과학 출판사.

Diffloth G.(1991), "Vietnamese as a Mon : Khmer language", Papers from the first anual meeting of the Southeast Asian linguistics society.

Đoàn Thiện Thuật 주편(2008), *Chữ quốc ngữ thế kỷ XVIII*(『18세기의 꾸억 응으』), 교육 출판사, 하노이.

Đỗ Quang Chính(2008), *Lịch sử chữ quốc ngữ 1620~1659*(『1620~1659 꾸억 응으의 역사』), 종교 출판사.

Ferlus M.(1992), "Sur l'origine geographique des langues Viet : Muong", MKS. XVIII~XIX.

Hà Đăng Việt(2006), "Nghiên cứu Tự Đức thánh chế tự học giải nghĩa ca"(「뜨 득왕의 『自學解義』 연구」), 하노이대 석사논문.

Hoàng Thị Châu(1989), *Tiếng Việt trên các miền đất nước : Phương ngữ học*(『전국 각 지역의 베트남어—방어학』), 사회과학 출판사, 하노이.

Hồ Lê(1971), "Những sự nghiên cứu và tranh luận của nớc ngoài xung quanh vấn đề nguồn gốc tiếng Việt"(「베트남어의 계통에 대한 외국 학자들의 연구 및 쟁점」), 『언어학 학술잡지』 4호, 언어학연구소.

Lê Quý Đôn(1995), *Vân đài loại ngữ I · II · III*(『蕓臺類語』 1 · 2 · 3), 문화 통신 출판사, 하노이.

Maspero. H.(1912), "E'tude sur la phone'tique historique de la langue Annamite Les initiales", BEFEO, Vol. XII, No.1, Paris - Hanoi.

Nguyễn Quang Hồng(2008), *Khái luận văn tự học chữ Nôm*(『쯔 놈 문자학 개론』), 교육 출판사, 하노이.

Nguyễn Tài Cẩn(1995), *Giáo trình lịch sử ngữ âm tiếng Việt*(『베트남어의 어음 역사 교재』), 교육 출판사, 하노이.

_____(2000), *Nguồn gốc và quá trình hình thành cách đọc Hán Việt*(『베트남어 방식으로 한자 읽기의 유래 및 형성과정』), 사회과학 출판사, 하노이.

_____(2001), *Một số chứng tích về ngôn ngữ, văn tự và văn hoá*(『문화 및 언어, 문자에 대한 몇 가지 흔적』), 하노이대 출판부.

Nguyễn Thiện Giáp(주편)(2005), *Lược sử Việt ngữ học, tập I*(『베트남어학의 역사』 1), 교육 출판사, 하노이.

_____(2007), *Lược sử Việt ngữ học, tập II*(『베트남어학의 역사』 2), 교육 출판사, 하노이.

Nguyễn Văn Hầu(1970), "Sự thôn thuộc và khai thác đất Tầm phong long"(「떰 롱 퐁(Tầm phong long) 지역으로의 진출 및 개발」), 『역사–지리학 학술지』 19~29, 사이공.

Rhodes. A. de.(1651), *Dictionarivm Annnamiticvm Lvsitanvm, et Lainvm ope. Roma.*, Typis, & fumptibus eipfdem Sacr. Congreg.

Triều Anh(1999), *Những trang sử cuối cùng của chữ Hán - Nôm*(『한문 및 쯔 놈의 마지막 페이지』), 종합 출판사, 동 나이(Đồng Nai)성.

Trần Xuân Ngọc Lan(주해)(1985), *Chỉ Nam ngọc âm giải nghĩa*(『指南玉音解義』), 사회과학 출판사, 하노이.

Vũ Đức Nghiệu(2011), *Lược khảo lịch sử từ vựng tiếng Việt*(『베트남어 어휘 역사 고찰』), 교육 출판사, 하노이.

Vương Toàn(1992), *Từ gốc Pháp trong tiếng Việt*(『베트남어의 프랑스 외래어』), 사회과학 출판사, 하노이. Nxb. Khoa học xã hội. Hà Nội.

Nam phong tạp chí(『南風雜誌』), DVD-ROM. Viện Việt học(베트남학연구소), Westminster, CA. USA, 2009.

Tri tân(『知新雜誌』) DVD-ROM. 하노이, 2008.

| 필자 및 역자 소개 | 집필순

송민(宋敏, Song Min) 국민대 명예교수. 서울대 국문과를 졸업하고 동 대학원에서 박사학위를 받았다. 성심여대 및 국민대 교수, 국립국어연구원 원장을 역임했다. 제6회 동숭학술연구상, 홍조근정훈장, 제5회 일석국어학상을 수상했다.

왕웨이훼이(汪維輝, WANG WEIHUI) 절강대 인문학원 중문과 교수. 사천대 중문과 대학원에서 박사학위를 받았다. 남경대 중문과 연구교수, 연세대 초빙교수를 역임했다. 주요 연구분야는 훈고학, 중국 어휘사, 중세 근대중국어 연구 등. 저서로는『東漢 : 隋常用詞演變硏究』(2000),『『齊民要術』詞彙語法硏究』(2007),『漢語詞彙史新探』(2007)이 있다.『朝鮮時代漢語敎科書叢刊』등을 편집했다.

양세욱(梁世旭, Yang Se-Uk) 인제대 중국학부 교수. 서울대 중문과를 졸업하고 동 대학원에서 박사학위를 받았다. 연강재단 중국학연구원으로 베이징대에서 수학한 후, 이화여대 연구원, 한양대 연구교수를 역임했다. '제1회 간행물윤리위원회 우수저작공모전' 당선작인『짜장면』(2009), '문화체육관광부 우수학술도서'인『한국문화는 중국문화의 아류인가』(공저, 2010), '문화체육관광부 최우수학술도서'인『중국어의 비밀』(2012, 공저) 등을 썼고, '대한민국학술원 우수학술도서'로 선정된『표준중국어음운론』(2005, 공역)과『고전중국어문법강의』(2005) 등을 번역하였으며, 고전중국어의 어휘와 통사, 중국의 언어정책 등에 관해 다수의 논문을 썼다.

사이토 후미토시(齋藤文俊, Saito Fumitoshi) 나고야대학 대학원 문학연구과 교수. 도쿄대학 인문과학연구과 대학원에서 박사학위를 받았다. 나고야대학 대학원 문학연구과 부속 일본근현대문화연구센터장을 역임했다. 저서로『漢文訓讀と近代日本語の形成』(2011),『漢文資料を讀む(日本語ライブラリー)』(2013) 등이 있다.

장윤희(張允熙, Jang Yoon-Hee) 인하대 한국어문학과 교수. 서울대 국문과를 졸업하고 동대학원에서 박사학위를 받았다. 서울대 한국문화연구소 연구원과 한남대 교수를 역임했다. 『중세국어 종결어미 연구』(2002), 『역주 증수무원록언해』(공저, 2004), 『역주 오륜행실도』(공저, 2006), 『'전(前)'의 내포문 구성의 문법사』(2008), 『중세국어 연결어미 형성의 문법사』(2010) 등 다수의 논저가 있다.

장위라이(張玉來, ZHANG YULAI) 남경대 인문학원 중문과 교수. 남경대 중문과 대학원에서 박사학위를 받았다. 소주대 중문과 교수, 울산대 초빙교수를 역임했다. 주요 연구 분야는 역사언어학, 중국어음운학, 방언학 등. 저서로는 『漢語言文字規範化研究與指導』(1993), 『韻略彙通音系研究』(1995), 『韻略易通研究』(1999), 『蒲松齡著作白話詞語釋義』(공저, 2002) 등 있다.

야스다 토시아키(安田敏朗, Yasuda Tosiaki) 히토쓰바시대학 대학원 언어사회연구과 교수. 도쿄대학 문학부 국어학과 졸업하고 총합문화연구과 대학원에서 박사학위를 받았다. 저서로 『植民地のなかの「國語學」時枝誠記と京城帝國大學をめぐって』(1997), 『帝國日本の言語編制』(1997), 『「言語」の構築 小倉進平と植民地朝鮮』(1999), 『「國語」の近代史 帝國日本と國語學者たち』(2006), 『辭書の政治學 ことばの規範とはなにか』(2006), 『かれらの日本語—台湾「殘留」日本語論』(2011) 등이 있다.

부 득 응예우(Vu Duc Nghieu) 하노이국립대학 언어학과 교수. 하노이국립대 국어국문학과를 졸업하고 동 대학원에서 박사학위를 받았다. 캄보디아의 프놈펜대학, 미국의 코넬대학과 위스콘신 대학, 프랑스의 파리 디드로 대학에서 교환교수를 역임했다. 하노이국립대학 2011년도 우수학술도서로 선정된 『베트남 어휘의 역사 고찰』(2011)을 비롯해서 『베트남어학의 역사』(공저, 2005), 『언어학입문』(공저, 2009), 『외국인의 베트남어능력평가 표준』(2014) 등을 출간했으며 베트남어의 어휘, 외국인을 위한 베트남어 등에 관해 다수의 논문을 발표했다.

은려려(殷麗麗) 1983년 산동성(山東) 출생. 중국 해양대 한국어학과를 졸업하고 인하대 대학원 한국학과에서 한국어학 박사학위를 받았다. 현재 인하대에서 강의하고 있다.

성미강자(成美江子) 일본 출생. 연세대 영어영문학과 졸업. 이화여대 통역번역대학원 한일번역과 졸업. 현재 인하대 대학원 한국학과 한국문화콘텐츠 박사과정 재학중. NHK 서울지국 퇴직 후 한국 만화를 비롯해『지문사냥꾼』,『제불찰씨 이야기』등 번역.

이사유(李思儒) 1982년 중국 심양 출생. 중국 길림대학 한국어문학과를 졸업하고 인하대 대 대학원 한국학과에서 한국문학 석사과정을 마친 뒤 한국문학 박사과정을 수료했다.

류티씽(Lưu Thị Sinh) 1975년 베트남 하노이 출생. 하노이국립대 국문학과 졸업한 후 동방학과 전임강사 역임. 베트남에서는『한국의 전설』을 공저하고『한국의 민담』을 공역했고, 한국에서는『귀뚜라미 표류기』를 번역했다. 현재 인하대 한국학과 박사과정이며 서강대 동아연구소에서 베트남어를 강의하고 있다.